BIBLIOTHÈQUE
DE PHILOSOPHIE CONTEMPORAINE

LA JUSTICE

ET

L'EXPANSION DE LA VIE

ESSAI SUR LE BONHEUR DES SOCIÉTÉS HUMAINES

PAR

J. NOVICOW

Membre et ancien vice-président
de l'Institut international de Sociologie.

PARIS

FÉLIX ALCAN, ÉDITEUR

ANCIENNE LIBRAIRIE GERMER BAILLIÈRE ET Cie

108, BOULEVARD SAINT-GERMAIN, 108

1905

LA JUSTICE

ET

L'EXPANSION DE LA VIE

DU MÊME AUTEUR

La Politique internationale. Paris, Félix ALCAN, 1886, 1 vol. in-8.   7 fr.   »

Les Luttes entre sociétés humaines et leurs phases successives. 3ᵉ édition. Paris, Félix ALCAN, 1904, 1 vol. in-8 de la *Bibliothèque de Philosophie contemporaine* . . . . 10 fr.   »

Les Gaspillages des sociétés modernes. 2ᵉ édition. Paris, Félix ALCAN, 1899, 1 vol. in-8 de la *Bibliothèque de Philosophie contemporaine.*   5 fr.   »

La question de l'Alsace-Lorraine. Paris, Félix ALCAN, 1895. . . . 1 fr.   »

L'Avenir de la race blanche. 2ᵉ édition. Paris, Félix ALCAN, 1902, 1 vol. in-12 de la *Bibliothèque de philosophie contemporaine.* . . . . 2 fr. 50

Une définition de l'Art. Paris, PLON, 1882, brochure.

Le Protectionnisme. Saint-Pétersbourg, 1890, 1 vol. in-8 (en russe).

La Guerre et ses prétendus bienfaits. Paris, Armand COLIN, 1894, 1 vol. in-12.

Essai de notation sociologique. Paris, GIARD et BRIÈRE, 1897, 1 vol. in-8 de la *Bibliothèque sociologique internationale.*

La federazione europea. Milan, VERRI, 1895.

Conscience et volonté sociales. Paris, GIARD et BRIÈRE, 1897, 1 vol. in-8 de la *Bibliothèque sociologique internationale.*

La théorie organique des sociétés. Paris, GIARD et BRIÈRE, 1899, 1 vol. in-8.

Les assimilations nationales. Odessa, 1899, brochure (en russe).

Der ewige Krieg. Berlin, DEUTSCHES VERLAGSHAUS, VITA, 1899, brochure.

La fédération de l'Europe. 2ᵉ édition. Paris, F. ALCAN, 1901, 1 vol. in-12. . . . . 3 fr. 50

La Missione del Italia. 3ᵉ édition. Milan, TRÈVES, 1903, 1 vol. in-12.

L'affranchissement de la Femme. Paris, Félix ALCAN, 1903, 1 vol. in-12. . . . . 3 fr.   »

L'expansion de la nationalité française. Paris, Armand COLIN, 1903, 1 vol. in-12.

La possibilité du bonheur. Paris, GIARD et BRIÈRE, 1904, 1 vol. in-12 de la *Bibliothèque pacifiste internationale.*

ÉVREUX, IMPRIMERIE DE CHARLES HÉRISSEY

LA JUSTICE

ET

L'EXPANSION DE LA VIE

ESSAI SUR LE BONHEUR DES SOCIÉTÉS HUMAINES

PAR

J. NOVICOW

Membre et ancien vice-président
de l'Institut international de Sociologie.

PARIS

FÉLIX ALCAN, ÉDITEUR

ANCIENNE LIBRAIRIE GERMER BAILLIÈRE ET Cⁱᵉ

108, BOULEVARD SAINT-GERMAIN, 108

1905

À LA MÉMOIRE DE MON FILS

ALEXANDRE

ENLEVÉ A L'AGE DE DIX-SEPT ANS PAR UNE CRUELLE MALADIE

Puisse ce livre, écrit dans des jours de deuil et de douleur, contribuer, dans une mesure si faible soit-elle, à diminuer les souffrances de la malheureuse humanité.

TABLE DES MATIÈRES

AVERTISSEMENT

L'auteur de ce livre est Grand-Russien ; il est né dans le giron de l'Église orthodoxe grecque. Il appartient donc, par le sang et la religion, au groupe ethnique qui exerce la domination dans son pays.

PREMIÈRE PARTIE

LES THÉORIES DU PRÉSENT

LIVRE PREMIER

L'INJUSTICE LIMITATION DE LA VIE

CHAPITRE PREMIER

LE POINT DE VUE INDIVIDUEL

Imaginons un individu possédant des forces physiques suffisantes pour faire 12 commissions par jour qui lui sont payées 1 franc chaque. Cet individu peut gagner 72 francs par semaine en se reposant le dimanche. Un beau matin une nouvelle loi de son pays ou une violence exercée par un voisin le réduit à l'état de serf. Il est astreint à des corvées au profit de son seigneur. Il ne peut plus travailler pour son propre compte que quatre jours sur six. Le nombre de ses courses passe de 72 à 48, ses bénéfices descendent de 72 à 48 francs. Maintenant, au lieu de réduire notre individu à la servitude, supposez qu'on lui casse une jambe. Resté boiteux après guérison, il n'est plus capable de faire 12 commissions par jour, mais seulement 8. Sa situation, au point de vue économique, n'est-elle pas la même ? Assurément, puisque, dans ce cas aussi, ses gains tombent de 72 à 48 francs [1].

Autre exemple. Un potier peut fabriquer 72 vases par semaine et les vendre 1 franc la pièce. Vient un nouveau tarif de douane (ou quelque autre facteur social) qui restreint son marché. Il ne peut plus vendre que 48 vases par semaine. Si, au lieu d'établir ce tarif, on coupe trois

---

[1]. Le lecteur comprend que j'exclue à dessein toutes les complications qui se présentent nécessairement dans la réalité pour exposer nettement ma pensée.

doigts au potier, de façon à le rendre incapable de fabriquer plus de 48 vases par semaine, le résultat n'est-il pas identique pour lui ? Sans aucun doute.

Maintenant un dernier exemple d'ordre mental.

Un professeur peut donner 6 leçons par jour et gagner 360 francs par semaine. Ses opinions ne plaisent pas au gouvernement. Celui-ci lui défend d'enseigner dans les établissements publics. Par suite, le professeur perd 3 leçons et son revenu est réduit à 180 francs par semaine. Si aucune persécution n'eût été exercée contre lui, mais si une maladie nerveuse l'eût rendu incapable de donner plus de 3 leçons par jour, le résultat n'eût-il pas été identique pour lui ? Encore ici il faut répondre par l'affirmative [1].

Je pourrais multiplier les exemples de ce genre. Mais ceux que je viens de donner suffisent entièrement pour faire comprendre cette vérité qui sert pour ainsi dire de base à l'ordre social, à savoir que *toute limitation de droit se ramène, en dernière analyse, comme à une amputation.*

Avant d'aller plus loin, je dois faire une remarque importante. Les mots d'amputation et de mutilation reviendront souvent dans les pages qui suivent. Le lecteur comprend bien qu'il faut les prendre, non à la lettre, mais au figuré. Par amputation et mutilation j'entends une diminution de la puissance vitale de l'individu, un affaiblissement de ses facultés.

Cela, dit, je reviens à l'exposition de ma pensée.

Il est facile de démontrer que limitation de droits et injustice sont des termes synonymes. Reprenons l'exemple du commissionnaire dont je viens de parler. Quand il a été

1. De nouveau je simplifie à l'extrême pour exposer mon idée. Assurément le professeur persécuté est dans une situation beaucoup plus favorable que le professeur malade. Le premier peut aller s'établir dans un pays où règne la tolérance ; il peut, même dans son pays, faire rapporter la mesure qui le frappe, etc., etc. Je vois parfaitement la différence importante qui existe entre les deux cas, mais je la néglige parce que je donne ce fait uniquement comme un exemple.

réduit en servitude et qu'il a été obligé de faire la corvée il a subi une privation de droit. Pourquoi en est-il ainsi ? Mais uniquement parce qu'il a subi une injustice. Supposons que le maître lui ait dit : « Abandonnez-moi deux jours de votre travail et moi, de mon côté, je vous assurerai certains avantages *équivalents*, la protection, par exemple, ou autre chose ». Le commissionnaire aurait accepté de plein gré parce qu'il n'y aurait rien perdu. Il aurait fait alors un arrangement d'homme libre et son droit n'aurait subi aucune atteinte. Cette atteinte ne pouvait commencer qu'à partir du moment où le maître n'accordait pas un service *équivalent* à celui qu'il exigeait lui-même. Or précisément à partir du même moment le maître cessait d'être *juste* à l'égard de son serf. Nul ne pourra contester que justice et équité ne soient des termes identiques. Ces deux mots, qui ont le même sens, s'emploient seulement dans des cas différents : équité quand il s'agit de rapports découlant d'un cas particulier, justice quand il s'agit de rapports généraux existant dans l'ensemble de la société. Aussi longtemps que les hommes se traitent avec équité, la justice règne entre eux ; sitôt que l'équité disparaît, l'injustice apparaît.

Ainsi donc, en mettant le terme général de justice à la place du terme plus restreint de droit, on peut formuler la proposition que j'ai donnée plus haut sous la forme suivante : *chaque injustice se ramène à une amputation, chaque injustice est, en dernière analyse, une limitation de vie ou, en d'autres termes, une mort partielle.* En effet, toute jouissance est une exaltation, un épanouissement de vie, toute souffrance une dépression, un flétrissement de vie.

La souffrance, arrivée à un certain degré d'acuité, diminue la vie dans une mesure totale, c'est-à-dire produit la mort.

On peut donc conclure qu'une société contiendra des hommes d'autant plus exubérants de vie que la somme de justice y sera plus grande. En un mot la somme d'intensité vitale est proportionnelle à la somme de justice.

Je me suis placé jusqu'à présent au point de vue de celui qui *subit* l'injustice, au point de vue *passif*, s'il est permis de s'exprimer ainsi. Je vais me placer maintenant au point de vue *actif*, au point de vue de l'individu qui *inflige* l'injustice.

Il est facile de démontrer que pour celui-ci également le résultat est identique et se ramène aussi à une mutilation.

Si l'homme pouvait se procurer le plus rapidement ce qui est nécessaire à son bien-être par un travail solitaire, l'injustice commise à l'égard du prochain pourrait ne comporter aucun désavantage. Mais il n'en est pas ainsi. L'homme peut subvenir le plus rapidement à ses besoins par l'échange des services. Cela étant, considérons la situation de l'individu vis-à-vis du groupe social au sein duquel s'exerce son activité. Pour plus de brièveté j'appellerai cet individu Paul. Paul fait un métier quelconque et gagne 10 francs par jour au moyen de laquelle somme il se procure 10 utilités. Un beau jour, par suite d'une circonstance fortuite, tous les membres du groupe de Paul sont atteints d'une paralysie des bras. Paul a beau travailler comme auparavant, il a beau apporter sur le marché le même nombre d'articles, il ne peut rien obtenir en échange parce que les membres de son groupe, étant devenus impotents, ne peuvent rien lui fournir. Le travail de Paul, dès ce moment, au lieu de lui rapporter 10 utilités ne lui rapporte plus que 0 utilité[1]. Maintenant, si les compagnons de Paul avaient gardé l'usage de leurs bras, mais si ceux de Paul avaient été frappés de paralysie, sa situation, au point de vue économique, aurait été exactement la même. N'ayant pas

1. Encore ici, le lecteur comprend que je simplifie à l'extrême, le phénomène social pour exposer clairement ma pensée.

de bras, il n'aurait pas pu travailler et n'ayant rien pu porter sur le marché il aurait obtenu 0 utilité.

Faisons un pas de plus. Imaginons que les compagnons de Paul sont devenus impotents, non par suite d'un accident naturel, mais par suite de blessures que leur a faites ce même Paul. Dans ce cas également, ces individus n'ont pu rien apporter sur le marché et Paul n'a pu obtenir que 0 utilité, aussi bien que s'il s'était coupé les bras à lui-même. D'où la conclusion que toute mutilation faite à son semblable se ramène, en dernière analyse, à une *auto-mutilation*.

Autre illustration de ce fait, sur le terrain intellectuel.

Soit l'ensemble des idées et des connaissances, possédées par un groupe social, égal à 1.000 et l'ensemble des idées, produites chaque année, égal à 100. Au bout de la première année Paul (je prends le même nom pour désigner un individu idéal) a donc à sa disposition un stock de 1.100 idées. Maintenant, par une mesure quelconque, Paul entrave le développement intellectuel de ses compagnons. La production des idées se ralentit chez eux. Au bout de l'année, Paul ne peut plus disposer que d'un stock d'idées égal à 1.050 au lieu de 1.100. Cela revient exactement pour lui à un affaiblissement de sa propre intelligence, comme à une ablation de certains lobes de son cerveau.

Ainsi toute injustice subie se ramène à une mutilation et toute injustice infligée à une auto-mutilation. Les points de vue passif et actif sont identifiés. Il ne saurait en être autrement puisqu'il faut, de toute nécessité, qu'il y ait un volé s'il y a un voleur et une victime s'il y a un assassin. L'acte qui est actif pour X est passif pour Z.

Des conséquences d'une importance de premier ordre se dégagent des faits qui viennent d'être exposés et dont la réalité ne pourra être contestée par aucun esprit logique.

Pratiquer la justice à l'égard de son semblable, signifie n'accomplir aucun acte qui puisse empêcher le plein développement de ses facultés physiques et mentales. Or il faut

adopter cette conduite non par altruisme, comme on ne
cesse de nous le répéter depuis des siècles, mais uniquement par esprit de préservation personnelle, puisque toute
lésion commise à l'égard d'un semblable est une lésion
commise sur soi-même. Il n'est donc nullement nécessaire
d'aimer son semblable pour respecter ses droits ; il suffit
de s'aimer soi-même. Il faut respecter les droits des autres
non pour faire leur bonheur à eux, mais pour faire
notre bonheur à nous ; chaque fois que les droits d'un
homme sont violés, tous les hommes éprouvent un dommage. L'intérêt primordial de toute personne vivante est de
voir la justice la plus stricte régner sur l'étendue entière du
globe. C'est alors que chaque individu pourra atteindre
la plénitude de son développement, parce qu'il aura des
compagnons du meilleur aloi, si l'on peut s'exprimer ainsi,
des compagnons capables de lui fournir la plus grande
somme possible d'utilités.

Maintenant il est facile de démontrer que l'altruisme n'est
au fond qu'une face de l'égoïsme qui n'a pas été dégagée
par une analyse assez pénétrante.

Il faut aimer ses semblables, disent les altruistes. C'est
parfait. Mais cela se ramène à vouloir assurer le bien-être
du prochain. Or si le bien-être du prochain fait mon bien-
être à moi, l'égoïsme et l'altruisme se confondent. Quand
mon voisin devient malade, si je suis poussé par l'esprit de
charité à faire des sacrifices pour le soigner, ces sacrifices
diminuent la somme de mes jouissances. Cela revient à
dire que la maladie de mon voisin est comme une maladie
pour moi-même. Tout ce que je fais donc pour préserver
mes semblables de la maladie est une auto-préservation.

Avançons encore d'un pas dans notre analyse. Il est facile
de démontrer que la justice est de beaucoup supérieure à
la charité ou, en d'autres termes, qu'un égoïsme *bien entendu*
amène une somme de bonheur social supérieure à l'altruisme.
L'intérêt de tout individu est que chacun de ses semblables
soit aussi riche et aussi fortuné que faire se peut (autres

termes pour indiquer la plénitude de l'épanouissement vital). Mais pour que ce résultat soit atteint d'une façon complète, il suffit de respecter scrupuleusement les droits de ses semblables. Car si l'on va au delà et si l'on donne des secours au prochain, on se prive soi-même d'une certaine somme de bien-être. Alors cette somme, au point de vue général, n'augmente pas, mais se distribue seulement d'une manière différente. La charité ne peut pas extirper la misère si la somme des richesses produites n'est pas suffisante pour l'ensemble des hommes habitant sur le globe. Cela ne veut dire en aucune façon qu'il ne faut pas faire la charité ; cela veut dire seulement que l'état social parfait serait celui où personne n'aurait lieu de la faire. Ni la charité ni l'altruisme ne donneront jamais la solution de la question sociale ; la justice seule (en d'autres termes l'égoïsme *bien entendu*) pourra donner cette solution. Donc la justice est le besoin suprême de l'humanité.

Il est antiscientifique au premier chef de préconiser la dureté impitoyable dans les rapports sociaux. Ces rapports sont d'une complexité extrême et la science, en tout premier lieu, doit tenir compte de cette complexité. La charité et l'altruisme ont leur place marquée dans les collectivités et une place de la plus haute importance. La vie ne serait qu'une sinistre plaisanterie, sans les affections. Le bonheur est en raison directe de la somme de sympathie. L'amour du prochain, sous toutes ses formes, est le point culminant de la félicité humaine. On voit que je suis bien loin de contester l'importance sociale des sentiments. La seule chose que je veuille mettre en évidence d'une façon purement objective, c'est que la prospérité sociale ne gît pas dans l'amour d'autrui, mais dans l'amour de soi. On verra plus loin, quand il sera question des rapports internationaux, l'immense importance de cette vérité.

CHAPITRE II

LE POINT DE VUE POLITIQUE

Après avoir parlé de la justice au point de vue individuel tant actif que passif, plaçons-nous maintenant au point de vue politique. Examinons les relations qui s'établissent entre gouvernants et gouvernés.

Quand un État pratique la stricte justice à l'égard de tous les citoyens, c'est qu'il leur assure la liberté dans la limite la plus entière. Alors chaque individu peut atteindre la plénitude du développement physique et intellectuel. Mais dès que l'État cesse de pratiquer la justice la plus stricte, il inflige aux citoyens comme une série de mutilations.

Imaginons que l'État confère à Pierre le privilège de faire des commissions (je reprends l'exemple de plus haut) et que Paul, qui aurait voulu exercer ce métier, en soit empêché. Le privilège conféré à Pierre équivaut pour Paul à avoir les jambes coupées par ordre du gouvernement.

Autre cas : un individu voudrait cultiver une terre dans un pays étranger; mais son gouvernement lui défend de quitter le territoire national. Si notre individu était frappé de paralysie et était obligé, par suite, de rester chez lui, sa situation serait identique. La défense d'émigrer équivaut à une atrophie des organes de la locomotion.

Un publiciste écrit un livre, mais le gouvernement lui défend de le publier. Cela revient, pour cet écrivain, à un affaiblissement de l'intelligence qui l'aurait rendu incapable de composer son livre. Ce fait peut être encore présenté autrement. Défendre de parler et d'écrire se ramène en définitive comme à supprimer certaines circonvolutions du cerveau. Être ignoré parce qu'on est médiocre, équivaut exactement à être ignoré parce qu'on est empêché de répandre ses idées. Si les facultés mentales étaient ravies à tous les hommes, personne n'écrirait rien; alors la censure deviendrait inutile. La censure opère donc comme un abaissement général des facultés mentales d'une société.

Les défenses de faire des commissions, d'émigrer et de publier des livres sont des limitations de droit, des injustices; c'est pourquoi elles se ramènent à des mutilations. Naturellement ces mutilations sont d'autant plus graves que le despotisme est plus lourd.

En effet, les gouvernements peuvent pratiquer la limitation des droits soit d'une façon complète, soit d'une façon partielle: par exemple, il peut être totalement défendu à une certaine catégorie d'individus d'acheter des terres dans une région déterminée ou bien cela peut être autorisé sous certaines conditions. Les formalités administratives, trop nombreuses, peuvent être également considérées comme une forme de despotisme, car elles entraînent aussi comme des mutilations partielles. Soit une cantatrice désirant donner un concert dans un pays quelconque; si elle doit demander une permission aux autorités (en admettant même que celle-ci ne soit jamais refusée), les démarches nécessaires pour l'obtenir lui font perdre du temps. Alors, la cantatrice, dans sa semaine, ne peut donner que deux concerts au lieu de cinq. Cela équivaut pour elle à perdre la voix trois jours sur cinq, ce qui se ramène à une mutilation temporaire (donc partielle) de son gosier. De même, si un publiciste est obligé de faire de nombreuses démarches pour obtenir l'autorisation de publier ses ouvrages, le nombre des volumes qu'il peut publier pendant sa vie diminue. Voilà aussi pour lui l'équivalent d'un affaiblissement de ses facultés mentales. Le despotisme se ramène donc à une série d'actes criminels commis régulièrement par les gouvernants au détriment des gouvernés.

Comme je l'ai exposé au chapitre précédent, quand un homme en vole un autre, c'est comme si le voleur mutilait le volé; quand un gouvernement autorise le privilège, il donne la possibilité à une catégorie d'individus de mutiler impunément et régulièrement l'ensemble des citoyens. Le crime et le despotisme sont des cas de pathologie indivi- duelle [1]. L'homme dont un bras est paralysé est un malade. L'homme à qui on a coupé un bras peut être aussi consi- déré comme un malade, car il importe peu, au point de vue de l'usage qu'il fait de son membre, quelle est la cause qui empêche celui-ci de fonctionner. Que cette cause soit naturelle ou qu'elle vienne de nos semblables, le dommage est le même. Quand on est placé par un gouvernement dans l'impossibilité de faire usage de ses bras, on est, en fait, placé dans un état pathologique. Si cette paralysie artifi- cielle vient d'une violence exercée directement par un indi- vidu sur un autre, on lui donne le nom de crime. Quand elle vient d'une défense du gouvernement, on l'appelle des- potisme. Or à partir du moment où les gouvernements édictent des mesures qui frappent simultanément un grand nombre de personnes, ces crimes prennent un caractère collectif et se ramènent à des cas de pathologie sociale. La société étant composée d'individus biologiques, quand les individus sont sains la société est saine, quand les indivi- dus sont malades la société est malade.

Le despotisme a pour effet de faire d'un peuple comme une collection de perclus, de manchots, de muets et de faibles d'esprit. La justice ou, en d'autres termes, la liberté permet de porter au maximum l'épanouissement de l'individu; l'injustice produit l'effet diamétralement opposé, celui de rabaisser les facultés humaines au minimum.

On a remarqué depuis longtemps que le despotisme cau- sait la dégénérescence des nations. Cette observation est

1. Voy. aussi plus bas p. 20.

parfaitement exacte, pourvu qu'on la prenne dans un sens métaphorique, et qu'on ne commette pas la grossière erreur de confondre les phénomènes physiologiques et les phénomènes sociaux.

Un gouvernement oppresseur peut faire vivre un publiciste dans un état de mécontentement perpétuel qui diminue sa puissance de travail ; de telle sorte qu'au lieu d'écrire deux volumes par an, celui-ci n'est capable d'en écrire qu'un seul. Donc l'absence de justice (ce qui fait que le gouvernement est oppresseur) se ramène à un abaissement des facultés mentales, comme à une dégénérescence. Mais on est ici en face d'un fait social et nullement physiologique. La taille des individus ne change pas selon le régime politique. Sous un gouvernement despotique, comme sous un gouvernement libre, il naît autant d'hommes de haute stature que de stature basse. De même sous un gouvernement despotique il naît autant d'individus ayant virtuellement de fortes capacités mentales que sous un gouvernement libre. Il n'y a donc pas dégénérescence *biologique*. Mais, sous un gouvernement libre, les capacités virtuelles peuvent se faire jour plus facilement (ce qui, à un autre point de vue, équivaut à dire qu'elles se produisent en plus grand nombre), sous un gouvernement despotique, plus difficilement (ou en plus petit nombre). Alors, en apparence, c'est comme si la race avait dégénéré. Mais la race n'a rien à voir ici parce qu'on est en présence d'un fait social et non physiologique.

Le publiciste, sous un mauvais gouvernement, peut vivre dans des conditions qui rendent son cerveau moins créateur. Cela équivaut bien à une dégénérescence, si l'on veut. Seulement, il y a cette distinction capitale que les facultés sont *suspendues* et non annulées. Quelquefois même, la suspension n'est qu'apparente. En effet le publiciste peut conserver ses hautes facultés dans son for intérieur. Quand la censure empêche de publier les idées d'un penseur, celles-ci sont supprimées uniquement au point de vue du public. De nouveau c'est un fait social non physiologique[1].

Quand la justice règne dans un État, aucun citoyen n'est autorisé à violer impunément les droits de ses semblables ou, en d'autres termes, à les mutiler. C'est à partir du moment où l'on admet que les gouvernants peuvent se permettre tout ce qui leur plaît à l'égard des gouvernés qu'on supprime la justice et qu'on établit le despotisme. L'état social où chaque individu peut se permettre de léser impunément ses semblables s'appelle l'anarchie. Comme la violation impunie des droits des gouvernés par les gouvernants est précisément ce qui constitue le despotisme, le despotisme n'est autre chose que l'anarchie venant d'en haut. Et cette anarchie d'en haut est bien plus dangereuse que celle d'en bas. Quand on a affaire à un voleur, on peut toujours recourir au gendarme. Mais quand les gendarmes eux-mêmes viennent voler, à qui s'adresser? Il n'y a plus personne; la désorganisation sociale est complète. C'est pourquoi les pays où règne le despotisme sont si faibles et se décomposent si rapidement. Une des causes de ce résultat c'est que, dans les pays gouvernés despotiquement, les citoyens, fort souvent, font preuve d'une complète absence de patriotisme. On a prétendu que cela venait d'une dégénérescence physiologique. Ainsi on a affirmé que l'empire des Césars avait été détruit par la jeune nation des Germains parce que les Romains, vieillis, étaient deve-

1. Cette confusion des phénomènes biologiques et sociaux est une des raisons qui ont empêché de bien comprendre les événements du passé. Vers l'an 350 de notre ère, Rome avait des institutions très mal adaptées à ses besoins réels. Elle avait donc un gouvernement très imparfait. Mais les Romains n'étaient alors *physiologiquement* parlant ni meilleurs ni plus mauvais qu'en l'an 350 avant notre ère. Il fut un temps où tous les citoyens romains pouvaient aller voter, en personne, au Capitole. Par suite, la liberté (du moins comme on l'entendait alors) était plus ou moins garantie. Mais à l'époque de Constantin le Grand, les Bretons, les Aquitains, les Égyptiens, les Arméniens ne pouvaient pas aller voter au Capitole. Par suite, la liberté fut mal garantie. Rome eut un gouvernement infiniment moins parfait qu'il n'était nécessaire. Ce fut là la cause de la ruine de l'empire et non la prétendue dégénérescence physiologique de la race latine.

nus une race amollie et corrompue. Encore ici l'on confond un fait biologique avec un fait social. En réalité les
choses se passent autrement. Dans un gouvernement despotique, toute tentative des citoyens de se mêler des intérêts généraux de l'État est considérée comme un délit,
même comme une révolte punie de peines parfois très
sévères. Alors, tous les citoyens n'étant pas des héros, ils
s'abstiennent de se mêler des affaires publiques pour ne
pas encourir de châtiments et peu à peu ils s'en désinté-
ressent. D'autre part, on aime un être humain ou une collectivité, en raison directe des jouissances que cet être ou
cette collectivité peuvent procurer. C'est pour la même
raison qu'on aime sa patrie. Mais comment un homme
peut-il aimer sa patrie, si cette patrie, personnifiée dans le
gouvernement, l'empêche d'acquérir le maximum de développement vital. Dès que la patrie est gouvernée despotiquement, elle devient la pire ennemie du citoyen intègre
et honnête. Ce citoyen vit toujours sous le coup d'une
condamnation possible, d'une violation flagrante de ses
droits les plus sacrés. Comment peut-il avoir alors une
vive affection pour une patrie qui est une marâtre. Au
contraire, plus la justice règne, plus le citoyen se sent en
sécurité, plus il sent que la chose publique est sa chose et
plus il est porté à aimer sa patrie et à se dévouer pour
elle.

Il n'y a donc pas dans l'indifférence à l'égard de la
patrie un fait de dégénérescence physiologique, mais uniquement un fait d'ordre social.

Je dois encore faire remarquer que le parallélisme entre
les actes individuels et les actes collectifs est complet,
parce que les seconds ne sont qu'une totalisation des premiers. Quand, par suite d'un décret, un gouvernement
confisque l'avoir d'une catégorie entière de citoyens,
cela correspond pour ceux-ci à un ensemble de vols
simultanés accomplis à leur détriment par une bande de
malfaiteurs.

En résumé, toute injustice des gouvernants à l'égard des gouvernés est comme une mutilation des gouvernés.

D'autre part, il est aisé de démontrer que toute mutilation des gouvernés se ramène en dernière analyse à une mutilation des gouvernants.

Le gouvernement d'une société, comme toute autre occupation, donne la possibilité d'obtenir certaines jouissances matérielles et morales. Les matérielles sont représentées par les revenus de l'ordre financier (listes civiles, apanages, émoluments, pensions, profits indirects et illégitimes de tout genre, etc.), les morales par les honneurs de toute espèce (titres, décorations, grades, dignités, etc.), et par le spectacle de la prospérité sociale. Et cette dernière jouissance est très importante, peut-être la plus importante de toutes, car l'homme étant un être vivant, s'attriste à la vue de la mort et de la douleur. Pour que les gouvernants puissent atteindre la plénitude complète dans l'exercice des fonctions politiques, il faut que l'État qu'ils régissent leur procure le maximum possible de bénéfices matériels et de satisfactions morales.

Or il est clair que seul un état gouverné avec la plus stricte justice peut réaliser ce programme, puisque c'est uniquement dans un État de ce genre que les citoyens peuvent développer toutes leurs facultés physiques et intellectuelles. Dans un État où la justice est absente, les citoyens sont comme atrophiés et malades. L'individu bien portant peut fournir jusqu'à 33.000 kilogrammètres de travail par heure ; mais étant malade il n'en peut plus fournir que 10 ou 15.000. L'État despotique aura donc une moindre production et, partant, moins de ressources qu'un État libéral (toutes choses égales d'ailleurs, bien entendu). Naturellement, les gouvernants, ayant une moindre somme de revenus publics à se partager, seront plus pauvres. Or comme la pauvreté équivaut à une diminution de jouissances, ou, en d'autres termes, à une espèce de mutilation, on voit que toute mutilation des gouvernés se ramène à une mutilation des gouvernants.

Il est à peine nécessaire de donner des preuves matérielles de ce qui vient d'être dit. Tout le monde sait que les pays régis par un pouvoir despotique sont plus dénués de ressources que ceux régis par un gouvernement libre. Le Sultan reçoit 436 millions de francs de ses 24 millions de sujets, le roi des Belges 508 millions de francs de ses 6.900.000.

Mais, dira-t-on, qu'importe le revenu total de l'État? Ce qui importe aux gouvernants, c'est la part qu'ils peuvent s'en attribuer. Si le Sultan a 30 p. 100 sur 436 millions, il a plus d'avantages que le roi d'Angleterre qui touche 1/2 p. 100 sur 3.750 millions. Ce raisonnement paraît juste, mais il ne l'est pas en réalité.

Si les gouvernants s'attribuent une trop forte part du revenu des impôts, les services publics doivent être nécessairement mal pourvus, donc mal organisés. Il en résulte immédiatement une diminution de la production et, par suite, de la richesse générale du pays. Or, c'est cette richesse générale qui est la plus grande source de bonheur pour l'individu. Les jouissances qu'offre une ville comme Paris ne peuvent être obtenues par aucune fortune particulière, si colossale qu'on la suppose. En diminuant la richesse publique, les gouvernants diminuent donc leur propre richesse, puisque l'argent n'a de prix que par les plaisirs qu'il procure. Qu'importe à un homme d'avoir une immense fortune si, en sortant de sa demeure, son regard est attristé par le spectacle de la plus affreuse misère, s'il doit patauger dans la boue la plus épaisse, et s'il risque d'être tué à tout moment .

A part le contre-coup de la misère sur le bonheur des gouvernants, il faut encore considérer le nombre de ces derniers. Assurément si le Sultan et quelques personnes

1. L'insécurité des routes et leur mauvais entretien sont des premières conséquences des mauvais gouvernements.

peu nombreuses, vivant dans son palais, se partagent le tiers des 436 millions payés par les contribuables turcs, cela fait beaucoup plus que le revenu du roi des Belges et de sa cour. Mais il est évident que le gouvernement turc procure de bien maigres bénéfices à l'ensemble de la classe gouvernante des Osmanlis, si la cour absorbe la plus grande partie des revenus de l'État. Où est l'avantage d'appartenir à la race conquérante si les profits de la conquête vont tous à une petite caste privilégiée ? Évidemment le nombre des copartageants ne doit pas être si réduit. Il doit comprendre tous ceux qui gouvernent l'État. Or, dès que le nombre des copartageants augmente, le revenu des impôts étant restreint, la part de chacun est abaissée à presque rien. Tandis qu'en Angleterre (pays où règne le maximum de justice), les émoluments sont parfois énormes (ils montent fort souvent à 300.000 francs et même davantage), en Turquie, ils sont des plus misérables et encore ne sont jamais payés avec régularité.

Si la production des Turcs était égale à celle des Belges, les Turcs auraient pu payer 1.708 millions de francs d'impôts, au lieu de 436 millions. Il est clair qu'avec des ressources quatre fois supérieures les gouvernants turcs auraient pu avoir beaucoup plus de profits.

Il faut considérer d'autre part que les intérêts des gouvernants sont doubles : individuels et politiques. Si un souverain, en dépouillant ses sujets par des impôts iniques, s'enrichit lui-même, il éprouve des satisfactions, en tant qu'individu. Mais si ces exactions affaiblissent l'État, le souverain peut éprouver de profondes amertumes, en tant que chef politique. Le Sultan, par exemple, avec 1.706 millions de francs de revenu au lieu de 436, aurait pu avoir une armée beaucoup plus forte et partant plus de puissance. Actuellement, par suite de son despotisme, il subit l'humiliation d'être un souverain de troisième ordre.

Enfin les satisfactions morales sont impossibles avec un régime oppressif, car c'est précisément ce régime qui ralen-

tit dans la plus forte mesure les progrès de la société et
qui la fait même tomber en décadence. Comparez les Américains aux Turcs ; les États-Unis se développent avec une
rapidité prodigieuse. Les gouvernants de ce pays en éprouvent des satisfactions qui augmentent sensiblement le prix
de leur existence. Voyez au contraire les Turcs ; tous ceux,
parmi leurs gouvernants, qui pensent un peu aux affaires
de leur pays se sentent comme des hommes condamnés à
une mort prochaine. Aussi aucune manifestation vitale de
quelque valeur (progrès économiques, inventions d'ordre
scientifique et littéraire) ne se produit-elle parmi eux. Les
Turcs mènent une vie purement végétative, sans aucun
espoir d'un avenir meilleur. Assurément, c'est là l'état le
plus pénible qui se puisse imaginer.

J'aurais pu entrer dans de grands développements à ce
sujet. Mais ce que j'en ai dit suffit amplement à la démonstration de ma thèse : à savoir que toute diminution de l'intensité vitale des gouvernés, provenant du despotisme, se
ramène à une diminution de l'intensité vitale des gouvernants. Or, diminution de l'intensité vitale et mutilation
sont des termes correspondants : donc toute mutilation
des gouvernés est une mutilation des gouvernants.

CHAPITRE III

L'EXPLOITATION DE L'HOMME PAR L'HOMME

Un gouvernement peut exercer l'injustice non seulement à l'égard de ses propres citoyens mais encore à l'égard des citoyens des États étrangers. La restriction des droits à l'intérieur s'opère par le moyen de l'oppression et du despotisme; la restriction des droits à l'extérieur, au moyen de la guerre. Le despotisme est l'emploi de la force brutale pour contraindre les citoyens à faire ce qui est contraire à leur intérêt au profit de leurs maîtres. La guerre est le procédé par lequel s'établit le despotisme international et le despotisme interne est, en dernière analyse, une guerre latente et perpétuelle entre les gouvernants et les gouvernés. Comme la guerre a pour but la limitation des droits d'un certain ensemble d'individus, elle est une mutilation du prochain exactement comme le despotisme [1].

Considérons maintenant le mécanisme de la violation du droit des nations étrangères. L'État qui a l'intention d'exercer cette violation réunit une armée et la met en campagne. Les individus composant l'armée sont les exécuteurs des ordres de leur gouvernement. Mais les nations dont on veut violer les droits ne se soumettent pas toujours aux désirs des violateurs. Elles résistent. Alors les agresseurs doivent tuer leurs adversaires, mais ils peuvent aussi être tués par eux. Or il est facile de démontrer qu'à partir du moment où un gouvernement envoie ses citoyens se faire tuer pour imposer ses volontés aux étrangers, ce

---

1. Voy. plus haut p. 12.

gouvernement viole la justice de la façon la plus complète
à l'égard de ses propres citoyens et se livre à l'exploitation
de l'homme par l'homme de la manière la plus cynique.

Cette proposition paraîtrait évidente comme un axiome
de géométrie, sans l'aberration mentale qui consiste à considérer la guerre par le seul côté de la défense. Si on voulait se donner la peine de réfléchir une seule minute, on
comprendrait aussitôt que, pour faire une guerre, il faut
nécessairement un agresseur, un violateur des droits.
L'attaque est inévitablement la première en date : c'est
l'action ; la défense ne peut être que la seconde en date :
c'est la réponse.

Le désir de violer les droits d'une collectivité humaine
est l'unique raison qui peut faire entreprendre une agression, car aucune communauté (pas plus qu'aucun individu)
ne refuse de conclure une convention qui lui paraît conforme à ses intérêts. Quand deux États font un traité de
commerce, par exemple, ils ne le signent que lorsqu'ils y
trouvent également leur compte. C'est seulement lorsqu'une
des parties considère un arrangement comme désavantageux que l'autre peut être amenée à le faire accepter par
la force.

Si donc un État fait la guerre, c'est pour imposer ce
qu'un autre n'accepte pas de plein gré, donc pour violer le
droit.

Maintenant, quand le but de l'agresseur est atteint,
quand il a obtenu la victoire, que peut-il faire ? Il peut
obtenir des satisfactions d'un ordre matériel ou d'un ordre
moral. Il n'y en a pas d'autres en ce monde. Or il est
évident que les satisfactions ne peuvent pas être partagées
également entre les gouvernants du pays victorieux et
l'ensemble des citoyens qui ont fait la campagne et qui ont
risqué leur vie et leur santé. Puisqu'il ne peut pas y avoir
de partage égal, certains individus gagnent donc plus que
certains autres. Alors les derniers sont tout simplement
exploités par les premiers. Les soldats allemands qui ont

fait la campagne de 1870-1871 n'ont eu aucune part des cinq milliards payés par la France, tandis que les chefs des armées ont eu des dotations dépassant parfois le million. Le gouvernement allemand a donc exploité ses soldats au profit des chefs.

Il ne peut pas en être autrement. De par la nature des choses, le brigandage ne peut être lucratif que s'il s'opère au détriment des majorités et au profit de petites minorités. Si chaque Français vole à son voisin une somme égale à celle que ce voisin lui dérobe, les choses restent comme auparavant. Il faut que les volés soient nombreux et que les voleurs ne le soient pas, pour que le vol puisse procurer des bénéfices[1]. Voilà pourquoi les masses populaires ne peuvent jamais profiter des avantages matériels que les guerres semblent procurer parfois.

Mais le résultat de la victoire peut être l'annexion d'une province, sans contribution financière dépassant les dépenses de la campagne. Alors les masses du peuple vainqueur, loin d'avoir un bénéfice matériel, ont au contraire une perte, puisqu'elles doivent payer plus d'impôts qu'avant la guerre. On est en présence alors d'un cas d'exploitation de l'homme par l'homme encore plus dur que le précédent.

Une autre forme de cette exploitation sont les expéditions entreprises pour favoriser les prétendus intérêts commerciaux d'un pays. Le terme de « pays » est un euphémisme sous lequel se dissimulent les bénéfices privés d'un petit nombre de producteurs. Ces individus envoient bel et bien leurs compatriotes à la boucherie pour des motifs purement personnels. C'est une exploitation de l'homme, dans l'acceptation la plus complète de ce terme. La preuve en est facile à donner : si le commerce n'était possible

---

1. Le vol ne peut rapporter que s'il est basé sur le principe de la loterie où une masse d'individus subissent une perte au profit d'un gagnant unique ou de quelques gagnants peu nombreux. La seule différence entre le vol et la loterie c'est que, dans cette dernière, la perte est volontaire.

que par l'agression militaire, alors on pourrait encore soutenir, à la rigueur, que la conquête d'un marché par la force des armes est un mal inévitable suivi ensuite d'un grand bienfait. Mais il n'en est rien. Tout le monde sait qu'on peut faire le commerce, même avec les tribus les plus sauvages, sans employer de procédés violents, quand on sait s'y prendre avec assez d'habileté et de patience. Ceux donc qui ne veulent pas employer ces procédés, mais qui recourent à la force, le font seulement pour s'éviter des difficultés et des pertes de temps. Ils font donc tuer leurs compatriotes pour s'épargner des ennuis et pour réaliser des bénéfices avec moins de peine. C'est une des formes les plus révoltantes de l'exploitation de l'homme par l'homme.

Mais, dit-on, il n'y a pas que les guerres entreprises en vue d'intérêts matériels. L'homme ne vit pas seulement de pain ; il y a aussi les besoins moraux : la gloire, l'honneur et le prestige de la patrie. C'est parfaitement juste, seulement à la condition que l'honneur, la gloire et le prestige de la patrie consistent uniquement dans le fait de violer les droits des voisins. Or ils peuvent et doivent consister dans le contraire. Il est parfaitement possible d'admettre qu'un peuple au sein de l'humanité, (comme ceux qu'on appelle les honnêtes gens et les grands caractères au sein des sociétés), mette son honneur et sa dignité à *respecter* les droits de ses voisins. Alors tout l'échafaudage des satisfactions morales obtenues par la violence et l'injustice s'écroule comme un château de cartes[1].

A proprement parler, les satisfactions morales obtenues par la guerre se ramènent presque exclusivement à l'ivresse de la victoire. Mais, encore ici, on le comprend, les chefs éprouvent des satisfactions infiniment plus fortes que les simples soldats. Bismarck après les campagnes de 1866 et 1870 a été adulé de mille façons. On le proclamait partout

---

1. Voy. plus bas p. 236 le développement de cette idée.

le plus grand homme d'État des temps modernes. Cela devait lui procurer des satisfactions d'orgueil certainement beaucoup plus grandes que celles qu'obtenaient des milliers de citoyens allemands qui avaient fait ces campagnes.

Les satisfactions d'orgueil peuvent être considérées aussi sous la forme négative : la honte de la défaite. Pour s'éviter cette souffrance, les grands de ce monde font souvent massacrer des centaines de milliers de leurs compatriotes. Encore ici nous sommes en présence d'une exploitation de l'homme par l'homme, car assurément il n'y a aucune égalité entre les souffrances que la perte d'une campagne fait éprouver à un obscur citoyen et les souffrances qu'elle fait éprouver à un général en chef ou à un souverain. Ajoutez de plus que les citoyens peuvent désapprouver avec beaucoup de raison les hautes combinaisons politiques pour lesquelles on les envoie à la mort.

A part les ivresses du triomphe, il y a encore, parmi les satisfactions morales, celles qui flattent l'orgueil national ; ce qu'on appelle la « grandeur » de la patrie. Encore ici on peut faire observer que ces satisfactions sont fort inégalement réparties entre les citoyens. Ceux qui ont peu d'instruction ne peuvent guère se figurer la dimension de leur pays. Ils sont donc incapables d'éprouver le plaisir provenant de l'idée que l'empire du voisin est moins étendu que le leur[1]. Ajoutez encore que les citoyens pauvres, talonnés par les besoins quotidiens de l'existence, n'ont pas autant de temps à consacrer aux satisfactions kilométriques que les citoyens à qui la richesse donne des loisirs.

On le voit donc : toutes les fois que certains citoyens sont envoyés pour combattre des étrangers, le résultat est qu'un grand nombre d'entre eux sont tués, blessés, rendus

1. Il va sans dire que les satisfactions données par l'étendue territoriale sont affaire de comparaison. Les Anglais éprouvent de la satisfaction en pensant que leur empire couvre 32 millions de kilomètres carrés tandis que l'empire russe n'en couvre que 22 millions. Si tous les États avaient la même dimension, leur superficie ne pourrait être la source d'aucun orgueil.

malades, affaiblis et ruinés pour procurer des satisfactions soit matérielles, soit morales à un petit nombre de gouvernants. *Il est donc absolument impossible, de par la nature des choses, de violer les droits des citoyens étrangers sans violer également les droits de ses propres concitoyens ; il est impossible de mutiler les étrangers sans mutiler ses compatriotes.*

Ce qu'on appelle communément le *devoir social* se ramène à sacrifier la vie des masses populaires à l'avantage des classes dirigeantes. « Quand un peuple, dit M. E. Pierret[1], prie, obéit, se sacrifie, adore Dieu, craint le maître et respecte le roi », il est en pleine floraison. Mais quant il « s'amuse, se soigne, se nourrit, va au théâtre, au bal, au concert, danse, lit des romans, boit de la bonne bière, achète de bons bouillons, fume de bons cigares, mange du bon chocolat, fait son carnaval, se tient frais, beau, fort et dispos, se peigne, se parfume, veille à son linge et à ses habits », le peuple tombe en décadence !

En un mot, quand les citoyens profitent eux-mêmes du fruit de leur labeur[2], les nations dégénèrent ; quand ils n'en profitent pas eux-mêmes et que ce fruit est confisqué par une infime minorité de privilégiés, les nations s'élèvent ! Mais que fait cette petite minorité de l'argent qu'elle spolie ? Elle s'en sert aussi pour aller au bal, au spectacle, pour faire des repas exquis, pour se parfumer, pour porter du beau linge, en un mot pour se donner tous les raffinements du luxe. Louis XIV et Louis XV n'accablaient pas le peuple d'impôts, que je sache, pour vivre comme des ascètes, mais pour se donner les jouissances les plus intenses et les plus diverses. Si la décadence sociale vient du bien-être, de l'existence harmonieuse et de la vie élégante, alors il faut proscrire tout cela aussi bien chez les gouvernants que chez les gouvernés.

1. *L'esprit moderne*, Paris, Perrin, 1903, p. 327.
2. Ce qui revient à dire, en d'autres termes, quand ils jouissent de la plénitude de leurs facultés physiologiques et psychiques.

Le passage de M. Pierret que je viens de citer montre
dans quelles erreurs extrêmes peut se fourvoyer l'esprit
humain. Ainsi pour cet auteur la base de la prospérité
nationale est la spoliation et l'injustice. Un *sic vos non vobis*
perpétuel, une énorme majorité de « souffreurs » (qu'on
me pardonne de forger ce mot nouveau) et une infime minorité de « jouisseurs », voilà quel doit être la condition
permanente des sociétés pour les régénérer[1]! Si demain
par un coup de baguette magique, tous les manants pouvaient acquérir assez de bien pour vivre comme des
aristocrates, cela amènerait, selon les conservateurs, la
décadence des sociétés! Ainsi le *bien*-être deviendrait le
mal-être! En d'autres termes, le bien deviendrait le mal.
On voit à quelles contradictions aboutissent les idées de
M. Pierret. Et cela est inévitable parce qu'il part de prémisses complètement fausses. Il s'imagine que l'aisance
doit absolument corrompre les prolétaires, bien qu'elle ne
corrompt ni les aristocrates, ni les bourgeois.

Ce qui, pour les nationalistes, est le principal devoir
social est de se faire tuer en combattant les voisins. Mais
pour livrer ces combats il faut des soldats aussi nombreux
que possible. Alors une des formes du devoir social consiste, pour les femmes, à avoir une nombreuse progéniture.
Dès que les femmes d'un pays se dérobent à ce devoir, on

1. Une des raisons, entre autres, qui empêche les conservateurs de
comprendre la véritable nature des phénomènes sociaux c'est qu'ils sont
embourbés dans les vieilles idées datant d'Aristote. Le célèbre stagyrite a
dit qu'on pourrait supprimer l'esclavage alors seulement que les navettes
se décideraient à marcher toutes seules (ce qui est arrivé, soit dit par
parenthèse). Aristote voyait qu'il y a certains métiers très durs sans lesquels la vie sociale ne serait pas possible. Il s'est imaginé que ces métiers
ne seraient pas exercés sans coercition. De là son idée que l'esclavage était
« conforme à la nature des choses ». Depuis des milliers d'années on a
persévéré dans cette erreur et les conservateurs de notre époque affirment que la pauvreté est indispensable parce que, sans elle, personne ne
voudrait être terrassier ou balayeur. C'est une très grande erreur. Il n'y
a pas de métier, si pénible soit-il, qui ne soit exercé de plein gré, s'il est
suffisamment rémunéré. Il peut parfaitement se faire qu'un balayeur, un
jour, ait un salaire d'autant plus considérable que son métier est plus
rebutant. Alors, même un balayeur, sa besogne terminée, pourra vivre
d'une existence aisée et commode.

dit que ce pays commence à dégénérer. Dans ces derniers temps on n'a pas cessé de répéter que le peuple français était en décadence, parce que sa natalité était très faible. Mais pourquoi les Françaises doivent-elles avoir beaucoup d'enfants? Parce que sans cela leur pays sera mangé par l'Allemagne. Dans ce cas la question ne fait que se déplacer. Elle doit être considérée par le côté actif (celui de l'attaque) et non par le côté passif (celui de la défense). Pourquoi les Allemandes doivent-elles faire beaucoup d'enfants? Pour que l'Allemagne puisse manger la France. Mais quand ce « repas » aura eu lieu, qui en profitera? De nouveau une infime minorité de gouvernants au détriment de l'immense majorité des gouvernés, comme en 1871. Les Allemandes, par conséquent, n'accomplissent nullement un devoir social en faisant beaucoup d'enfants pour « manger » la France, par la raison toute simple que toute souffrance infligée aux Français par les guerriers allemands se ramène à des souffrances infligées à l'immense majorité de la nation germanique au bénéfice exclusif de quelques privilégiés.

On n'a pas encore réfléchi à une chose élémentaire. Si le devoir social doit pousser le prolétaire X... à mourir pour assurer une plus grande somme de jouissances au duc Z... pourquoi le devoir social ne doit-il pas pousser le duc Z... à mourir pour procurer une plus grande somme de jouissances au prolétaire X...? Ou le « devoir » est une réalité objective (comme l'attraction terrestre qui s'exerce dans la même mesure et sur le prolétaire et sur l'aristocrate), et alors il doit être le même pour tous, ou le devoir n'est pas le même pour tous et alors il est une affaire d'appréciation subjective, c'est-à-dire une fiction.

L'exploitation de l'homme par l'homme fait le fond du débat entre la démocratie et l'aristocratie, entre le nationalisme et l'internationalisme, entre l'anarchie et l'ordre juridique, entre ce qu'on appelle les citoyens « au type flasque » et les

citoyens « au type aveugle[1] ». La morale ancienne se
ramène à ceci: il est bon que des milliers de citoyens
souffrent pour que quelques rares privilégiés aient des
jouissances[2]. Et ce qu'il y a de plus singulier c'est que les
individus qui proclament un principe aussi révoltant s'appellent « nationalistes ». C'est *anti*-nationalistes qu'ils
devraient s'appeler; car ces hommes veulent le *mal* de
l'immense majorité de leurs concitoyens. Quand les internationalistes viennent affirmer, au contraire, que le but
de leurs efforts est de procurer le bien-être à *tous* les
citoyens, les internationalistes sont traités de « sans
patrie ». Ainsi les hommes qui veulent le bien-être de tous
leurs compatriotes sont accusés de ne pas aimer leurs
compatriotes et ceux qui veulent le mal de l'immense majorité de leurs compatriotes prouvent par cela leur amour
pour eux ! De nouveau, on aboutit à la conclusion que le
bien c'est le mal. Les nationalistes affirment que le devoir
des gouvernants consiste à infliger des souffrances à des
millions d'hommes pour procurer des jouissances à quelques milliers. Si ceci est l'amour de la patrie je demande
qu'on me dise ce qu'en serait la haine ? Considérer ses
compatriotes comme des instruments de son propre plaisir, c'est tout simplement les traiter en vil bétail: voilà
une manière bien étrange de leur témoigner de la sympathie !

Je sais parfaitement l'objection qu'on va me faire. «Vous
niez donc la solidarité nationale, me dira-t-on. Oserez-vous
affirmer que si l'étranger attaque une province d'un pays,
les autres provinces ne doivent pas marcher à son secours ?
Mais si elles marchent, il y a exploitation de l'homme par
l'homme, puisque le Breton, par exemple, sera tué, pour
empêcher le Lorrain d'être annexé à l'Allemagne. » Ce so-

---

1. Je ferai observer qu'on peut parfaitement être un citoyen du type
« fort » et un fédéraliste, si on est aussi intraitable sur son droit que respectueux du droit d'autrui.

2. Et encore la plupart du temps purement imaginaires, comme cela est
facile à démontrer.

phisme ne tient pas debout. Dans le cas de la défensive,
il y a infortune et non exploitation. Si l'ennemi envahit
mon pays et si je ne marche pas au secours de mes compatriotes, après avoir tué un certain nombre des miens,
l'ennemi peut me tuer moi-même. Quand je *défends* mon
pays c'est ma propre personne que je défends en réalité.
Si dans cette conjoncture c'est moi qui suis tué et non mon
voisin, je suis la victime du malheur, et nullement l'objet
d'une exploitation, car mon voisin aurait pu être tué aussi
bien que moi, puisqu'il s'expose à des risques semblables
aux miens.

Il n'y a donc aucune exploitation de l'homme par l'homme
dans la guerre défensive ; il n'y a que préservation personnelle. C'est juste le contraire dans l'offensive. Si le soldat, envoyé pour conquérir un marché ou une province,
est tué et que les financiers et les hommes d'État qui l'ont
fait partir restent vivants, il y a exploitation de l'homme
par l'homme, donc souveraine injustice, parce que les
satisfactions obtenues par les uns l'ont été au prix des
souffrances éprouvées par les autres.

On voit donc que le principe de la solidarité sociale ne
subit pas la moindre limitation quand on démontre qu'il
y a exploitation de l'homme par l'homme sitôt qu'un État
en *attaque* un autre. C'est la confusion perpétuelle, voulue
ou non voulue, consciente ou inconsciente, entre l'attaque
et la défense qui empêche la compréhension nette d'un des
faits les plus importants de la vie des nations. De plus,
comme les affaires humaines sont extrêmement complexes,
il est très difficile parfois d'établir de quel côté est l'agression et de quel autre la défense. Cela contribue encore à
embrouiller des questions, très claires cependant dès qu'on
les analyse avec précision.

Ainsi donc, malgré toutes les subtilités et tous les sophismes imaginables, il est évident que chaque violation
des droits des voisins se ramène à une violation des droits
des compatriotes ou, en d'autres termes, à une mutilation

des nationaux. Toute guerre offensive est donc une exploitation de l'homme par l'homme.

Mais, dira-t-on, un gouvernement ne peut pas toujours savoir s'il fait une guerre offensive ou défensive. En 1870, les ministres français affirmaient que l'unité de l'Allemagne étant un danger pour leur pays, ils attaquaient pour se défendre. On n'échappera pas, par ce subterfuge, à l'étreinte de la vérité. Si un gouvernement veut le triomphe du droit, mais ne sait pas ce qui est le droit, ce gouvernement peut toujours s'adresser à des juristes qui savent résoudre les questions les plus controversées et les plus difficiles. Mais dès que les gouvernements écartent les juristes, c'est que l'un des combattants ou tous les deux veulent violer les droits du voisin.

Maintenant, comme je l'ai montré plus haut, la mutilation des gouvernés se ramène à une mutilation des gouvernants. Cela revient donc à dire, en dernière analyse, que toute limitation des droits d'un peuple vaincu aboutit à une mutilation de la classe dirigeante du peuple vainqueur.

CHAPITRE IV

LE POINT DE VUE INTERNATIONAL

Dans les trois chapitres précédents, j'ai montré, en me plaçant au point de vue individuel, que toute injustice se ramenait à une mutilation. J'ai examiné les rapports entre citoyens au sein de l'État, puis les rapports entre gouvernants et gouvernés, tant nationaux qu'étrangers. Je vais me placer maintenant au point de vue des collectivités sociales qui constituent les États et les nations. Ici encore nous verrons que toute violation des droits du voisin n'est autre chose, en définitive, qu'une mutilation opérée sur soi-même.

Mais, naturellement, dans ce chapitre, les termes d'auto-mutilation et d'auto-amputation doivent être pris dans un sens encore plus large que dans les précédents. Ils signifient d'une manière générale une diminution de bien-être, une limitation de jouissance, un allanguissement d'activité, en un mot, un amoindrissement de la puissance vitale.

Un second point à observer c'est que, dans le domaine collectif, la complexité des phénomènes devient énorme en sorte qu'il se produit, nécessairement, des combinaisons qui ne se trouvent pas dans les rapports individuels.

Le premier chapitre de ce livre se rapporte au droit civil, le second au droit politique. J'entre maintenant dans le domaine du droit international. Celui-ci considère des actions collectives. Cependant, si l'on va au fond des choses, on peut dire qu'à un certain point de vue, il n'y a pas à proprement parler d'actions collectives. Tout se ramène à des actions entre individus. Les sociétés ne sont pas des êtres abstraits. Elles ne sont qu'un ensemble de personnes en chair et en os. A cause de cela il est juste d'affirmer que le domaine du droit international se rattache au domaine du droit civil. Toute action générale n'est ressentie que si elle est répercutée sur les consciences individuelles. Certains phénomènes sociaux sont qualifiés de collectifs parce qu'ils affectent simultanément et de la même façon un grand nombre d'individus. Si deux États entrent en guerre, les citoyens de l'un et de l'autre accomplissent aussitôt et dans le même temps une série d'actions semblables (mobilisation, réunion sous les drapeaux, marches, combats, etc). Du moment que les actions collectives se réduisent, en réalité, à une *série* d'actions individuelles (ainsi une bataille est une série d'homicides simultanés), il faut s'attendre à ce que les actions des deux catégories se ressemblent très exactement par leurs résultats. Tout le monde comprend que la sécurité est un des plus grands biens dont puisse jouir un individu; c'est aussi un des plus grands biens dont puisse jouir une nation, parce que la sécurité de la nation se ramène, en définitive, à la sécurité de toutes les personnes dont elle est composée. Si par un arrangement quelconque la France pouvait s'assurer une sécurité complète par rapport à l'Allemagne, cela reviendrait à dire que chaque Français, individuellement, aurait la certitude de ne pas voir ses droits violés par les Allemands.

Après ces considérations préliminaires, entrons au fond de la question.

Il faut faire remarquer, tout d'abord, qu'il existe une région intermédiaire entre le domaine de la politique intérieure et le domaine purement international.

Les États modernes sont loin d'être tous formés par une nationalité unique et homogène. Il y en a qui comprennent plusieurs nationalités. Dans les États de ce genre, les rapports qui s'établissent entre gouvernants et gouvernés participent en même temps du domaine politique et du domaine international.

Les lois et règlements que le Tsar promulgue dans ce qu'on appelle maintenant les « provinces vistuliennes » de son empire, sont des mesures d'ordre intérieur qui restent confinées dans le droit public. Mais le Tsar est souverain des Russes et les « provinces vistuliennes » sont peuplées de Polonais. Il y a donc deux nationalités en présence et, à vrai dire, on est ici dans le domaine des relations internationales.

J'ai montré au chapitre II que toute injustice à l'égard des gouvernés se ramène à une mutilation des gouvernants. Ici je reprends cette proposition mais en la généralisant et en l'amplifiant. On peut poser comme une vérité incontestable que toute limitation des droits d'une nation conquise se ramène à une mutilation de la nation conquérante.

Cela pour la plus élémentaire de toutes les raisons ; parce qu'il n'y a pas moyen de tyranniser les vaincus sans tyranniser en même temps les vainqueurs. En effet, comment est-il possible de limiter les droits de minorités sans limiter également ceux de la majorité ? Prenons un cas des plus vulgaires. Si tous les citoyens, sans distinction, ont le droit de vivre sur l'étendue entière d'un État donné, alors, à ce point de vue, la race dominante n'éprouve ni gêne, ni difficulté. Mais imaginez qu'un gouvernement veuille restreindre la limite de résidence d'une nationalité vaincue[1]. Immédiatement et par cela même il amoindrit la liberté de la nationalité victorieuse. Sans les restrictions établies pour les vaincus, les membres de la nationalité victorieuse auraient pu se déplacer comme bon semble sans aucune entrave. Mais, à partir du moment où le droit de résidence est limité pour une catégorie de citoyens, il faut prouver qu'on n'appartient pas à cette catégorie. De là la nécessité de se munir d'un document certifiant la qualité de la personne. Quand un homme peut

1. Comme cela arrive en Russie pour les Israélites.

quitter les lieux où il demeure sans demander un passeport, sa liberté de déplacement est entière. Mais, s'il
est obligé de demander un passeport, sa liberté est précisément limitée par les formalités et les pertes de temps
nécessaires pour se le procurer. Ainsi donc, par suite de
la restriction du droit des vaincus, on arrive à ce résultat
singulier et véritablement bizarre que les membres de la
nation conquérante, qui ont versé des flots de leur sang
pour donner à l'État les limites qu'il possède, n'ont pas le
droit de voyager dans leur propre pays sans se soumettre
à des formalités vexantes et prolongées.

Autre exemple. Je suppose que le vainqueur veut s'opposer à la prédication des idées séparatistes, chez les vaincus, par le moyen de la presse. On ne peut pas reconnaître à un signe extérieur quelconque quel genre d'idées
propage un livre donné. Pour le savoir on doit le lire; il
faut donc que le vainqueur impose la censure à *tous* les
livres qui paraissent dans les limites de son État pour
pouvoir empêcher la diffusion de ceux qui prêchent les
idées séparatistes. Mais précisément l'établissement de la
censure sur les livres du vainqueur est une limitation des
droits de celui-ci.

Je pourrais donner de nombreux exemples de ce genre.
Ces deux suffisent à démontrer qu'il est impossible de
limiter les droits du vaincu sans limiter en même temps les
droits du vainqueur.

Ce résultat funeste est encore amené par un autre ensemble de faits.

Comme je l'ai montré plus haut, limitation de droits,
traitement injuste et despotisme sont des termes synonymes. Or le despotisme a pour effet de diminuer la puissance vitale d'une population, de la plonger dans un état
de langueur morbide. Sitôt que cet affaiblissement de vita-
lité se produit, il affecte immédiatement le vainqueur.
Tout d'abord la production économique de la nationalité
vaincue ne peut pas prendre son essor complet. Alors les

échanges né sont plus aussi nombreux qu'ils auraient pu
l'être entre les dominateurs et dominés, de sorte que les
premiers se ruinent eux-mêmes par leur propre politique.
Mais les désavantages économiques ne sont rien en
comparaison des désavantages intellectuels. La tyrannie
exercée sur le vaincu l'oblige à vivre dans une irritation
sourde qu'avivent tous les jours les mille vexations qu'il
est obligé de subir. Aucun état d'âme n'est plus désastreux. Quand un homme a la certitude que ses droits
seront scrupuleusement respectés partout et toujours, il se
sent libre, fier et satisfait. Cela exalte au suprême les facultés mentales et porte à son comble la puissance de production. Au contraire, quand, l'homme sait que ses droits
peuvent être violés à chaque instant et qu'il ne peut rien
pour éviter ce désastre, il devient sombre et mécontent,
ses facultés créatrices sont réduites dans une mesure très
forte. Or les facultés créatrices ont ceci de particulier
qu'elles ne dépendent en aucune façon de la volonté des
hommes. Une idée géniale peut venir spontanément dès
que se présentent les circonstances favorables pour la faire
éclore. Mais précisément, dans le domaine de l'esprit, ces
circonstances favorables sont l'état d'exubérance qui provient du contentement interne. Quand donc un vainqueur
abaisse la puissance vitale de tout un peuple par le despotisme, il se prive de l'immense quantité de travail mental et
d'invention que le vaincu aurait pu fournir et qu'il ne
fournit plus. Et qui sait ce que pourrait donner ce travail
et cette invention ? Qui peut dire, par exemple, ce qu'auraient pu avoir produit les populations de la presqu'île
des Balkans si pendant cinq siècles elles n'avaient pas été
réduites à une vie quasi végétative par la tyrannie des
Turcs ? Peut être que dans ces pays, s'ils avaient marché
d'un pas égal avec le reste de l'Europe dans la science et
la civilisation, aurait-on découvert un remède contre la
tuberculose, ou la machine à vapeur deux ou trois siècles
avant James Watt. Or toute invention du vaincu profite

immédiatement au vainqueur. Si un médecin polonais par-
venait à guérir le cancer, des millions de Russes en profi-
teraient aussitôt. L'esprit souffle où il veut, et empêcher
l'esprit de souffler, c'est se faire à soi-même le tort le plus
positif. On n'a pas bien apprécié jusqu'à présent la valeur
énorme de l'esprit humain. Une idée qui jaillit en un instant dans le cerveau d'un individu peut modifier la face de
la terre.

Quand donc les dominateurs arrêtent le développement
intellectuel des dominés, les dominateurs pratiquent tout
simplement l'auto-mutilation dans ses modes les plus désastreux.

Après les relations internationales, au sein de l'État,
passons aux relations internationales dans l'acceptation
complète de ce terme, c'est-à-dire entre États indépendants.

Ici nous nous trouvons tout d'abord en présence d'un
phénomène qui n'a pas son analogue dans la vie individuelle, à savoir que toute limitation de droit (toute injustice) à l'égard des citoyens d'un État se ramène à une
mutilation des citoyens des États étrangers. En d'autres
termes on opprime les étrangers en opprimant ses propres
sujets. On fait tort, on lèse les intérêts des étrangers en
lésant les intérêts des compatriotes.

Considérons, par exemple, l'Asie Mineure. Grâce au
despotisme des Turcs[1], ce pays a à peine 9 millions d'habitants vivant dans la plus sordide misère. Aussi fait-il
avec la Russie méridionale un commerce dérisoire. Mais si
le régime Turc en Asie Mineure avait été aussi respectueux
du droit des citoyens que le gouvernement anglais dans la
Grande-Bretagne, l'Asie Mineure aurait pu avoir 50 millions d'habitants vivant dans le plus grand bien-être, parce

---

1. Ce qui revient à dire: grâce à ce que le gouvernement du Sultan ne
garantit pas dans une mesure suffisante les droits de ses sujets même
Osmanlis.

que l'Asie Mineure est, comme ressources naturelles, une des plus magnifiques régions de la terre. Ayant 50 millions d'habitants, riches et prospères, ce pays aurait fait avec la Russie méridionale un commerce énorme, montant à des centaines de millions de francs. A l'heure actuelle les Russes sont frustrés des profits qu'aurait pu leur procurer ce commerce. Cela revient à dire que le Sultan empêche les Russes de s'enrichir. C'est donc comme s'il confisquait une partie de leur fortune ou comme s'il les mutilait.

Ce genre de dommage ne se retrouve pas dans les rapports individuels puisque, naturellement, aucun homme ne se fait de mal à lui-même et ne prive pas de cette façon ses semblables du fruit de son activité.

Abordons maintenant le terrain purement international et en premier lieu par le côté économique.

C'est ici qu'il est le plus facile de démontrer ma thèse que la mutilation du voisin revient à une mutilation de soi-même.

Par le fait que les hommes peuvent se rapprocher les uns des autres, l'échange s'établit entre eux. A partir de ce moment, la destinée de chaque échangeur est influencée par la destinée de chaque autre. Plus grande est la quantité de produits qu'un individu peut apporter sur le marché, plus faible sera la contre-valeur qu'il exigera pour chaque unité de son produit. Imaginons un agriculteur ayant récolté cent mille hectolitres de blé. Il sera porté à le céder à dix francs l'hectolitre, par hypothèse. Mais s'il a produit seulement trente mille hectolitres, il exigera peut-être vingt francs pour chacun d'eux. Si donc la conduite de Pierre a mis Paul en situation de produire trente mille hectolitres, au lieu de cent mille, c'est comme si Pierre avait agi de façon à être obligé de payer le blé vingt francs l'hectolitre au lieu de dix. Or comme il faut travailler plus de temps (ou travailler d'une façon plus intense), pour gagner vingt francs que pour en gagner dix, c'est comme si Pierre s'était condamné à travailler deux jours au lieu d'un seul pour obtenir un hectolitre de blé. Inefficacité du travail ou inaptitude native au travail sont des faits similaires. Quand donc Pierre, par sa conduite, a mis Paul en état de produire trente mille hectolitres au lieu de cent mille, c'est comme si Pierre avait opéré lui-même un affaiblissement de ses facultés de travail ou, en d'autres termes, une auto-mutilation. Si l'on veut encore, c'est comme si Pierre avait ruiné lui-même sa propre constitution physique ou abaissé ses facultés mentales [1].

De cette analyse brève, basée non sur des raisonnements abstraits mais sur l'observation réelle des faits positifs, il résulte que toute diminution de la puissance productrice d'un associé se ramène à une diminution de la puissance productrice de tous les autres.

Ce qui est vrai des individus l'est également des collectivités. Comme les nations ne vivent pas sur des planètes séparées et comme elles peuvent échanger leurs produits, plus ceux que chaque nation apporte sur le marché universel sont nombreux, moins grands sont les sacrifices que les autres ont à faire pour les obtenir. Or, obtenir une plus grande somme de jouissances aux prix d'une moindre somme de souffrances, c'est exalter sa puissance vitale. Alors, chaque fois que les Ixois par leur politique amèneront des Zédois à ne pas produire le maximum de ce que peut donner leur sol, les Ixois se condamneront eux-mêmes à faire le plus grand effort pour obtenir une moindre jouissance; en d'autres termes, ils diminueront l'intensité de leur propre vie, ou, d'après ma phraséologie, ils se mutileront [2].

1. Toutes choses égales, bien entendu. Réserve importante qu'il faut toujours faire quand on parle des phénomènes sociaux dont la complexité est si prodigieuse.

2. On prétend, par exemple, que le gouvernement russe a tout fait pour empêcher la construction du chemin de fer de Bagdad. Cela pour que la Turquie ne soit pas prospère, donc forte. Si la diplomatie de Saint-Péters-

Les vérités déduites de l'étude des faits économiques sont pleinement confirmées par l'histoire. La prospérité de nos voisins fait notre prospérité. Pendant de longs siècles on a pensé tout le contraire et on a versé des flots de sang pour empêcher cette prospérité du voisin. Un des exemples les plus remarquables de cette grossière erreur a été la fermeture de l'Escaut par les Hollandais, stipulée par les traités de Westphalie. Les Hollandais ont voulu ruiner Anvers pour favoriser Rotterdam. Or les *faits* et les chiffres prouvent maintenant que la prospérité d'Anvers a eu pour conséquence, non pas la ruine, mais la prospérité de Rotterdam. En 1870, le mouvement du port d'Anvers montait à 1.362.000 tonneaux; celui de Rotterdam à 1.026.000. En 1900 nous avons 9.984.000 tonneaux pour Rotterdam et seulement 7.023.000 pour Anvers. Si l'on regarde les choses de près et si l'on descend des nuages de la métaphysique, on comprend parfaitement pourquoi il en est ainsi. Mieux le port d'Anvers est outillé, plus il facilite l'activité industrielle dans le rayon qu'il dessert. Mais plus la production augmente dans ce rayon, plus elle encombre le port d'Anvers. Il devient insuffisant et les localités plus éloignées qu'il ne peut pas desservir se déversent sur Rotterdam.

La démonstration spéciale que donnent les deux grands ports rivaux des Pays-Bas est des plus caractéristiques. Mais la chose peut être généralisée. De nos jours l'élan industriel énorme qui a été la conséquence de la machine à vapeur s'est produit simultanément en Angleterre, en France, en Allemagne, en Russie et aux États-Unis. Jamais il n'a été possible de constater dans l'histoire un cas où l'activité progressive dans un pays ait amené une diminution d'activité dans des pays voisins.

Considérons maintenant le côté intellectuel des relations internationales.

bourg a réellement agi de la sorte, c'est comme si elle avait pris des mesures pour entraver la production de la Russie, car tout accroissement de la richesse dans les États du Sultan contribue à accroître la richesse dans les États du Tsar.

L'échange des idées étant beaucoup plus rapide et beaucoup plus facile que l'échange des marchandises, c'est surtout au point de vue mental que la mutilation du voisin se ramène à une auto-mutilation.

Cette mutilation intellectuelle s'exerce par l'intermédiaire de la conquête. Quand les États désirent s'emparer des provinces du voisin, ils obligent ledit voisin à prendre des mesures de défense. Alors une masse énorme de forces sociales, qui aurait pu servir au développement intellectuel d'une collectivité, doit être consacrée à des préparatifs militaires. L'intensité de la vie mentale de cette collectivité est donc affaiblie. Tel est le mal causé par le désir des conquêtes dans sa phase potentielle, si l'on peut s'exprimer ainsi. Puis, si la conquête est effectuée, et si on opprime la nation conquise, on empêche d'une façon encore plus effective le développement de sa puissance mentale.

Un homme peut se mutiler lui-même dans une mesure très différente. Il peut se couper seulement un doigt ; alors il se fait un tort minime. Il peut se couper toute la main ; alors il se fait un tort plus grave.

Il en est de même des rapports sociaux. Comme les faits intellectuels sont les plus importants parmi ceux qui se produisent dans la vie des collectivités, une nation qui contrecarre le développement mental de ses voisines se porte à elle-même la plus profonde des blessures qu'il soit possible de se faire. Si, par exemple, la Russie a un commerce très réduit avec l'Asie Mineure, elle peut se rattraper plus ou moins en ayant un commerce plus considérable avec l'Allemagne, l'Angleterre, la France ou l'Italie. Mais, quand on contrecarre le développement intellectuel des voisins, on se fait un tort irréparable parce qu'on empêche peut-être ce voisin de faire des découvertes scientifiques. Or nul ne peut calculer la perte qui peut provenir de la non-éclosion d'une idée scientifique. Les idées sont les reines du monde. Ce sont elles qui amènent une organisalior plus parfaite des sociétés et un immense accroissement de la richesse par l'invention de nouvelles machines et par une division du travail plus rationnelle. Cette importance extrême de l'idée fait que la moindre atteinte portée au développement intellectuel du voisin a les conséquences les plus désastreuses.

Maintenant le domaine psychique embrasse non seulement les manifestations de l'esprit (idées, philosophie, science), mais encore celles du sentiment (religion, littérature, beaux-arts). La pensée influe d'une façon très forte sur notre bonheur, mais par un détour. La pensée crée le bien-être matériel qui nous débarrasse des souffrances physiques; mais le bien-être matériel est un moyen. Les jouissances de l'esprit et du cœur sont le but de la vie précisément parce que ces jouissances sont les plus fortes que puisse éprouver notre être. Les fonctions physiologiques du corps (que la prospérité économique vient précisément faciliter) sont aussi un moyen, et l'activité du cerveau est le but, de nouveau parce que c'est par le cerveau que nous éprouvons les satisfactions les plus intenses.

Par suite de l'importance énorme du sentiment, toute atteinte portée à une nationalité étrangère est le plus grave dommage qu'on puisse faire à sa propre nationalité à soi. Imaginons que, par un coup de baguette magique, les Français amènent tous les Anglais, du jour au lendemain, à cesser de parler leur langue et à parler le français. Cela serait un coup terrible porté à la nationalité française, car l'ensemble des idées et des sentiments spéciaux qui s'incorpore aujourd'hui dans la langue anglaise serait perdu à tout jamais. Il s'ensuivrait un appauvrissement de l'intellect européen dont la nationalité française subirait le contre-coup désastreux. La nationalité française serait mutilée de la façon la plus grave. Imaginez une rose capable d'éprouver de la jouissance en aspirant le parfum des autres fleurs. Toutes les fois qu'une espèce d'entre celles-ci

serait détruite par une autre, la rose verrait se réduire
la somme de ses jouissances.

Soit un groupe de 20 terrassiers ayant à déblayer
20 mètres cubes de terre. Chacun des membres de ce
groupe a intérêt à ce que les autres aient la force musculaire la plus grande possible; car plus cette puissance est
considérable, plus vite seront enlevés les 20 mètres cubes
de terrain. Si donc un des membres du groupe allait
amoindrir la force musculaire de ses compagnons, il se
condamnerait lui-même à travailler plus longtemps pour
accomplir sa besogne.

L'ensemble des nationalités qui peuplent notre globe est
en grand ce que ce groupe de terrassiers est en petit. Étant
donné que chaque nationalité peut développer le maximum
de son activité, la somme d'idées et de sentiments produits
par toutes les nationalités sera égal à 100, par convention.
Or par suite du mécanisme de l'échange, chaque nationalité pourra profiter des idées et des sentiments élaborés par
les autres. Si donc les Ixois diminuaient par quelque moyen
la puissance intellectuelle des Zédois, la production du
groupe entier tomberait à 80 par hypothèse. Cela reviendrait à une diminution des facultés mentales desdits Ixois.

Quand on veut rester sur un terrain véritablement scientifique, c'est-à-dire sur celui des réalités concrètes et positives, on ne doit jamais oublier que les nations n'existent
pas en dehors des individus qui les composent. La France
n'existerait pas s'il n'y avait pas de Français en chair et
en os. Or, au point de vue du bonheur de l'individu, les
limites de l'habitat des différentes races n'ont qu'une importance secondaire. Peu importe au bonheur de l'individu
quelles races peuplent notre planète. Ce qui lui importe,
c'est que ces races soient toutes aussi civilisées que possible, ou, en d'autres termes, qu'elles aient atteint toutes
le maximum de développement intellectuel. Puisque les
nations peuvent échanger leurs productions mentales, elles
sont en réalité associées. Pareilles aux terrassiers dont je

parlais tout à l'heure, chacune d'elles (sous peine d'auto-mutilation) est intéressée à voir les autres atteindre la plénitude de la puissance mentale. Or comme cela est impossible sans respecter les droits des nations, l'intérêt primordial de chaque individu habitant sur la terre est que la plus stricte justice règne sur l'étendue entière du globe à l'égard de toutes les sociétés.

Mais, dira-t-on, s'il est indifférent à un Français que ses compatriotes soient 45 millions plutôt que 100 millions, il n'y a plus de patriotisme.

Nullement : l'intérêt primordial de chaque Français veut que la justice soit complète et entière à l'égard de toute nation. Si un Français contrecarre le développement de l'Angleterre, il fait tort à la France. Mais *contrecarrer* signifie violer les droits, limiter la justice. Le fait de ne pas contrecarrer le développement des voisins n'empêche en aucune façon de favoriser le développement des siens. Si un Français veut doter une école, il ne viole nullement le droit des Anglais en donnant son argent à un établissement de Paris plutôt qu'à un établissement de Londres. Donc, *dans la limite de la justice*, on peut parfaitement se consacrer au bien de son pays de préférence qu'au bien des autres. Et c'est dans cette limite que le patriotisme, en s'exerçant avec la plus grande ardeur, n'a que des avantages et aucun inconvénient. Étant donnée la justice complète sur le globe, il n'est plus indifférent pour le Français que ses compatriotes soient 45 millions et non 100 millions, et les Anglais 130 millions. Le Français a raison de tout faire pour que ses compatriotes deviennent 150 millions ; tout, sauf de violer les droits des autres, car dès qu'il le fait, il lèse sa propre personne.

Ce qui est vrai des limites nationales l'est également des limites politiques. Peu importe au bonheur de l'individu que le globe terrestre soit partagé entre 52, 520 ou 100 États. L'important c'est qu'il s'établisse le nombre d'États qui correspond le plus exactement aux besoins réels et aux vœux des populations, donc à la justice la plus stricte; car c'est seulement alors que l'individu pourra jouir entièrement des avantages de l'association politique.

En résumé, je crois avoir démontré dans les quatre chapitres de ce premier livre que, tant pour l'individu au sein de l'État, que pour les nations au sein de l'Humanité, toute limitation des droits du prochain est une limitation de ses propres facultés, en d'autres termes, que toute injustice subie est une mutilation, toute injustice exercée, une auto-mutilation.

LIVRE II

LA JUSTICE EXPANSION DE LA VIE

CHAPITRE V

L'EXALTATION DE LA VIE

J'ai montré au livre précédent que toute limitation de droit, en d'autres termes toute injustice, se ramène à une mutilation.

Il faut serrer maintenant cette question de plus près.

Une mutilation équivaut à une certaine somme de souffrance, ce qui est identique à une diminution de vie.

Quand un homme possède la totalité de ses membres et quand tous ses organes accomplissent leurs fonctions d'une manière normale, cet homme possède le maximum de puissance vitale que comporte son être. Mais qu'un de ses organes soit atteint par la maladie, immédiatement sa puissance vitale est diminuée. Si la maladie gagne un grand nombre d'organes, ou en frappe un seul avec une extrême intensité, la puissance vitale de l'individu peut être affaiblie au point de produire la suppression totale de la vie, c'est-à-dire la mort. La maladie peut réduire la puissance vitale dans la mesure la plus variée et chacune de ces réductions est ce qu'on appelle une souffrance. Toute souffrance est donc une diminution de vie, toute suppression de souffrance (ou toute jouissance) est une amplification, un épanouissement, une exaltation de la vie.

Maintenant comme toute injustice produit une mutilation, donc une souffrance, toute injustice se ramène, en dernière analyse, à une diminution de vie.

Considérons, par exemple, le cas de l'esclavage qui est une des plus grandes iniquités que puisse subir un être humain.

Tout le monde sait qu'en vertu des lois psychologiques, l'homme agit plus facilement sous l'impulsion d'un désir interne que sous l'impulsion d'une coercition externe. L'esclave est donc comme un individu dont la volonté est affaiblie. Cet affaiblissement, provenant d'une cause sociale, peut être assimilé à celui que produirait une maladie d'origine physiologique. A un certain point de vue, l'esclave peut être considéré comme se trouvant dans un état morbide, comme souffrant d'un affaiblissement chronique de la volonté. Voilà un exemple qui montre de façon très nette comment toute injustice aboutit nécessairement à une limitation de la puissance vitale, à une diminution de vie.

Si l'injustice est une diminution de vie, la justice doit en être un accroissement. C'est ce qu'on peut démontrer de mille façons en commençant par les plus simples.

En effet quel est l'individu qui voit ses droits respectés dans leur plénitude, quel est donc celui qui ne souffre aucune injustice? C'est celui qui peut aller s'établir partout sans aucune entrave, se livrer aux occupations qui l'attirent et exercer le métier qui lui convient; celui qui peut s'instruire où et comme il veut, qui peut professer la religion qui lui plaît, exprimer sa pensée sans aucune crainte, imprimer tout ce qui lui paraît utile, faire la propagande la plus active de ses pensées, entrer librement dans toute association existante et en former de nouvelles sans avoir à demander d'autorisation à personne; enfin celui qui peut vendre et acheter ce que bon lui semble, où bon lui semble et qui peut conclure tous les contrats qui lui sont utiles avec la certitude que les tribunaux en assureront la loyale exécution.

Il est évident qu'un individu se trouvant dans ces conditions aura le maximum de facilité de faire l'usage le plus

complet de ses facultés physiques et mentales. D'une part,
par suite de l'absence de toute entrave, il pourra déployer
en entier l'énergie dont son être est susceptible, de l'autre,
par suite de la garantie des contrats, il pourra jouir complètement du fruit de son activité. Cela revient à dire que
cet individu obtiendra le maximun de prospérité réalisable
par son travail. Le bien-être ainsi obtenu dans la mesure
la plus large réagira, à son tour, sur ses facultés physiques
et mentales, car un homme bien logé et bien nourri se trouve
dans les conditions les plus favorables pour se bien porter
et pour cultiver son intelligence.

L'homme qui ne subit aucune injustice pourra donc
« porter au maximum de rendement sa valeur individuelle », comme le dit si bien M. de Vogüé[1]. Or l'intensité
majeure de l'activité humaine et l'exaltation ou l'épanouissement de la vie sont des termes synonymes. La démonstration par la voie positive, comme la démonstration par la
voie négative, mène à la même conclusion : tout respect
du droit produit une expansion de la vie. La justice c'est la
vie, l'injustice c'est la mort.

Ce qui est vrai des individus l'est aussi des collectivités.
Il est facile de s'en rendre compte.

Considérons d'abord le phénomène de la natalité.

On sait quelle injustice fondamentale subit encore la
femme, même dans les sociétés les plus civilisées. Tandis
que la procréation d'un enfant, en dehors des cadres établis par la société, n'est nullement une cause de déshonneur
pour l'homme, elle est une cause de déshonneur pour la
femme. Cette iniquité odieuse devrait être supprimée le plus
vite possible. La liberté de disposer de sa personne devrait
être reconnue à la femme dans une mesure aussi complète
qu'elle est reconnue à l'homme. Quand ce progrès sera réalisé, aucune femme ne sera empêchée de s'unir à l'individu
qui lui plaît, et aucune ne sera obligée de s'unir à celui

1. *Les morts qui parlent.*

qui ne lui plaît pas. Ces deux circonstances augmenteront
la natalité dans une mesure considérable. En effet, de nos
jours, des milliers d'unions de jeunes gens et de jeunes
filles n'ont pas lieu, parce que la femme ne peut pas suivre
les impulsions de son cœur. Des milliers d'enfants qui
auraient pu naître de ces unions ne naissent donc pas.
D'autre part un grand nombre de femmes sont obligées de
vivre avec des hommes qu'elles détestent. Cette antipathie
les pousse à se dérober, autant que faire se peut, aux
devoirs conjugaux. Au contraire, si les femmes étaient
toujours unies aux hommes qui leur plaisent, elles ne
seraient pas portées à tenir cette conduite. Par suite de
cette circonstance encore, des milliers d'enfants ne viennent pas au jour. Ainsi l'injustice commise à l'égard de la
femme restreint le nombre des vivants, limite donc la
somme de vie qui est répandue sur le globe.

L'injustice diminue aussi le nombre des vivants par un
accroissement de la mortalité. Des recherches de Casper il
résulte que sur 1.000 hommes nés en Europe, il reste :.

	PARMI LES RICHES	PARMI LES PAUVRES
Au bout de 5 ans	943	655
— de 10 —	938	598
— de 20 —	866	566
— de 30 —	706	486
— de 40 —	693	396
— de 50 —	557	283

Or il est incontestable que la misère provient, dans une
très large mesure, de l'injustice, c'est-à-dire de l'oppression exercée par les classes dirigeantes sur les masses
populaires. Il y a d'abord les spoliations flagrantes, comme
les impôts indirects qui frappent les contribuables en raison *inverse* de leurs revenus, puis les droits de douane qui
sont une contribution payée par les pauvres au profit de
quelques riches privilégiés. Il y a ensuite l'ensemble des
restrictions administratives de tout genre qui empêchent
les gens de réaliser le maximum possible de bénéfices.

Dans un pays où la justice serait suffisante, aucune de ces causes d'appauvrissement n'existerait. La suppression de toute spoliation, d'une part, et de toutes entraves inutiles, de l'autre, aurait pour effet de porter au minimum l'inégalité des conditions sociales. Cela revient à dire à réduire au minimum le nombre des pauvres, ou, en d'autres termes, à restreindre la mortalité. A ce point de vue on comprend que la justice équivaut à un accroissement du nombre des vivants.

Mais ce phénomène prend une importance encore plus considérable si du domaine national on passe au domaine international. C'est dans ce dernier qu'on rencontre la plus épouvantable des injustices qui affligent encore le genre humain : la guerre. La guerre est un homicide collectif entrepris pour violer les droits d'une société. La guerre est doublement injuste. Considérée au point de vue des rapports entre gouvernants et gouvernés, elle est la plus impitoyable et la plus complète exploitation de l'homme par l'homme, qui se puisse pratiquer. Considérée au point de vue des belligérants étrangers, la guerre est la négation complète de tous leurs droits, donc la suprême iniquité. Par cela même que la guerre est la plus grande injustice qui puisse être commise sur la terre, elle est aussi, naturellement, l'agent le plus efficace de la diminution de vie. C'est par milliers que les hommes tombent sur les champs de bataille, par centaines de milliers qu'ils périssent dans une seule campagne, par millions qu'ils meurent des suites du militarisme. En effet le militarisme est une des causes principales de la misère des classes déshéritées et, certes, sur dix enfants qui sont emportés en bas âge dans les familles pauvres, deux au moins sont des victimes indirectes de la guerre.

Mais il n'y a pas seulement que les hommes qui meurent. Il en est encore des millions que la guerre empêche de naître. On a calculé que, sans les massacres de la Révolution et de l'Empire, la France aurait maintenant 58 mil-

lions d'habitants au lieu de 39. Le reste du monde est à
l'avenant.

La majeure partie des nations modernes sont composées
de provinces qui avaient formé autrefois des États indépendants. C'est par suite de l'établissement de la justice que ces
anciennes unités politiques vivent maintenant en paix les
unes avec les autres. C'est également par l'établissement
de la justice universelle (qui correspond à une association
juridique de genre humain) que les guerres deviendront
aussi rares que faire se peut. Quand donc la justice sera
universelle, le bien-être sera le plus grand possible et les
hommes aussi nombreux que le comportent les conditions
naturelles de notre planète. On voit donc que la justice et
l'expansion de la vie sont des phénomènes parallèles.

Mais l'expansion de la vie peut se manifester non seulement par l'existence simultanée d'un plus grand nombre de
vivants, mais encore par une plus grande activité de ces
êtres vivants. Il y a des sociétés très mouvementées où la
production et la circulation des biens et des idées atteignent
un haut degré de rapidité, il y en est d'autres qui sont
plongées dans la stagnation et la léthargie. Les deux sociétés
peuvent être cependant composées d'un nombre égal d'individus. Mais la société mouvementée sera très vivante et
la société stagnante le sera peu. L'intensité de la vie comporte de nombreux degrés.

Or l'intensité de vie dans une société est, de nouveau,
en fonction de la somme de justice. Quand les droits des
citoyens sont respectés, quand chacun jouit entièrement du
fruit de son labeur, l'efficacité de l'action de l'homme sur le
monde extérieur atteint son point culminant[1]. Alors aucun
effort n'est perdu et l'activité des citoyens s'exerce avec la
plus grande ardeur. Justice étant synonyme de vie, dire

---

[1]. Parlant du Maroc M. R. Penon s'exprime ainsi dans la *Revue des
Deux Mondes* du 15 février 1902 p. 793, « La nature de cette contrée
privilégiée n'a pas changé ; elle n'est devenue plus avare ni de ses eaux
fécondantes ni de son soleil vivifiant. Mais la rage des hommes s'est appe-
santie sur elle ; le musulman est venu et le grand silence de l'Islam s'est

qu'une société est d'autant plus vivante que la somme de justice y est plus élevée revient à formuler ce simple truisme : qu'une société est d'autant plus vivante qu'elle est plus vivante.

Ce qui est vrai des individus est également vrai des collectivités d'individus qui forment les nations et de la collectivité des nations qui forment l'humanité. Il est de la dernière évidence que le jour où la justice sera universelle sur le globe, l'intensité vitale de chaque nation deviendra aussi grande que possible. Si cette vérité avait besoin d'une démonstration on pourrait la faire en répétant textuellement ce que j'ai dit plus haut de l'individu. Quand les droits de chaque nation seront scrupuleusement respectés et quand cette nation jouira de la plénitude du fruit de son labeur, alors l'efficacité de son action sur le milieu physique atteindra le point culminant. Or efficacité d'action et intensité de la vie sont synonymes.

Une dernière considération avant de terminer ce chapitre. On pourra me dire : « Que vous teniez l'intensité de la vie pour le suprême bien, passe encore. Évidemment l'intensité de la vie et la jouissance sont des notions identiques, et, à moins de proclamer que le bien est le mal, on ne peut pas considérer la souffrance comme un bien. Mais il en est autrement si vous affirmez que la croissance indéfinie du nombre des vivants est justement le suprême bien. Alors vous vous trompez : l'accroissement trop considérable du nombre des humains, loin d'être le bien suprême peut, au contraire, être le pire des maux. Si la justice universelle devait nécessairement aboutir à ce résultat, elle serait la plus terrible des calamités. »

Il en serait ainsi si nous ne savions pas limiter notre progéniture. Mais chacun sait que l'intelligence de l'homme

étendu sur ce pays ; il a fermé ses portes à la vie. Ce sont les brigandages, l'anarchie, les impôts écrasants et les exactions des caïds (en d'autres termes l'absence de justice) qui condamnent ce sol fécond à une stérilité artificielle ».

a atteint un point qui lui permet de restreindre sa descen-
dance selon ses désirs. Cela a déjà lieu dans certains pays.
Rien n'empêche qu'un jour cela se passe partout. Quand
le globe sera surpeuplé, les hommes sauront parfaitement
prendre les précautions nécessaires pour ne plus augmenter
en nombre. Mais, de nos jours, la misère ne provient pas
de la surpopulation. Elle a pour cause l'insuffisance de
production ; des territoires comprenant des millions de
kilomètres carrés, qui, s'ils étaient exploités, auraient pu
verser des richesses énormes sur nos marchés, restent
déserts et ne produisent rien. Ils ont une population si
clairsemée qu'elle n'est pas capable de les mettre en exploitation régulière. Il faut au moins 100 habitants par kilomètre carré pour tirer d'une contrée, possédant des ressources naturelles moyennes, tous les produits qu'elle est
susceptible de livrer. En admettant même que le tiers des
continents et des îles soit des pays possédant des ressources moyennes (ce qui est certainement une évaluation
inférieure à la vérité) la terre devrait être peuplée de
4.500 millions d'hommes. Ce nombre de travailleurs est
nécessaire pour faire disparaître la misère du genre humain.
Or actuellement la population du globe arrive à peine au
tiers du chiffre qui serait indispensable. Si notre planète
avait eu de 3 à 4 milliards d'habitants pendant les trente
siècles de la période historique, elle aurait été complètement adaptée aux besoins de l'homme[1] elle aurait été un
vaste jardin. Tout travail productif engendre des capitaux
qui, à leur tour, engendrent de nouveaux travaux pro-

[1]. Cela serait inévitablement arrivé si la justice avait été universelle
pendant cette même période historique. Comme elle a cédé cette place à
l'anarchie, des régions qui comptent parmi les plus magnifiques du globe
sont encore à l'état de solitudes. Mais elles l'étaient encore bien davantage
dans un passé peu éloigné. On estime que l'Europe entière avait seulement 50 millions d'habitants au XIVe siècle. Si l'on évalue à 2 habitants
par kilomètre carré, en moyenne, la population du globe à l'époque d'Auguste, on restera probablement plutôt en dessus qu'en dessous de la vérité.
Or cela ferait 270 millions d'hommes pour le globe entier, moins que de
nos jours le seul empire des Indes. On voit donc que la terre a été
presque déserte jusqu'à une époque relativement récente.

ductifs. C'est à cause de cela que l'accroissement de la richesse va en s'accélérant[1]. Si donc le globe avait eu 4 milliards d'habitants pendant les trente derniers siècles, la richesse dont nous disposons aujourd'hui ne serait pas comme 4.000 millions sont à 1.500 millions (chiffre actuel de la population du globe), mais infiniment supérieure. Or comme la richesse produit la civilisation et la civilisation l'épanouissement et l'exubérance de la vie individuelle et sociale, on voit que l'augmentation du nombre des vivants, jusqu'à la limite nécessaire, aboutit en définitive à l'accroissement de l'intensité de leur vie.

1. Cinq millions de chevaux vapeur se trouvent actuellement en réserve dans les chutes des Alpes. Sans elles, la production monte à une certaine somme que je représenterai par le chiffre de 50 milliards. Imaginons que les sources d'énergie des Alpes étant toutes captées, la production monte à 60 millions. Imaginons, d'autre part, la formation d'une épargne de 10 p. 100 par an qui chercherait un placement dans des entreprises nouvelles. Dans le premier cas, on aurait seulement 5 milliards de capitaux à placer, dans le second, 6. Cet exemple montre comment toute adaptation des forces productrices de la planète aux besoins de l'homme contribue à accélérer le taux d'accroissement de la richesse.

CHAPITRE VI

LE BONHEUR

Le lecteur comprend, sans doute, qu'il ne s'agit pas dans ce chapitre du bonheur subjectif de l'individu. Ce bonheur échappe complètement à notre volonté et il ne sert à rien de disserter sur son compte. Nous ne pouvons faire que tous les hommes naissent intelligents et bien bâtis, qu'ils n'aient ni tempérament maladif, ni tares ni vices. Nous ne pouvons faire qu'il n'y ait plus de tremblements de terre, d'inondations, de cyclones qui précipitent des populations entières dans les plus cruelles souffrances. Mais il dépend de nous que les hommes cessent de se massacrer et de se spolier. Le bonheur dont il est ici question s'entend au sens social. Il provient des relations que les hommes établissent entre eux et des relations de l'ordre économique et politique seulement. Car il n'est pas possible de faire que l'amant ne souffre cruellement d'être dédaigné par la femme qu'il adore. Nous ne pouvons empêcher que les tendances religieuses, littéraires et artistiques d'une époque ne paraissent haïssables à certains esprits. Nous ne pouvons faire surtout, hélas, que nos cœurs ne soient meurtris jusqu'au désespoir par la perte de ceux qui nous sont chers.

Devant ce genre de malheurs nous sommes entièrement impuissants. On dira peut-être qu'ils forment la plus grande part de la vie humaine. Ce n'est que trop vrai. Mais précisément, plus les malheurs venant de la nature sont cruels, plus nous devons désirer nous débarrasser de ceux qui peuvent être évités parce qu'ils viennent de nos semblables. Or, nul ne pourra le contester que les souffrances infligées par l'homme à l'homme ne constituent également une très forte part de nos infortunes. Et ces souffrances sont particulièrement cuisantes par cela même qu'elles ne sont pas fatales. Quand un tremblement de terre renverse nos demeures, nous devons bien nous résigner, car nous ne pouvons rien contre ce fléau. Alors nous éprouvons une souffrance uniquement physique. Mais si c'est le voisin qui renverse ou qui brûle nos demeures, à la souffrance physique s'ajoute encore une souffrance morale, celle de la révolte contre un acte barbare qui pourrait parfaitement ne pas être accompli.

Ce n'est donc pas du bonheur subjectif que je veux parler ici, mais du bonheur social, c'est-à-dire de l'action que les hommes exercent les uns sur l'existence des autres.

En se plaçant à ce point de vue, on peut dire que la justice et le bonheur sont synonymes par définition. Si toute injustice se ramène à une mutilation, donc à une souffrance, injustice et malheur sont des termes identiques, donc justice et bonheur le sont également. En effet si un individu peut s'établir où bon lui semble, disposer de son bien sans la moindre gêne, professer la religion qui lui plaît, etc., cet individu n'éprouve aucune souffrance provenant de causes sociales donc, socialement parlant, il est complètement heureux. Il n'est pas besoin de faire de longs raisonnements pour prouver que toute souffrance de l'ordre social vient uniquement de l'injustice. Nous ressentons la plus profonde amertume quand nos droits sont violés par nos semblables et c'est cette amertume même qui nous rend malheureux. Au contraire, nous ressentons une grande satisfaction quand nos droits sont respectés et nous vivons alors avec une force redoublée qui est précisément le bonheur.

Ce qui est vrai des individus l'est également des collectivités. Si les Arméniens n'étaient pas massacrés par les

Turcs, dépouillés de leurs propriétés par les Russes, s'il
leur était permis de s'organiser en corps de nation et de se
donner les institutions de leur choix, ils se sentiraient évidemment mille fois plus heureux qu'ils ne le sont aujour-
d'hui. Et si, au lieu de considérer une nation, en particulier, nous les considérons toutes, nous devons arriver à la
même conclusion. Imaginez les États du globe respectant
scrupuleusement les droits économiques, politiques et
nationaux des États voisins. Immédiatement il n'y aurait
plus de protectionnisme. Aucun pays ne fermerait ses
marchés aux produits étrangers, aucun n'attenterait plus
au droit de propriété. Immédiatement, il n'y aurait plus ni
guerres ni annexions violentes de territoires. Cela ferait
disparaître d'un seul coup l'oppression et le despotisme. Il
est évident que dans un monde ainsi organisé chaque
nation jouirait du maximum de bonheur.

Tout le monde admet du reste sans la moindre difficulté
qu'injustice et malheur sont synonymes, aussi longtemps
qu'on reste sur le terrain passif, c'est-à-dire qu'on envisage
les choses au point de vue de l'injustice *subie*. Alsaciens,
Arméniens, Finlandais, Macédoniens, Polonais ne désirent
rien autre que le respect de leurs droits.

Mais le tableau change immédiatement dès qu'on passe
du terrain passif au terrain actif, c'est-à-dire de l'injustice
subie à l'injustice *infligée*. Si tous les hommes comprennent qu'il est désastreux d'être victimes, la plupart d'entre
eux s'imaginent qu'il est avantageux d'être bourreaux;
ils comprennent qu'il est désastreux d'être volés, ils s'imaginent qu'il est avantageux d'être voleurs. Il ne s'agit pas,
bien entendu, de l'alternative entre ces deux situations,
mais des cas fort nombreux où cette alternative ne se présente pas[1].

Cependant il faut bien peu de réflexion pour comprendre
que le malheur est aussi bien en raison directe de l'injus-

---

1. S'il s'agissait de cela, il va sans dire qu'il vaut mieux être assassin
qu'assassiné et voleur que volé.

tice infligée que de l'injustice subie. On peut démontrer cette vérité de mille façons. Je me contenterai de l'exposer seulement à trois points de vue qui me paraissent particulièrement importants pour les sociétés humaines.

On a depuis longtemps remarqué que l'esclavage démoralisait les maîtres encore plus, peut-être, que les esclaves. Cela est naturel; il ne peut pas en être autrement; en effet, à quoi l'esclavage se ramène-t-il en dernière analyse? A une série de spoliations exercées par le maître au détriment de l'esclave. Le maître devient un individu pratiquant le vol en permanence. Il est forcé qu'une pareille conduite démoralise. En effet c'est ce qui arrive partout et toujours. Dès que les hommes ne se croient pas tenus de pratiquer la justice les uns à l'égard des autres, ils perdent le sens des réalités de la vie et aboutissent à la dégradation mentale. Ils se font ainsi naturellement le plus grand tort à eux-mêmes, car la dégradation réduit dans une forte mesure la puissance de la vie. La morale étant l'ensemble des actes qu'un homme doit commettre pour être heureux, la morale étant d'autre part impossible sans le respect scrupuleux des droits du prochain, tout homme qui ne respecte pas ces droits se voue lui-même au malheur. Et ce qui vient d'être dit n'est pas seulement un raisonnement logique, c'est encore un fait conforme à la réalité sociale la plus positive. Sitôt que la somme de justice est insuffisante dans un pays, ce pays se décompose. Mais la décomposition sociale n'est rien autre que limitation de jouissance pour les individus qui constituent la société, donc, en définitive, diminution de bonheur.

Comparez les anciens États esclavagistes aux États libres de la grande fédération de l'Amérique du Nord. Tandis que les derniers ont l'industrie la plus active, l'agriculture la plus avancée et le mouvement intellectuel le plus intense, les premiers sont plongés dans la torpeur et la stagnation. L'instruction y est si peu répandue que 10 p. 100 des blancs ne savent ni lire ni écrire. Les anciens

États esclavagistes sont encore de nos jours les plus arrié-
rés de l'Union, quarante-trois ans après l'abolition de la
servitude des noirs.

La seconde démonstration de ma thèse est fournie par
l'existence de la morale. Au point de vue purement positif
la morale se ramène à l'intérêt bien entendu. Mais, par
suite du mécanisme de l'esprit humain, l'acte moral paraît
spontané. Les hommes ont observé que certaines actions
avaient des résultats favorables, d'autres des résultats
funestes. D'abord, par raisonnement, ils ont compris qu'il
était bon de ne pas commettre les dernières. Mais, peu à
peu, le raisonnement s'est accéléré et il a fini par devenir
si rapide qu'il a cessé d'affecter la conscience [1]. Alors le
sentiment moral s'est formé et l'homme a été heureux de
commettre des actions bonnes ; il a souffert d'en commettre
des mauvaises. De même que l'esprit humain, par une
abréviation admirable, a remplacé l'image par le mot, il a
remplacé le calcul de l'intérêt par l'amour du bien et la
haine du mal. Il est difficile de dire laquelle des deux
abréviations a le plus contribué au bonheur de l'espèce.
Par la première, s'est constituée toute notre science, par la
seconde, toute notre morale. Les idéalistes nient que la
morale soit l'intérêt. Ils ont raison à leur point de vue. Cet
intérêt, en effet, n'est pas présent à la conscience et *semble*
ne pas exister.

A partir du moment où le sentiment moral s'est constitué, il est devenu une des principales sources du bonheur
sinon la principale, car le bonheur est en raison directe
du contentement de soi-même. Sans ce contentement, il y
a le remords, c'est-à-dire la souffrance. Quand l'homme
commet une action qu'il considère comme mauvaise, il se

---

1. C'est exactement ce qui arrive pour un grand nombre d'actes psychiques. Quand l'enfant apprend à lire, il a conscience pendant un certain
temps que p a fait pa et pa pa, *papa*. Plus tard l'adulte voit d'un seul coup,
non seulement des mots, mais des phrases entières. Le processus de la lec-
ture devient inconscient.

sent avili, dégradé, donc malheureux. Au contraire quand il en commet une qui lui paraît bonne, il se sent fier, grand, donc heureux. Le bonheur, même au point de vue subjectif, est aussi dans une certaine mesure en raison directe de la somme de justice, car toute action mauvaise est, au fond, une action injuste.

Ce qui vient d'être dit sur la correspondance du bonheur et de la justice est presque un lieu commun, tant qu'on reste sur le terrain des rapports individuels ; mais il n'en est plus ainsi dès qu'on passe sur le terrain des rapports collectifs.

Cependant il n'y a aucune différence entre les uns et les autres. A quoi se ramène, par exemple, l'oppression d'un peuple par une race conquérante ? A une série de lésions cérébrales commises d'une façon permanente et pendant une longue période de temps sur la personne des dominés. C'est une vraie mutilation systématique, donc un crime des plus odieux. Loin d'être moins coupable que le crime individuel, le crime collectif l'est bien davantage parce que la culpabilité est en raison directe de la somme de souffrance infligée. Quand un particulier blesse son semblable à la tête et le rend idiot, le mal est limité ; quand un gouvernement diminue la puissance intellectuelle de tout un peuple, le mal est immense.

Aussi le remords produit par le crime collectif devrait être en raison directe de la nocivité de ce crime. Les Russes, quand ils oppriment les Petits-Russiens, les Polonais et les Finlandais ; les Allemands quand ils oppriment les Alsaciens et les Danois ; les Magyars quand ils oppriment les Roumains et les Serbes devraient se sentir avilis, diminués, dégradés. Un peuple ne doit pouvoir se sentir grand, noble et glorieux qu'à partir du moment où il cesse de se souiller par cet acte abject qui est la tyrannie exercée sur les nationalités vaincues. Il n'en est malheureusement pas ainsi pour les peuples en général, parce que le grand public n'a pas encore une vue assez nette de l'ensemble des phénomènes sociaux. Mais déjà, au sein des grandes nations civilisées, une catégorie de gens instruits possède cette vue d'ensemble. La honte monte au front de ces gens quand ils voient leur patrie opprimer les nationalités vaincues. Comprenant combien cette conduite est criminelle et ignominieuse, ils en éprouvent une véritable souffrance.

On ne cache pas la lumière sous le boisseau, dit l'Évangile. Les vérités, comprises actuellement par une infime minorité, finiront, tôt ou tard, par tomber dans le domaine public. Un jour viendra où les crimes collectifs paraîtront aussi odieux que les crimes individuels à l'immense majorité des masses populaires. Les nations éprouveront alors l'horreur de les commettre. Alors aussi il deviendra évident que le bonheur des collectivités, comme celui des individus, est, au point de vue morale, en raison directe de la somme de justice.

Quand tous les hommes comprendront que le droit seul est beau, que le droit est le bien suprême, son triomphe fera battre les cœurs de joie et d'allégresse. Alors ce qui constituera la plus haute ambition, ce qui paraîtra la plus magnifique conquête et ce qui semblera la plus enviable de toutes les gloires sera de restreindre le champ de l'anarchie et de la douleur et d'étendre le champ de la légalité et de la joie. L'éthique internationale changera du tout au tout et s'unifiera avec l'éthique individuelle.

En 1870, les Alsaciens ne suppliaient pas Guillaume Ier de venir les arracher au joug français comme en 1859 les Lombards suppliaient Victor-Emmanuel II de venir les délivrer du joug autrichien. Au contraire, les Alsaciens, par les déclarations les plus solennelles, affirmaient leur volonté inébranlable de rester attachés à leur ancienne patrie. Les Allemands n'ont tenu aucun compte de ces vœux. Ils ont considéré comme honorable et glorieux de les violer. Si les Allemands avaient été plus éclairés à cette époque, s'ils avaient compris leur véritable intérêt, cette

conduite leur aurait semblé dégradante et indigne d'une
grande nation civilisée.

Espérons que l'heure où ces idées paraîtront de simples
lieux communs ne tardera pas trop à sonner. Elle sera une
des heures les plus fortunées de l'histoire du genre humain.
Quand viendra-t-elle ? Qui peut le dire, hélas ! Mais ce
qu'on peut affirmer dès à présent avec la plus entière certitude, c'est que le bonheur, sans le triomphe de la justice,
est la plus chimérique de toutes les chimères. C'est même
plus qu'une chimère, c'est une pure contradiction. En effet,
le bonheur et l'épanouissement complet de l'être humain,
et l'injustice en est le rétrécissement. Croire que le bonheur soit possible avec l'injustice équivaut à croire qu'on
puisse augmenter l'intensité de la vie en diminuant cette
intensité même.

J'arrive maintenant au dernier fait que je veux exposer
pour prouver que bonheur et justice sont des termes identiques.

Nul ne contestera que le bonheur ne soit en raison
directe des affections. Un être possédant tous les biens de
la terre : beauté, intelligence, santé, richesse, s'il est haï
de tous ses semblables et s'il n'éprouve lui-même de sympathie pour personne sera le plus infortuné des humains.
La haine contracte l'âme, comme le froid contracte les
métaux. Dans la haine, l'homme se replie sur soi-même,
l'intensité de sa vie est diminuée. Donc la haine est une
déchéance. Dans l'affection, au contraire, l'âme semble
s'envoler dans les espaces infinis. L'amour agrandit et
donne des ailes ; il porte l'intensité vitale à son point culminant. C'est pourquoi l'amour est la plus grande des
jouissances.

Imaginez ce que deviendrait le globe terrestre si, tout
à coup, les grandes nations civilisées pouvaient concevoir
une profonde et inaltérable sympathie les unes pour les
autres. Cela changerait la face du monde du jour au len-

demain. L'air deviendrait immédiatement cent fois plus léger et plus respirable. Tous les cœurs éprouveraient un élan magnifique, un soubresaut superbe qui serait une source de jouissances délicieuses. Notre bonheur en serait au moins décuplé et le sombre pessimisme, qui ronge actuellement tant de cœurs généreux, ayant perdu son aliment principal, paraîtrait un enfantillage indigne de gens sérieux.

Or pourquoi les nations civilisées, au lieu d'éprouver les unes pour les autres cette sympathie qui augmenterait tant leur bonheur, éprouvent-elles, au contraire, ces ressentiments profonds qui rendent leur existence si terne et si sombre ? Cette raison n'est pas difficile à trouver : c'est l'injustice. Depuis des siècles et des siècles les nations ont cru que la violation des droits du prochain était la plus sage et la plus utile des politiques. Par suite de cette erreur grossière elles se sont porté les coups les plus impitoyables. Le souvenir, conscient ou inconscient, de ces injustices accumulées pendant de longues années, a fait naître des haines nationales qui semblent indéracinables. Considérez, par exemple, la France et l'Angleterre ou l'Allemagne et la France. Les gouvernements de ces pays n'ont eu d'autre objectif pendant tous les temps modernes que de violer leurs droits respectifs. Vers 1870 quand les Allemands aspiraient avec ardeur à constituer l'unité de leur patrie, ils croyaient (à tort ou à raison, peu importe) que la France ne le leur permettrait jamais. De là des haines qui se sont manifestées avec violence pendant l'année terrible. Puis, à leur tour, les Allemands violent outrageusement les droits des Français en leur arrachant l'Alsace-Lorraine qui veut à toute force rester unie à son ancienne patrie. De là, de nouveau, des ressentiments profonds que de longues années ne pourront pas effacer. Il serait facile de multiplier ces exemples, car, hélas, il est bien peu de nations européennes qui n'aient porté à leurs voisines les coups les plus douloureux.

Si l'injustice a produit la haine, il s'ensuit logiquement que la justice produira la sympathie. Or comme la sympathie est une des premières conditions du bonheur humain, on doit conclure que justice et bonheur sont des termes identiques.

Ce qui lie le plus puissamment les hommes est l'affection. Mais l'affection est absolument impossible sans la justice, car il n'y a pas moyen d'aimer un homme qui viole nos droits, c'est-à-dire qui diminue l'intensité vitale de notre être. C'est la justice qui précède et la sympathie qui suit. Quand les nations européennes respecteront scrupuleusement les droits les unes des autres, la sympathie s'établira rapidement entre elles. C'est ainsi que les choses se sont passées au sein de tous les États. Ceux-là seuls forment, de nos jours, des corps homogènes (c'est-à-dire des ensembles d'individus unis par la sympathie) qui pratiquent une justice complète et indistincte à l'égard de tous les citoyens.

En résumé, si chaque homme, vivant sur la terre, comprenait que son intérêt primordial est de respecter scrupuleusement les droits de ses semblables, le bonheur social deviendrait universel, en d'autres termes, il atteindrait l'intensité la plus grande qu'il soit possible de réaliser dans les conditions actuelles de notre planète.

CHAPITRE VII

L'ASSOCIATION

On saisit encore mieux le parallélisme entre la justice et le bonheur quand on voit que l'association et la justice sont des notions identiques. L'homme isolé succombe devant les dangers qui l'environnent. C'est par l'association avec ses semblables qu'il leur résiste. Mais qui dit association dit justice. Mêmes les membres d'une bande de malfaiteurs respectent scrupuleusement les droits de leurs camarades : il ne peut pas en être autrement ; cela est conforme à la nature des choses, car si les membres d'une association devaient employer la plus grande partie de leur activité à se préserver des entreprises de leurs coassociés, l'association ne pourrait plus fonctionner et devrait se dissoudre. Une association sans justice est un contresens, comme le serait un commerce sans échange[1].

Ce qui constitue le lien social est le fait de renoncer à la mutilation de ses coassociés. L'État est une collectivité d'individus organisés de telle façon que l'un des citoyens ne puisse impunément attenter aux droits des autres. C'est ce qu'on exprime en disant que les rapports des citoyens, au sein de l'État, sont d'ordre juridique. La justice et l'association ne font qu'un. La justice universelle et l'association générale du genre humain sont une seule et même idée. La justice noue le lien social, l'injustice le rompt.

1. Dès à présent on peut établir (et ce point de vue sera développé plus loin au chapitre XXIII) que si le respect des droits des coassociés est conforme à la *nature des choses* la violation de ces droits est opposée à cette nature, elle est donc un fait anormal ou, à un autre point de vue, un fait pathologique.

Tout respect du droit produit l'association ; toute violation du droit, la dissociation ou, en d'autres termes, l'anarchie. Si demain tous les États renonçaient à cette révoltante négation du droit de propriété qui s'appelle le protectionnisme et abolissaient les douanes, on aurait l'association complète du genre humain au point de vue économique. Cette association économique n'existe pas, précisément, parce que les douanes violent le droit de propriété. Si les États renonçaient à conquérir les provinces du voisin, on aurait immédiatement l'association politique du genre humain. Or, renoncer à la conquête et respecter les droits du voisin c'est exactement le même fait. Ainsi donc justice et association, injustice et anarchie, sont des termes identiques.

Examinons maintenant la situation de l'individu par rapport à l'association. Une analyse très brève nous montrera que, si la justice est l'essence du lien social, elle est également l'essence du lien vital, si par lien vital on comprend ce fonctionnement normal des organes qui constitue la santé et produit l'épanouissement de la vie.

Tout d'abord c'est par suite du mécanisme de l'association que toute mutilation du voisin est une mutilation de soi-même. Quand Pierre blesse Paul, Paul produit moins. C'est par le fait que Pierre et Paul peuvent échanger le fruit de leur travail, c'est-à-dire s'associer économiquement, que la blessure de Paul diminue le bien-être de Pierre, c'est-à-dire équivaut à une blessure que Pierre se serait fait à lui-même. Sans l'association, le contre-coup ne se produirait pas.

C'est aussi du fait de l'association que se dégage l'intérêt primordial et fondamental de chaque homme.

Imaginons que, pour le bien-être de la société dont je fais partie, il faille faire un déblai de 10.000 mètres cubes [1].

---

1. Je simplifie à l'extrême pour exposer plus clairement mon idée.

Si mes associés sont 1.000 j'aurai pour ma part l'obliga-
tion de remuer 10 mètres cubes; mais si mes associés sont
10.000, je n'aurai plus qu'un seul mètre à ma charge.
D'autre part si mes associés sont 1.000, mais très robustes
ils pourront enlever leurs 10 mètres cubes en un seul
jour, s'ils sont faibles ils ne pourront les enlever qu'au
bout de dix jours. Dans le premier cas, la tâche étant effectuée neuf jours plus tôt, pendant les neuf jours restant on
pourra en effectuer d'autres, ce qui revient à dire que le
dixième jour le résultat réalisé ayant été supérieur, le bien-
être de la société sera devenu plus considérable.

Le bonheur de l'individu est donc en raison directe du
nombre et de la puissance de ses associés. D'où l'on peut
conclure que, lorsque chaque individu aura pour associés
tous les hommes habitant le globe et lorsque ces hommes
auront atteint le summum d'intensité vitale, le bonheur
de chaque individu sera le plus grand possible sur la terre.
Or, comme l'association de tous les hommes et la justice
universelle sont une seule et même chose, l'intérêt primordial de l'individu veut que la justice universelle soit
établie le plus promptement. Voilà, au point de vue du
nombre. Si l'on considère la qualité, la conclusion reste
exactement la même. Comme mon bonheur est en raison
directe de la puissance de mes associés, mon intérêt primordial veut que cette puissance ne soit en rien diminuée,
que mes associés ne soient mutilés en aucune manière, en
d'autres termes que la justice universelle soit établie [1].

L'intensité vitale de l'individu est en raison directe du
nombre de ses associés, par suite du mécanisme de l'association. Si je fais partie d'un groupe qui a un million de
baïonnettes pour me défendre, cela équivaut, pour moi, à

---

1. Quand on serre de près la réalité on voit le néant de toutes les théories antisociales qui ont eu tant de vogue dans ces dernières années,
comme celle du surhomme de Nietzsche et celle de l'inégalité innée des
races humaines. Elles aboutissent toutes à cette conclusion que l'individu
ne peut arriver au maximum de développement qu'en violant le droit de
ses semblables. Or c'est le contraire qui est la vérité. Les théories dont
je viens de parler sont antisociales parce qu'elles sont fausses.

la possession de deux millions de bras. Si j'appartiens à un groupe qui invente mille idées par an, c'est comme si mon cerveau était capable de produire ce travail mental.

D'autre part l'activité des uns réagit sur l'activité des autres. Pendant que, grâce aux militaires, les savants ont pour ainsi dire un million de bras, grâce aux savants les militaires ont des cerveaux capables de produire des milliers d'idées. Par suite du mécanisme de l'association les forces de chaque membre sont multipliées par la force des autres. L'association revient donc à une exaltation de la vie. Quand les hommes ne formeront qu'une seule association, la somme d'énergie produite par la multiplication de leurs forces sera la plus grande possible, en d'autres termes chacun des associés atteindra le maximum de puissance. Le globe a un milliard et demi d'habitants. Si nous formions tous une seule association, chacun de nous aurait comme trois milliards de bras.

Le phénomène de la dissociation s'oppose à celui de l'association. Si le dernier produit une multiplication de la force, le premier produit une division.

Imaginez que tous les hommes peuplant la terre soient en rapports hostiles entre eux ; leurs forces productrices ne seraient pas égales au total de la force de chaque individu, mais à une somme de beaucoup inférieure. Cela parce que ces individus passeraient une grande partie de leur temps, non à créer des richesses, mais à s'attaquer et à se défendre. Théoriquement, on peut dire que la dissociation complète ferait descendre la production à zéro.

Assurément bien peu de personnes comprennent actuellement l'identité absolue de l'intérêt individuel et de l'association du genre humain tout entier. Je veux dire que bien peu comprennent cette identité d'une façon pratique, c'est-à-dire que bien peu règlent là-dessus leurs actions quotidiennes. La reconnaissance abstraite de cette vérité est ancienne. Elle traîne dans tous les traités de morale ; elle est même élevée à la dignité du dogme religieux par

les positivistes. Mais une reconnaissance abstraite n'a
aucune valeur. Théoriquement, on peut déjà construire
une machine plus lourde que l'air qui serait capable de
voler. Mais on ne peut pas encore la mettre en pratique,
c'est-à-dire la faire voler. Dans ce cas, quand bien même
la théorie n'existerait pas, la situation serait exactement
semblable. De même la compréhension théorique de l'identité de l'intérêt individuel avec la fédération du genre
humain est sans valeur aucune tant qu'elle n'est pas devenue
une réalité concrète, c'est-à-dire tant qu'elle ne dirige pas
la conduite de chaque individu à tous les moments de sa vie.

Mais si l'on ne comprend pas encore l'avantage de
l'association générale du genre humain, on a compris
depuis la plus haute antiquité l'avantage des groupements
plus restreints. Aussi loin que notre regard peut s'étendre
dans le passé, nous apercevons toujours une collectivité
dont l'homme s'est senti solidaire. Successivement cette
collectivité a été la horde, le clan, la phratrie, la cité, l'État,
la nationalité. L'homme a saisi de tout temps la nécessité
absolue du règne de la justice à l'intérieur de ces groupes.
Seulement étant sujet à l'erreur (et d'autant plus que son
horizon mental était plus restreint, c'est-à-dire son ignorance plus profonde) l'homme ne s'apercevait pas que le
groupe dont il était *véritablement* solidaire avait toujours
plus d'extension que celui dont il *se sentait* solidaire. A
vrai dire, les limites que l'on pose aux groupements sociaux
sont purement conventionnelles. Les sociétés ne sont pas
divisées en compartiments étanches. Il en serait ainsi si les
communications ne pouvaient s'établir entre elles; mais
cela n'est pas. Les hommes peuvent communiquer sur
toute l'étendue du globe : de l'Alaska à la Patagonie et de la
Norvège à la Nouvelle-Zélande. Par suite on ne peut
imposer aucune limite à la puissance de l'association. Le

1. C'est ce que G. Ratzenhofer appelle si exactement « ein beschraenkter
Friedensraum » (un étroit périmètre pacifié). Voy. *Die Sociologische Erkentniss*, Leipzig, Brockhaus 1898, p. 362.

dernier terme atteint actuellement dans la conscience du grand public, la nationalité, sera bientôt dépassé. De nos jours, on voit se dessiner d'une façon très nette une association, plus vaste que la nationalité, le groupe de civilisation.

On pose souvent la question de savoir comment se fera la fédération du genre humain. Mais elle se fera de la façon la plus naturelle du monde. Il n'y a pas là le moindre mystère. Au fur et à mesure que s'étend l'horizon mental des hommes s'étendent aussi les limites de l'association dont ils ont conscience de faire partie. Les Bourguignons comprennent parfaitement, de nos jours, qu'ils n'ont aucun intérêt à violer les droits de Berrichons, cela parce que les uns et les autres se sentent membres d'une collectivité plus vaste, appelée France. Un jour, les Anglais comprendront qu'ils n'ont aucun intérêt à violer les droits des Allemands et des Russes, cela parce que ces nations se sentiront membres d'une collectivité plus vaste, appelée Europe.

L'extension de l'horizon mental qui nous fait dépasser les limites de la nationalité a été amenée par le jeu incessant de milliers de facteurs. Ils ont fini par frapper les yeux des plus aveugles. Inutile de parler des progrès techniques : l'Europe, grâce aux chemins de fer, est devenue un vaste tourbillon où les hommes des nations les plus diverses se mêlent par milliers tous les jours et à toutes les heures. La circulation des biens n'est pas moins active que celle des hommes. Actuellement des continents éloignés approvisionnent certaines villes de denrées qui, il y a un siècle à peine, étaient fournies uniquement par les environs immédiats de ces villes[1]. Inutile non plus de parler des facteurs intellectuels. Toutes les nations civili-

---

1. Londres, par exemple, reçoit tous les jours du lait et du beurre venant de l'Amérique. Ces arrivages quotidiens constituent une des plus grandes révolutions de l'histoire de l'humanité. C'est un fait absolument nouveau que nos ancêtres ne pouvaient même pas se représenter. Aveugles ceux qui n'en voient pas toute l'importance.

sées ont maintenant une vie scientifique, littéraire et artistique commune. Mais à part cela, l'interaction des sociétés
les unes sur les autres est encore plus forte par suite des
institutions et des idées politiques. Les hommes qui gouvernent la Russie s'imaginent que le régime le plus dési-
rable pour ce pays est la monarchie absolue. Si ces hommes
s'imaginaient que le meilleur régime est le gouvernement
représentatif et s'ils s'introduisaient dans ce pays, immédiatement les destinées des Allemands, des Autrichiens,
des Français et des Anglais seraient modifiées dans une
forte mesure.

Du moment que les destinées des nations dépendent aussi
étroitement les unes des autres, il est évident qu'elles forment une association plus vaste qui englobe la nationalité.
Puisqu'il en est ainsi, il est également évident que le
groupe au sein duquel il est avantageux de faire régner la
justice, dépasse aussi la nationalité et comprend déjà le
genre humain tout entier. Cela paraîtra plus évident encore
si on veut bien remarquer que la justice complète à l'égard
de l'individu est irréalisable sans la justice universelle.
Dernièrement quelques esprits généreux se sont révoltés
contre cette série de monstrueuses iniquités qui s'appelle
la traite des blanches. Or on a vu immédiatement qu'il
serait impossible de combattre ce mal en recourant aux
seules mesures de législation interne. Il a fallu faire un
arrangement international. Cela démontre que la justice
pour l'individu est impossible sans l'action d'un groupe
supra-national. Cet exemple peut servir pour tous les cas
analogues qui sont fort nombreux.

Mais il y a d'autres considérations plus générales et plus
importantes. Actuellement les Russes oppriment les Polonais d'une façon inique et impitoyable. Pour mettre fin à
cette oppression il n'y a qu'un moyen radical : restaurer

1. Je citerai entre autre la protection des travailleurs qui vient de faire
l'objet d'un traité entre la France et l'Italie.

l'indépendance de la Pologne. Mais si la Russie agissait ainsi, qui dit que les Polonais ne lui feraient pas la guerre, ne lui arracheraient pas quelques provinces et ne se mettraient pas à opprimer les Russes à leur tour ? La chose n'a rien d'improbable. Les exemples en sont nombreux. A peine les Magyars se sont-ils libérés du joug allemand qu'ils ont tyrannisé les Slovaques, les Serbes et les Roumains avec une dureté impitoyable. Alors les Russes sont en droit de dire que, de deux maux, ils préfèrent le moindre, et qu'ils aiment mieux rester oppresseurs que de devenir opprimés. C'est par suite de considérations de ce genre que les gouvernements des États formés de plusieurs nationalités (comme l'Autriche, la Russie, l'Allemagne, la Hongrie, etc.) ne veulent pas abandonner celles de leurs provinces qui contiennent des éléments ethniques hétérogènes. Mais l'ordre intérieur et la justice complète sont impossibles dans des États de ce genre, puisqu'ils sont composés nécessairement de dominateurs et de dominés[1]. On voit donc que la justice ne peut être assurée aux individus que si elle est assurée aux collectivités, c'est-à-dire si tous les groupements politiques, basés uniquement sur la volonté des citoyens, sont des groupements nationaux n'empiétant sur les droits de personne. Or cet état de choses constituerait précisément la fédération du genre humain, c'est-à-dire l'établissement de la justice universelle.

Je crois donc avoir démontré, directement et indirectement, qu'association et justice sont des termes identiques. Directement, en faisant voir que toute association est un groupement d'individus qui, consciemment ou inconsciemment, reconnaissent la nécessité de faire régner la justice entre eux ; indirectement, en faisant voir que la justice

---

1. Ajoutons que la vie politique régulière est impossible dans les États multinationaux, car la vie politique régulière n'est possible que lorsque les préoccupations du législateur se réduisent au bon fonctionnement des services publics. Si les bases mêmes du groupement social sont mises tous les jours en question, le législateur devient incapable de remplir sa vraie tâche et la désorganisation politique se produit. Or, *désorganisation* est une autre manière de désigner l'absence de justice.

complète pour l'individu est impossible sans l'association
générale du genre humain. On peut formuler cette idée
d'une façon plus brève en disant que la justice partielle
est irréalisable sans la justice totale.

Une conclusion se dégage de ce qui vient d'être dit dans
ce chapitre. C'est que l'association avec *tous* ses semblables
est l'état *naturel*, l'état sain, l'état normal du genre humain.
Aussi longtemps que cette association universelle n'est
pas établie, il y a situation désordonnée ou pathologique.

Nul ne pourra contester que le fonctionnement régulier
de nos organes, c'est-à-dire la santé, ne soit l'état naturel
et la condition normale de notre espèce. Si l'on contestait
cela, il faudrait reconnaître que la maladie est l'état naturel et normal. Mais la maladie étant une limitation et
finalement la suppression de la vie, il faudrait conclure
que l'état naturel et normal de notre être est de ne pas exister, ce qui est absurde. La santé est donc l'état naturel et
normal. Or, toute justice est une mutilation, toute mutilation un cas pathologique, donc l'injustice est un état
anormal et contre nature, en d'autres termes un état morbide. Par contre la justice universelle, c'est-à-dire l'absence de toute mutilation, est la situation conforme à la
nature des choses, la situation normale, l'état de santé. Ces
raisonnements aboutissent à ce simple truisme que,
lorsqu'aucun individu ne sera empêché d'atteindre le
maximum de développement vital, le maximum de développement sera atteint[1].

On dira sans doute que ce n'est pas la peine d'écrire des
volumes de sociologie pour démontrer des propositions
aussi évidentes. On se trompe : c'est au contraire le but
de ces livres ainsi que de tous les autres ouvrages scientifiques. Imaginez un mathématicien inventant quelque
calcul nouveau permettant de résoudre des problèmes très
complexes. Si l'on peut arriver par son calcul à conclure

1. Voy. plus bas, p. 283.

que $5 = 7$, le mathématicien sera convaincu que son système, si admirable soit-il, est complètement faux, donc sans valeur. Un système doit conduire à la conclusion invariable que $5 = 5$, c'est-à-dire conduire à des identités, pour être considéré comme vrai et pour être utile. De même, en sociologie : toute théorie pour être considérée comme vraie doit aboutir à des truismes élémentaires, à des identités : la souffrance est la souffrance, le mal est le mal. Dès qu'on aboutit à des oppositions, c'est que la théorie est fausse. Ainsi les moralistes de l'ancienne école affirment que le bien consiste à se sacrifier aux autres. Or chaque sacrifice étant une souffrance, cela revient à dire que la souffrance est une jouissance, que le mal est le bien.

Il semble banal d'affirmer que lorsque personne ne sera empêché d'atteindre le maximum de puissance vitale, ce maximum sera obtenu. Et cependant depuis des milliers et des milliers d'années, les hommes s'imaginent qu'on peut atteindre le maximum de puissance vitale, en pratiquant la spoliation, c'est-à-dire l'injustice. Voilà donc un truisme complètement méconnu par l'immense majorité du genre humain, et cela depuis des siècles innombrables. On voit donc que ce truisme mérite d'être affirmé et réaffirmé. Assurément il est impossible de prévoir à quelle époque ce truisme tombera dans le domaine public ; la seule chose que l'on puisse dire avec certitude, c'est que le jour où il sera appliqué, le jour où les hommes comprendront l'avantage de former une seule association, ils obtiendront le plus grand bien-être réalisable sur la terre.

Une dernière considération : nier que la justice soit le but de l'association implique une idée contradictoire. En effet, concevoir une société sans justice, c'est concevoir un être vivant sans vie. L'être animé, pour ne pas mourir, doit éviter la souffrance. Or la souffrance sociale et l'injustice sont des termes identiques. Quand les Allemands, par exemple, viennent dire que les Alsaciens ne

doivent pas désirer être Français (en d'autres termes ne
doivent pas désirer que leurs droits soient respectés), c'est
comme s'ils disaient qu'ils ne doivent pas désirer vivre.
Les gens qui ne veulent pas vivre se suicident ; mais ceux
qui ne se suicident pas démontrent par là même qu'ils désirent vivre. Or, du même coup, ils démontrent qu'ils désirent le respect de leurs droits, car le respect des droits est
synonyme de justice, justice est synonyme de suppression
de souffrance et suppression de souffrance est synonyme
de vie.

CHAPITRE VIII

L'ORGANISATION, LA SANTÉ ET L'ORDRE

Je viens de montrer que la justice est la condition néces-saire des groupements humains. Mais on peut pousser l'analyse plus loin encore et montrer que la justice a de profondes racines dans le domaine de la biologie. On peut presque dire qu'elle est la condition nécessaire de l'existence des êtres polyplastidaires.

L'analogue biologique de la justice est l'organisation. Dans les sociétés il n'y a pas de justice possible sans orga-nisation. Dès qu'il y a organisation, il y a nécessairement justice. De même injustice et désorganisation sont des termes identiques. La justice universelle ne règne pas encore sur le globe parce que l'humanité n'est pas orga-nisée.

L'organisation commence chez les êtres polycellulaires par la division du t. avail et la différenciation des fonctions. Mais la division du travail n'est un principe unificateur que s'il y a échange. Car, si des cellules se différenciaient sans échanger des services ou des substances, chacune d'elle finirait par constituer un organisme particulier, diffé-rent de ses voisins, et rien de plus.

Mais, à partir du moment où l'échange commence à s'effectuer, l'équité en devient la condition première. Si le service rendu n'est pas équivalent au service reçu, il y a rupture d'équilibre, hypertrophie d'une part et atrophie de l'autre, il y a un cas pathologique, donc, tôt ou tard, mort, c'est-à-dire destruction de l'association biologique.

En sociologie ce phénomène peut s'exposer dans les termes suivants : sans stricte équité il y a non pas échange mais spoliation. Alors l'hypertrophie et l'atrophie apparaissent; c'est un cas de pathologie sociale. La spoliation conduit à la rupture du lien social (à la guerre civile), comme la maladie conduit à la dissociation des cellules par la mort.

Dans les organismes les plus élémentaires, l'équité s'établit pour ainsi dire spontanément par un mécanisme dont nous ignorons les rouages. Mais chez les animaux supérieurs, un organe spécial se différencie pour rendre la justice ; c'est le cerveau ou, plus exactement, le système nerveux. C'est au cerveau qu'aboutissent tous les appareils qui règlent la distribution du sang aux diverses cellules du corps. Lorsqu'un membre effectue un travail plus considérable qu'un autre, le cerveau lui fait parvenir plus de sang, c'est-à-dire plus de substances alimentaires.

La fonction régulatrice s'est formée pour combattre le phénomène anarchique de l'atrophie et de l'hypertrophie, pour mettre fin à la spoliation d'un organe par un autre, en d'autres termes, pour maintenir l'ordre à l'intérieur du corps vivant. Mais si cela ne réussit pas, la maladie et la mort en sont alors la conséquence. La fonction régulatrice a pour but d'empêcher l'apparition des états pathologiques dans l'organisme ; de même la justice a pour but d'empêcher l'apparition des états pathologiques dans la société, j'entends les délits et les crimes. Mais, aussi longtemps que la fonction régulatrice s'exerce d'une façon normale dans l'être vivant, les mouvements restent rythmiques et réguliers, la santé est maintenue et la vie conserve son entière intensité.

Vie et organisation sont des termes corrélatifs. Or, d'autre part, la justice se ramène aussi à l'organisation ; on peut en conclure que la justice est une des conditions premières de la vie, comme elle est la condition première de la société.

Une autre conclusion se dégage de ce qui vient d'être

dit. Le maximum d'intensité vitale étant ce qu'on appelle l'état de santé et le maximum d'intensité étant produit par la justice, on peut ramener l'idée de la justice à celle de la santé. C'est ce qu'on observe en effet dans les sociétés. Comparez par exemple la situation actuelle de la Russie à celle de la Suisse. Dans le premier de ces pays, les assassinats politiques les plus retentissants sont pour ainsi dire à l'ordre du jour ; en Suisse l'ordre et le calme le plus parfait règnent dans toute l'étendue du territoire. En Russie on prend les plus grandes précautions pour préserver l'existence du souverain ; en Suisse les représentants du pouvoir exécutif (les membres du conseil fédéral) se promènent partout jour et nuit sans la moindre crainte. Comparez d'autre part l'Angleterre aux pays continentaux. En Angleterre le juge a la plus extrême latitude. Il peut condamner à une amende d'un franc, comme à une amende d'un million. Les pouvoirs publics ont pleine confiance dans l'intégrité du juge et lui laissent une liberté illimitée. Aussi l'Angleterre est-elle le pays où la justice est le plus admirablement garantie. C'est également pour cela que les troubles et les désordres y sont plus rares que partout ailleurs, ce qui revient à dire qu'au point de vue social, elle jouit d'une robuste santé [1].

Ce qu'on appelle la perfection des institutions sociales se ramène également à l'idée de justice. En effet, dès que l'injustice règne dans un État, on dit que ses institutions sont imparfaites.

Mais il faut considérer la perfection, non seulement au

1. « Un matin, à Londres, dit M. F.-G. Vitale (dans l'*Ora* de Palermo du 27 juillet 1904) je vis arrêter, juger et condamner un ouvrier qui avait grossièrement injurié son camarade dans la rue. En moins de deux heures l'arrêt était rendu et l'offensé avait obtenu satisfaction. En Italie un pareil procès n'aurait pas même eu lieu. L'offensé eût préféré donner un coup de couteau. Pourquoi ? Parce que depuis des siècles, comme il n'existe pas en Italie de justice sociale prompte, complète et impartiale, tous, grands et petits, préfèrent se faire justice eux-mêmes ». La corrélation établie par M. Vitale entre la criminalité d'un pays et la mauvaise organisation de la justice confirme absolument ma thèse que la santé sociale est en raison directe de la somme de justice.

point de vue des institutions politiques, mais encore au point de vue de la structure sociale. Si cette structure est imparfaite, on peut être presque sûr que c'est faute d'une somme suffisante de justice.

L'état normal d'une nation est d'être gouvernée par son aristocratie [1]. Ayant plus de fortune, donc plus de loisirs, les aristocrates peuvent se donner une culture intellectuelle très raffinée. Ils sont donc à même d'acquérir les idées les plus larges possibles. Étant économiquement indépendants et ayant une situation très en vue, ils peuvent jouir de la confiance du peuple. Cela donne la possibilité d'arriver aux hautes fonctions politiques avec le minimum d'effort. Les membres de l'aristocratie sont donc particulièrement qualifiés pour gérer les affaires publiques dans l'intérêt de tous. C'est en effet à peu près de cette façon que les choses se sont passées en Angleterre pendant une assez longue période et c'est pourquoi ce pays est si civilisé et si puissant.

Mais il n'en est pas ainsi sur le continent. D'où vient, par exemple, qu'en France, à notre époque, le faubourg Saint-Germain, loin d'avoir les idées les plus avancées et plus larges a, au contraire, les idées les plus étroites et les plus rétrogrades ? D'où vient qu'il est de *bon ton* d'être conservateur, c'est-à-dire aveugle [2], quand tout individu s'estime heureux d'avoir une vue aussi perçante que possible ? Cela vient de l'injustice. Les aristocrates l'ont subie en 1793. On les a guillotinés par centaines après des jugements dérisoires. On a confisqué leurs biens de la façon la plus inique. De peur de voir renaître de pareilles bruta-

1. Le lecteur comprend bien que je n'entends pas par ce mot une caste de privilégiés, mais une élite sociale qui se forme spontanément dans chaque société. Ce sont les familles en évidence, qui se distinguent par leur fortune, par les qualités individuelles et par l'illustration de leurs membres.

2. Il est parfaitement logique d'identifier les conservateurs avec des aveugles. En effet, le conservateur est celui qui ne *voit pas* (ou ne veut pas voir, peu importe) les transformations nouvelles de la société et les besoins que provoquent ces transformations.

lités les aristocrates sont devenus conservateurs et même réactionnaires. La bourgeoisie, qui était autrefois libérale, voire même radicale, commence aussi à tourner au conservatisme par crainte d'une injustice future venant des socialistes. En Angleterre, l'aristocratie, se sentant moins menacée, a un assez fort contingent de libéraux. Il est clair que le faubourg Saint-Germain, figé dans des idées archaïques, n'exerce aucune influence dans son pays, et la France présente cette anomalie que son aristocratie ne prend presque aucune part à la direction des affaires publiques. Si la justice n'avait pas été outrageusement violée, en 1793, cette anomalie n'existerait pas.

Mais, de nouveau, cette injustice récente a été provoquée par des injustices plus anciennes. Les aristocrates français pendant de longues années, loin de gouverner au profit de tous (c'est-à-dire conformément à l'équité), ont voulu gouverner à leur profit exclusif. Quelques-uns d'entre eux, voyant qu'après la Révolution cela ne serait plus possible, ont préféré émigrer et combattre leur propre patrie. Tout cela a accumulé sur leurs têtes des haines bien compréhensibles qui ont abouti aux plus terribles hécatombes. Ainsi, à ce point de vue encore, si la France présente l'anomalie de n'être pas gouvernée par son aristocratie, c'est par suite de la violation de la justice.

Certes, c'est également un signe de pathologie sociale que de voir les citoyens se désintéresser complètement de la chose publique. Ce fait provient aussi de l'absence de justice. Dans les pays despotiques, le respect des droits fondamentaux du citoyen est presque réduit à néant. Le fait de s'occuper des affaires publiques y est mal vu par les gouvernements. Les individus qui s'intéressent et parlent des intérêts généraux de la patrie sont considérées comme des personnages dangereux. Souvent on leur fait un mauvais parti, soit en les envoyant dans un monde meilleur, comme en Turquie, soit en les exilant dans des provinces éloignées des grands centres intellectuels urbains. Dans ces pays, la vertu civique est considérée comme un délit, le patriotisme comme un crime. Ce renversement absolu des conditions naturelles de la vie sociale fait que les États despotiques ont une existence extrêmement languissante et sont très faibles[1].

On s'est demandé souvent comment l'immense empire romain avait pu succomber sous les coups de quelques bandes de barbares dont la plus nombreuse n'avait peut-être pas vingt mille guerriers ? Cela vint précisément de ce que le gouvernement romain ayant été extrêmement despotique et injuste à l'égard des provinces, celles-ci n'avaient aucun patriotisme. Non seulement les populations ne firent en général, que de très médiocres efforts pour repousser les invasions, mais, au contraire, elles s'allièrent aux envahisseurs pour se débarrasser du gouvernement impérial. Tel fut le cas de l'Égypte au viie siècle de notre ère. Le gouvernement de Constantinople était si despotique et si tracassier que les Alexandrins, à bout de patience, appelèrent les Arabes. Ils espéraient obtenir l'indépendance grâce à leur aide. Or indépendance, en dernière analyse, signifie meilleur gouvernement, en d'autres termes, plus grande somme de justice.

Quand nous voyons prédominer dans une société les instincts vils et bas : la corruption, la lâcheté, la fausseté, le mensonge, l'hypocrisie, nous disons que cette société est déchue, c'est-à-dire malade. Mais d'où viennent ces tendances délétères ? De l'injustice et de l'injustice seule. C'est elle qui fait de la société un cloaque fangeux et immonde. Si les droits des individus sont scrupuleusement respectés par les gouvernements, nul ne peut être puni pour avoir dit la vérité, pour avoir marché dans la voie droite, pour avoir fait son devoir de citoyen. Dans ce cas l'atmosphère morale de la société est saine et vivifiante. C'est précisément à partir du moment où l'on peut être

1. Voy. plus haut, p. 15.

puni pour avoir pratiqué une conduite loyale que la société commence à se décomposer, précisément parce que c'est alors que la justice commence aussi à disparaître [1].

Ainsi donc, au point de vue politique, santé sociale et justice sont des termes synonymes.

Passons maintenant aux faits économiques. Ici encore on peut voir nettement que la santé sociale et la justice marchent toujours de pair.

Les ressources de notre globe sont pratiquement illimitées. D'autre part les inventions de l'esprit humain sont incessantes. Par suite, il devrait constamment se fonder dans la société un grand nombre d'entreprises nouvelles et la demande de travail devrait toujours dépasser l'offre.

Telle est la condition normale de la société, la condition saine. Dans les pays où cette situation se présente, nous voyons, en effet, qu'il en est ainsi. Aux États-Unis, quand il n'y a pas de crise industrielle, l'émigrant européen n'est pas encore débarqué de son navire que déjà il est embauché pour quelque exploitation agricole ou industrielle.

Pourquoi n'en est-il pas ainsi partout et particulièrement en Europe ? C'est en grande partie par suite du brigandage colossal qui s'appelle le système protecteur. Le devoir de l'État est de garantir le droit de propriété, de poursuivre les voleurs avec la plus grande sévérité. Mais, naturellement, quand les gouvernements se mettent eux-mêmes à *protéger* les voleurs, ils commettent la plus flagrante des injustices. C'est cette injustice qui cause l'état pathologique qualifié de stagnation des affaires d'où résulte que l'offre du travail dépasse la demande.

Imaginez l'essor que prendrait la production française

---

1. Ce mot « puni » doit être pris ici dans un sens large sans être restreint aux pénalités régulières infligées par la loi. Il doit s'étendre à la privation des honneurs et des avantages que donne le gouvernement. Sans doute, dans les États despotiques, les gens ne sont pas toujours mis en prison pour avoir dit la vérité, mais ils sont écartés du pouvoir ce qui, dans une certaine mesure, est une punition des plus sensibles.

si ses articles n'étaient pas arrêtés par les douanes des pays étrangers. L'exportation pourrait au moins décupler[1]. S'il en était ainsi la demande de travail, en France, dépasserait l'offre et on ne verrait pas ce spectacle lamentable de milliers de candidatures pour une place de douze cents francs par an.

Ce qui est vrai de la France l'est aussi des autres pays. Assurément les droits de douane ne sont pas les seuls obstacles qui s'opposent à la mise en valeur complète des ressources naturelles des pays européens. Il en est un grand nombre d'autres. Mais tous se ramènent à l'absence de justice. Ainsi la Russie a dans son sol des richesses énormes. Peut-être sont-elles les plus grandes du monde. Or la majeure partie n'en est pas même exploitée, entre autre raison parce que les immigrants et les capitaux étrangers ne trouvent pas assez de sécurité dans l'empire des Tsars, ce qui revient à dire qu'ils n'y sont pas à l'abri de l'injustice. Dans un pays dont la situation politique diffère beaucoup de celle de la Russie, les mêmes causes ont cependant produit les mêmes effets. On sait qu'au point de vue de l'essor industriel et agricole, l'Australie fait de bien faibles progrès. La population n'y croit presque plus, la colonisation des terres vacantes avance peu. Cela vient encore de l'injustice. Les ouvriers australiens s'étant emparés du pouvoir ont fait des lois peu favorables à l'immigration.

On objectera peut-être que le globe n'est pas mis en valeur faute de capitaux et que c'est pour cela que la demande de travail ne dépasse pas l'offre. Cette objection ne supporte pas la critique ; d'abord déjà à l'heure actuelle, des capitaux fort nombreux ne peuvent trouver un placement rémunérateur. Les capitaux disponibles ne

1. Des millions d'hommes dans le monde convoitent les articles français, mais ce qui les empêche de les acheter c'est (abstraction faite des majorations folles provenant de la douane) l'absence de ressources. Or la misère de certains pays (comme l'Asie Mineure par exemple) provient du mauvais gouvernement, soit, de nouveau, de l'absence de justice.

font pas défaut même de notre temps. Mais ensuite vient la réfutation décisive : chaque entreprise nouvelle, donnant un profit, contribue précisément à former l'épargne, c'est-à-dire les capitaux. Ainsi, au fur et à mesure que l'exploitation du globe deviendra plus complète, les capitaux deviendront aussi plus abondants. C'est l'insuffisance de justice qui empêche la formation des nouvelles entreprises, c'est cette insuffisance qui empêche aussi la formation des nouveaux capitaux. De toute façon, le fait pathologique de l'insuffisance de demande du travail est un produit direct de l'injustice.

Qu'on ne vienne pas dire que la surabondance des bras vient de l'accroissement rapide de la population. Cet accroissement doit, au contraire, augmenter la demande de travail, puisqu'il y a un plus grand nombre d'individus à nourrir, à vêtir et à loger. Une population invariable peut aussi se contenter d'une production invariable, mais, si la population augmente, les besoins augmentent également et la production doit monter.

On peut dire enfin que les inventions elles-mêmes sont une cause de chômage, puisque, avec des machines plus parfaites, il faut un moindre personnel. Cela non plus n'est pas entièrement exact. Quand on est dans des conditions sociales saines, la diminution de la main-d'œuvre fait baisser le prix du produit et cette baisse, à son tour, accroît la demande. Les chemins de fer auraient dû réduire le nombre des rouliers. Cela n'a cependant pas été le cas car, au bout d'un certain temps, il a fallu plus de rouliers pour transporter les marchandises vers les gares qu'il n'en fallait auparavant pour effectuer les transports à grande distance.

Une dernière généralisation : la justice peut s'identifier à l'ordre. Or l'ordre est un des aspects de la loi de l'équilibre des forces. L'ordre est la substitution des mouvements rythmiques aux mouvements incohérents ou anarchiques. Le système solaire est maintenant dans la phase de l'ordre, parce que les différents corps dont il est composé parcourent des trajectoires semblables dans des temps égaux, c'est-à-dire qu'ils exécutent des mouvements rythmiques. Dans l'être vivant les fonctions s'accomplissent aussi d'une façon normale quand elles ne s'écartent pas trop du rythme habituel. Dans les sociétés lorsque les différentes actions humaines se répètent à des intervalles plus ou moins semblables et selon des formes plus ou moins pareilles, on dit que l'ordre n'est pas troublé. Considérez, par exemple, la différence entre la procédure des tribunaux et les combats sur les champs de bataille. Un procès se ramène à un ensemble de mouvements rythmiques : établissement de l'identité du prévenu, audition des témoins, réquisitoire du procureur, plaidoirie des avocats, sentence des juges, etc. Une bataille est un ensemble de mouvements chaotiques et déréglés dont les péripéties ne peuvent pas être prévues d'avance.

Ainsi donc l'organisation, la santé et l'ordre social peuvent être complètement identifiés à l'idée de justice.

Puisque notre bonheur ne peut être réalisé que par la justice universelle et puisque la justice universelle n'est autre chose que l'organisation du genre humain, cette organisation est donc notre besoin le plus impérieux et le plus immédiat. Hélas ! qui conforme sa conduite à cette idée si simple ? L'immense majorité des hommes conforment leur conduite à l'idée précisément contraire. S'il ne s'agissait que de la foule des ignorants, qui, préoccupés de gagner leur pain quotidien, n'ont pas le temps de creuser les problèmes sociaux, le dommage ne serait pas considérable. Par malheur les hommes d'État qui tiennent entre leurs mains la destinée des nations, et les savants juristes qui doivent établir les théories du droit international, ne sont guère plus avancés. Politiciens et théoriciens semblent considérer l'anarchie perpétuelle comme le

bien suprême : « Our country right or wrong » (Notre pays
avant tout, qu'il ait raison ou tort), est le principe régula-
teur de la politique internationale, telle que les plus grands
ministres, les prétendus « génies » politiques jugent utile
de la pratiquer. Or ce principe n'est autre chose que la
négation absolue de la justice, le maintien voulu et conscient de la désorganisation.

Comment les hommes d'État sont-ils assez simples pour
ne pas comprendre le raisonnement suivant : si véritablement le principe « our country right or wrong » est conforme aux intérêts d'un pays, il doit l'être également aux
intérêts de tous. Mais alors tous voudront l'appliquer et on
aura le *bellum omnium contra omnes* perpétuel, l'anarchie
et le chaos universels. Si, au contraire, tous les États appli-
quaient le *fiat justicia, pereat mundus*, on aurait immédiatement l'ordre universel. Or il ne faut pas réfléchir bien
longtemps pour comprendre que le désordre n'est de l'intérêt d'aucun pays. En effet, désordre signifie possibilité
d'être attaqué à chaque instant par son voisin, ce qui n'est
certes pas la condition la plus favorable pour le bonheur
des collectivités et des individus.

Après les hommes d'État, considérons les théoriciens.
Tous font de la souveraineté de l'État la pierre angulaire
du bonheur, le palladium de la liberté. Il est difficile d'imaginer une plus profonde erreur. Aucun État n'a le moindre
intérêt à être « souverain ». Tous au contraire ont l'intérêt le plus catégorique à se soumettre à une autorité supra-
nationale chargée d'exercer la justice pour le bien commun. Aucun État n'a le moindre avantage à prolonger le
règne de l'anarchie; tous ont le plus grand intérêt à
avancer la fédération du genre humain.

On peut répondre que cela n'est pas facile. C'est là une
autre question. Tout médecin sait fort bien qu'il n'est pas
facile de trouver un remède contre la tuberculose, mais
aucun médecin ne dira que la découverte de ce remède
serait le pire des maux. La souveraineté de l'État est un

principe anarchique, donc pathologique, criminel et funeste. Le principe de la justice internationale est seul salu-
taire. Telle est la vérité. Le fait qu'il n'est pas aisé d'organiser les institutions supra-nationales ne démontre pas
plus l'utilité de l'anarchie que la difficulté de trouver un
remède contre la tuberculose ne démontre l'utilité de cette
maladie.

C'est d'ailleurs une profonde erreur de croire que l'organisation de l'humanité soit une œuvre chimérique. Aucun
obstacle d'ordre matériel ne se dresse devant elle. Elle
ne se fait pas, parce que les hommes qui dirigent actuellement la politique croient que l'anachie (c'est-à-dire la
désorganisation) est avantageuse. Cette erreur colossale
ne durera pas éternellement; la vérité finit toujours par
triompher. Dès que l'on comprendra les avantages de
l'organisation, l'union fédérale des grands États civilisés
pourra s'accomplir aussi promptement et aussi facilement
que celle des treize colonies anglaises de l'Amérique du
Nord en 1787.

Mais, dira-t-on, s'il faut attendre que les Arabes, les Zoulous, les Soudanais et les Afghans comprennent le besoin
d'organiser le genre humain pour que son organisation
s'accomplisse, il faudra attendre longtemps. Autant dire
que la fédération universelle est réalisable seulement dans
un avenir si éloigné que cela équivaut à l'impossibilité
pratique de la réaliser.

Or il n'en est nullement ainsi. Les conjonctures historiques se sont combinées de telle sorte qu'il n'est pas du
tout nécessaire d'attendre l'assentiment des Zoulous, des
Soudanais et des Afghans pour établir la justice universelle. M. Roosevelt, M. Porfirio Diaz[1], les ministres des
Affaires étrangères actuels des grandes nations civilisées:
MM. Bulow, Goluchowski, Delcassé, Lansdowne, Tittoni
et Lamsdorf, les classes dirigeantes de leurs pays respec-

1. Président des États-Unis du Mexique.

tifs ne sont nullement incapables de comprendre les considérations contenues dans ce travail. Plusieurs de ces Mes-
sieurs n'ont peut-être pas été encore amenés à considérer
les affaires internationales au point de vue positif sous
lequel elles sont exposées ici. Plusieurs de ces personnages ne voient donc pas les choses comme elles sont en
réalité[1]. Mais les vérités élémentaires exposées dans ce
travail ne sont certainement pas au-dessus de l'entendement des personnages que je viens de nommer. Ils pourront donc les concevoir sans aucune peine, et, dès qu'ils
les auront conçues, ils comprendront que la fédération des
nations civilisées est le plus impérieux besoin de leurs
patries. Alors, ils tendront naturellement à supprimer
l'anarchie et à introduire l'ordre international. Alors peu
leur importera l'opinion des autres sociétés humaines. A
l'heure actuelle, les sept grandes puissances civilisées
(États-Unis, Grande-Bretagne, France, Allemagne, Italie,
Autriche-Hongrie, Russie) dominent le monde entier. La
volonté de ces puissances sera la loi de tous. D'abord
parce que, par leurs possessions, les grandes puissances
européennes ont sous leur autorité la majeure partie des
sociétés sauvages et barbares qui peuplent le globe. Ensuite parce que les sociétés barbares et sauvages, étant
sans cohésion n'offrent en général qu'une bien faible résistance. Quant aux États extra-européens plus ou moins
organisés encore indépendants, ils se réduisent à un très
petit nombre : la Turquie, la Perse, l'Afghanistan, le Siam,
la Chine et le Japon. Bien que ces pays soient peuplés de
465 millions d'hommes environ ils seront absolument incapables de résister à la coalition de l'Europe et de l'Amérique
dont la population et la puissance économique et militaire
dépassent de beaucoup la leur.

Imaginez les nations civilisées résolues à ne plus tolérer
le brigandage militaire sur le globe (comme elles ne

---

1. Car s'ils les voyaient ainsi, ils pratiqueraient une politique bien différente de celle qu'ils suivent actuellement.

tolèrent plus la piraterie sur mer) : les pays Asiatiques seront obligés de se soumettre à l'ordre légal et la suppression de l'anarchie serait un fait accompli.

Autrefois, quand les barbares formaient l'immense majorité du genre humain et quand la civilisation était un accident heureux, l'organisation de notre espèce pouvait sembler complètement chimérique. De nos jours, c'est précisément le contraire. Les sauvages et les barbares constituent maintenant une quantité négligeable. Aussi longtemps que ces derniers maintenaient la désorganisation et le désordre, il n'y avait rien à espérer. Mais actuellement, quand les piliers de l'anarchie sont les peuples civilisés, l'espoir est permis, car les civilisés sont parfaitement capables de comprendre qu'ils ont fait jusqu'à présent fausse route et que l'ordre universel peut seul produire le maximum de bonheur.

Comprendre la possibilité de l'organisation du genre humain est déjà un immense progrès. Comprendre qu'elle est facile en est un plus grand encore. Un proverbe dit que le commencement est la moitié du tout. On peut affirmer avec autant de raison que la conception d'un ordre de choses est déjà un pas considérable accompli vers sa réalisation. Il y a deux siècles à peine, quand la plus grande partie du globe était encore inconnue aux peuples européens, l'idée d'une fédération de l'humanité tout entière ne s'était probablement présentée à aucun esprit. Et si même elle s'était présentée, c'eût été sous forme d'un théorème abstrait, conçu par la raison, mais non sous l'aspect d'un ensemble d'institutions concrètes dont la réalisation pouvait être immédiate. De nos jours, au contraire, nous voyons nettement que, par le seul accord de sept gouvernements, la fédération du genre humain pourrait se faire dans l'espace de quelques mois[1].

Il suffit donc que les hommes d'État et les classes diri-

1. Je reviendrai sur ce sujet au chapitre XXIX, voy. p. 376.

geantes comprennent la nécessité de la justice internationale pour que l'organisation du genre humain se réalise
rapidement.

La bienfaisance du droit commence à crever les yeux.
On n'a jamais pu observer nulle part que la prospérité et le
bonheur des citoyens ait diminué par l'établissement
d'une plus grande somme de justice ; de même on n'a
jamais pu observer au ciel un astre immobile. Et on n'a
jamais pu observer ces deux faits parce qu'ils sont complètement opposés aux lois de la nature. Ainsi, quand on a
supprimé, en Angleterre, cette colossale iniquité, cette
spoliation brutale qui s'appelle le protectionnisme, on n'a
pas observé une limitation, mais au contraire un immense
accroissement de la richesse. En 1869, les revenus frappés
par l'income-taxe montaient à 390 millions de livres ster-
ling ; en 1902, ils avaient plus que doublé et arrivaient à
867 millions. De même en France, après la suppression
des injustices incohérentes qui constituaient l'ancien
régime, l'accroissement de la richesse fait un bond prodigieux. Partout et toujours on a observé, au contraire,
une diminution immédiate du bien-être sitôt que la somme
de justice devenait moindre. Ces faits montrent que la
justice et le bien-être universels sont des termes identiques.
Donc l'intérêt primordial qui domine tous les autres est
cette justice, c'est-à-dire l'organisation de l'humanité.

Mille facteurs de tout genre poussent d'ailleurs dans
cette direction. De nos jours, grâce aux progrès techniques,
il n'y a peut-être par un Européen, appartenant aux classes
aisées, qui ait vécu son existence entière sans avoir quitté
son pays. Un grand nombre de personnes passent régulièrement une partie de l'année à l'étranger. Il y a des
ouvriers Italiens qui vont faire chaque hiver la récolte
dans la République Argentine et rentrent en été pour la
faire chez eux. Presque tous les Européens sont obligés de
porter le même costume. En effet, grâce aux chemins de

fer, on peut actuellement traverser deux ou trois pays dans la même journée. S'il fallait changer de vêtement pour se mettre à la mode de l'endroit, il en résulterait des difficultés considérables [1]. Or, le fait de s'habiller de la même façon a des conséquences fort importantes. L'homme attache un très haut prix aux signes extérieurs [2]. Quand on porte le même costume on se croit un peu de la même famille et on se sent moins dépaysé en pays étranger. De nos jours, tout tend à s'internationaliser; tout franchit les frontières politiques. Une grève, pour réussir complètement, doit s'étendre à plusieurs pays. Un syndicat, pour donner toute son efficacité, doit englober l'ensemble des peuples civilisés [3]. La carte photographique du ciel est entreprise, de nos jours, par les observatoires d'Alger, du Cap, de Berlin, de Saint-Pétersbourg, de Rome, de Tachkent, de Denver, etc.

Les liens qui unissent les nations sont de toutes sortes : économiques, financiers, intellectuels, sportifs, etc. etc. Ils deviennent de jour en jour plus intimes et plus nombreux. Ces liens ont une importance directe et indirecte. Mais l'importance indirecte est certainement la plus grande. Les intérêts de tous les peuples sont identiques comme ceux des provinces d'un même État, seulement cette identité est moins bien *comprise* [4].

---

1. Je dois cette remarque sur le costume à un ancien diplomate grec, M. Dragoumis.

2. Considérez, par exemple, l'attrait puissant qu'exercent les décorations. Si elles ne comportaient aucun signe extérieur apparent, si discret fut-il, on en ferait sans aucun doute, un bien moindre cas.

3. Les producteurs du pétrole et ceux de la fonte et de l'acier cherchent maintenant à s'organiser en trusts universels.

4. Quand les droits de nos compatriotes sont violés à l'étranger nous ressentons une grande indignation. Quand les droits des étrangers sont violés chez nous ou ailleurs, nous ne sommes nullement choqués. C'est un tort, car l'atteinte aux droits des étrangers se ramène à celle aux droits de nos compatriotes. En réalité, ces termes de compatriotes et d'étrangers sont conventionnels dans une très large mesure. Si l'on va au fond des choses, il faut bien reconnaître qu'au point de vue du bonheur individuel, il n'y a ni étrangers ni compatriotes. Dès que le droit est violé quelque part, il y a immédiatement diminution du bien-être de tous.

Les liens matériels que nouent les progrès techniques ouvrent les yeux au grand public et aux gouvernements, et font comprendre que l'union de l'Europe est conforme à l'intérêt des collectivités politiques dont elle est formée[1]. Que cette conviction devienne universelle, et l'organisation du genre humain deviendra aussitôt un fait accompli.

Les inventions techniques poussent encore d'une autre manière à l'établissement de la justice internationale, en contribuant à introduire l'ordre dans les sociétés.

On n'a pas assez fait valoir combien l'invention du papier, de l'imprimerie et des presses à vapeur a transformé la structure des sociétés modernes. Un des traits les plus caractéristiques de notre époque, et dont les conséquences ont été incalculables, est l'association des capitaux. C'est elle qui a permis de couvrir le globe de 900.000 kilomètres de chemins de fer, de creuser le canal de Suez et de transformer en fourmilières des régions naguère encore désertes et solitaires. Or, l'association des capitaux serait impossible sans le papier et l'imprimerie. Car s'il fallait écrire sur du parchemin et à la plume les millions de titres et les milliards de coupons nécessaires au service des opérations financières, tous les scribes du monde n'y auraient jamais suffi.

De même, sans l'imprimerie et le papier, il serait matériellement impossible de faire un recensement aussi détaillé que l'est l'admirable *Census* des États-Unis d'Amérique.

Mais, quand, par suite des facilités offertes par les presses rotatives, ces recensements ont été faits, ils ont eu des résultats d'une importance énorme. Ils ont rendu *conscients* une masse de phénomènes sociaux qui ne l'étaient pas auparavant. Ainsi, dès octobre 1904, le public français a pu savoir que l'année précédente, il y avait eu

---

1. Le lecteur comprend, sans doute, que sous le nom d'Europe, j'entends ici les pays de civilisation européenne, même ceux qui ne se trouvent pas situés sur notre continent.

dans le pays 865.786 naissances et 753.606 décès, ce qui laissait un excédent de 73.180 naissances. Sans l'imprimerie et le papier, ce résultat, s'il avait jamais été connu, ne l'eut été qu'au bout d'un temps extrêmement long.

Les inventions, d'ailleurs, ne sont pas seulement d'ordre technique. Il en est aussi d'ordre organisateur, si l'on peut s'exprimer ainsi. Une des plus importantes dans ce genre, au point de vue social, est la comptabilité. C'est elle qui a contribué, dans une large mesure, à introduire l'ordre dans l'État. C'est grâce à elle qu'on a pu savoir si les charges étaient équitablement réparties entre les citoyens. De plus, la comptabilité a prouvé mieux que les raisonnements les plus logiques, que les guerres sont des spéculations désastreuses, même pour les vainqueurs. Bref, par suite de mille inventions tant techniques qu'organisatrices, l'ordre a été établi au sein des États. De nos jours l'administration des grands peuples civilisés fonctionne avec une régularité et une précision que les anciens n'auraient jamais pu concevoir. Ces sociétés sont par suite des êtres relativement très perfectionnés, possédant une vie intense, mais, aussi des êtres fort délicats.

Or, plus l'ordre qui règne au sein de l'État augmente, moins cet État est capable de résister aux désordres extérieurs. Des perturbations qui ébranlent à peine un organisme primitif peuvent mettre en danger un organisme plus élevé, par cela même plus fragile. Alors, sous peine d'éprouver des souffrances intolérables, les États modernes sont portés à établir un ordre extérieur qui corresponde plus ou moins à leur ordre intérieur[1].

Après les inventions, un autre facteur favorable à l'organisation est la démocratisation des sociétés civilisées. A mesure que la production industrielle se développe et que les classes ouvrières acquièrent plus de bien-être et de lumières, une transformation s'opère dans les sociétés

[1]. Ces considérations pourraient être bien développées. Mais je me borne à dire ici ce qui est nécessaire à l'exposition de mon sujet.

modernes, qui tend irrésistiblement à assurer la stabilité de
la pyramide sociale. L'idée qu'il est plus avantageux et plus
honorable de produire que de détruire, en d'autres termes,
de travailler que de massacrer et de piller, commence à
s'imposer impérieusement. Cette idée amènera précisément la révolution qui fera passer l'humanité de la
phase chaotique à la phase d'organisation. Car travail
signifie, en dernière analyse, échange, donc association et
justice. Le brigandage, au contraire, et la spoliation aboutissent à l'injustice qui est la désorganisation.

Il est naturel que la démocratisation des sociétés con-
duise nécessairement à la justice universelle, car la démocratisation consiste en l'établissement du maximum de justice au sein des peuples. Jadis les États étaient de vastes
entreprises d'exploitation de l'homme par l'homme. Les
sujets étaient tués par dizaines de milliers pour procurer
des jouissances à l'infime minorité des maîtres. La démocratisation des sociétés n'est autre chose que la suppression de ce régime inique. Dans un État démocratisé, les
intérêts des masses populaires passent au premier plan.
C'est la marque d'un immense progrès de la justice interne,
qui doit produire tôt ou tard un accroissement de la justice internationale.

Il y a une grande analogie entre la situation actuelle
du monde civilisé et la situation intérieure de la France en
1788. Le royaume de Louis XVI offrait à cette époque le
spectacle d'un assemblage incohérent de provinces régies
de la façon la plus désordonnée. Les juridictions étaient
innombrables; les survivances les plus absurdes et les plus
contraires au bien public se rencontraient à chaque pas.
L'arbitraire était partout et avait pour conséquence naturelle la plus affreuse misère[1]. Des milliers de personnes

1. Je me permettrai de citer un seul fait qui précisément par son importance secondaire, caractérise particulièrement cette époque. Je veux parler du droit de chasse. Il constituait le privilège de la noblesse mais était

trouvaient néanmoins ce régime « conforme à l'ordre des
choses établi par Dieu », comme dit le maréchal de Moltke.
Mais tous les esprits éclairés le considéraient, au contraire,
comme absurde et monstrueux.

Le grand souffle de la Révolution balaya d'un seul coup
toutes les institutions pourries du moyen âge. L'ordre et
la régularité remplacèrent la confusion et le chaos. La
somme de justice s'accrut dans une mesure énorme [1]. Aussi
en quelques années le bien-être des Français augmenta
d'une façon prodigieuse.

L'Europe ressemble tout à fait à la France de 1788. Un
grand nombre de personnes s'imaginent encore que l'anarchie internationale est utile et « conforme à l'ordre de
choses établi par Dieu ». Mais déjà tous les esprits éclairés
comprennent que cette anarchie est aussi inepte que dangereuse. Il faut supprimer l'institution pourrie du brigandage universel comme ont été supprimées en France les
institutions de l'ancien régime. Il nous faut un vaste 1789
européen. Et semblables aux aristocrates français qui, dans
la nuit du 4 août déposèrent leurs privilèges sur l'autel de
la patrie, les gouvernements modernes devraient déposer
sur l'autel de la civilisation le principe néfaste de la souveraineté de l'État.

Quand viendra l'établissement de l'ordre ? Personne ne
peut le dire. Ce qui est seulement certain, c'est que l'ère
des spoliations brutales semble finir en Europe pour
laisser venir une ère de travail noble et fécond. Quiconque
refuse de voir de nos jours, que l'union des peuples civili-

une charge écrasante pour le paysan : « Il leur était prescrit de tenir leurs
terres ouvertes aux chasseurs, même à l'époque des foins, des moissons et
des vendanges. Le gibier produisait de grands ravages contre lesquels les
paysans ne pouvaient se protéger. Le droit de chasse était en même temps
une cause incessante de vexations personnelles et de violences, qui allait
jusqu'à la mort des récalcitrants ou des braconniers que l'on tue parfois
comme des sangliers et des cerfs sans avoir davantage à en rendre compte
devant aucune justice. » Voy. J.-L de Lanessan, *La lutte pour l'existence et
l'évolution des Sociétés*, Paris, F. Alcan, 1903, p. 90.

1. Je parle, bien entendu, des conquêtes durables de la Révolution qui
se consolidèrent à la fin de la grande tourmente, sous le Consulat.

sés est le plus impérieux des besoins, est véritablement aveugle. La nécessité d'établir l'ordre international ou, en d'autres termes, l'organisation du genre humain, apparaît tous les jours avec une évidence irrésistible.

La lutte qui se livre actuellement entre les anarchistes [1] et les fédéralistes est une des phases de l'éternel combat entre les conceptions larges et les conceptions étroites, entre les ténèbres et la lumière, entre la science et l'ignorance, entre la spiritualité et l'animalité. C'est quand le principe de l'organisation l'aura complètement emporté sur celui de l'anarchie, que l'humanité commencera sa véritable existence. Toute la période précédente aura été une préparation, une phase intermédiaire entre l'animalité et l'humanité.

C'est à l'époque de l'organisation qu'on comprendra nettement enfin le but de la politique. On verra que l'État doit être une agence de *bonheur* et non de malheur. De nos jours, les Arméniens, les Macédoniens, les Finlandais, les Petits-Russiens, les Polonais, les Irlandais, les Croates et bien d'autres peuples cruellement tyrannisés sur terre ne peuvent certainement se représenter l'État que comme un agent de souffrances perpétuelles.

1. Je donne ici ce nom à ceux qui veulent maintenir l'anarchie internationale. A ce point de vue l'empereur Guillaume II, qui a tant écourté et qui a failli même échouer complètement l'œuvre de la conférence de La Haye, est un anarchiste. Cette dénomination peut lui être donnée de la façon la plus légitime, car ceux qui empêchent l'établissement de l'*ordre* international ne peuvent être qualifiés autrement. Cela d'autant plus que l'ordre international est la condition nécessaire de l'ordre intérieur, comme je l'ai montré plus haut. Jamais le citoyen ne pourra jouir de la plénitude de ses droits civils et politiques au sein de l'État (ce qui est précisément l'ordre) tant que régnera l'anarchie, c'est du domaine de l'évidence.

CHAPITRE IX
SÉCURITÉ, LIBERTÉ, ÉGALITÉ

Considérée au point de vue politique, la justice se ramène aux notions de sécurité, de liberté et d'égalité, la notion de sécurité impliquant particulièrement les deux autres, comme je le montrerai plus loin.

L'homme dont les droits sont respectés, c'est-à-dire qui ne subit aucune injustice, vit dans la sécurité la plus complète. Quand l'attaque vient des concitoyens, elle ressort du droit civil, quand elle vient du gouvernement, du droit politique, quand elle vient de l'étranger, du droit international. S'il existe des institutions qui garantissent l'individu d'une façon effective contre les attaques de ses concitoyens, du gouvernement et de l'étranger, la sécurité de l'individu est entière. Or comme « attaque » signifie, en réalité, possibilité de subir des injustices, la sécurité complète contre les attaques, la garantie complète du droit et la justice sont des termes correspondants. Et, du même coup, comme l'homme jouissant de la sécurité complète peut développer ses forces physiques et intellectuelles toute facilité, la sécurité complète se ramène au bonheur et à l'expansion de la vie.

La somme de sécurité, procurée à l'individu au sein des États civilisés, est déjà plus ou moins satisfaisante. Mais il n'en est pas ainsi quand on franchit les frontières de l'État. Tout individu, appartenant à une nation, ne devrait jamais être empêché d'aller s'établir sur le territoire étranger. Dès qu'il en est empêché, sa sécurité est limitée au territoire de la patrie. Or pour être *entière* et *complète*, la sécurité doit s'étendre sur tous les pays. C'est à ce point de vue que la terre doit appartenir indistinctement à tous les hommes. Il doit en être ainsi parce que c'est la condition première du bonheur de chacun. Sans la reconnaissance absolue de ce droit primordial, on croupira éternellement dans l'anarchie. C'est seulement par la reconnaissance complète de ce droit qu'on atteindra l'ère de la justice. L'établissement de la sécurité universelle et la fédération du genre humain sont des faits identiques, parce que, si chaque homme jouit partout de la plénitude des droits civils et politiques, il est chez lui dans tous les pays.

« Un voyageur chrétien reconnu dans la région intérieure du Maroc est à peu près sûr de ne jamais revoir son foyer », dit M. R. Pinon[1]! Voilà l'insécurité internationale portée au plus haut degré. Puis, successivement, elle diminue. Le signe le plus net servant à caractériser le degré d'organisation d'une société est la sécurité qu'elle garantit aux étrangers. Le pacte international a le même objet que le pacte politique : la sécurité des personnes et des biens. Dès que les nations remplissent consciencieusement les devoirs de ce pacte, elles forment, en fait, une société de sociétés, c'est-à-dire un groupement dépassant les limites de l'État. Mais, sitôt que la protection accordée aux étrangers est insuffisante, il n'y a plus pacte, mais anarchie.

« La constitution fédérale des États-Unis d'Amérique, dit M. E. Boutmy[2] assure la jouissance des droits de citoyen dans tous les États aux citoyens d'un État quelconque. » C'est naturel; il ne peut en être autrement. En effet si un pensylvanien, allant s'établir en Californie, n'y jouissait pas de tous les droits de citoyen, il n'y aurait plus de justice pour ce pensylvanien, parce qu'il se serait établi dans un État autre que le sien. Il y aurait alors, au

1. *Revue des Deux Mondes*, 15 février 1903, p. 791.
2. *Éléments d'une psychologie politique du peuple Américain*, Paris, A. Colin, 1902, p. 187.

Novicow. — *Justice*.

sein de la fédération américaine, des rapports entre concitoyens qui seraient anarchiques et non juridiques. Ce serait
la négation de la fédération qui est par essence l'union
juridique d'un certain ensemble d'individus.

Bien que les droits accordés aux étrangers dans les pays
les plus civilisés de l'Europe soient déjà assez considérables, ils s'en faut de beaucoup qu'ils soient suffisants.
L'étranger est encore hors la loi, puisqu'il peut être expulsé
à chaque instant sans aucune forme de procès. Et, bien
entendu, on affirme que le droit d'expulsion est inhérent
à la « souveraineté » de l'État. Si un État ne peut expulser
un étranger, il cesse d'être souverain. Cela suffit à démontrer que la sécurité absolue de l'individu ne peut être établie dans le monde que par l'union fédérale des nations.
L'article premier de ce pacte fédéral devra porter que tout
individu appartenant à une des nations associées pourra
jouir de tous les droits civils et politiques sur le territoire
de toutes les autres.

Passant de la sécurité individuelle à la sécurité collective, nous arrivons exactement à la même conclusion, à
savoir que la sécurité *absolue* des nations n'est possible
que par l'établissement de la justice universelle et ne peut
être obtenue par aucune autre combinaison.

Le point le plus important de la sécurité internationale
et collective est, en réalité, la garantie contre la guerre.
La guerre comporte la plus forte violation de droit qui se
puisse pratiquer : elle commence par une série d'homicides (suppression totale de la vie), elle se poursuit par
une série de spoliations (suppression partielle de la vie) et
aboutit enfin au despotisme exercé par les vainqueurs sur
les vaincus (diminution de l'intensité de la vie psychique).
La guerre est la totalisation de toutes les injustices ; il est
donc naturel qu'elle fasse courir à notre sécurité les plus
grands dangers possibles.

Pour se préserver des redoutables dangers de la guerre,

les hommes ont cru jusqu'à présent que le moyen le plus efficace était la force brutale. Il est aisé de démontrer qu'ils se sont trompés et que la force brutale est absolument incapable d'assurer la sécurité.

Il y a d'abord la question de la relativité. En 1868, la France pouvait mobiliser 300.000 hommes en trois mois. A l'heure actuelle, elle peut mobiliser 3.000.000 hommes en quinze jours. Mais si l'Allemagne peut en faire autant la sécurité de la France n'a pas augmenté, bien que sa puissance ait décuplé.

Loin que la sécurité soit en raison directe de l'immensité des armements, on peut facilement prouver qu'elle est en raison inverse. Imaginons que la France et l'Allemagne n'aient pas adopté le service militaire universel. Elles auraient des armées de 300 à 350.000 hommes. La France risquerait d'être envahie par 350.000 Allemands, l'Allemagne par 350.000 Français. Mais, depuis le service universel, ces deux puissances courent le risque d'être envahies par 3.000.000 d'étrangers. Évidemment les désastres et les pertes seront infiniment plus grands dans le second cas que dans le premier. On voit donc que les risques de guerre ne sont pas en raison inverse de l'importance des armements. On dira peut-être qu'on hésitera beaucoup plus à déchaîner une invasion de 3.000.000 d'hommes qu'une invasion de 300.000 et qu'à ce point de vue, la sécurité est en raison directe de l'importance des armements. C'est juste, sans aucun doute, mais cela se rapporte à la période qui précède les hostilités et où domine encore la raison, tandis que je ne parle ici de la période où les hostilités ont éclaté.

La sécurité absolue, au moyen de la guerre, ne pourrait être obtenue que si une nation pouvait, à elle seule, être mieux armée que toutes ses rivales. Actuellement les Anglais se sont donné une flotte capable de tenir tête à celle de trois autres puissances européennes. Mais ils n'ont nullement obtenu pour cela la sécurité, car une coalition de quatre et de cinq puissances est toujours possible. Et notez que, plus une nation est forte, plus la défiance de ses voisins augmente et les pousse à des coalitions. En 1813, la France a eu contre elle toute l'Europe par le fait seul qu'elle était puissante.

Il ne faut pas non plus oublier que la force peut, à la rigueur, servir à ceux qui l'ont. Mais toutes les nations ne peuvent pas être *plus* formidables que leurs voisines. Si en ce moment l'Allemagne, par hypothèse, est plus forte que la France, l'Allemagne est garantie contre la France, mais la France ne l'est pas contre l'Allemagne. Alors comment peut-on dire que la force brutale donne la sécurité ? Quelle quiétude peut-elle procurer à la Belgique, à la Hollande, au Danemark ? Puis, les nations aujourd'hui très puissantes sont-elles sûres de le demeurer demain ? A l'heure actuelle, l'Allemagne, par exemple, peut se sentir en sécurité du côté de la Russie, parce qu'elle peut mobiliser 4.000.000 d'hommes en quelques jours, tandis que la Russie ne peut mobiliser ses forces qu'en plusieurs semaines ou même en plusieurs mois. Mais que la Russie se donne de meilleures institutions politiques, les choses peuvent changer du tout au tout. L'Allemagne peut alors se trouver la plus faible et perdre sa sécurité.

Et d'ailleurs quelle que soit la disproportion des forces, qui peut jamais être sûr de la victoire? En 1812, Napoléon envahit la Russie avec 400.000 hommes. La Russie en avait 150.000 à peine. Cependant Napoléon dut battre en retraite. Le général Nord a été son plus puissant ennemi, je le veux bien, mais ce général est immortel. Puisque des circonstances indépendantes de la volonté des hommes peuvent toujours exercer une action à la guerre, celle-ci reste une chose fort hasardeuse. Comment peut-on dire alors que la force est une garantie, quand, même à trois contre un, on peut être battu comme l'a été Napoléon ?

Il faut encore considérer une autre question d'une

extrême importance. C'est l'efficacité des moyens employés. Ce n'est pas tout d'avoir atteint un but, il faut savoir encore si les sacrifices faits pour l'atteindre ne dépassent pas les avantages obtenus. Toute entreprise humaine doit se régler par un bilan de comptes. Quand ce compte se solde en déficit, c'est que les méthodes employées sont mauvaises. Il faut alors en chercher d'autres. C'est exactement ce qui se passe lorsqu'on croit se procurer la sécurité par la force brutale.

A quoi visent les armements? A empêcher l'ennemi de tuer nos compatriotes et de confisquer nos biens. Pour atteindre ce but, les nations civilisées dépensent mainte- nant, d'une façon directe et indirecte[1], 20 à 25 milliards par an. Admettons qu'un dixième seulement de la morta- lité de notre continent, soit imputable au gaspillage colos- sal de capitaux qu'occasionne le militarisme. Sans doute cette mortalité doit être supérieure, car elle frappe sur- tout les enfants en bas âge qui succombent à la misère de leurs parents. La mortalité générale de l'Europe doit être environ de 12.000.000 par an. Un dixième est probable- ment le tribut d'existences que dévore la défense par la force brutale. Certes aucune campagne, si sanglante fut- elle, n'aurait nécessité de semblables holocaustes, d'autant plus que les hommes, si insensés qu'ils soient, ne font pourtant des guerres que tous les trente ou quarante ans à peu près, tandis que la paix armée fauche en permanence ses innombrables victimes.

Plaçons-nous maintenant au point de vue d'une nation particulière et prenons l'Allemagne pour exemple. Pour elle, la défense par la force brutale se ramène à la combi- naison suivante. Pour empêcher la mort possible de 200.000 Allemands, tous les quarante ans — soit 5.000 par

---

1. J'appelle pertes *indirectes* l'ensemble des richesses que le militarisme empêche de produire. Notez que tout capital, employé en besognes produc- trices, s'accroît en proportion géométrique. Cela seul fait comprendre com- bien les pertes produites par le militarisme vont en s'accroissant tous les jours.

an — l'Allemagne sacrifie par an 13.000 hommes[1]. N'est-
ce pas la plus absurde des conduites ? Comment affirmer
après cela que le militarisme est un moyen rationnel d'assurer la sécurité. Notez, de plus, que dans tout mon raisonnement, je suppose qu'il y aura inévitablement une
guerre tous les quarante ans. Or rien ne le prouve. La
Russie et l'Allemagne ne se sont pas combattues depuis
cent quarante et un ans ! On peut donc voir combien mes
chiffres devraient être majorés si je prenais des périodes
de paix de cent ans, au lieu de périodes de quarante.

Ce qui est vrai des hommes l'est aussi des capitaux. En
Angleterre la marine et l'armée absorbent près d'un milliard par an. Cela équivaut à un tribu d'un milliard payé
par l'Angleterre aux nations voisines. Si l'Angleterre faisait une guerre tous les cinquante ans et si elle était contrainte à payer une indemnité de cinq milliards comme
la France en 1871, cela lui coûterait 300.000.000 par an,
en moyenne[2]. Maintenant elle dépense plus d'un milliard
pour s'éviter une perte trois fois moindre. Il est impossible
d'imaginer une conduite plus absurde et plus ruineuse.
Il faut remarquer, en outre, combien est hypothétique l'affirmation que la Grande-Bretagne devra faire une guerre
européenne tous les cinquante ans.

A part cet inconvénient majeur, on peut dire encore
que la force ne donne pas la sécurité, parce que nul ne sait
à quel moment peuvent éclater les hostilités. La guerre
est une menace perpétuelle. Si l'on peut prouver que Damoclès était en sécurité, on peut soutenir que la force

1. Le nombre des décès annuels, en Allemagne, est de 1.300.000 environ.
Remarquez de plus que la population croît dans l'avenir, les décès croî-
tront aussi proportionnellement, en sorte que les sacrifices deviendront
plus grands. Le dixième d'une mortalité de 2.000.000, fera, non plus
13.000, mais 20.000. La guerre de 1870-71 causa la mort de 45.000 Allemands. Le chiffre réparti sur une période de paix de trente-quatre ans
donne une perte de 1.400 hommes en moyenne. On voit combien mes éva-
luations sont encore atténuées.

2. Un capital de 5 milliards, pour être amorti en cinquante ans, ne
requiert pas un service d'intérêts dépassant 6 p. 100. Pour 5 milliards cela
ferait donc 300 millions.

brutale garantit la sécurité. Mais tout le monde comprend que c'est juste le contraire. Damoclès que sa fameuse épée pouvait le tuer à chaque instant, est l'image même de l'insécurité. C'est dans cet état précaire entre tous, que nous plonge la force brutale ! Malgré cela il est des hommes assez illogiques et assez fous pour soutenir que la force brutale peut garantir la sécurité !

Voyons ce qui arrive lorsque éclate un conflit quelconque entre les grandes nations, même pour la cause la plus futile. La panique se met partout justement parce qu'on ignore la tournure que peut prendre le plus vulgaire des incidents. Dans notre état d'anarchie internationale, la moindre bagatelle peut amener une guerre européenne produisant des dépenses par dizaines de milliards et des pertes de vies humaines par centaines de milliers. S'il y avait un tribunal obligatoire chaque citoyen saurait que l'affaire suivrait la procédure ordinaire et serait résolue conformément aux principes augustes de la justice. Alors chaque citoyen vivrait dans la sécurité la plus complète et vaquerait tranquillement à ses affaires, sans se préoccuper le moins du monde des incidents internationaux. L'insécurité vient donc uniquement de l'emploi de la force brutale. Par quelle contradiction absurde affirme-t-on alors que la force brutale donne la sécurité ?

Et ceci n'est que le début. Un nouveau risque se présente aussitôt que les hostilités ont commencé. S'il y a un tribunal obligatoire, chaque nation sait que sa cause sera jugée par des magistrats se fondant sur la saine raison. Alors celui qui a le bon droit peut n'avoir aucune inquiétude, car il sait que le tribunal se prononcera pour lui. Mais avec la guerre, où est la sécurité ? On a beau être mille fois dans son droit, si l'on est battu, ce bon droit n'a aucune valeur, car on peut être contraint à subir les plus flagrantes injustices. Or, qui peut être certain de la victoire ? La guerre comportant le plus grand de tous les risques, donne donc le contraire de la sécurité.

Une dernière considération : les hommes ont besoin de
sécurité dans le temps comme dans l'espace. Grâce aux
admirables découvertes de la science, les entreprises économiques ont pris maintenant un immense développement.
Nous n'en sommes plus aux modestes ateliers familiaux.
Nos affaires modernes demandent parfois des centaines de
millions et même des milliards. Ces sommes immenses ne
peuvent pas être remboursées en quelques années. Aussi
tous ceux qui dirigent les grandes spéculations financières
éprouvent-ils un âpre besoin de sécurité du lendemain.
L'honorable sir Thomas Barclay, ex-président de la cham-
bre de commerce britannique de Paris, qui a tant travaillé
à l'établissement des rapports cordiaux entre la France et la
Grande-Bretagne, faisait tout particulièrement valoir l'im-
périeuse nécessité de cette sécurité dans le temps. Tant
que dure l'anarchie, tant que tout État « souverain » peut
déclarer la guerre quand bon lui semble et sous le prétexte
le plus futile, cette sécurité du lendemain reste pure chimère. Les spéculations basées sur les années futures sont
en raison directe de la civilisation. Plus l'avenir sur lequel
un peuple jette ses regards est lointain plus l'incertitude
dans le temps lui devient funeste et insupportable.

On voit donc, que dans l'espace, comme dans le temps,
la sécurité collective ne pourra jamais être obtenue par des
faits d'ordre matériel : les armements et la force brutale.
Elle ne pourra naître que des faits d'ordre mental. Quand
les nations comprendront que les conquêtes sont désavantageuses, elles ne voudront plus en faire. Alors, chaque
nation respectant scrupuleusement le droit des nations
voisines, la fédération sera faite *ipso facto*. Tout cela revient
à constater que la sécurité et la justice, en politique intérieure comme en politique extérieure, ne sont qu'une
seule et même chose[1].

1. Un autre point de vue fait encore bien voir cette identité. La société ne
peut empêcher Pierre de tuer Paul. Pour prévenir tout homicide, elle devrait
faire accompagner chaque citoyen par un gendarme, ce qui est impos-

Éviter ce qui est désavantageux, c'est adopter simplement la conduite qui procure le maximum de bonheur. On se sent véritablement pris d'une profonde pitié pour la malheureuse humanité quand on lui voit verser des torrents de sang depuis des siècles, à seule fin d'empêcher ce qui serait le plus conforme à ses intérêts !

Passons maintenant à la liberté.

L'idée de liberté se ramène à celle de la sécurité, et cette dernière à l'idée de justice. Un citoyen est libre quand il est garanti contre toute violation de ses droits soit de la part de ses compatriotes, soit de la part du gouvernement.

Le minimum de liberté est représenté par l'esclavage antique. A Rome, pendant longtemps, le maître avait un droit absolu de vie et de mort sur l'esclave. Il pouvait le tuer impunément sans avoir à rendre compte à personne de son acte. Dans cet état de choses, l'esclave avait le minimum de sécurité puisque sa vie était constamment menacée. Il en était de la privation d'un membre, comme de la privation totale de la vie. A Rome, un maître pouvait couper la main de son esclave sans être passible d'aucune peine. Sous ce rapport encore, l'insécurité de l'esclave était extrême. Dans les dernières années de l'empire, le législateur limita le droit des maîtres. Ceux-ci ne purent plus tuer et mutiler impunément leurs esclaves. La sécurité de l'esclave s'accrut; en d'autres termes : la négation de sa liberté ne fut plus complète.

Si on parcourt l'échelle des situations sociales, qui va de la servitude absolue, comme à Rome, jusqu'à la liberté absolue, comme celle des citoyens anglais de nos jours, on voit que chaque dose de liberté correspond à une dose de sécurité.

 sible. La société peut seulement condamner Pierre aux travaux forcés à perpétuité parce qu'il a tué Paul. De même la société ne peut empêcher le vol ; elle peut seulement punir le voleur. C'est dire que la société inflige au coupable un dommage équivalent à celui qu'il a commis. En un mot la sécurité sociale ne peut être établie que par la justice.

Au Maroc, aucun citoyen ne sait quelle somme d'impôts il devra payer au sultan. Le caïd prend ce qu'il peut extorquer. C'est dire que la sécurité des biens y est très restreinte ou en d'autres termes que la liberté, au point de vue financier, est nulle. Car la liberté au point de vue financier se ramène au principe que personne n'est obligé de payer un impôt qu'il n'a pas consenti soit directement, soit par ses mandataires : « no taxation without representation ».

Dans certains pays, un auteur ayant publié un écrit désagréable au gouvernement peut être mis en prison ou même tué. Sa sécurité y est donc nulle. Cela revient à dire qu'il n'y a pas de liberté de l'opinion dans ce pays.

Je ne pousserai pas plus loin mes exemples. Il est trop manifeste qu'au sein de l'État liberté et sécurité sont des termes synonymes. Or comme, d'autre part, sécurité et garantie des droits sont une seule et même chose, la notion de liberté se ramène en fin de compte à la notion de justice. Est libre l'homme qui ne subit aucune iniquité.

Passons du domaine individuel au domaine collectif. Ici encore liberté et sécurité sont des termes identiques. L'indépendance nationale se ramène à la sécurité nationale.

Un groupe social, pour une raison ou pour une autre, n'est pas satisfait de l'association qui l'unit avec une autre, il veut s'en retirer et former un État distinct. Si le groupe dissident a la certitude qu'on n'exercera aucune violence pour l'empêcher d'accomplir sa résolution, il vit en toute sécurité. Cela revient à dire en somme que ce groupe jouit d'une liberté collective complète. En 1861, la Virginie, les deux Carolines, la Géorgie, l'Alabama, etc., voulurent se retirer de la fédération américaine et former un État séparé. Si la Pensylvanie, le Massachusetts, l'Ohio, l'Illinois, etc., n'avaient pas contesté ce droit de sécession et s'ils ne s'y étaient pas opposés, la liberté de ces groupes et leur sécurité eussent été complètes. Mais comme les États du Nord n'admirent pas le droit de sécession, ceux du Sud, coururent de très grands risques en voulant se retirer de l'union et ces risques constituèrent précisément pour ces États dissidents la négation de leur liberté.

Considérons la question à un autre point de vue.

En 1858, les Italiens, partagés en sept États, voulaient se réunir en un seul; mais l'Autriche s'y opposait. Cela signifiait que si les Milanais, les Vénitiens, les Toscans et les Romagnols chassaient leurs gouvernements et déclaraient vouloir s'annexer au Piémont, les troupes autrichiennes en auraient tué un certain nombre. En un mot, les Italiens étaient sûrs de ne pouvoir réaliser leurs vœux sans courir des risques très graves. Cet état de chose était la négation de la liberté des Italiens de la part de l'Autriche.

Le principe des nationalités demande que tout groupement politique soit constitué par le libre consentement des citoyens. Or si ce principe venait à triompher d'une façon absolue, tous les peuples seraient libres puisqu'ils auraient la certitude de ne courir aucun risque en se groupant au gré de leurs désirs.

Ici encore le passage de l'idée de liberté et de sécurité à celle de justice est des plus évidents. Quand les Ixois désirent former un État indépendant et que les Zédois les en empêchent, il est manifeste que les Zédois violent les droits des Ixois; ils violent donc la justice à leur égard. Si la justice n'était jamais violée, la liberté des nations serait complète.

Nous vivons à une époque de contradictions bien singulières. L'immense majorité des hommes d'État pensent que si le droit absolu de disposer de leurs propres destinées était laissé aux peuples, on aboutirait à la fin du monde. On pense donc que la liberté est la pire des combinaisons politiques, parce qu'elle mènerait droit à l'anarchie.

Mais en même temps les hommes d'État et les juristes les plus en renom proclament à l'envi que la « souveraineté nationale » est la base du bonheur humain ! Que peut donc être la « souveraineté nationale » sinon le droit de disposer librement de ses destinées? Comment la Grande-Bretagne peut-elle être considérée comme un État « souverain » si on lui dénie le droit de former un seul groupe politique avec la France, quand tel est son désir? Le droit de l'union doit avoir pour corollaire inévitable le droit de sécession. Comment la Grande-Bretagne peut-elle être considérée comme un État « souverain » si on lui dénie le droit de rompre l'union précédemment conclue avec la France, quand telle est sa volonté?

La souveraineté nationale et le droit absolu de disposer des destinées nationales sont nécessairement des termes identiques, car si une nation dépend d'une autre ou de plusieurs autres (comme la Pologne), elle n'est plus un corps politique « souverain ». Malheureusement nos idées sur la liberté et la souveraineté sont extrêmement confuses parce que nous comprenons très mal le sens du mot liberté. Les individus, comme les collectivités sociales ne peuvent être libres qu'à condition de respecter le droit des autres individus et des autres collectivités. Pierre n'est complètement libre que le jour où *tous* les hommes respectent ses droits. Mais Paul, le voisin de Pierre ne peut non plus être libre qu'à cette même condition. Aussitôt que Pierre ne respecte pas les droits de Paul, Paul n'est plus complètement libre et vice versa. Ce qui revient à dire que la liberté de chacun n'est possible que par le respect des droits de tous.

A notre époque, ce n'est pas du tout de la sorte que l'on entend la liberté au point de vue des rapports internationaux. On la conçoit d'une façon diamétralement opposée. Et comme la manière de voir que nous venons d'exposer ici est la vraie, l'autre est évidemment fausse.

Ce qu'on appelle de nos jours liberté et « souveraineté » de l'État, ce n'est pas uniquement le droit de disposer de sa propre destinée, mais surtout la possibilité de disposer de la destinée d'autrui. Les États ne revendiquent pas tant le droit de propriété, si l'on peut s'exprimer ainsi, que le droit au vol. On appelle « souveraineté » la faculté d'attaquer le voisin à n'importe quel moment et sous n'importe quel prétexte, en un mot le maintien perpétuel de l'anarchie.

Mais il faut être véritablement dénué de la plus élémentaire logique pour voir le palladium de liberté dans le maintien de l'anarchie. La liberté, comme je viens de le montrer, n'est autre chose que la sécurité. Or la sécurité vient du respect du droit, non de sa violation. L'anarchie est l'absence de sécurité. Affirmer que l'anarchie garantit la liberté revient à affirmer que l'absence d'une chose est la condition nécessaire de cette même chose. C'est donc une pure contradiction. Liberté et anarchie sont deux termes opposés et contraires. C'est liberté et légalité (c'est-à-dire justice) qui sont des termes identiques[1].

Les masses populaires n'ont aucun intérêt à revendiquer le droit au vol puisque le vol collectif ne leur profite jamais. Elles n'ont d'autre intérêt qu'à revendiquer le droit de propriété, c'est-à-dire la libre disposition des destinées politiques, le principe des nationalités. Mais l'infime minorité des gouvernants voit son intérêt dans le fait de disposer des destinées des nations voisines. Voilà pourquoi, de nos jours, les aristocraties sont partout pour l'anarchie internationale et les démocraties pour la légalité internationale, en d'autres termes pour la liberté des nations.

L'égalité plus encore que la liberté se ramène à l'idée de justice. Soit un pays où les membres de l'aristocratie ne payent pas d'impôts directs. A partir de quel moment un fait de ce genre peut-il être considéré comme violant le principe de l'égalité devant la loi ? Seulement quand cette inégalité constitue une injustice à l'égard des autres citoyens. Si les membres de l'aristocratie sont obligés de rendre certains services dont les frais compensent l'exemp-

---

1. Ces désordres de la pensée proviennent de ce qu'en politique on ne distingue pas assez nettement entre les tendances de l'infime minorité des gouvernants et les besoins de l'immense majorité des gouvernés.

tion accordée, il y a équivalence, partant justice et égalité. Mais si l'aristocratie n'est obligée de rendre aucun service, voici ce qui se produit: certains individus (les aristocrates) sont autorisés par la loi à jouir de la totalité de leur revenu sans en rien distraire pour les services publics; certains autres individus (les roturiers) sont obligés de distraire une part de leurs revenus pour lesdits services. Si les aristocrates payaient leur part, celle des autres citoyens serait réduite en proportion. Le privilège des aristocrates est une véritable autorisation de prendre annuellement une certaine somme d'argent aux roturiers sans leur rien donner en échange. C'est tout simplement un vol, une flagrante iniquité. On voit donc que la notion de l'égalité se ramène finalement à l'idée de justice.

L'exemple que je viens de donner peut s'appliquer à tous les cas semblables. La masse des inégalités existant encore de notre temps, n'est autre chose que la violation du droit de certains citoyens au profit de certains autres : donc une série d'injustices.

Que ferait, en définitive, un gouvernement qui établirait l'égalité politique la plus complète entre tous les citoyens ? Il les obligerait à respecter strictement la liberté de leurs compatriotes, en d'autres termes, il assurerait la sécurité absolue au sein de l'État.

Reprenons l'exemple de l'impôt. Un paysan gagne 100 francs. Si le fisc lui en prend 40 pour les services publics, tandis qu'il ne prend rien à l'aristocrate, cela revient à dire que la liberté de jouir du fruit de son labeur est plus grande pour l'aristocrate que pour le paysan; la liberté du paysan est donc limitée. D'autre part, quand l'aristocrate peut jouir de tout son revenu tandis que le paysan ne le peut pas, cela revient à dire que la sécurité des biens est plus grande pour le premier que pour le second. Dans le pays où le meurtre du grand seigneur est puni plus sévèrement que celui du simple ouvrier, la sécurité personnelle est plus faible pour ce dernier. Ainsi donc

toute inégalité se ramène à une diminution de sécurité ou,
si l'on veut généraliser davantage, à une diminution de
l'intensité vitale.

A propos de l'égalité politique, qu'il me soit permis de
faire une remarque. Il existe deux systèmes de gouvernement ; l'un, despotique, divise les citoyens en deux classes :
les sur-hommes (les gens au pouvoir) et les sous-hommes
(les sujets). L'autre, libéral, considère tous les hommes
comme appartenant à la même espèce, par conséquent
égaux. Le système despotique affirme que les sur-hommes
ont seuls le droit de commander et que les sous-hommes
ont seulement le droit d'obéir. Le système libéral affirme
que tous les citoyens peuvent aspirer à tous les grades
de la hiérarchie, de par leurs mérites personnels.

De ces deux systèmes quel est le vrai ? Certes, si les
enfants des hommes qui ont été au pouvoir à un certain
moment naissaient tous avec des aptitudes politiques exceptionnelles le despotisme serait basé sur l'ordre naturel ;
mais tout le monde sait qu'il n'en est pas ainsi. Le fils
d'un roi peut être laid, malingre, rachitique et stupide ; le
fils d'un paysan peut être beau, vigoureux et intelligent.
La non hérédité des aptitudes politiques fait que le système
libéral correspond seul à la réalité. Tous doivent être égaux
devant la loi, car la nature ne fait aucune distinction de
caste et l'esprit souffle où il veut.

Les considérations égalitaires peuvent plus difficilement
se produire en terrain international. Les collectivités ne
sont pas toujours en contact direct. Les questions de préé-
minence politique ont perdu tout intérêt à notre époque.
L'ordre alphabétique a résolu des problèmes qui paraissaient autrefois insolubles. Il est seulement un point de
vue où la question de l'égalité joue encore un rôle considérable dans les rapports internationaux. C'est celui de
l'égalité des races humaines.

Si les nègres possèdent les facultés mentales nécessaires pour organiser des États réguliers, notre politique à leur égard sera forcément autre que s'ils ne les possèdent pas. Si l'égalité mentale des races existe, on doit tendre à établir leur égalité politique; si elle n'existe pas, l'égalité politique ne pourra être établie, et, jusqu'à la fin des temps, les races supérieures devront tenir les races inférieures sous leur tutelle.

Le problème se résout comme celui de l'égalité au sein de l'État. S'il était démontré, par exemple, que *tous* les nègres sont stupides et que *tous* les blancs intelligents, la tutelle s'imposerait. Mais on sait qu'il n'en est pas ainsi. Il est des nègres intelligents et des blancs stupides, et inversement. Dès lors, puisque les facultés mentales sont des faits purement individuels, aucune race ne peut être privée du droit à la liberté et à l'indépendance sous prétexte d'une infériorité qui n'est nullement congénitale, mais qui provient d'un ensemble de circonstances historiques défavorables.

Cette question de l'inégalité des races a une grande importance. Si l'égalité juridique des races humaines n'est pas érigée en principe fondamental du droit des gens, le bonheur humain restera toujours une chimère, parce que sans égalité il n'y aura pas de justice et sans justice il n'y aura pas de bonheur.

Résumons les idées contenues dans ce chapitre.

Comme les notions de beau, de vrai, de bien se confondent *l'une dans l'autre* (le vrai étant la condition du bien, et le beau son aspect extérieur), ainsi se confondent les notions de sécurité, de liberté et d'égalité. La liberté est impossible sans la sécurité, l'égalité sans la liberté. La justice est la synthèse des trois aspects sous lesquels peuvent être considérés les rapports politiques entre hommes.

Il est maintenant presque inutile de faire remarquer que la sécurité, la liberté et l'égalité sont les conditions *sine qua non* du bonheur humain à l'intérieur de l'État comme dans les relations internationales. Voici en quels termes un jeune économiste français, M. P. Aubry, formule l'idéal vers lequel doivent tendre les sociétés : « Tous les privilèges arrogés ou accordés par l'État étant supprimés, tous les impôts étant réduits au strict minimum nécessaire pour assurer la sécurité, la justice et la circulation, tous les individus ayant la libre disposition de leur maximum d'activité et de leur maximum de ressources, les aptitudes économiques atteindront leur maximum de développement[1] ».

L'état politique décrit par M. P. Aubry comporterait la plus grande somme de sécurité, de liberté et d'égalité possible. Il est donc naturel qu'il comporte aussi la plus grande somme d'expansion vitale.

1. *L'Individualisme spencerien au Havre*, Toulouse, Rivière, 1901, p. 10.

CHAPITRE X

LA SOLUTION DE LA QUESTION SOCIALE

Je vais tenter de démontrer dans ce chapitre que la solution de la question sociale et la justice universelle sont un seul et même fait.

Il existe deux catégories d'hommes sur la terre : les riches et les pauvres. Les derniers viennent au monde avec la seule hérédité physiologique, les premiers y ajoutent encore une hérédité économique, s'il est permis de s'exprimer ainsi, ou en termes usuels un héritage. Ces deux hérédités se complètent l'une l'autre et, à un certain point de vue, se ramènent à l'unité. Que l'on naisse, en effet avec un tempérament assez robuste pour résister aux intempéries des saisons ou que l'on ait un héritage permettant de se préserver de ces intempéries, le résultat est le même pour la survivance et le bonheur de l'individu. Au figuré, on peut comparer le prolétaire à un être né sans yeux qui doit pendant sa vie s'élaborer un organe visuel par des efforts longs et persévérants. Le riche au contraire apporte comme un organe visuel tout formé dès son apparition dans le monde [1].

Notre espèce est donc partagée en sur-hommes (les riches)

1. Cette comparaison devient encore plus juste si l'on songe, non aux yeux du corps, mais à ceux de l'intelligence. Un riche peut dès son jeune âge se procurer tous les moyens d'étude ; il peut donc acquérir le plus large horizon mental avec un moindre effort et dans le temps le plus court. Un pauvre est parfois obligé de travailler longtemps pour se procurer le moyen d'étudier. Il ne peut donc développer que plus lentement son intelligence.

et en sous-hommes (les pauvres). Si ces derniers étaient si rares, que leur naissance parut une anomalie ou un cas morbide, on aurait pu considérer comme sain et normal l'état social actuel. Par malheur, on sait que c'est juste le contraire. Les riches forment une infime minorité, les pauvres l'immense majorité. Il y a à peine un sur-homme pour dix sous-hommes. Tout le monde comprend donc que l'état de l'humanité est nettement anormal et pathologique.

Les hommes devraient tous naître égaux : il ne devrait y avoir ni prolétaires, ni capitalistes. L'inégalité actuelle est une injustice choquante. La société en est actuellement venue à assurer à chacun de ses membres le droit à la vie : ce n'est pas assez. Elle devrait encore lui assurer un minimum de richesse. Ce résultat est déjà atteint pour une minorité. Il devrait l'être pour tous.

Le jour où chaque être humain, par cela seul qu'il est membre de la société, sera certain de posséder un minimum de revenu qui lui permettra de mener une existence digne de l'homme, la question sociale sera résolue. Ce qu'il faut comprendre aussi, c'est qu'elle ne sera résolue que lorsque tous naîtront capitalistes et non lorsque tous naîtront prolétaires comme le veulent certains anarchistes. Cela est ainsi parce que le capitalisme universel comporte une plus grande somme de bonheur que le prolétariat universel. La première solution est une montée sur l'échelle des êtres, la seconde une rétrogradation vers l'animalité, partant un accroissement de souffrance. Cela peut se démontrer par la physiologie. Actuellement tous les hommes normaux naissent avec la faculté de faire des syllogismes dès leur âge de raison. Il a fallu des milliers de siècles pour en arriver là. Mais certains hommes naissent encore avec des facultés mentales élevées, d'autres avec des facultés médiocres. S'il ne dépendait que de nous de faire disparaître cette douloureuse inégalité, nous devrions nous arranger de telle sorte que tous les hommes pussent naître intelligents et non stupides. Si nous faisions naître tous les hommes stupides, le niveau du bonheur humain baisserait immédiatement d'une manière sensible (le bonheur étant toujours en raison directe des connaissances scientifiques, donc, des facultés mentales). De même la solution de la question doit être non négative, mais positive. Si cela dépendait de nous, il faudrait faire que tous les hommes naissent dans la richesse, et non dans la pauvreté.

A quelle somme devrait monter le revenu pour procurer un bien-être satisfaisant ? Les socialistes anglais l'ont nettement déterminé par le programme des quatre-huit. Ils disent que tout individu doit travailler huit heures, se reposer huit heures, dormir huit heures et gagner huit schellings par jour. Or, huit schellings par jour font 2.400 schellings par an. En supposant que, sur une famille de cinq personnes, trois membres puissent gagner cette somme, en moyenne, cela ferait 7.200 schellings, soit environ 10.000 francs. Si chaque famille humaine avait un minimun assuré de 10.000 francs, la question sociale serait résolue.

Le lecteur comprend, sans doute, qu'il ne s'agit pas ici strictement des 3.225 grammes d'or que représentent 10.000 francs, mais de la somme de bien-être qu'on peut se procurer actuellement avec cette quantité de monnaie.

La solution de la question sociale se ramène, à un certain point de vue, au problème de la suppression de la misère ; à un autre, à l'établissement du bonheur. En effet, quand la société aura assuré à chacun de ses membres la possibilité de mener une existence digne de l'homme, elle sera quitte envers l'individu. Celui-ci n'éprouvant aucune souffrance du fait de ses concitoyens, jouirait du bonheur complet, socialement parlant, car il va sans dire que la société est incapable de procurer à l'individu le bonheur subjectif. Le for intérieur échappe entièrement à son action.

Pour résoudre la question sociale, la première chose à faire est de la poser d'une façon nette et catégorique.

On a vu que pour mener une existence à peu près convenable, chaque individu habitant le globe devrait gagner au minimum 2.000 francs par an. Comme il y a actuellement 1.547.000.000 hommes sur la terre, le gain annuel de l'humanité devrait monter à 3.094.000.000.000 de francs pour que la question sociale fut résolue. Si cette somme était produite, la question sociale se réduirait uniquement à une affaire de répartition. Mais si elle n'est pas produite, la question sociale est un pur problème de *production*. Aussi longtemps que le chiffre du revenu nécessaire ne sera pas atteint, la répartition passera au second plan et la production au premier.

Or, nous sommes bien loin du compte ! Même dans les pays les plus riches de l'Europe, la production ne dépasse guère, en moyenne, 200 francs par tête. Et si l'on prend les populations misérables de la Chine, de l'Inde, du Japon et de la Russie, on devra conclure qu'il faut, non seulement vingtupler, mais peut-être cinquantupler la production actuelle pour résoudre la question sociale.

Pourquoi l'humanité produit-elle si peu ? Parce que l'anarchie universelle règne dans le monde. A quel moment l'humanité pourra-t-elle produire tout ce qui lui est nécessaire ? Au moment où elle sera organisée, au moment où la justice régnera sur le globe entier.

Par suite de leur étroitesse d'esprit, les hommes, en général, et les socialistes, en particulier, tombent dans une erreur fondamentale. Comme le problème de la suppression de la misère est économique, on s'imagine qu'on pourra le résoudre uniquement par des moyens économiques. C'est la plus complète des illusions.

Tout se tient dans la vie. Certes, la nutrition est une des fonctions les plus importantes de l'organisme animal, la

---

1. Le revenu moyen de l'Allemand est de 40 pfennig par jour ce qui fait environ 185 francs par an.

plus importante de toutes, si l'on veut, puisque vie et nutrition sont des termes presque identiques, à un certain degré de l'évolution biologique. Néanmoins l'alimentation d'un être comme l'homme est le résultat du travail de son cerveau dans une mesure presque aussi complète que le résultat du travail de son gros intestin. Si un homme n'a pas assez d'intelligence pour se procurer de la nourriture, il mourra d'inanition aussi bien que si son estomac ne peut pas digérer les aliments absorbés.

Il en est exactement de même des sociétés. Les phénomènes économiques y ont une importance de premier ordre et, à un certain moment de l'évolution sociale, les phénomènes économiques sont presque les seuls à se manifester. Néanmoins les autres phénomènes sociaux ont sur le problème de la misère une influence sinon supérieure, du moins égale à celle des facteurs économiques.

La preuve en est facile à donner. Admettons un instant comme l'imaginent à tort les socialistes, que la socialisation des instruments de travail soit la solution du problème de la misère. Les Ixois ont effectué cette socialisation et vivent dans la prospérité la plus complète. Mais un beau matin, le territoire des Ixois est envahi par leurs voisins les Zédois, qui mettent tout à feu et à sang, et qui se font payer une lourde contribution de guerre. Voilà les Ixois plongés dans la misère, malgré la socialisation des instruments de travail.

D'autre part, quel que soit le régime de la production — individualiste ou collectiviste —, si un pays est obligé d'abandonner le cinquième ou le quart de ses revenus pour se garantir contre les attaques de ses voisins, si une nation ne peut pas exporter ses produits, ni envoyer ses enfants chercher fortune hors de ses frontières, cette nation peut rester misérable, elle peut ne pas être en état de produire les deux mille francs par tête et par an qui lui sont nécessaires pour atteindre le minimum de bien-être.

Nos intérêts débordent à chaque instant par delà les

confins de nos patries et cela pour toutes les manifestations de notre activité : manifestations économiques, politiques, intellectuelles et morales. Il faut avoir l'esprit véritablement bien étroit pour s'imaginer que la question
sociale soit de préférence une question économique. Si
paradoxal que cela paraisse, il est cependant incontestable
que la question sociale sera principalement résolue par des
faits d'ordre politique. Le bonheur de l'individu ne peut
pas être réalisé par des arrangements nationaux, mais
internationaux. Or, du moment qu'il en est ainsi, la question sociale dépend des facteurs politiques, puisque la
fédération des pays civilisés est une œuvre politique, et
non économique.

« Des observations incontestables, dit M. J.-L. de Lanessan, établissent l'insuffisance de l'alimentation des huit
dixièmes du peuple français. Il en est ainsi *parce que la
lutte pour l'existence et la concurrence sociale maintiennent
les salaires et les traitements de toute cette partie de la
population à un taux beaucoup trop faible*[1] ».

Telle est l'explication que les socialistes et les collectivistes donnent du problème de la misère. Elle est complètement fausse. Voici la vraie : nous sommes pauvres parce
que les erreurs de l'esprit humain engendrent l'anarchie
internationale qui empêche d'exploiter complètement les
ressources de notre planète.

M. de Lanessan dit que la misère provient des salaires
trop bas. La misère régnera, par exemple, aussi longtemps
que le travailleur gagnera 600 francs par an ; elle disparaîtra quand il en gagnera 2.000. Mais qu'exprime-t-on, en
réalité, en disant qu'un travailleur gagne 600 francs par
an ? Simplement ce fait que la somme des utilités que produit son labeur équivaut à des utilités qu'on peut se procurer moyennant 600 francs.

L'argent, simple intermédiaire, établit seulement des

1. *La lutte pour l'existence et l'évolution des sociétés*, p. 227, Paris,
F. Alcan.

relations. Peu importe le taux absolu des salaires. C'est leur aptitude à procurer du confort, si l'on peut s'exprimer ainsi, qui est le fait principal. Un homme gagne cinq francs dans un pays et cinquante dans un autre : si tous les prix sont en proportion, le second n'aura pas plus de bien-être que le premier. Quand on affirme que les salaires sont insuffisants, on dit, en dernière analyse, que la quantité des produits tirés du sol et offerts sur les marchés, ne peut satisfaire les besoins de la population. Misère et insuffisance de produits sont une seule et même chose. Car si tous les produits étaient aussi abondants que l'air, la richesse serait universelle. Et le phénomène de la surproduction ne contredit aucunement la proposition précédente. Imaginons que les oranges, pendant une année, soient surabondantes en Floride. Les Américains les envoient en Russie. Faute d'acheteurs, ces oranges pourrissent et sont finalement détruites. On appelle cela une surproduction d'oranges. En réalité, c'est une sous-production des denrées que les Russes n'élaborent pas en quantité suffisante pour les échanger contre ces oranges. La preuve en est que si les Américains distribuaient gratuitement leurs oranges aux Russes, elles seraient enlevées en quelques heures.

La question sociale sera donc résolue seulement lorsque chaque travailleur tirera annuellement de la terre une quantité de produits équivalant à 2.000 francs[1]. Ce fait ne se réalise pas encore pour quatre raisons. D'abord les hommes ne peuvent pas toujours se rendre aux lieux où ils réaliseraient le plus de bénéfices, faute de sécurité internationale. De là surpopulation extrême dans certains pays et solitude complète dans certains autres[2]. La seconde raison,

1. Le lecteur comprend, encore ici, que je simplifie à l'extrême pour rendre ma pensée aussi claire que possible. La société est un ensemble extrêmement complexe. Chaque individu n'a pas besoin de s'occuper de la production directe. Il y a la production indirecte, le travail des salariés, les leçons des professeurs, les soins du médecin, les enquêtes du juge, etc., etc.

2. La province de Chatoung, en Chine, a 221 habitants par kilomètre carré, la Colombie Britannique en a seulement 0,2.

c'est que l'homme n'a pas la jouissance entière du fruit de son travail. Après avoir créé une certaine quantité de richesse, il en détruit aussitôt une part considérable. Imaginons, par exemple, que la moyenne de la production ait déjà atteint 2.000 francs par tête et par an. La question sociale serait résolue. Mais si sur ces 2.000 francs le producteur en détruit 400 en dépenses inutiles (armements faits pour maintenir l'anarchie internationale par exemple), aussitôt la somme disponible tombe à 1.600 francs, et la solution de la question sociale est ajournée.

La troisième raison est que tous les hommes ne travaillent pas. La ruche humaine contient un grand nombre de frelons. L'imperfection de nos institutions sociales (c'est-à-dire l'insuffisance de la somme de justice) crée parmi nous un grand nombre de parasites qui vivent aux dépens du véritable travailleur. Supposons une société composée de 100 personnes. Si chacune travaille et réalise son gain de 2.000 francs, le problème de la misère est résolu pour cette société. Mais si 90 individus seulement travaillent et si 10 vivent en parasites, le revenu moyen tombe à 1.800 francs, somme insuffisante pour assurer le bien-être de la communauté.

Enfin la quatrième et dernière raison, c'est qu'un très grand nombre d'hommes ne parviennent pas à donner tout l'effort dont ils seraient capables. Ils en sont empêchés par l'ensemble des entraves que les gouvernements mettent à la libre activité des citoyens. On voit donc, quand on va au fond des choses, que l'insuffisance de production vient uniquement de l'insuffisance de justice. Si le revenu moyen n'atteint pas 2.000 francs, en d'autres termes, si la question sociale n'est pas résolue, c'est parce que la justice universelle n'est pas encore établie.

Beaucoup de personnes n'envisagent pas encore le problème de la richesse à son point de vue véritable.

Si l'on dit que la moyenne des revenus monte à 2.000 francs, on exprime par là que chaque individu tire de la terre une certaine quantité de blé, de fonte, de coton, de pétrole, etc., les porte au marché et les échange contre d'autres denrées en sorte que chaque travailleur peut acquérir une quantité déterminée de pain, de vin, de vêtements, etc., valant 2.000 francs.

Quand le revenu moyen sera de 2.000 francs, cela signifiera que l'ensemble des biens tirés du sein de la terre et mis à la disposition de chaque homme équivaudront à 2.000 francs. Mais comme les biens équivalant à 2.000 francs sont suffisants pour assurer le bien-être de l'individu, le jour où cette somme d'utilité sera produite, la misère disparaîtra et, à ce point de vue, la question sociale sera résolue [1].

Mais, dira-t-on, le globe terrestre est-il capable de fournir tous les ans des produits rapportant 2.000 francs à chacun des hommes qui le peuplent; en un mot, est-il capable d'en fournir pour 3.094.000.000.000 de francs ? Cela revient à demander si le globe peut donner dix fois plus de blé, de maïs, de coton, de métaux, de pétrole, etc., etc. [2]. Sans aucun doute. Il est même capable de produire cent fois plus. Selon l'éminent géographe Elisée Reclus, les ressources du globe peuvent être considérées comme illimitées, pour peu qu'on se donne la peine de les exploiter complètement d'une façon rationnelle et scientifique. Il ne faut pas oublier que la moitié des régions les plus riches de la terre sont encore des solitudes.

Cette question des produits de notre planète peut encore être présentée à un autre point de vue.

1. J'appelle de nouveau l'attention du lecteur sur la prodigieuse complexité des phénomènes sociaux. L'ensemble de la richesse annuellement produite n'est pas apporté sur les marchés pour être consommé. Une grande partie de l'activité de l'homme lui sert à transformer le globe à sa convenance (creusement des canaux, percement des montagnes, dessèchement des marais, irrigations de déserts, etc.), et à se donner un outillage nouveau (construction des demeures, des usines, des machines, etc.). Je n'oublie pas cet ensemble de travaux. Si je n'en parle pas c'est uniquement pour simplifier l'explication de ma pensée.

2. Je multiplie par 10 parce que le revenu moyen de notre époque ne peut guère être évalué à plus de 200 francs environ.

La richesse provient de deux facteurs : les ressources
que contient la terre et ce que l'homme en tire annuellement. Les premières sont pour ainsi dire illimitées,
comme je viens de le dire. Les secondes résultent de
l'activité de l'homme et cette activité dépend de l'ensemble des conditions sociales. Si les institutions politiques sont imparfaites (justice insuffisante), les ressources
que l'homme tire de la terre sont médiocres. A l'heure
actuelle la moyenne des salaires ne dépasse peut-être pas
30 centimes. C'est là le taux que permet d'atteindre la stupide anarchie dans laquelle nous languissons. Mais vienne
l'organisation du genre humain, le salaire de 10 francs,
indispensable pour supprimer la misère, pourrait être
obtenu sans difficulté, parce que la somme des revenus est
toujours en raison directe de la somme de justice. Au
Maroc, par exemple, « le manque de sécurité est tel que
le cultivateur, dans la crainte d'éveiller la convoitise des
voleurs et celle, peut-être plus redoutable encore, des
agents de l'administration, limite le plus possible ses
semailles de manière à réduire sa récolte à ce qui lui est
strictement nécessaire pour vivre [1]. » C'est là un exemple
pris sur le vif de l'injustice qui empêche les hommes de
tirer du sol tout ce que ce dernier serait capable de donner.
Le Maroc est un des pays du monde qui possède le plus
de ressources naturelles, et, en même temps, un des pays
les plus pauvres de la terre. La stupidité de ses gouvernants l'a presque réduit à l'état de solitude.

Mais généralisons les faits. Pour les anciens, le but
de l'activité politique consistait à agrandir l'État, c'est-à-
dire à violer les droits du voisin. Les diplomates russes de
l'ancien régime rêvaient de s'emparer de la totalité de
l'empire turc. Dans ces conditions, il paraissait utile
d'empêcher le développement de l'ennemi pour l'affaiblir
économiquement et politiquement, ce qui devait faciliter

1. E. Fallet, *La solution française de la question du Maroc.* Paris, Dela-
grave, 1903, p. 86.

la conquête de son territoire. Comme ces idées régnaient partout, la somme de richesse, réalisée à l'heure présente par les nations civilisés, l'a été *malgré* les nations voisines. On peut concevoir ce que les hommes seront capables de faire le jour où ils se soutiendront les uns les autres, puisqu'ils ont déjà tant fait en se combattant les uns les autres !

Si tout individu pouvait avoir un gain annuel de 2.000 francs, il n'y aurait plus de misère. Est-ce à dire que la question sociale serait alors résolue ? Oui, si l'on se place au strict point de vue du minimum de bien-être, non, si l'on se place au point de vue général du bonheur humain.

Fourrier imaginait qu'un jour les fleuves rouleraient du lait au lieu d'eau. Si ce jour arrivait, le genre humain n'aurait pas fait un pas dans la voie du bonheur. Il est conforme à notre constitution psychique de n'éprouver aucune satisfaction quand une chose nous est naturellement donnée. L'eau est le plus précieux de tous les liquides, puisque l'homme meurt aussitôt qu'il en est privé. Qui de nous pourtant s'estime heureux de voir l'eau couler dans les rivières? Il en serait de même si celles-ci roulaient du lait.

Le cas est semblable pour les 2.000 francs de revenu. Si c'était là, la condition naturelle de l'humanité, personne ne s'estimerait heureux. Le bonheur ne commencerait qu'à partir du moment où l'on obtiendrait plus. On ferait donc des efforts pour tirer des entrailles du globe des produits plus nombreux qu'auparavant et *l'accroissement* de la richesse procurerait seul une jouissance. De là vient que si l'on empêche un homme d'acquérir une somme qu'il croit pouvoir gagner on viole son droit, donc on lui ravit le bonheur. Car le bonheur n'est possible pour l'homme que s'il peut déployer à son profit l'ensemble de son activité physique et intellectuelle ou, en d'autres termes, s'il peut vivre avec le maximum d'intensité.

Cette vérité est la condamnation du marxisme et du collectivisme. Jamais l'homme ne pourra être heureux si, dans une mesure quelconque, les institutions arrêtent le taux d'accroissement de la richesse. Des institutions de ce genre violent le droit, et toute violation du droit aboutit à la souffrance.

Quand les marxistes affirment que la société doit attribuer des outils aux travailleurs pour supprimer la misère, ils commettent d'abord une erreur de fait. Il est évident qu'on peut posséder ses instruments de travail et croupir dans la plus noire misère, comme on peut ne posséder aucun instrument et vivre dans l'opulence. M. Schwab, qui ne disposait que de son cerveau et de ses dix doigts, devenu secrétaire du trust de l'acier aux États-Unis, toucha des appointements de cinq millions de francs par an. La possession des instruments de travail ne résout donc pas le problème.

Mais sitôt que cette possession serait attribuée aux ouvriers par des mesures violentes, le taux d'accroissement de la richesse se ralentirait. Ce ralentissement serait ressenti comme une souffrance par l'ensemble des citoyens. Loin donc de résoudre la question sociale, la nationalisation des instruments de travail sera un obstacle à sa solution.

Il en est de même du collectivisme. Tout observateur peut voir qu'une entreprise, appartenant à une compagnie d'actionnaires, est moins bien gérée qu'une entreprise appartenant à un particulier, une entreprise municipale, moins bien qu'une entreprise appartenant à une compagnie et une entreprise de l'État, moins bien qu'une entreprise municipale [1]. C'est là la nature des choses ; il ne peut pas en être autrement [2]. Plus l'initiative est gênée, plus le contrôle est lointain, moins le travail est efficace. Le col-

---

1. Toutes choses égales d'ailleurs, bien entendu. Il faut toujours faire cette réserve quand on parle de faits sociaux aussi complexes.

2. Ainsi, pendant que le coefficient d'exploitation de la compagnie française des chemins de fer du Nord est de 53 p. 100, le coefficient d'exploitation des chemins de fer de l'État Belge est de 69 p. 100 et cela encore

lectivisme serait l'accaparement de toutes les entreprises
par l'État, c'est-à-dire par l'agent le moins capable de les
gérer économiquement. Si même la production collectiviste, ne devenait pas inférieure à la production individualiste, l'accroissement de la richesse serait ralenti[1]. Alors
se produira le fait suivant. A un moment donné l'individu
aura, par exemple 2.000 francs de revenu. Mais il saura que
l'accroissement de la richesse est de 2 p. 100 par an, que,
par suite, il aura dans trente ans 3.200 francs de revenu
Arrive le collectivisme : la richesse n'augmente plus que
de 1 p. 100. L'individu au bout de trente ans a un revenu
de 2.600 francs au lieu de 3.200 francs. La différence de
600 francs aura été confisquée par l'organisation collectiviste. Cette organisation diminuant, la somme du revenu,
aura donc lésé l'individu. L'unique façon de ne pas faire
souffrir le citoyen est de le frustrer d'aucun bénéfice
possible : par suite, de pratiquer la justice complète à son
égard. Mais sitôt que le collectivisme empêche la richesse
d'augmenter aussi rapidement que possible, le collectivisme viole la justice et, en diminuant la somme de bonheur, empêche la solution de la question sociale.

J'ai exposé l'ensemble de faits qui doivent absolument
être pris en considération. Quand les marxistes envisagent
la question sociale au seul point de vue de la répartition
des richesses, ils l'envisagent à un point de vue partiel et
partant faux.

On peut certainement imaginer la condition du genre
humain améliorée au point que chaque individu vivant
sur le globe ait la possibilité de gagner au moins dix
francs par jour. Non seulement on peut concevoir cet état

avec des artifices considérables de comptabilité qui dissimulent de nombreuses dépenses à inscrire au compte des chemins de fer. Je pourrais multiplier ces exemples.

1. Cela est inévitable. Quand les entreprises nouvelles ne pourront être
établies qu'après le consentement de l'État, elles le seront moins vite que
si elles peuvent l'être par initiative privée. La richesse augmentera donc
plus lentement.

de choses, mais il est certain qu'il serait facile à réaliser. Que l'ordre s'établisse sur la terre, et la somme des capitaux disponibles deviendra énorme. La demande de travail sera telle que les salaires monteront très rapidement. Aux États-Unis[1] qui présentent l'image grossière de la fédération future des nations civilisées, les simples manœuvres gagnent facilement deux dollars par jour ce qui fait plus de 10 francs.

Il est donc possible et même facile d'avoir une moyenne de 2.000 francs de salaire par individu. Mais on ne pourra jamais obtenir que tous les individus aient seulement 2.000 francs. Il y aura toujours des gens qui gagneront plus, et la question se posera toujours de savoir ce que l'on fera du surplus et comment on en disposera.

Deux combinaisons sont possibles : l'une collectiviste qui partagera ce surplus en parts égales entre tous les citoyens, l'autre individualiste qui laissera à chaque citoyen la jouissance complète de ce surplus.

De ces deux combinaisons, il est facile de démontrer que seule la dernière peut résoudre la question sociale, parce que seule elle est conforme à la justice. Il faut ici serrer les faits de plus près. Le revenu de l'homme est seulement un *moyen*. C'est le contentement de l'âme, c'est-à-dire le *bonheur*, qui est le but véritable. Quand on a faim et froid, on éprouve de vives souffrances et c'est pour se les épargner qu'on désire avoir un revenu assuré. La solution de la question sociale se ramène en dernière analyse, à la suppression de la souffrance et non à l'obtention d'une certaine quantité d'argent.

Or, on ne trouvera pas un seul homme qui puisse être *contraint*[2] d'abandonner son gain sans souffrir.

---

1. Et cela parce que les Américains ne peuvent actuellement réaliser les bénéfices qu'ils pourraient obtenir si les autres nations ne les spoliaient par le militarisme et le protectionnisme. Dans une fédération du genre humain, *toutes* les spoliations disparaîtraient.

2. Autre chose est quand il les donne de plein gré. C'est alors de la charité, c'est-à-dire l'opposé de la contrainte.

Enlever à un individu le fruit de son labeur sans lui donner de compensation, c'est l'amputer. Or il est impossible qu'une amputation ne cause pas de douleur. Bénéficier entièrement du fruit de son travail équivaut à conserver la possession de sa personne. Voilà pourquoi ce fait est toujours considéré comme le droit primordial de tout citoyen. Il est impossible de violer sans cesse le droit primordial d'un homme sans le condamner au malheur.

Ainsi donc partage égal des produits et malheur étant des termes synonymes, le collectivisme égalitaire ne peut constituer aucunement la solution de la question sociale.

Mais, dira-t-on, le partage peut ne pas être égal. S'il a lieu selon les mérites du travailleur, on reste strictement individualiste, avec ce seul inconvénient que l'individu chargé d'apprécier le mérite, ne sera pas le travailleur lui-même. Or, une appréciation de nos mérites ne nous paraîtra jamais satisfaisante que si elle est conforme à notre propre appréciation. Mais personne ne pourra nous juger exactement comme nous nous jugeons nous-mêmes, car il n'y a pas au monde deux cerveaux identiques. Et dès qu'un homme n'aura pas la rémunération qui lui paraîtra conforme à ses mérites, il sera malheureux.

Si les bénéfices sont partagés, non selon les mérites, mais selon les besoins, nous tombons en pleine anarchie car personne ne pourra déterminer la limite véritable des besoins. Or, anarchie et souffrance sont des termes identiques.

J'arrive enfin à une question de la plus haute importance, celle de l'héritage. On a beau entasser sophismes sur sophismes, rien ne pourra prévaloir contre le fait naturel que l'homme considère ses enfants comme une partie de soi-même. Jamais on ne pourra contraindre un individu sans le faire souffrir, à céder le produit de son travail à des étrangers plutôt qu'à ses fils. Toutes les tentatives faites pour supprimer l'héritage ont échoué, parce qu'elles ont toujours été déjouées par l'amour des parents.

Revenons à notre point de départ; j'ai dit que les hommes se partagent en deux parts inégales : les uns apportant uniquement l'hérédité physiologique les autres apportant, en plus, un héritage économique. J'ai dit aussi que la question sociale sera résolue quand cette situation sera changée. Les collectivistes affirment que, tout le monde ne pouvant naître capitaliste, il faut, pour établir la justice — donc pour résoudre la question sociale, — que tout le monde naisse prolétaire. Cette théorie est complètement fausse, parce que son point de départ est erroné. Il n'est pas prouvé que tout le monde ne puisse pas naître capitaliste. Cela est non seulement possible, mais facile, j'ajouterai même conforme à l'ordre naturel des choses [1].

Il en est de l'héritage comme des salaires. Si le revenu moyen de chaque travailleur ne dépasse pas aujourd'hui 30 centimes, c'est par suite des institutions imparfaites de nos sociétés. Avec les institutions engencées de façon satisfaisante, le salaire atteindrait facilement 10 francs. De même si, de nos jours, les neuf dixièmes des hommes ne laissent aucun héritage à leurs enfants, cela provient de la sauvage anarchie qui règne sur notre globe. Une organisation rationnelle, qui la remplacerait, ferait faire immédiatement à la richesse un bond tel qu'en peu d'années ceux qui mourraient sans laisser d'héritage seraient une

1. On sait que des centaines de milliers d'émigrants italiens arrivent aux États-Unis dans un dénuement presque complet. Au bout de peu d'années, ils amassent cependant des économies considérables. Leurs dépôts, dans les seules caisses d'épargne de la ville de New-York, atteignent déjà 125.000.000. Or si l'Europe formait une union douanière, comme les États-Unis, le travail serait aussi actif de ce côté de l'Atlantique que de l'autre. Si on y comprend la Russie, l'Europe a autant de ressources naturelles que l'Amérique ; elle en a même davantage. Mais ces ressources ne sont pas suffisamment exploitées, parce que la douane allemande entrave le travail des Français, la douane russe le travail des Allemands et ainsi de suite. Les Européens passent leur temps à diminuer leur production réciproque. Il n'est pas étonnant que la demande de travail soit faible. Si tous ces obstacles, qui sont de l'ordre politique étaient levés, la production de l'Europe décuplerait facilement et par suite ses épargnes. L'immense majorité des travailleurs pourrait alors laisser un héritage à leurs enfants.

quantité négligeable. Ce seraient les dégénérés que toute
société bien organisée doit nécessairement prendre à sa
charge.

J'ai dit que la société doit assurer à chacun de ses
membres d'abord la vie, puis aussi un minimum de bien-
être. Comment y parvenir? Il n'y a qu'un moyen : l'établissement de la justice universelle, c'est-à-dire la fédération du genre humain.

Une des plus grandes erreurs de notre époque est de
croire que la question sociale est uniquement une affaire
économique. Or comme je l'ai dit, elle est surtout une
affaire politique. J'éclairerai encore ma pensée par un
exemple. En 1903, on a extrait aux États-Unis 260 millions
de tonnes de charbon de terre. Dans la même année, en
Russie, on en a extrait 16 millions, soit *seize* fois moins.
Mais si l'on compte que les États-Unis ont 82 millions d'habitants et la Russie 140, cela fait proportionnellement
vingt-huit fois moins ! Le sol russe ne contient pas moins
de charbon que le sol américain, seulement il n'est pas
exploité. Pourquoi ? Parce que les institutions *politiques*
de l'empire des tsars sont imparfaites, parce qu'elles n'assurent pas une garantie suffisante aux personnes et aux
biens. On ne risque des capitaux qu'avec grande réserve
dans l'empire moscovite parce que ces capitaux n'y trouvent
pas assez de sécurité. L'initiative est faible parce qu'elle est
systématiquement contrecarrée par une bureaucratie omni-
potente et vénale. Si la Russie avait des institutions *politi-*
ques aussi satisfaisantes que l'Amérique, elle aurait pu
produire facilement vingt fois plus de charbon. Elle aurait
donc été beaucoup plus riche, même en pratiquant le travail économique sur les bases actuelles.

Généralisons cet exemple. Si l'on considère l'anarchie
internationale dans son ensemble, on peut dire qu'actuellement chaque État, dans l'humanité, possède une sécurité
moindre que chaque citoyen dans l'empire des Tsars. Nos
institutions internationales sont fort imparfaites. Mettons

la sécurité absolue à la place de notre désordre barbare et la richesse pourra facilement atteindre le niveau nécessaire pour résoudre la question sociale, même avec le régime capitaliste, même avec l'individualisme, même avec le salariat.

Je sais parfaitement qu'on va me traiter de rêveur et d'utopiste. Les partisans de Marx me diront sans doute : « Imaginer que, par la seule suppression du brigandage et de la violence, le revenu total du genre humain puisse suffire à assurer un héritage à tout nouveau-né, est une véritable chimère. S'il faut attendre cet accroissement naturel de la richesse pour résoudre la question sociale, les prolétaires l'attendront toujours ! »

Je le veux bien. Mais alors que faire? Il n'y a pas d'autre alternative : ou attribuer à l'individu la totalité du fruit de son labeur, ou totaliser les bénéfices de la collectivité pour les partager au prorata des besoins individuels. Je suis un rêveur et un optimiste affirmant que le jeu naturel des facteurs sociaux pourra permettre à chaque homme de laisser un héritage à ses enfants. Je suis un rêveur, c'est possible ; mais, à mon tour, je demande à mes adversaires : comment s'y prendront-ils pour assurer le bonheur au citoyen en violant le plus fondamental de ses droits, celui de jouir complètement du fruit de son travail ? Aucun raisonnement collectiviste ne pourra empêcher un homme de souffrir quand il subira cette injustice criante. Or, il faut une forte dose de paradoxe pour assurer que le bonheur est possible sous un régime dont la base est une continuelle violation du droit.

J'espère avoir convaincu le lecteur que, tant au point de vue de la production de la richesse qu'à celui de sa répartition, la solution de la question sociale et la justice universelle ne sont qu'un seul et même fait.

Un dernier mot. Ce qu'il faut comprendre encore, c'est que la question sociale ne sera jamais résolue par ses

petits côtés. Les coopératives de consommation, la partici-
pation aux bénéfices, les assurances mutuelles contre le
chômage, la maladie et la mort, les pensions de retraite
aux travailleurs, tout cela sont des institutions excellentes
qu'on ne saurait assez encourager ; mais toutes ces institutions sont des palliatifs, parce qu'elles ne concernent que
la répartition des richesses déjà produites. La cause fondamentale de la misère est qu'une grande partie de notre
globe restant inexploitée, les denrées nécessaires pour
assurer le bien-être de l'homme ne sont pas encore mises
à sa disposition en quantités suffisantes. Cela vient, comme
je l'ai expliqué, de l'insécurité, donc d'une cause politique.

En second lieu, même si la richesse acquise était suffisante, c'est son accroissement seul qui constitue le bonheur.
Or l'accroissement de la richesse est de nouveau affaire de
production, non de répartition.

La solution de la question sociale est impossible si on
l'attaque uniquement par son côté économique. On doit
l'aborder par son côté politique, j'entends par la fédération
du genre humain.

CHAPITRE XI

LA CIVILISATION

Je parcourais un jour la route merveilleuse qui mène de Nice à Menton. Des villas innombrables parsemaient la campagne, plus élégantes et plus luxueuses les unes que les autres. Devant les maisons s'étendaient de magnifiques jardins descendant parfois jusqu'au sable de la grève. Certaines demeures perchées sur les rochers se reflétaient directement dans les flots et étaient atteintes par les embruns des vagues. De place en place, d'immenses hôtels et des casinos offraient tous les raffinements de la vie moderne. La foule animait ce paysage délicieux. Les routes étaient parcourues par des automobiles, des voitures, des cavaliers et des piétons. Sur les terrasses des cafés la foule s'entassait. Dans les villas, à l'ombre des arbres et devant les flots azurés, des personnes âgées, des femmes se reposaient sur des fauteuils, lisant et causant, pendant que des enfants jouaient sur le sable. De même qu'une prairie est émaillée de blanches marguerites, cette campagne était émaillée de claires toilettes féminines. C'était partout des conversations animées, des gais propos, des rires. La vie débordante et joyeuse battait son plein.

Et je songeais : que les Sarrasins apparaissent de nouveau sur cette côte, immédiatement cet éclat, cette animation, ce bonheur disparaîtront comme par enchantement. Au lieu des villas luxueuses et coquettes se mirant dans l'azur de l'onde, il n'y aura de place en place que des tours fortifiées remplies de soldats. Au lieu de jardins parfumés descendant jusqu'à la grève marine, il y aura des rochers

inaccessibles couverts de ronces. Sur les routes régnera le
silence. Plus d'automobiles, de voitures, de cavaliers et de
piétons : quelques gardes seulement pour épier les mouvements de l'ennemi. Et les routes elles-mêmes disparaîtraient bientôt pour faire place à de simples sentiers. En
un mot, au lieu de la vie exubérante, il n'y aurait que la
solitude, l'abandon et la mort.

Et mon esprit n'évoquait pas un tableau imaginaire. Il
se représentait exactement ce pays tel qu'il était mille ans
plus tôt, quand il était livré aux incessantes incursions des
pirates infidèles [1].

Ainsi la brillante civilisation qui s'étalait sous mes yeux
sur la côte d'azur était le produit de la sécurité. Qu'elle
vînt à disparaître et aussitôt ce merveilleux feu d'artifice
s'éteignait d'un seul coup.

Civilisation et sécurité sont donc des termes synonymes.
Or qu'exprime-t-on, en réalité, quand on dit que la sécurité
est maintenant complète sur les bords de la Méditerranée ?
On dit que les riverains respectent les droits de leurs voisins ou, en d'autres termes, qu'ils pratiquent la justice à
leur égard. Justice et civilisation sont donc des notions
identiques, comme injustice et barbarie.

Aussi longtemps qu'un pays reste guerrier et conquérant, il demeure nécessairement barbare dans une certaine
mesure, puisque la somme de justice dans ce pays n'est
pas aussi complète que possible. Je ne fais pas allusion à
la justice vis-à-vis des collectivités étrangères, mais à la
justice vis-à-vis des nationaux. En effet, comme je l'ai montré plus haut [2], un gouvernement ne peut entreprendre une
conquête sans pratiquer la plus révoltante exploitation de

---

1. A proprement parler et pour être très exact, il ne faudrait pas dire
mille ans auparavant, mais *cent* ans auparavant. La sécurité complète de
la Méditerranée n'a été établie qu'après la prise d'Alger par les Français.
C'est alors que les populations de Provence et d'Italie sont descendues
jusqu'à la mer et ont pu construire des habitations presque jusqu'au sein
des flots. Pendant toute l'antiquité et le moyen âge, personne n'avait pu
habiter près de la côte sans s'abriter derrière de solides murailles.

2. Voy. le chapitre III.

l'homme par l'homme. Les guerriers qui tombent sur les champs de bataille, même après une victoire de leur patrie, sont bel et bien des victimes sacrifiées aux intérêts égoïstes ou aux vues erronées des classes dirigeantes.

On a dit et répété bien souvent que le fait de consentir à mourir pour son souverain produit la grandeur de la patrie. Mais le fait de ne pas consentir à mourir pour un souverain qui veut s'emparer par violence du bien d'autrui, crée la marque de la civilisation, donc du maximum de bonheur humain. Or il est incontestable que le second avantage l'emporte de beaucoup sur le premier; la seconde conduite est donc infiniment plus avantageuse et plus rationnelle. En effet, la conquête de la terre est un *moyen*, tandis que la civilisation est le but même de la vie. La barbarie est un état social qui comporte une faible somme de jouissance, la civilisation l'état social qui en comporte la plus grande somme possible. Or, comme l'être vivant fuit la douleur et recherche le plaisir, la civilisation est le plus impérieux besoin de notre nature. D'autre part, démocratie (dans l'acception la plus complète de ce terme), et conquête (c'est-à-dire l'injustice à l'égard du voisin) sont des termes opposés. Puisqu'il est impossible d'entreprendre une conquête sans pratiquer l'exploitation de l'homme par l'homme, puisque dans une vraie démocratie il n'existe ni maîtres, ni sujets, mais seulement des citoyens égaux, une démocratie ne peut faire de conquêtes sans mentir à ses principes. C'est ce que certains faits confirment déjà. Les Suisses par exemple ont renoncé dès le xviie siècle à s'emparer des provinces voisines, parce que l'esprit égalitaire s'était implanté parmi eux.

Je reviens encore à l'affirmation que le fait de consentir à mourir pour le monarque produit la grandeur de la patrie. Évidemment la grandeur d'une société ne peut résulter que d'un accroissement de son intensité vitale. Mais c'est tout d'abord un paradoxe d'affirmer que les vastes hécatombes humaines donnent l'intensité *vitale!* Il est manifeste au

contraire qu'elles sèment la mort dans d'infinies proportions.

Mais envisageons cette idée dans le sens de ceux qui la
préconisent, c'est-à-dire au point de vue des seuls survi-
vants. Même de cette façon l'affirmation est encore complètement fausse. D'abord, dans toute guerre, il y a nécessairement un vaincu. Soutenir que l'intensité sociale peut
être augmentée par la défaite est purement absurde. La
défaite déprime la vie. Voyez la Grèce après la conquête
turque. Son existence a presque été réduite à néant. Les
fonctions économiques ont subsisté dans un état de langueur extrême, mais les fonctions intellectuelles ont presque
complètement disparu. Pendant plus de trois siècles la
Grèce n'a eu ni poète, ni écrivain, ni peintre, ni savant !

Considérons le côté du vainqueur. Consentir à la mort
pour élever son roi, c'est consentir à mourir pour spolier
son voisin, en d'autres termes pour perpétuer l'anarchie
internationale.

Mais perpétuer l'anarchie et maintenir la barbarie sont
des termes identiques. Or il est de toute évidence que c'est
la civilisation qui donne la vie, et non la barbarie. Comparez Bruxelles et Fez. Dans la première ville, les rues sont
d'une animation extrême jusqu'à une heure avancée de la
nuit. A Fez, au contraire, tout le monde rentre chez soi
aussitôt le soleil couché. La vie sociale belge est cent fois
plus intense que la vie marocaine.

Si donc le fait de consentir à mourir pour son monarque
produit l'anarchie, et si l'anarchie produit la barbarie,
c'est une contradiction d'affirmer que le fait de mourir
pour son roi produit l'intensité vitale. La vérité est qu'on
aboutit à une mort physiologique immédiate et à une mort
sociale différée.

On doit remarquer encore qu'absence de justice et barbarie sont des termes synonymes non seulement dans les
rapports internationaux, mais aussi dans les rapports entre
citoyens au sein d'un même État. J'ai parlé plus haut de

la situation actuelle de la Sicile[1]. On sait que ce pays a la plus forte criminalité de l'Europe. Aussi est-il considéré comme barbare. Assurément quand les hommes donnent des coups de couteau sous le plus futile prétexte, on est en droit de dire qu'ils sont sauvages. Mais, comme l'a montré M. F. Vitale, un des principaux facteurs de la criminalité en Sicile est l'absence d'une justice prompte et expéditive. Quand nous parcourons des régions où règne la plus complète tranquillité, où l'on n'entend pas parler d'un meurtre pendant des années, nous disons que cette région est hautement civilisée, tant il est vrai que l'idée du respect du droit et celle de la civilisation sont unies dans notre esprit.

A un autre point de vue, on peut encore montrer que la civilisation est en raison directe de la somme de justice. Quand nous voyons un pays où la femme peut être tuée, maltraitée, répudiée par son époux, où la femme, d'autre part, ne jouit d'aucun droit civil ou politique, nous disons que ce pays est barbare. Ce qui est exact, en particulier, pour la femme, l'est encore, en général, pour l'ensemble des citoyens. Quand les droits sont trop limités, quand le gouvernement peut condamner à des peines très sévères pour de simples délits, nous disons que cet État est barbare. Au contraire, nous jugeons civilisé l'État où les citoyens jouissent de la plénitude de leurs droits civils et politiques, où le code pénal ne contient pas d'inutiles sévérités.

L'ensemble des collectivités politiques actuelles vit dans la désorganisation complète ; l'anarchie règne dans les relations internationales. Aussi disons-nous que l'humanité, dans son ensemble, n'est pas encore sortie de la période barbare. Mais tout le monde comprend que la barbarie cessera pour faire place à la civilisation, quand la justice internationale aura remplacé l'état chaotique actuel. Il est encore manifeste à ce point de vue que, les personnes

1. Voy. la note de la p. 77.

même peu versées dans l'étude des sciences sociales, identifient la civilisation et la justice.

Tant que l'humanité demeurera dans l'anarchie, elle
n'aura franchi qu'une faible partie de l'étape qu'elle doit
parcourir sur le globe. Aussi longtemps que régnera l'injustice, notre espèce restera dans un état misérable et
dégradé, semblable à celui des animaux. C'est avec le règne
de la justice universelle que commencera seulement la véritable vie de l'*humanité* dans la complète acception de ce
terme.

Toute violation du droit est habituellement qualifiée d'acte
brutal, c'est-à-dire d'acte conforme à la conduite des brutes.
Quand la justice universelle régnera sur le globe, l'humanité sera débarrassée des individus semblables à des brutes :
l'espèce humaine se dégagera définitivement de l'animalité.

Certes, il y aura toujours parmi les hommes des êtres
dégradés qui emploieront les procédés brutaux, car la nature
humaine se modifie très lentement. Mais ces actes étant
tenus pour criminels et infamants, leurs auteurs succombe-
ront au mépris des honnêtes gens. On aura ainsi l'opposé
du régime actuel, où les malfaiteurs les plus odieux, les
transgresseurs les plus funestes de la loi, les conquérants,
sont considérés comme des êtres *bienfaisants* et respec-
tables uniquement parce qu'ils violent le droit sur une
grande échelle. Nous vivons parmi des contradictions
absolues, puisqu'il nous suffit de voir le mal prendre des
dimensions très considérables pour l'appeler *bien!* Nous
semons l'absurdité; il est naturel que nous récoltions la
souffrance. Mais cela n'en sera pas éternellement ainsi,
et un jour viendra, sans doute, où *toute* violation de la
justice, qu'elle qu'en soit l'importance, sera considérée
comme un mal.

Les phénomènes sociaux étant d'une complexité prodigieuse, les hommes ont été longtemps incapables d'en
comprendre le véritable mécanisme. Les esprits ont été
plongés pendant des siècles dans les plus profondes

ténèbres. Cependant on a eu, parfois, de vagues intuitions
de la vérité. Une des plus persistantes a été de considérer
la justice comme le bien suprême qui existe ici-bas, comme
le but vers lequel l'homme doit tendre de toutes les forces
de son âme, comme l'idéal qui doit constituer la plus
ardente de ses aspirations. Cette intuition n'a pas été trom-
peuse car la justice c'est le bien-être, la dignité, l'élévation
morale, la pureté, la noblesse; en un mot, la justice est
l'auréole resplendissante et glorieuse de la vie.

L'âpre désir de la justice a déterminé, dans une large
mesure, la conception que l'homme s'est faite de l'univers.
C'est, en partie, le besoin de justice qui a inspiré l'idée de
Dieu. Quand les Templiers montèrent sur leur bûcher,
alors que les flammes calcinaient déjà leurs corps, ils en
appelèrent de la justice humaine, infâme et vénale, à la
justice divine, impeccable et incorruptible. Ce fut l'unique
consolation de ces infortunés et c'est pour ne pas être privée
de ces consolations suprêmes que l'âme tend ardemment
à croire qu'il existe quelqu'un là-haut. Ce quelqu'un est
précisément le juge suprême à qui rien n'échappe et qui
rend à chacun ce qui lui est dû. On peut dire que, dans
l'humanité, la croyance en Dieu sera en raison inverse de
la somme de justice qui régnera sur la terre. Imaginez
les Templiers comparaissant, non devant l'odieux tribunal
de Philippe le Bel, mais devant des juges indépendants
et impartiaux. Jamais ils n'auraient été condamnés par de
semblables juges et les chevaliers, absous et réhabilités,
n'auraient pas eu besoin d'en appeler à la justice divine.
Les injustices qui se sont commises et qui se commettent encore sur la terre font, au contraire, souhaiter l'existence d'un justicier qui, s'il ne punit pas dans cette vie,
punit au moins dans l'autre. C'est en grande partie pour
croire qu'il existe quelque part un châtiment des iniquités
qu'on a inventé la vie d'outre-tombe.

Chez les anciens Grecs les âmes des justes allaient aux
Champs Elysées (elles étaient donc récompensées, les

âmes des violents et des criminels descendaient au Tar-
tare. Pour les Bouddhistes l'âme des méchants passait dans
le corps des animaux les plus immondes; l'âme puri-
fiée (c'est-à-dire sans péché) était récompensée par le
nirvana. Chez les chrétiens, il y a le paradis et l'enfer.
Toutes ces croyances ont pour origine la soif de la justice.

Mais l'homme ne s'est pas contenté d'espérer la justice
dans la vie future. Ce n'était pour lui qu'un pis-aller. Il a
toujours âprement désiré le règne de la justice sur terre.
Ce fut son rêve, toujours déçu et toujours renaissant.
Ce rêve a existé de tout temps. Et, plus la réalité lui était
contraire, plus il resplendissait dans l'âme humaine comme
une auréole de feu.

La croyance à l'arrivée d'un messie ressuscité « qui
allait faire régner la paix et le bonheur et *qui serait un
être merveilleux de justice* », dit Darmesteter[1], eut un effet
des plus puissants sur l'esprit des Romains. C'est précisément parce que le christianisme apportait une espérance
de justice, dont étaient altérés les sujets des Césars, qu'il
triompha des religions rivales.

Toutes les sociétés d'ailleurs, à toutes les époques, furent
altérées de justice comme celles des Romains. En réalité,
les transformations successives des institutions politiques
s'effectuent en général en vue d'un accroissement de justice. On tend constamment à remplacer un état social,
comportant une moindre somme de justice, par un autre
état social en comportant une plus grande. Qu'on réussisse
ou qu'on échoue, ce n'est pas là l'important. Je veux
relever seulement que, la tendance vers la justice est à
l'origine de toute réforme sociale. Or cette tendance est
incontestable. Imaginons un législateur apportant un pro-
jet de loi libellé comme il suit: « attendu qu'il est bon
de ruiner la majorité des citoyens au bénéfice d'un petit

---

1. *Les prophètes d'Israël*, Paris, Calmann-Lévy, 1895, p. 171.

nombre do privilégiés, il sera établi, etc. » Un semblable législateur serait bafoué sans miséricorde.

Ce qui montre encore combien le désir do justice est puissant, c'est que les gouvernements pratiquent parfois l'injustice précisément pour ne pas la subir. Les gouvernements à courte vue s'imaginent qu'une cour internationale ne jugera pas les différends d'une façon suffisamment impartiale et équitable ; aussi refusent-ils de se soumettre à ses jugements.

On peut donner un autre exemple d'une violation de la justice qui revient pourtant à un hommage : ce sont les projets protectionnistes mis en avant par M. Chamberlain. Ce ministre veut faire payer au peuple anglais des contributions au profit de quelques grands propriétaires terriens et de quelques industriels privilégiés. C'est une injustice incontestable. Mais M. Chamberlain a été amené à vouloir instituer ce régime pour faire triompher la justice. Il déclare en effet, qu'il veut établir des droits de douane, parce que les autres nations sont injustes pour la Grande-Bretagne (ce qui est au reste absolument vrai). « Comment, nous Anglais, nous laissons nos portes ouvertes aux produits de toutes les nations, mais ces nations ne font pas de même. Cela n'est pas équitable. Nous sommes bernés par nos voisins. Cessons de nous laisser tromper ; ne soyons plus ridicules. Justice pour tous ; *fair trade*. Frappons les produits des étrangers comme ils frappent les nôtres ». C'est à cela que se ramènent, en définitive, les arguments de M. Chamberlain, et l'on ne peut contester, qu'à un certain point de vue, ils ne soient très légitimes. Il semble dire : « qu'importe la diminution du bien-être du peuple Anglais ; il faut d'abord que la justice triomphe. »

S'il est un ensemble de phénomènes sociaux qu'il est légitime d'identifier avec les progrès de la civilisation, c'est bien l'extension de la justice. Mais il faut mettre en évidence que cette extension peut s'effectuer dans la masse et dans l'aire. Dans la masse, quand, sur un même territoire, la somme de justice devient plus grande ; dans l'aire, quand la justice qui ne s'appliquait qu'à une région limitée, s'étend à une région plus vaste. Ces deux progressions peuvent s'accomplir simultanément, séparément ou inversement, mais elles aboutissent à un résultat identique : l'extension de la somme de justice.

L'extension dans la masse s'appelle perfectionnement des institutions politiques. Une société comporte, à la période barbare de son existence, une faible somme de justice ; cette somme augmente au fur et à mesure que la société se civilise ; ou, en intervertissant les facteurs, la nation se civilise au fur et à mesure que la somme de justice augmente.

Quand nous observons des contrastes entre les institutions actuelles et celles du passé nous pouvons affirmer à bon droit que les institutions du passé étaient barbares. A Rome, dans les premiers temps de la république, un père avait le droit de vie et de mort sur ses enfants. De nos jours, en Europe, un père n'a même plus le droit de faire travailler ses enfants dans une fabrique avant quatorze ans. Dans les pays les plus avancés, le père n'a plus le droit de ne pas envoyer ses enfants à l'école. Ainsi la loi garantit à l'enfant, d'abord la *vie*, puis jusqu'à l'instruction primaire.

Tacite raconte que quatre cents esclaves furent exécutés de son temps parce qu'ils avaient couché *par hasard* dans une maison où avait été assassiné leur maître[1]. De nos jours

1. Des doutes ont été élevés, on le sait, sur l'authenticité du texte de Tacite que nous possédons. On a soutenu qu'il avait été forgé, au xvᵉ siècle, par l'humaniste italien, Poggio Bracciolini. Le fait des quatre cents esclaves peut donc ne pas être exact; mais il est très vraisemblable, car le traitement auquel on soumettait les esclaves dans la société antique était d'une cruauté sans égale. L'esclave était une *chose* à l'égal du bétail. D'ailleurs le traitement des nègres aux États-Unis, avant l'émancipation, ne le cédait guère à ce qui se passait dans l'antiquité.

l'esclavage a été aboli dans tous les pays civilisés. De plus le fait d'exécuter un individu sans aucune preuve de culpabilité est maintenant assez rare dans les sociétés de l'Europe occidentale.

En 390, les Thessaloniciens ayant protesté contre un de ses ordres, l'empereur Théodose envoya des troupes et fit massacrer 7.000 d'entre eux qui s'étaient réunis au théâtre pour une représentation. Certes, rien de pareil ne pourrait se passer de nos jours.

On sait aussi qu'à Rome les crimes de lèse-majesté étaient punis de mort. Dans l'Allemagne moderne le maximum de la peine est de quelques mois de prison. Ai-je besoin de rappeler les violations flagrantes du droit qui provenaient du servage, des coutumes féodales comme la *jus primæ noctis* et tant d'autres ? Ils ont tous été abolis.

Avec la Révolution française commence une nouvelle période de victoires du droit. On ne se contente pas d'abolir les injustices du passé, on cherche encore à faire mieux respecter les intérêts par une législation plus parfaite. Ainsi l'idée qu'il est possible et nécessaire de garantir la propriété littéraire et artistique est toute récente. Il y a un siècle à peine, un entrepreneur de théâtre pouvait gagner des millions avec une pièce et ne donner à l'auteur qu'une rémunération dérisoire.

Inutile de multiplier ces exemples. Ils suffisent à démontrer que, d'une façon générale, l'évolution de l'espèce humaine est l'évolution du droit. Les longues luttes pour l'affranchissement des communes, pour l'établissement de l'autorité royale[1], pour l'égalité civile et politique des classes sociales, pour l'autonomie des nations (principe des nationalités) et enfin pour l'établissement du régime collectiviste sont autant d'efforts ayant pour but d'augmenter la somme de justice au sein des sociétés.

---

1. En somme l'établissement de cette autorité peut être envisagé, dans ses grandes lignes, comme une tentative pour faire régner l'ordre, c'est-à-dire la justice sur toute l'étendue du royaume.

Si l'on veut bien y réfléchir, l'on s'aperçoit que le *ruere in servitium* des sénateurs romains, si contradictoire que cela puisse paraître, a été lui-même, en son temps, une aspiration vers la justice. Quand le pouvoir d'un seul (à tort ou à raison, peu importe) paraît condition première de la sécurité générale, les hommes sont portés à vouloir faire des monarques des êtres adorés à l'égal des dieux. C'est toujours après les grandes crises d'anarchie qu'éclate le servilisme. Les Romains s'étaient massacrés avec fureur pendant plus d'un siècle; Auguste leur donna enfin le repos (autre terme qui désigne la légalité). Ils élevèrent ce prince au rang d'immortel. Au xvi⁰ siècle nous voyons, en Angleterre, la soumission la plus complète au pouvoir royal. C'est qu'on sortait de la guerre civile. Bossuet dit : « Il faut obéir aux princes comme à la justice même. Ils sont des dieux et participent en quelque sorte à l'indépendance divine. Comme en Dieu est réunie toute perfection, de même toute la puissance des particuliers est réunie en la personne du prince. Que Dieu retire sa main, le monde retombera dans son néant; que l'autorité cesse dans le royaume, tout sera confusion. Considérez le prince dans son cabinet : de là partent les ordres qui font aller de concert les magistrats et les capitaines, les provinces et les armées. C'est l'image de Dieu, qui, assis sur son trône au plus haut des cieux, fait aller toute la nature... L'autorité royale est absolue... Le prince ne doit rendre compte à personne de ce qu'il ordonne[1]. » Nous sommes révoltés par un servilisme si abject. Mais ce langage devient parfaitement compréhensible si nous nous plaçons au point de vue de Bossuet. Pour lui, le pouvoir du roi était la destruction de l'anarchie féodale qui lui paraissait, avec raison, le pire de tous les maux. Dans les républiques italiennes du moyen âge nous voyons de bonne heure apparaître le tyran qui souvent est soutenu par le peuple. Une popu-

---

1. Cité par E. de Lavelaye, *Le gouvernement dans la Démocratie* Paris, F. Alcan, 1892, t. Iᵉʳ, p. 258.

lation qui s'impose volontairement des chaînes, voilà, de nouveau, qui paraît bien étrange. Mais encore ici les foules souhaitaient le pouvoir d'un seul, parce qu'elles en espéraient plus de justice. Le prince domptait les grands et protégeait les petits. Or les violations du droit que les grands exerçaient à toute heure étaient intolérables.

Après l'extension de la justice dans la masse, considérons son extension dans l'aire. Il fut un temps où le périmètre dans lequel s'exerçait le droit ne dépassait pas les murs d'une cité ou d'un bourg. Tout ce qui était en dehors était la proie de l'anarchie. Puis, successivement, les cités s'unirent, soit de gré, soit de force, et la sécurité s'étendit sur de petits cantons dont la périphérie était à un jour de marche de la cité centrale. Telles furent longtemps les républiques romaine et athénienne. Tant que la totalité des citoyens put se rendre au forum ou à l'agora, pour prendre part aux affaires publiques, ces petits États offrirent une somme de justice assez satisfaisante et, par suite, ils prospérèrent rapidement. Les contacts qui s'établirent entre les cités produisirent les résultats les plus divers. Tantôt les cités se neutralisèrent les unes les autres et eurent une tendance à former des fédérations; tantôt (et ce fut le cas le plus fréquent) une cité, plus favorisée, l'emporta sur ses voisines et organisa une domination plus vaste qui fut l'État, sous forme de république, de royauté ou d'empire. Certes, à un certain point de vue, les grandes monarchies établirent le despotisme et furent violatrices du droit, mais d'autre part, elles établirent la sécurité sur des étendues considérables et, par cela même, étendirent le domaine du droit.

Si le droit consiste, en très grande partie, à pouvoir jouir du fruit de son travail, il est aisé de comprendre que les grandes monarchies garantirent le droit d'une façon très efficace. A coup sûr, le citoyen fut souvent exploité durement par les agents du fisc, mais cette exploitation n'était rien à côté des pertes que faisaient subir l'invasion armée des voisins. Quand la Picardie, la Normandie, la Bourgogne et la Guyenne eurent établi entre elles des relations juridiques, leur prospérité fut beaucoup plus grande qu'à l'époque où, presque à chaque printemps, éclataient entre elles des guerres intestines.

Si paradoxal que cela puisse paraître, il faut cependant avouer que la monarchie universelle, rêve orgueilleux de certains souverains, contenait également une possibilité de justice. Certes la monarchie universelle est le procédé le plus imparfait qui se puisse imaginer pour unir les nations. Elle est la négation même du droit, l'emblème le plus complet du despotisme. Mais le fait de vouloir l'union des peuples, sous n'importe quelle forme, est toujours un acheminement vers le droit. On dit que Napoléon rêvait d'organiser l'Europe, après avoir terminé sa conquête par la soumission de la Russie. La conquête n'était nullement le meilleur procédé pour obtenir cette organisation, l'événement l'a prouvé. Mais l'idée de vouloir « organiser » l'Europe se ramenait, en fin de compte, à établir la justice sur toute l'étendue de son territoire.

Ainsi l'évolution politique du genre humain peut se ramener, dans son ensemble, à l'établissement d'une plus grande somme de justice, et à l'extension de l'aire où règne la justice.

La république athénienne avait près de 2.000 kilomètres carrés. A une certaine époque de l'histoire, la sécurité (ou la justice, ce qui est un) ne dépassait pas cette faible étendue. Au moyen âge cette étendue de justice fut encore moindre, car l'Allemagne à elle seule eut jusqu'à 600 souverainetés pratiquement indépendantes. A partir du xv° siècle les grandes monarchies commencent à croître. A notre époque nous atteignons le summum de ce mouvement. Les plus vastes empires connus dans l'histoire se sont formés de nos jours. L'empire britannique, par exemple, a 32 millions de kilomètres carrés et 410 millions

d'habitants. Cela fait à peu près le quart des terres émergées et le quart de la population du globe. L'empire russe
a 22 millions de kilomètres carrés et 140 millions d'habitants, l'empire français 11.500.000 kilomètres et 90 millions
d'habitants, l'empire américain (États-Unis) a 9.700.000
kilomètres et 90 millions d'habitants. De nos jours il n'existe
plus que 53 États complètement indépendants (en comptant
la principauté de Monaco, la république de Saint-Marin et
Lichtenstein, dont l'indépendance est naturellement nomi-
nale). L'ensemble des terres de notre globe formant 135 millions de kilomètres carrés, chaque aire de sécurité couvre
en moyenne, 2.700.000 kilomètres carrés. Depuis les temps
de la république athénienne elle s'est étendue de mille fois.

L'évolution générale du genre humain se ramène donc à
l'extension successive de l'aire de justice. L'espèce humaine
s'est fractionnée à une certaine époque entre une infinité
d'États que rien ne reliait entre eux. Elle arrivera à former
une fédération d'États à institutions communes de mieux
en mieux agencées. Cela reviendra, en dernière analyse, à
constituer un seul État fédéral, dont l'organisation sera de
beaucoup plus parfaite que celle de toutes les fédérations
actuelles.

Le progrès de la civilisation se ramène à une marche
ascendante vers la justice, car l'accroissement de la justice
dans la masse et dans l'aire, n'est au fond qu'un seul et
même phénomène. En effet, quand nous disons que la fédération générale de l'espèce humaine aura des institutions de
mieux en mieux combinées, nous disons que ces institutions assureront une somme de justice plus grande[1]. C'est

1. Prenons un exemple. Une des raisons qui font considérer la « souveraineté » de l'État, c'est-à-dire l'anarchie internationale comme un bien,
c'est le droit d'asile accordé par une nation aux criminels politiques
étrangers. En effet, si les criminels politiques n'avaient de refuge nulle
part, le plus épouvantable despotisme pourrait s'établir sur la terre, la
pensée serait étouffée, la civilisation humaine serait détruite. Mais il en
est ainsi parce que les nations admettent encore la théorie du crime politique. Le crime politique n'existe pas et ne peut pas exister au point de
vue rationnel, car chaque citoyen a non seulement le *droit*, mais le *devoir*
de faire tout ce qui dépend de lui pour établir le régime politique et les

un accroissement dans la masse. D'autre part si nous disons
que les relations juridiques, limitées d'abord aux États
de l'Europe, embrasseront ensuite ceux de l'Amérique nous
exprimons simplement le fait qu'un plus grand nombre
d'hommes vivront en relations juridiques ce qui revient aussi
en définitive, à un accroissement de la somme de justice.

Sans aucun doute, le chemin que l'humanité doit encore
parcourir est immense. Nous vivons en pleine anarchie.
Il faudrait au moins décupler l'efficacité de nos règles juridiques pour les rendre suffisantes. Mais l'objet de ce chapitre
n'est pas de relever l'insuffisance de ce qui existe ; son but
est seulement de montrer que les progrès de la civilisation et de la justice sont des faits identiques.

Cette conclusion peut encore être confirmée à un autre
point de vue. J'ai déjà dit que les ressources de notre globe
sont pratiquement illimitées, et que la somme des produits
que l'homme tire de la terre est en raison directe de la
somme de justice qui règne dans les sociétés. La conclusion de ce principe se dégage nettement : le maximum de
ressources (partant de richesse et de bien-être) corres-
pondra au maximum de justice. Or, comme civilisation et
bien-être sont à peu près des termes correspondants, nous
sommes également conduits à identifier la civilisation et la
justice.

institutions qui lui semblent conformes aux besoins de sa patrie. Les actes
du citoyen doivent seulement ne pas empiéter sur les droits primordiaux
de ses compatriotes. On rentre alors tout simplement dans le domaine du
droit civil et pénal. Si un individu en tue un autre pour établir un régime
politique qui lui paraît utile, il doit être jugé, non comme criminel politique, mais bien comme assassin. De nos jours ce point de vue serait
rétrograde et funeste. Par suite de la barbarie de nos législations, il s'en
faut de beaucoup qu'un citoyen puisse *tout* faire pour le triomphe de ses
aspirations sociales. Il n'a bien souvent d'autre recours que l'homicide et
quelques-uns des assassins politiques sont à coup sûr parmi les hommes
les plus nobles et les plus héroïques de l'humanité. Les juger comme de
vulgaires criminels serait révoltant. Mais, quand la liberté politique du
citoyen sera complète, il sera très rationnel de mettre au même rang tous
les homicides. Le jour où les institutions humaines seront donc devenues
assez parfaites pour ne pas nécessiter de distinction entre l'homicide politique et l'homicide ordinaire, le droit d'asile international perdra la haute
valeur qu'il a de nos jours. L'extradition n'aura lieu désormais que pour
de vulgaires assassins.

CHAPITRE XII

L'ÉVOLUTION BIOLOGIQUE

Les espèces innombrables qui ont successivement peuplé notre globe ont cherché à préserver leur existence par les procédés les plus divers : l'épaisseur de la peau (le rhinocéros), la force musculaire et la férocité (le tigre), la course rapide (le lièvre), et mille autres de tout genre. Chacun de ces procédés a déterminé une direction particulière des formes vitales.

Un des procédés de préservation a été aussi l'accroissement rapide des facultés mentales. Il s'est montré le plus efficace de tous. L'humanité, qui s'est développée dans cette direction, est devenue l'espèce la plus puissante de la terre et a soumis toutes les autres à son empire.

L'homme a su se procurer tous les avantages par son intelligence. Il a moins de force musculaire que l'éléphant, mais, par les presses hydrauliques, il soulève sans le moindre effort des poids de plusieurs centaines de tonnes. Il a des yeux moins perçants que le lynx, mais, au moyen du microscope, il voit un millième de millimètre. En un mot, il s'est acquis par ses inventions techniques l'ensemble des moyens de préservation que les autres espèces animales possèdent séparément par leur évolution biologique. Ainsi, comme les serpents, nous nous servons de poisons pour combattre certaines espèces qui nous sont nuisibles.

Quand une direction particulière s'est une fois déterminée, les individus qui ont usé, dans la mesure la plus forte, de son moyen spécial de préservation, ont eu le plus de

chance de survivre. Les lièvres qui courent le plus vite ont
eu la majeure probabilité de sauver leur vie et de laisser
une progéniture.

Cette possibilité pour les êtres vivants d'accroître la
puissance d'une caractéristique particulière a été appelée
sélection biologique positive. Mais les êtres vivants étant
soumis aux circonstances les plus diverses, il se peut
aussi que la caractéristique particulière soit non pas fortifiée et exagérée mais, au contraire, affaiblie et limitée.
Ainsi certains oiseaux, ayant acquis des dimensions trop
considérables, ne parviennent plus à voler. Cet affaiblissement d'une caractéristique utile s'appelle sélection négative ou à rebours.

Les processus biologiques continuent à se manifester
au sein de la société parce qu'en devenant membres d'une
société, les hommes ne cessent d'être des organismes
vivants. La production économique, par exemple, est une
continuation directe des sécrétions physiologiques. Quelques-unes des cellules du corps de certains animaux élaborent des poils qui servent à les préserver du froid.
Quand l'homme, par le travail combiné de son intelligence
et de ses membres, se confectionne un vêtement qui le
garantit contre les intempéries des saisons, il continue tout
simplement le processus physiologique des cellules qui produisent les toisons. L'évolution mentale poursuit elle aussi
sa marche au sein des collectivités, mais en se servant des
procédés d'un genre nouveau qui sont de nature sociale.
Un ensemble très complexe de facteurs physiologiques a
produit, à la longue, un animal capable de voir à une distance de quelques centaines de mètres. Un ensemble de
facteurs sociaux plus complexes encore permet maintenant
à l'individu de voir toute l'étendue du globe grâce à une
perception indirecte (étude de la géographie, vues photo-
graphiques, etc.).

Puisque les processus biologiques continuent dans la
société, on peut affirmer, à priori, que les phénomènes de

la sélection positive et négative doivent s'y retrouver également. C'est ce qu'on observe, en effet, et ces phénomènes, au sein des sociétés, prennent les noms de justice et d'injustice.

J'ai dit plus haut que la caractéristique spéciale de l'espèce humaine est le développement des facultés mentales, l'étendue de l'horizon intellectuel. Toutes les fois que, dans une compétition, les plus intelligents l'emportent, il y a sélection positive. Si les moins intelligents ont le dessus, il y a sélection négative. En effet, toute victoire des moins intelligents sur les plus intelligents est une diminution de la somme de mentalité, et marque un retour vers les espèces moins douées du règne animal, donc une sélection à rebours. Ainsi c'est par suite des faits naturels que, dans la société, tout avantage obtenu par les moins intelligents est qualifié d'injustice.

Imaginez un concours de mathématiciens. Si l'on adjuge le prix à celui des deux concurrents qui a résolu un problème par les procédés les plus laborieux, les plus lents et les plus complexes, et non à celui qui l'a résolu par les procédés les plus élégants et les plus rapides, il y a injustice. Pourquoi? Parce qu'un moins intelligent obtient plus d'avantages, en d'autres termes, parce que le moins intelligent triomphe.

Quelle est la raison qui nous fait trouver injuste la condamnation de Galilée? C'est le fait qu'un plus intelligent subissait des peines pendant que de moins intelligents éprouvaient des satisfactions. Pour être *juste*, l'arrêt qui termina le procès de Galilée aurait dû être libellé comme il suit : « attendu que le prévenu a montré des facultés mentales de beaucoup supérieures à celles de ses contemporains, en expliquant la véritable structure du système solaire, il est proclamé le premier astronome de son temps, et il est vivement recommandé à ses collègues de propager ses théories dans la mesure du possible ».

Passons des faits individuels aux faits collectifs. Pourquoi dit-on, par exemple, qu'à la veille de la Révolution les institutions de la France étaient imparfaites ? Parce que la bourgeoisie possédait alors autant de lumières et de richesses que la noblesse et cependant, elle ne pouvait arriver ni aux hautes situations, ni aux honneurs. Si un aristocrate borné pouvait être ministre alors que cela était interdit à un roturier intelligent, cela signifiait qu'à cette époque, en France, le triomphe n'était pas assuré aux meilleurs, que la sélection s'exerçait à rebours, ce qui était une négation de la justice. De même, de nos jours, le régime turc est tout ce qu'il y a de plus détestable. Pourquoi ? L'une des raisons, c'est que les rayas, les Grecs, les Bulgares, les Serbes sont supérieurs aux Turcs en intelligence et en instruction, et cependant il leur est interdit de prendre aucune part au gouvernement de l'empire. En Turquie les plus bornés triomphent. C'est pourquoi les institutions politiques de ce pays sont imparfaites.

Toutes les fois que, dans la société, il y a violence, c'est-à-dire injustice, il se produit une sélection à rebours, un triomphe des moins intelligents. Dans les pays despotiques tous ceux qui s'élèvent à un niveau supérieur, grâce à leurs qualités mentales, causent des inquiétudes aux gouvernants. Alors ceux-ci les suppriment, soit par la mort immédiate (exécutions ou empoisonnement), soit par la mort lente (prison, exil), soit par la mort civile (défense de parler, d'écrire, d'exercer différentes professions, etc., etc).

L'intolérance est une forme mitigée du despotisme, s'appliquant au seul facteur religieux. Par l'intolérance également tous les esprits libres et perspicaces, qui peuvent apercevoir avant les autres les erreurs contenues dans les dogmes, sont soumis aux peines les plus diverses, depuis la mort par les tourments les plus atroces, jusqu'au simple blâme public. Il suffit de rappeler l'inquisition espagnole pour faire comprendre quelle terrible sélection à rebours peut produire l'intolérance.

Inversement sitôt que la justice règne dans une société,

les plus intelligents l'emportent sur les moins intelligents.
J'ai déjà montré que c'est grâce à l'existence d'une police
bien faite et des tribunaux que les gens faibles de corps,
mais forts d'esprit, peuvent prospérer dans la société. Un
grand nombre d'hommes célèbres de notre époque, qui font
la gloire de leur patrie et qui assurent sa prospérité, auraient eu de nombreuses chances d'être tués, s'ils avaient
vécu au moyen âge; ils n'auraient, naturellement, rien
produit. D'autre part, dans une société où régnerait la
justice la plus complète, les grands seigneurs et les dames
bien en cour n'auraient aucun privilège et aucune faveur.
Les médiocres ne pourraient pas s'emparer des postes politiques importants, qui ne seraient attribués qu'aux individus d'une capacité notoire. Plus la justice est complète,
plus le talent exerce la domination. La justice produit donc
une sélection positive.

Les mêmes faits se répètent dans les collectivités. Dans
l'état d'anarchie internationale les peuples moins civilisés,
mais plus aptes à la guerre, l'emportent sur les autres. Ils
massacrent et affaiblissent les vaincus. Il y a sélection à
rebours. Tel est le cas des Turcs qui ont fait de la Grèce
un vrai désert pendant trois siècles. Imaginons au contraire une ère de sécurité internationale, c'est-à-dire de
justice; les peuples, les plus faibles au point de vue militaire mais intellectuellement les plus forts, auraient d'abord
subsisté; ils auraient en outre prospéré bien davantage.
Les peuples très cultivés auraient alors grandi plus vite,
(toutes choses égales d'ailleurs); les peuples les moins
cultivés auraient grandi plus lentement, en sorte que la
sélection se serait faite dans le sens positif.

Ainsi, non seulement, le processus de la sélection positive et négative existe dans la société, sous le nom de justice et d'injustice, mais je vais montrer que, par le fait,
même de l'association, le processus de sélection positive
va toujours en s'accélérant.

D'une façon générale, on peut dire que l'évolution vitale, partie de la monère primitive pour aboutir à l'homme, va en s'élargissant au sein des sociétés. Mais ce n'est d'ailleurs pas un phénomène nouveau; le processus social est tout simplement la continuation du processus fondamental de la biologie.

C'est par une association de 60 trillions de cellules que l'existence d'un être comme l'*homo sapiens* a été rendue possible. On dit que notre cerveau est composé de 400 millions de cellules; c'est ce qui le rend capable d'efforts aussi prodigieux. S'il était seulement une agglomération de quelques dizaines de cellules, ses facultés seraient extrêmement restreintes.

A leur tour, les cerveaux individuels sont repris dans l'engrenage social; leurs facultés se multiplient alors les unes par les autres. Les hommes arrivent par suite à être des encyclopédies vivantes capables d'efforts intellectuels prodigieux. De même que les phénomènes psychiques sont rendus plus intenses par l'association, de même la sélection positive, qui exalte l'intelligence, est augmentée par le triomphe de l'ordre légal.

Par suite de la confusion entre les phénomènes biologiques et les phénomènes sociaux, peu de gens admettent la proposition que je viens de formuler. On pense généralement que plus les luttes humaines sont âpres, sanglantes et impitoyables, plus les intelligences doivent s'affiner pour les soutenir. On pense que la sélection positive est d'autant plus rapide que l'anarchie est plus sauvage, en d'autres termes, que la sélection est d'autant plus efficace que la force brutale domine plus complètement.

C'est là une erreur profonde qui provient d'une observation superficielle des faits sociaux. La proposition contraire est précisément la vraie, à savoir que la rapidité de la sélection positive est en raison directe de la somme de justice et la rapidité de la sélection négative en raison directe de la somme de violence.

Considérons d'abord les rapports sexuels. On a dit et répété bien souvent que la sélection positive, dans notre espèce, est à son maximum d'intensité, quand les guerriers forts tuent les faibles et épousent leurs femmes. L'intensité de la sélection positive serait alors en raison directe de l'anarchie. Or, les choses ne se passent aucunement ainsi.

D'abord les guerres qui donnent aux forts la possibilité d'exterminer les faibles sont des faits plus ou moins rares. En outre, la période historique où les soldats vainqueurs épousaient les femmes des vaincus, est passée, en Europe, depuis de longs siècles. Les soldats de Napoléon, après Iéna, n'ont pas épousé des Prussiennes ; ils sont tout simplement rentrés dans leurs foyers. En second lieu, même si les vainqueurs épousent les femmes des vaincus, il n'y aurait pas là sélection sexuelle, car cette sélection s'exerce d'une façon toute différente. Elle est produite par une affinité naturelle entre les deux conjoints: par ce qu'on appelle l'amour. C'est quand un homme et une femme se *plaisent* qu'il y a pour eux probabilité de produire une belle progéniture. Mais, quand les guerriers vainqueurs s'emparent des femmes des vaincus, il peut arriver que celles-ci soient attribuées par violence à des guerriers qui ne leur plaisent nullement, qui même leur font horreur. Il n'y a donc pas ici de sélection.

Supposez, au contraire, une société où la justice complète existerait à l'égard de la femme. Dans ce cas on n'exercerait aucune pression sur elle pour l'engager à épouser un individu plutôt qu'un autre, car pression signifie limitation de droit, donc injustice. La femme, absolument libre, ne se donnerait qu'à celui qui lui plaît. La sélection positive atteindrait alors son maximum d'intensité.

Je ferai remarquer de plus que si les cas où les femmes des vaincus épousent leurs superbes vainqueurs sont rares, les cas où les femmes épousent les hommes qui leur plaisent sont beaucoup plus fréquents. Ils se présentent tous les

jours au sein des sociétés. En sorte que la sélection positive par le respect du droit de la femme est bien plus énergique que la sélection par la tuerie, parce qu'elle peut
être infiniment plus fréquente.

Des rapports sexuels, passons aux rapports économiques.
Imaginons une société où régnerait une justice implacable.
Cette société laisserait mourir de faim tous les êtres imprévoyants et vicieux. Ce serait la plus énergique des sélections positives. Les autorités et les citoyens tenant dans cette
société le langage de la fourmi à la cigale, les faibles d'esprit et de corps, les déséquilibrés, les insouciants et les
désordonnés disparaîtraient en une seule génération. Il ne
resterait que les forts. La perfection de la race ferait un bond
prodigieux.

Le lecteur comprend sans doute que je ne préconise
aucunement l'application de cette justice inflexible. La
dureté pour ses semblables aurait des conséquences sociales
si désastreuses qu'il vaut mille fois mieux mettre à la
charge de la collectivité ses éléments imparfaits que de
les détruire si cruellement. Ce que je veux seulement
mettre en relief, c'est que la justice peut produire une
sélection plus énergique que la violence. Si donc, par suite
d'une justice implacable, on laissait mourir de faim ceux
qui ne veulent pas travailler, l'amélioration des races
humaines se ferait avec le maximum de rapidité[1].

J'ai dit : ne *veulent* pas travailler. Ce mot à lui seul
montre combien une justice inflexible est inapplicable.
Car comment distinguer, en effet, celui qui ne *veut* pas
travailler et celui qui ne *peut* pas, par suite de raisons
individuelles et physiologiques (maladie, etc.), ou par suite
de raisons sociales (manque de demande d'emplois).

On sait d'ailleurs que la pitié et la charité n'ont pas
encore dit leur dernier mot. Il y a beaucoup à faire de ce

---

1. En réalité le parasitisme est un privilège. Qu'il soit en haut, chez les
grands et dans les cours, ou bien en bas, dans les workhousses, cela
revient au même pour des véritables travailleurs.

côté. Des milliers d'êtres vicieux et imprévoyants périssent avant l'âge dans nos pays, ce qui constitue une sélection positive. Mais si ces malheureux avaient été secourus et guéris à temps, un grand nombre d'entre eux eussent pu devenir des êtres utiles à la société. Qui sait combien de génies ont disparu de notre monde par leur imprévoyance? La nature de l'homme est si extraordinairement complexe, que telles particularités désavantageuses peuvent faire mourir un individu à l'hôpital sans l'empêcher pour cela d'avoir certaines qualités de premier ordre.

Il faut faire, au point de vue économique, l'observation que nous avons déjà faite au point de vue sexuel. C'est une opinion très répandue que les guerres améliorèrent les nations. On croit que les conquérants, en s'établissant dans le pays des vaincus, font descendre ceux-ci au rang des indigents et les font ainsi plus rapidement périr; d'où l'on conclut que la guerre est la plus énergique des sélections positives. L'illusion est la même ici que pour le mariage. On oublie que les guerres, surtout celles où le vainqueur occupe *tout* le territoire du vaincu, sont relativement rares. Au contraire, la sélection à l'intérieur de l'État en temps de paix est permanente. Elle s'exerce à tous les instants et se répartit sur tous les citoyens. Elle est donc beaucoup plus efficace.

C'est une profonde erreur de s'imaginer que toute compétition a pour objectif la mort immédiate du vaincu. Dans la plupart des cas, elle tend à sa mort lente, c'est-à-dire à une diminution de l'intensité vitale. A un certain point de vue, on est en droit de dire que le vainqueur dans la lutte pour l'existence, est l'être dont la vie s'exalte, le vaincu, celui dont la vie s'alanguit. C'est ce qu'on exprime autrement en disant que le vainqueur a plus de jouissances qu'avant sa victoire, le vaincu plus de souffrances qu'avant sa défaite. Si, dans une société, il y a d'abord 10 individus sur 100 qui ont atteint le maximum de développement intellectuel et qu'ensuite il y en ait 15 ou 20, on doit constater qu'une sélection positive s'est opérée dans cette société, puis qu'un plus grand nombre d'individus y ont obtenu des jouissances supérieures. Or c'est précisément ce genre de sélection qui s'effectue de la façon la plus rapide par la justice et qui se ralentit par la violence.

Il est à peine besoin de démontrer cette proposition, qui est l'évidence même. L'État commence d'abord par garantir la propriété immobilière, puis la sécurité des personnes, plus tard la propriété mobilière et en dernier lieu la propriété intellectuelle (œuvres littéraires, inventions, œuvres artistiques, etc.). Au fur et à mesure que ces garanties se multiplient (ce qui revient à dire que la somme de justice augmente) les mieux doués ont plus de profit, en d'autres termes, leur existence s'avive. Les guerres et les conquêtes produisent un effet diamétralement opposé, parce qu'elles ont pour conséquence inévitable l'établissement d'une plus grande somme d'injustice dans la société (privilège des vainqueurs au détriment des vaincus).

Ainsi donc, la justice est la forme sociale que revêt le grand phénomène biologique de l'évolution des espèces par la survivance des plus aptes. C'est par l'établissement de la justice que l'ascension des mieux doués s'effectue le plus vite. Comme contre partie, c'est également par le triomphe de la justice que la chute des êtres les moins doués s'opère le plus rapidement. Or c'est précisément ainsi que le phénomène social continue le phénomène biologique. Si les moins doués ont moins de bien-être, ils sont moins préservés de la mort et sont ainsi plus vite éliminés. Ce mécanisme fait monter à la race tout entière les degrés de l'échelle des êtres.

Résumons les idées contenus dans ce second livre.

L'expansion de la vie, le bonheur, l'association, l'ordre, l'organisation, la santé, la sécurité, la liberté, l'égalité, le bien-être matériel, la civilisation, le progrès et la justice universelle sont, à un certain point de vue, des termes et des notions identiques.

Le premier terme de cette série, l'expansion de la vie, est encore une notion biologique et psychologique, le dernier, la justice universelle, est pour ainsi dire le couronnement de la sociologie puisque cette justice se ramène à une association générale du genre humain. Cependant ces deux termes extrêmes sont intimement liés l'un à l'autre. Il ne peut pas en être autrement ; c'est conforme à la nature des choses puisque toute injustice est une mutilation, donc une limitation de vie. Vie et justice sont des termes identiques, parce que la *vie* ne se manifeste pas seulement par l'existence et la multiplication des créatures animées, mais encore par l'intensité de leur animation. La vie est comme un fleuve immense qui peut rouler une même masse d'eau. Si cette eau coule impétueusement, le fleuve sera un torrent superbe ; si elle coule lentement, le fleuve sera une masse stagnante et putride.

Un dernier mot pour unir encore plus les phénomènes biologiques et sociaux, pour montrer qu'ils constituent une série sans solution de continuité. Imaginons la justice universelle établie par la fédération du genre humain. Aucun effort ne sera plus perdu. Il n'y aura ni parasites, ni privilégiés, partant plus de gaspillage. La richesse augmentera alors aussi rapidement que possible. Le moment arrivera bien vite où tous les hommes pourront acquérir une instruction supérieure, c'est-à-dire une conception scientifique de l'univers. Quand ils en seront là, l'espèce humaine sera intellectuellement aussi supérieure à ce qu'elle est aujourd'hui, qu'elle est actuellement supérieure aux singes. La morphologie et l'aspect extérieur pourront ne pas changer, mais, quand tous les hommes auront des idées scientifiques positives, on pourra dire que le globe sera peuplé d'une nouvelle espèce animale.

DEUXIÈME PARTIE

LES THÉORIES DU PASSÉ

LIVRE PREMIER

L'EMPIRISME

CHAPITRE XIII

PAR L'ERREUR AU MALHEUR

Si la justice universelle est le besoin le plus immédiat, le plus fondamental et le plus impérieux de tout individu vivant sur la terre, d'où vient qu'elle ne soit pas encore établie? Cela vient de ce que l'homme ne comprend pas son véritable intérêt, en d'autres termes, de ce qu'il vit dans l'erreur. Et son erreur prend parfois des proportions tellement énormes que l'homme consent à verser des flots de son sang pour *empêcher* l'établissement de l'ordre de choses qui favoriserait le plus son bonheur et sa prospérité !

Pourquoi en est-il ainsi? Parce que telle est la nature de l'homme. Il paye pour ainsi dire la rançon de sa supériorité intellectuelle. Le phénomène de la connaissance implique nécessairement le phénomène de l'erreur. Les oscillations d'un pendule sont à peu près semblables dans les deux directions. Si l'écartement à droite est très considérable, il sera suivi par un écartement, à gauche, d'une amplitude presque égale. C'est l'image de l'esprit humain. L'homme ayant une intelligence très supérieure à celle des animaux, a pu accumuler une somme de vérités infiniment supérieures à celles des autres espèces, mais aussi une somme d'erreurs proportionnelle. Ainsi l'homme créa la physique, mais en même temps, hélas, la métaphysique, ensemble bizarre de divagations de tout genre qui oppose les obstacles les plus formidables à la réalisation de notre bonheur. C'est seulement quand la métaphysique sera complètement terrassée par le savoir positif que l'esprit humain, enfin affranchi et libéré de ses langes, pourra assurer à notre espèce la plus grande somme possible de prospérité.

L'intelligence, ce magnifique instrument qui nous donne tant de puissance par la connaissance de la vérité, l'intelligence devient notre pire ennemi quand elle se met au service de l'erreur. Certes c'est un énorme bienfait de posséder un moyen de communication comme le langage ; cela nous élève bien au-dessus des animaux ; mais ce bienfait entraîne un inconvénient proportionnel : « Rien de plus préjudiciable que la parole, dit M. Le Dantec[1], car si le langage nous permet de raconter aisément ce qui est, *il nous donne exactement la même facilité pour raconter ce qui n'est pas* ». Les déviations de l'intelligence humaine peuvent prendre une amplitude capable de faire aboutir aux plus terribles catastrophes, à la destruction de la race presque entière[2]. Et précisément ces déviations peuvent s'opérer dans des directions d'autant plus nombreuses que l'intelligence humaine est plus vaste. Ainsi, au lieu de comprendre que les maux dont nous souffrons viennent de l'imperfection de notre organisation sociale, organisation toujours susceptible d'être améliorée et modifiée, l'esprit humain s'est échappé pour ainsi dire par la tangente, et s'est réfugié dans les croyances surnaturelles. Au lieu de comprendre qu'il fallait établir la justice dans ce monde pour être heureux, on a dit que la justice existerait bien, mais seulement dans la vie d'outre-tombe. Cette erreur néfaste a retardé de plusieurs centaines de siècles le moment de notre félicité car c'est précisément sur la croyance au surnaturel qu'on a fondé tous les despotismes, c'est-à-dire les iniquités qui causent notre malheur.

1. *Les lois naturelles*, Paris, F. Alcan 1904, p. 76.
2. Qu'on songe seulement à l'Espagne réduite par l'Inquisition à n'avoir plus au xviii⁰ siècle, que 4 millions d'habitants, tandis que son sol aurait pu facilement en nourrir plus de 40.

De nos jours encore, et malgré les efforts immenses faits
pour diriger l'esprit humain dans les voies de la vérité
positive, cet esprit verse dans les erreurs les plus fantastiques avec une facilité prodigieuse. Il suffit à quelque
rhéteur de venir exposer une théorie antisociale (comme
celle du sur-homme amoral de Nietzsche, par exemple) ou
bien une théorie noire de pessimisme et de désespérance
(comme celle de l'inévitable disparition des eugéniques de
M. V. de Lapouge), pour obtenir les applaudissements
enthousiastes des foules et de nombreuses adhésions. En
un mot, l'homme est l'être le plus sage de la création, mais
en même temps il est le plus fou. Il est parfois le plus
charitable, mais également le plus féroce. Dans la sphère
de la morale, comme dans celle de l'intelligence, l'amplitude des oscillations est égale des deux côtés. Nous voyons
assurément les hommes commettre des actes de bonté
supérieurs à ceux des animaux, mais nous les voyons aussi
commettre des actes de cruauté beaucoup plus horribles.
Le tigre tue quand il a besoin de manger; il ne tue pas
pour le plaisir de voir souffrir. Les tigres n'ont jamais eu
de combats de gladiateurs. Ils n'ont pas non plus inventé
les tortures de l'Inquisition.

Les animaux ont bien moins de connaissances que
l'homme, mais celles qu'ils ont sont fixées en eux par l'instinct et sont moins sujettes à l'erreur. Le développement
extrême de l'intelligence étant précisément la caractéristique spéciale qu'a suivi l'évolution de notre espèce, il est
naturel que l'instinct se soit atrophié chez nous et que,
sous certains rapports, nous soyons descendus au-dessous
de beaucoup d'animaux. Par suite, l'homme peut commettre des erreurs bien plus grandes que les bêtes. Les animaux d'une même espèce ne s'attaquent pas entre eux.
S'ils s'étaient toujours combattus l'espèce eût péri; l'instinct a donc fixé le sentiment de la solidarité. Il n'en est
pas de même du genre humain. L'homme a au moins
autant d'intérêt que le loup ou le lion, sinon plus, à ne pas

attaquer son semblable, mais l'instinct n'a pas fixé cet
intérêt dans notre nature et les massacres entre hommes
sont pour ainsi dire permanents.

Toutes ces considérations font comprendre comment
l'homme plus sujet à l'erreur que les autres espèces animales, n'a pu comprendre jusqu'à présent que la justice
universelle était le plus impérieux de ses besoins.

Ce troisième livre sera consacré à exposer par suite de
quelles déviations de son esprit, par suite de quelles
erreurs, l'homme n'a pas encore nettement compris son
véritable intérêt.

Mais avant de parler de ces erreurs, je veux d'abord
montrer les conséquences qu'elles ont sur l'état social et
comment elles se traduisent immédiatement en souffrances
et en douleurs.

Le bonheur et le malheur des collectivités proviennent
des actes que commettent les individus qui les composent.
Si les Russes passaient leur temps à se massacrer entre
eux, à tenir, comme on dit, une conduite antisociale, la
société russe serait plongée dans le malheur. Or tous les
actes humains sont d'abord des états psychiques. L'homme
commence par se représenter un état de choses qui n'existe
pas encore (idéal). Si cet état lui semble avantageux, il fait
des efforts pour la réaliser (action). Ainsi les Français, vers
1780, se représentaient des institutions autres que celles
de l'ancien régime ; ils les considéraient comme hautement
désirables. Ils ont fait la Révolution pour les réaliser.

Maintenant, si les désirs et les volitions sont conformes
au *véritable* intérêt des hommes, ceux-ci voudront établir
et établiront un état social *conforme à la nature des
choses ;* en d'autres termes, un état normal, un état sain ;
si, au contraire, les volitions ne sont pas conformes à
l'intérêt *vrai*, ils établiront un état social non conforme à
la nature des choses ; en d'autres termes, un état pathologique.

Naturellement, tout homme tend vers ce qui lui paraît

être son intérêt et si ce qui lui paraît tel ne l'est pas en réalité, c'est qu'il se trompe. Toutes les fois donc qu'il y a dans la société un état pathologique, c'est qu'il y a eu auparavant erreur dans les esprits.

Mais l'erreur est précisément un état pathologique du cerveau, car tant que cet organe est à l'état normal, il nous donne des renseignements toujours concordants (donc exacts en ce qui nous concerne) sur le monde extérieur. C'est seulement quand il est dans un état anormal, donc pathologique, qu'il nous donne des renseignements faux. En sorte que tout état pathologique de la société est produit par des états pathologiques des cerveaux, ou, en d'autres termes, par l'erreur.

Les principales manifestations morbides que l'on observe dans la société sont d'une part le vice et le crime, de l'autre le paupérisme. Sans vices ni crimes, la société serait moralement saine; sans paupérisme, elle serait économiquement saine. Dire qu'on veut supprimer le paupérisme et résoudre la question sociale, c'est dire qu'on veut assainir la société. Car, par suite du paupérisme, certaines familles souffrent de privations qui les assimilent aux malades. Si chaque famille avait un bien-être suffisant, non seulement elle ne souffrirait pas de ces maux transitoires qui sont la faim et le froid, mais elle serait, de plus, préservée des nombreuses maladies chroniques qui ont pour cause le dénûment.

Or il est facile de démontrer que le vice, le crime et le paupérisme proviennent uniquement de l'erreur. Le vice est pour ainsi dire une erreur inhérente à l'organisme. Il est mauvais pour la santé de boire trop de liqueurs alcoolisées. L'individu qui méconnaît cette vérité, qui se trompe donc à ce point de vue spécial, tombe dans l'ivrognerie.

De même le crime. Les actes ne sont criminels que parce qu'ils sont erronés. Si le vol était un moyen réel de s'enrichir, le vol serait conforme à la nature des choses, il serait normal; par suite, il ne serait pas criminel. Le vol

est délictueux précisément parce que, loin de faire atteindre
le but désiré, c'est-à-dire la richesse, il fait atteindre le but
contraire, c'est-à-dire la misère. Une société où tout le
monde volerait serait, en effet, la plus pauvre qui se puisse
concevoir. La richesse y serait réduite au minimum. De
même pour l'homicide individuel (assassinat) ou collectif
(guerre). On le commet pour augmenter son bien-être, mais
précisément, c'est l'acte qui diminue le plus ce bien-être.
Si tous les hommes pouvaient s'entre-tuer impunément, la
société serait le plus épouvantable des enfers en admettant
même qu'elle pût subsister. L'homicide est également un
crime parce qu'il est une erreur. Quand nous tuons un
bœuf ou un tigre, nous le faisons pour augmenter notre
bien-être, mais ces actes l'augmentent réellement. Ces
meurtres ne sont donc pas des crimes[1].

Il est à peine nécessaire de démontrer que le paupérisme
provient également de l'erreur. Quand il est la conséquence du vice, il se ramène à l'explication qu'on donne
pour ce dernier. Quand le paupérisme ne provient pas du
vice, il provient de l'imperfection de nos institutions sociales. Mais cette imperfection elle-même a pour cause
l'erreur; car, si les hommes ont établi des institutions
imparfaites (c'est-à-dire non conformes à la véritable nature des choses), ce n'est pas parce qu'ils les ont voulues
telles mais uniquement parce qu'ils n'ont pas su les faire
parfaites, en d'autres termes, parce qu'ils se sont trompés.

L'état d'anarchie dans lequel nous languissons à l'aurore
du xxᵉ siècle est la résultante des idées qui se sont trouvées
dans les cerveaux des hommes du passé. Cet état est
désastreux; à un autre point de vue, on peut dire qu'il est
morbide. Cela seul suffit à démontrer que nos ancêtres
sont tombés dans l'erreur en l'établissant, car s'ils ne
s'étaient pas trompés, ils auraient fondé des institutions

---

1. Et cela est si vrai que, si la destruction des animaux diminue la
somme du bien-être humain, elle devient aussitôt un acte criminel.

conformes à la nature des choses dont la conséquence eût été la santé sociale. On peut donc affirmer que nos ancêtres ont souffert d'une véritable maladie chronique de l'esprit, puisqu'en dernière analyse c'est à cela que se ramène l'erreur.

Mais n'est-il pas plus juste de dire que nos ancêtres et nous-mêmes nous souffrons, non pas d'une maladie, mais d'une imperfection organique ? Le bœuf ne pourra certainement jamais comprendre le théorème du carré de l'hypothénuse. On n'est pas en droit d'affirmer pour cela qu'il a un cerveau malade. Si le cerveau humain était aussi incapable de concevoir l'utilité absolue de la justice universelle que le cerveau du bœuf est incapable de concevoir le théorème précité, il faudrait parler d'imperfection organique ; mais ce n'est pas le cas. Les ressources du globe terrestre sont pratiquement illimitées ; de même, le nombre des raisonnements accessibles au cerveau humain n'a pas de limites déterminables. Notre organe cérébral a pour ainsi dire une virtualité infinie. Tout homme peut apprendre chaque jour quelque chose de nouveau.

On est donc parfaitement en droit d'assimiler l'erreur à une maladie, non à une imperfection organique, parce que l'erreur est transitoire.

Puisqu'elle est une maladie, elle doit avoir une thérapeutique. Cette thérapeutique existe en effet ; c'est la science. Assurément, si les idées qui ont produit l'anarchie actuelle étaient immuables, il faudrait nous résigner à notre malheur et souffrir sans murmurer. Il ne vaudrait pas la peine alors de remuer un doigt pour essayer d'améliorer notre sort. Mais les idées sont changeantes et instables. Un homme peut élaborer, avec le plus grand effort, le système philosophique le mieux combiné. Il peut y tenir au point de sacrifier sa vie plutôt que de le renier comme le fit Giordano Bruno. Pourtant si on lui présente *un seul* argument qui ne cadre pas avec son système, notre philosophe peut l'abandonner immédiatementt sans hésiter. On voit donc que la pensée n'est rien moins qu'immuable. La maladie de l'erreur peut donc toujours être guérie.

Par suite de la différenciation des fonctions sociales, un petit nombre d'individus mènent les nations. Il suffit de guérir les erreurs de quelques personnes qui composent les classes dirigeantes pour mettre fin à l'anarchie et pour établir la justice universelle. La tâche est par suite facilitée.

J'ai cité plus haut une phrase de M. de Lanessan. Il dit que la misère des masses vient de ce que « la lutte pour l'existence et la concurrence sociale maintiennent les salaires et les traitements à un taux beaucoup trop faible[1] ». Cette proposition caractérise de la façon la plus nette l'erreur profonde où sont plongés la plupart des publicistes modernes.

La concurrence et la lutte pour l'existence sont des faits naturels qui ne pourront jamais cesser de se produire. Si M. de Lanessan croit que la misère est la conséquence de ces faits, il doit proclamer que la misère est inguérissable et le malheur du genre humain éternel, car il est aussi impossible de supprimer la concurrence que la pesanteur[2].

Fort heureusement le point de vue de M. de Lanessan est erroné. Nos malheurs ne proviennent pas des faits naturels, mais proviennent uniquement des erreurs de notre esprit. Nous n'analysons pas assez exactement le jeu normal des facteurs sociaux et, par suite, nous n'agissons pas conformément à notre intérêt *véritable*. De là nos malheurs. On peut dire, à ce point de vue, que la plupart des sociétés modernes sont malades. Mais ce n'est nullement leur état naturel. Au contraire, c'est un état anormal, par suite, dans

---

1. Voir plus haut, p. 119.

2. La concurrence se retrouvera, en effet, dans le collectivisme aussi bien comme elle se trouve dans l'individualisme. En admettant même que les produits soient partagés également entre tous les hommes, les uns en seront prodigues, les autres économes. Les premiers auront donc des épargnes que les autres n'auront pas. L'inégalité sera rétablie, et avec elle la concurrence.

une certaine mesure, un état contre nature. Aucun obstacle de l'ordre objectif n'empêche les sociétés de devenir saines.

Les sociétés sont malades parce qu'elles n'ont pas encore découvert ou appliqué le régime qui pourrait leur assurer la santé. Le jour où elles l'appliqueront, elles jouiront d'une santé florissante ; en d'autres termes, elles réaliseront la plus grande somme de bien-être possible sur la terre. Le régime qui doit amener ce résultat est absolument connu : c'est la justice universelle. Nous languissons dans la misère non pas parce qu'il y a la concurrence, comme le croit M. de Lanessan, mais parce qu'il n'y a pas de justice.

L'intensité vitale d'une société est en raison directe de la somme de vérités qu'elle possède. Cette proposition est un truisme qui n'a pas besoin d'être démontré. La science donne une bonne organisation technique, économique et politique, qui produit à son tour la prospérité et la force de la société. La science est élaborée de deux façons : 1° par la découverte de faits inconnus auparavant (comme les rayons de Roentgen) ; 2° par la substitution d'une explication exacte à une explication fausse des faits antérieurement observés. Ainsi on expliquait autrefois le phénomène du jour et de la nuit par le mouvement du soleil autour de la terre ; on l'a expliqué ensuite d'une façon plus conforme à la réalité par le mouvement de la terre autour de son axe. La substitution d'une explication vraie à une explication fausse mérite aussi bien le nom de *découverte* que l'acquisition de notions auparavant inconnues. A ce point de vue, on peut dire que l'on fait des découvertes dans le domaine de la science sociale aussi bien que dans le domaine des sciences naturelles. Et on les fait exactement de la même façon, par l'observation attentive des phénomènes qui tombent sous les sens et par une série de déductions exactes qui les enchaînent les uns aux autres. Rien de plus évident, par exemple, que le mouvement du soleil. Tous les jours on voit cet astre se lever et se coucher. Cependant, par une série d'observations presque imperceptibles à première vue et par une analyse patiente et approfondie de faits très nombreux, on est arrivé à se convaincre que le mouvement du soleil était une illusion et le mouvement de la terre une réalité.

La science sociale procède de même. Rien n'est plus évident par exemple que le bénéfice du travail de l'esclave pour le maître. Cela crève pour ainsi dire les yeux. Le maître se croise les bras, les esclaves peinent du matin au soir afin de lui procurer toutes les jouissances. Cependant l'observation de mille faits économiques presque imperceptibles et leur patiente analyse ont fait comprendre, à la longue, que l'esclavage est surtout funeste aux maîtres. La réalité sociale était, comme pour le mouvement du soleil, tout l'opposé de l'apparence. L'exemple de l'esclavage peut servir à tous les cas analogues. Dans l'ignorance de la barbarie primitive, les hommes, n'ayant pu analyser la nature vraie d'un grand nombre de processus sociaux, ont établi des institutions vicieuses qui engendrent le malheur. Ils ont créé un état pathologique dans les sociétés. Puis la science est venue, et elle a repris une à une les conceptions antiques. Elle a fait des découvertes constantes. Aux explications fausses, elle a substitué des explications vraies et elle a ainsi ouvert la voie à la thérapeutique sociale.

Depuis des milliers d'années il existe dans le genre humain une lutte formidable et incessante entre les aveugles et les voyants, entre ceux qui serrent de près la réalité et ceux qui persistent à demeurer dans les nuages, en un mot une lutte entre la science positive et la métaphysique. En mettant en application celles des vérités que la sociologie a déjà découvertes, l'homme pourrait s'éviter presque tous les maux de l'ordre social qui l'accablent actuellement. Il pourrait supprimer l'injustice et la misère avec leur cortège de cruelles douleurs et employer tous ses efforts à combattre ses deux véritables ennemis, mais invincibles, la

maladie et la mort. Sans espérer les dompter, il pourrait en
atténuer sensiblement les effets funestes. Si tous les
hommes pouvaien mourir à quatre-vingts ans sans avoir
jamais été malades, il est incontestable que le bonheur
humain ferait un bond si prodigieux qu'il semble actuellement chimérique d'y penser.

Je vais passer en revue, dans les deux livres suivants,
les principales erreurs qui empêchent d'établir la justice
universelle. Mais, avant de parler des erreurs partielles,
je dois appeler l'attention du lecteur sur une erreur générale qui les englobe toutes. L'immense majorité des
hommes, et non seulement les ignorants, mais même les
savants et certains sociologues, s'imaginent qu'il existe
un antagonisme irréductible entre les intérêts des individus et de la société, d'une part, et les intérêts des différentes sociétés de l'autre.

Si ce fait était *réel*, il devrait produire les conséquences
que je vais exposer :

Considérons d'abord l'individu vis-à-vis de la société. Si
l'antagonisme de leurs intérêts était *réel*, le maximum de
bien-être de l'individu serait atteint le jour où la société
aurait disparu et le maximum de prospérité de la société le
jour où tous les individus auraient péri. Ces deux propositions sont également absurdes. Par suite, il n'y a pas d'antagonisme *réel* entre l'individu et la société. Mais l'homme
croit qu'il y en a un. Or il se trompe. Il n'y a pas d'antagonisme entre l'intérêt individuel et social, mais bien entre
l'intérêt social et ce que, *par erreur*, l'homme considère
comme son intérêt individuel. L'erreur est donc la source
du malheur, et non les conditions naturelles de la société.

Passons maintenant à l'antagonisme des hommes entre
eux, soit au point de vue individuel, soit au point de vue
collectif.

Si l'antagonisme entre les hommes était *réel*, chacun
ayant intérêt à détruire constamment ses semblables, l'humanité devrait être en voie d'extinction constante. Or ce

n'est pas le cas ; elle est en voie de croissance. C'est une hérésie absolue de dire que les intérêts des hommes sont contraires. Personnifions l'humanité par deux individus : Pierre et Paul. Si l'antagonisme entre les hommes était *réel*, Pierre aurait intérêt à voir mourir Paul (puisque la destruction de l'adversaire constitue un avantage), et Paul à voir mourir Pierre. Ils seraient donc tous deux intéressés à voir disparaître l'humanité, c'est-à-dire à se voir disparaître eux-mêmes ! La contradiction est formelle. Cela revient à affirmer que les hommes sont également intéressés à vivre et à ne pas vivre !

D'autre part, si l'antagonisme entre les hommes était réel, la destruction de l'humanité serait d'autant plus rapide que les progrès de l'intelligence seraient plus considérables. En effet, si l'homme est l'ennemi naturel de l'homme, plus il a de facultés mentales, plus vite il parvient à détruire ses ennemis, plus vite donc l'espèce entière aurait dû disparaître. Il y a antagonisme *réel* entre l'espèce loup et l'espèce homme. Aussi plus cette dernière espèce progresse, plus la première recule. Le nombre des loups qui subsistent encore dans un pays civilisé comme la France est en quantité négligeable.

Si l'antagonisme des hommes était réel, l'établissement de l'ordre social serait la chimère des chimères. Cet ordre alors aurait été contraire aux lois de la nature, partant irréalisable. Or on sait que c'est le contraire qui se produit : l'ordre et l'organisation sociales s'étendent constamment et embrassent un nombre d'individus de jour en jour plus considérable.

Enfin, si l'antagonisme entre les hommes était réel, le but de notre vie serait l'auto-destruction, puisque, comme je l'ai montré au livre précédent, c'est par la société que se multiplie l'intensité vitale de l'individu.

Ces déductions générales établies, prenons un exemple d'ordre concret.

On ne cesse de répéter que les intérêts économiques des

nations sont opposés et que par suite les guerres pour la
conquête des marchés et les tarifs protecteurs sont inévitables. Pour que l'antagonisme commercial soit *réel*, il faudrait que la différenciation des fonctions fût une cause de
souffrance. Le commerce universel est, en effet, la continuation du processus naturel par lequel, chez un être comme
l'homme, il s'est formé un poumon, un foie, un cerveau
et d'autres organes. Le commerce universel est également
une différenciation organique, ou, en termes économiques,
une division du travail. La Russie se trouve dans des conditions avantageuses pour produire du blé ; elle cultive cette
céréale. Mais naturellement la différenciation organique et
sociale ne peut exercer ses effets que par suite de l'échange.
Personne ne viendra affirmer qu'il y aurait avantage pour
l'homme à ne pas être un animal hautement différencié et
qu'il aurait mieux valu pour lui rester un sac informe
emmagasinant les aliments comme l'hydre d'eau douce.
Puisque la différenciation est la source de toute perfection
vitale, par suite de toute jouissance, le libre-échange universel est l'état économique qui correspond au véritable
intérêt de chacun. Mais nous ne comprenons pas cela ;
nous nous trompons et nous pensons que le protectionnisme nous est favorable. Le protectionnisme est une pure
contradiction. Considérons, en effet, l'idéal de ce système ;
il s'agit de favoriser l'exportation, mais d'entraver l'importation, ce qui signifie qu'on doit ouvrir les marchés étrangers à nos produits, mais fermer nos marchés nationaux
aux produits étrangers. Imaginons cet idéal réalisé pour
un pays quelconque, la France, par exemple ; elle expor-
terait librement ses articles dans tous les pays, sans
entrave, sans payer le moindre droit, mais aucun article
étranger ne pourrait franchir ses frontières (la prohibition
en effet, est le suprême désir des protectionnistes). Ainsi
dès qu'on aurait réalisé l'idéal protectionniste, la France
ne pourrait plus commercer, parce que le commerce est un
échange de marchandises. Le protectionnisme est donc une

contradiction ; il veut à la fois l'extension du commerce et sa suppression.

On prend ici sur le fait le mécanisme de l'erreur. Le libre-échange universel constitue l'intérêt de chaque habitant du globe. Il n'existe donc aucun antagonisme *réel* entre les intérêts commerciaux des nations. Il y a, au contraire, complète solidarité, puisque leur intérêt *réel* est identique (libre-échange universel). L'antagonisme naît seulement d'une erreur de nos esprits, qu'il suffit de dissiper pour faire apparaître dans toute son évidence le phénomène naturel de la solidarité.

Autre point de vue. Les États-Unis, par exemple, veulent exploiter les marchés de l'Argentine au détriment des Anglais. Il semble nécessairement utile aux Américains que l'Angleterre produise le moins possible car chaque fois que l'Angleterre exporte moins, les États-Unis ont la possibilité d'exporter davantage. Généralisons ce point de vue : chaque nation serait intéressée à ce que les autres produisent le moins possible ; par suite elle devrait souhaiter l'avènement de la misère universelle ! On voit qu'en partant de fausses prémisses on aboutit immédiatement à des conclusions absurdes. Si l'antagonisme des intérêts économiques était réel, il faudrait conclure que la condition naturelle de l'homme est de s'appauvrir constamment. Or, affirmer que la condition naturelle de l'homme est de s'appauvrir constamment, équivaut à affirmer que le but de la vie est sa suppression, car richesse et accroissement de l'intensité vitale sont des faits parallèles.

On voit donc que le prétendu antagonisme entre les hommes est une pure chimère, dès qu'on se place sur le terrain social. Certes, l'antagonisme peut exister entre individus : si j'aime une femme et si cette femme aime mon voisin, il y a antagonisme réel entre mon voisin et moi. Si je veux occuper une chaire et si un autre l'ambitionne, il y a également antagonisme *entre cet autre et moi*. Ces antagonismes sont inévitables ; ils peuvent causer des souffrances cruelles et nombreuses. Mais ces souffrances restent d'ordre *individuel*. Elles n'ont rien à voir avec les faits sociaux et c'est seulement sur le terrain social que la solidarité peut s'exercer ; mais alors son action est complète. Ainsi, dans l'exemple que je viens de citer les deux rivaux sont également intéressés à ce que la femme puisse volontairement choisir celui qui lui inspire le plus de sympathie. On voit comment l'antagonisme individuel le plus aigu peut s'allier, dans un même fait, à la solidarité sociale la plus complète.

Tous les hommes ont avantage à voir régner la justice universelle. Cela établit entre eux l'identité absolue des intérêts. On a depuis longtemps compris qu'il est utile de pratiquer la justice à l'égard du *prochain*, c'est-à-dire du compatriote. La grande erreur consiste à ne pas comprendre que tous les hommes vivant sur la terre étant capables d'exercer une action sur notre destinée sont nos prochains dans une mesure aussi forte que nos compatriotes.

CHAPITRE XIV

LA SPOLIATION

Je vais maintenant examiner les principales erreurs qui ont retardé jusqu'ici le règne de la justice universelle.

La plus importante et la plus funeste est sans contredit l'idée que la spoliation est avantageuse à celui qui en bénéficie.

Soient deux individus : le premier n'a ni sou, ni maille ; le second possède un trésor. Le pauvre se jette sur le riche et lui enlève son bien par ruse (vol), ou par violence (brigandage). Cet acte accompli, il se produit, de suite, un changement radical dans la situation du spoliateur. Auparavant il pouvait souffrir toutes les privations et même les tortures de la faim, mais de suite après, il peut s'offrir toutes les jouissances. Cette acquisition soudaine du bien-être, qu'a procurée la spoliation, produit une telle impression sur l'esprit des hommes qu'il a formé une association d'idées indestructible entre la spoliation et la richesse. L'homme a depuis longtemps la conviction que la spoliation crée la richesse plus rapidement que tout autre procédé.

De l'idée que la spoliation est avantageuse, découlent la majeure partie de nos arrangements sociaux et un grand nombre de nos institutions, intérieures et internationales.

La spoliation étant tenue pour avantageuse, tout le monde a voulu la pratiquer. Les puissants de ce monde ont eu, pour principal objectif, de dépouiller les petits au sein de l'État : de là l'inégalité dans la répartition des impôts, les privilèges, les monopoles, les primes, le protectionnisme.

Puis, quand le mouvement contraire a commencé, le prolétariat a eu le même objectif que l'aristocratie et la bourgeoisie : la spoliation des riches par l'impôt progressif sur
le revenu et les héritages, par l'Étatisme, la nationalisation
de la propriété privée et différents autres arrangements de
ce genre. Au xvi° siècle, protestants et catholiques étaient
également intolérants ; de même, de nos jours, les pauvres
sont avides comme les riches. Ils conçoivent tous l'État
comme une vaste agence de spoliation mutuelle et de con-
fiscations permanentes. C'est à qui arrachera le pain de la
bouche de ses concitoyens. Et l'on ose donner le nom
sacré de *patrie* à cette odieuse et perpétuelle anarchie. Le
désir de la spoliation n'a pu naturellement engendrer que
le désordre et la haine. Des théoriciens vinrent alors qui
proclamèrent que la lutte des classes serait la base des
sociétés humaines tant que durerait le régime capitaliste et
individualiste.

Cette fausse association d'idées entre la richesse et la
spoliation a pris si profondément racine dans l'entendement humain qu'elle est partagée non seulement par le
vulgaire, par les savants et même par quelques *économistes*
mais aussi par les apôtres de la régénération humaine.
Les socialistes et les collectivistes trouvent avec raison
que nos institutions actuelles sont exécrables. Mais ils sont
si imbus, eux-mêmes, de l'erreur spoliatrice qu'ils recommandent, comme unique moyen d'établir le bien-être
cette même spoliation qui est la cause de la misère. Il est
difficile de pousser plus loin l'aberration de l'esprit, et rien
ne prouve mieux la puissance extraordinaire que peuvent
acquérir certaines erreurs quand elles se basent sur des
apparences frappantes.

A la vérité, les socialistes et les collectivistes se défen-
dent de toute idée de spoliation violente. Mais la confiscation par le moyen de la loi ou par le brigandage est exactement aussi funeste pour le malheureux spolié. Or si les
socialistes renoncent à spolier par le moyen de la loi, s'ils

laissent à chacun le bénéfice complet du fruit de son travail, le régime individualiste continuera à régner dans la
société.

L'erreur qui confond la spoliation et la richesse a engendré directement l'État, agence de spoliation mutuelle, et
la lutte des classes ; indirectement, elle a eu pour conséquence encore plus funeste : le parasitisme.

J'ai dit que la spoliation paraît un moyen plus *rapide* de
s'enrichir que le travail, par suite de la soudaineté du
changement dans la situation du spoliateur. Or l'acte le
plus efficace paraît toujours le plus beau. L'être borné
prend le chemin le plus long pour atteindre le but auquel
il aspire, l'être intelligent sait choisir le plus court. L'intelligence étant avantageuse a été admirée et estimée. Le
spoliateur qui s'emparait directement du bien d'autrui
semblait s'enrichir plus vite que le travailleur ; il semblait
agir avec plus d'intelligence, par suite, il fut plus admiré
et plus honoré. Le spoliateur, criminel, fut respecté, le travailleur, producteur vertueux, fut méprisé. Toute une
série d'institutions sociales furent, de nouveau, la conséquence de cette erreur. On établit une armée pour spolier
le voisin, on donna les privilèges les plus exagérés aux
hommes de proie qui prirent le nom de *preux*. La pire conséquence de cette erreur a été qu'un grand nombre d'individus dans les sociétés civilisées considèrent maintenant
encore le travail économique comme une honte. Sans doute
l'idée qu'il est dégradant de travailler vient aussi en partie
de ce que cela est parfois désagréable. Mais l'idée qu'il est
honorable de spolier et de voler vient uniquement de
l'erreur qui confond la spoliation et la richesse.

Les hommes de proie, les guerriers, formèrent naturellement la classe dominante dans un monde livré à
l'anarchie. Ils furent de bonne heure admirés, partant,
imités par le reste de la population. L'idée qu'il est indigne
de travailler s'étendit bien au delà de la classe aristocra-
tique. Ainsi naquit le parasitisme qui ronge encore nos

sociétés et y cause les plus grands ravages. C'est un mal
dont nous aurons beaucoup de peine à nous débarrasser.
Mais on y viendra forcément, l'idée qu'il est honteux de
travailler provient d'une longue suite de circonstances
sociales ; l'idée qu'il est honteux de ne pas travailler naîtra
des circonstances historiques nouvelles qui commencent à
s'affirmer avec une énergie toujours croissante et qu'on
appelle communément la démocratisation des sociétés.

Une des formes les plus dangereuses de l'erreur spoliatrice est le protectionnisme. Grâce à lui, les États civilisés
forment maintenant un groupe de spoliation mutuelle.
C'est à qui élèvera les plus hautes murailles de Chine, à
qui pratiquera la prohibition sur une plus vaste échelle, à
qui contrecarrera le plus possible la production de ses
voisins. Bref nous assistons à une course furieuse vers
la misère universelle. Dans ces dernières années, la soif
de conquête, au moins en Europe, semblait beaucoup
diminuer. On pouvait prévoir un apaisement, signe
avant-coureur d'une union juridique des États. Malheureusement, la folie protectionniste a tout gâté : les nations
veulent maintenant s'arracher les marchés extra-européens
pour s'y créer des monopoles. Par suite, les rivalités un
instant assoupies, renaissent, plus âpres que jamais, sur
un nouveau terrain ; les armements recommencent, non
pour se disputer des lambeaux d'Europe, mais pour s'arracher des régions immenses d'Afrique ou d'Asie.

Ces rivalités commerciales sont encore plus enfantines
et plus absurdes que les anciennes rivalités territoriales.
Elles naissent d'une simple absence de réflexion. Les Allemands, par exemple, trouvent utile de fermer, à coups de
canon, un marché aux Américains, s'imaginant naïve-
ment que, seuls, ils auront le monopole de la violence sans
que leurs adversaires usent du même procédé le jour où
ils le trouveront efficace. Si les Allemands ferment ainsi
un marché aux Américains, ces derniers emploieront aussi
le canon soit pour se faire ouvrir ce marché, soit pour en

fermer un autre aux Allemands : on aura donc perpétuel-
lement le *bellum omnium contra omnes.* Mais la guerre
coûte beaucoup d'argent à notre époque. Comment les
gouvernements peuvent-ils s'imaginer qu'il y a quelque
avantage économique à dépenser des dizaines de milliards
pour faire gagner à leurs nationaux des dizaines de millions ? Cette opération ne peut enrichir le pays qui l'entreprend. L'âpre revendication du monopole des marchés,
loin de faire réaliser des bénéfices, n'entraîne que la ruine
et la misère.

Il est à peine nécessaire de rappeler quelle erreur de
raisonnement sert de base à l'idée que la spoliation peut
enrichir. Il est d'abord évident que pour spolier quelqu'un il faut que ce quelqu'un ait auparavant produit les
richesses dont on le dépouille. La spoliation ne peut
donc pas créer la richesse, elle peut seulement répartir
autrement celle qui existe.

Si c'était là le seul effet de la spoliation, elle ne serait
pas encore aussi désastreuse; mais il est évident, que la
spoliation arrête et diminue la production. En effet, chacun
désire garder pour soi le bénéfice de son travail, et se
défend donc contre quiconque veut le lui enlever. Le temps
employé à se défendre est donc perdu pour la production ;
une société où la spoliation sera pratiquée aura donc
toujours moins d'utilités à sa disposition qu'une autre où
la spoliation ne s'exercera plus. La richesse est toujours
en raison inverse de la spoliation, c'est-à-dire en raison
directe de la somme de justice. La spoliation de mon voisin est ma propre spoliation, car tout ce que mon voisin
n'a pas produit diminue à mon propre bien-être. Toute
richesse que mon voisin n'a pas produite équivaut à une
confiscation de ma propre richesse. Tels sont les résultats
naturels du mécanisme de la vie sociale.

Considérons maintenant, en particulier, l'erreur de la
spoliation sous la forme spéciale du protectionnisme et du

monopole. Le schéma général de ce qu'on appelle la conquête des marchés peut se représenter par un exemple concret. Autrefois les Anglais fournissaient exclusivement à la
République Argentine un certain ensemble d'objets manu-
facturés. Les États-Unis se sont maintenant mis à fabriquer
les mêmes objets. Les États-Unis sembleraient donc avoir
intérêt à évincer complètement l'Angleterre et de la République Argentine et à s'approprier le monopole de ce marché.

Ce raisonnement contient une simple erreur de perspective. Les gens qui la partagent sont des simplistes qui ne
se donnent pas la peine d'analyser les faits d'une manière
approfondie. Si l'Angleterre peut exporter certains articles
dans la République Argentine c'est qu'elle en achète certains autres aux États-Unis. Si les Anglais ne pouvaient
avoir à bon marché le blé venant du Minnesota, de l'Iowa
et de l'Illinois, ils ne pourraient expédier leurs filés de
coton, leurs lainages et leurs produits métallurgiques à
Buenos-Ayres. L'exportation anglaise dans la République
Argentine est donc d'une façon détournée une exportation
des États-Unis. Par suite, l'exportation britannique dans
le bassin de la Plata, loin d'être préjudiciable aux Américains, leur est plutôt avantageuse.

Toute transaction profitable qui s'effectue en Nouvelle-
Zélande est aussi, indirectement, favorable à la Russie. En
effet, si les Néo-Zélandais font de bonnes affaires, ils achètent beaucoup d'articles anglais; si les Anglais font de
bonnes affaires, ils achètent beaucoup des produits russes.
Chaque transaction qui s'accomplit sur le globe donne par
le mécanisme de l'association, une part de bénéfices à chacun de ses habitants. Chacun est donc intéressé à l'extension du commerce. Le nombre et les bénéfices des tran-
sactions étant en raison inverse des obstacles qu'on y
oppose, l'intérêt primordial de tout être vivant sur la terre
est le libre-échange absolu et universel, en d'autres termes,
l'union douanière de tous les États. Le libre-échange étant

le respect du droit de propriété, et le respect du droit de propriété étant la justice, cela revient à dire que tout individu est intéressé avant tout à l'établissement de la justice.

Il est facile de démontrer que le monopole est une pure contradiction. Il se ramène à vouloir que personne ne travaille et que tout le monde travaille, à vouloir qu'il y ait un minimum de marchandises à offrir et un maximum à recevoir.

Pour rendre cette contradiction évidente, il faut exposer simplement les phénomènes économiques. La terre est peuplée d'environ 1.500.000.000 d'individus. Imaginons que ces individus aient seulement besoin de chaussures, de chapeaux et de vêtements. S'il est un industriel capable de fabriquer 1.500 millions de chapeaux dans les conditions les plus avantageuses de bon marché, cet industriel n'a pas besoin d'un monopole imposé à coups de canon. Il aura un monopole naturel en vertu des lois biologiques[1]. A quel moment l'industriel sentira-t-il l'avantage de s'adresser au canon, c'est-à-dire de violer le droit ? Quand il ne voudra pas fabriquer 1.500 millions de chapeaux, mais réaliser pourtant le même bénéfice. Le chapelier monopoliseur désire donc produire le moins possible de chapeaux et vendre chacun d'eux le plus cher possible. Mais le tailleur peut également désirer produire le moins de vêtements, le bottier le moins de chaussures. Les monopoleurs veulent donc que l'on produise le moins possible sur la terre ; mais ils veulent en même temps vendre leurs articles au prix le plus élevé, c'est-à-dire les échanger contre un nombre de produits aussi grand que faire se peut ; ils veulent donc que l'on produise le plus possible. On voit que leurs vœux sont contradictoires. Du moment que l'on s'adresse au canon pour raréfier un produit, on dépouille son voi-

1. Tout être vivant fuit la douleur et recherche le plaisir : c'est en vertu de cette loi qu'on prend naturellement l'article le meilleur et le moins cher.

sin. Mais l'agresseur est trop étroit d'esprit pour comprendre qu'il se dépouille ainsi lui-même.

Si l'on consent à généraliser ces exemples, on comprend bien vite que le monopole du marché intérieur, visé par les protectionnistes, et les monopoles des marchés extérieurs, visés par les coloniaux, ne sont que des illusions.

En résumé s'il est une vérité incontestable, c'est que la richesse est créée par la seule production, non par la spoliation. Et pourtant l'idée qu'on s'enrichit plus vite en spoliant qu'en travaillant est générale. L'humanité imbue de cette croyance, a dévié du droit chemin et s'est engagée dans la voie de la violence. Les hommes sont pauvres parce qu'ils désirent se spolier et ils sont malheureux parce qu'ils sont pauvres. Ils désirent se spolier parce qu'ils *croient* à tort que c'est là leur avantage. Il suffirait qu'ils ne crussent pas *vrai* ce qui est *faux*, pour ne plus avoir le désir de se spolier les uns les autres et pour comprendre que leur intérêt primordial est le respect scrupuleux du droit.

Je veux maintenant réfuter une seconde erreur relative à la spoliation également très répandue. Non seulement on a cru pendant des siècles et des siècles que la spoliation était utile, mais on a même affirmé qu'elle était une maladie chronique dont notre espèce a toujours souffert et dont elle ne guérira jamais. Or, si le désir de la spoliation est inhérent à notre nature, la lutte des classes sera éternelle, et le bonheur du genre humain impossible. Je veux tâcher de réfuter ces théories, non parce qu'elles sont désespérantes, mais parce qu'elles sont fausses.

Avant la Révolution, quand le désir naquit en France d'un gouvernement représentatif, on s'occupa d'étudier les institutions du moyen âge et l'on en vint à affirmer que « la liberté était ancienne et le despotisme récent ». Je veux de même faire voir que la production est ancienne et la spoliation récente.

C'est là une déduction démontrable à priori. La spoliation a dû nécessairement suivre la production, car si l'on
n'avait rien produit, il n'y aurait rien eu à spolier. Mais on
peut serrer les faits de plus près et ne pas se contenter
de simples raisonnements. Parlant des premiers temps de
la colonisation anglaise en Amérique, M. Boutmy dit:
« la terre s'offrait sans maître à l'infini et l'homme qu'un
autre homme aurait voulu attacher à la glèbe, en lui ven-
dant à ce prix l'usage du sol, n'avait que quelques lieues à
faire pour se retrouver son maître dans un domaine à
lui[1]. »

Les faits qui se sont passés, en Amérique, dans les premières années de la colonisation anglaise, sont du plus
grand intérêt pour le sociologue. On y assiste à la naissance d'une société, mais en pleine lumière historique,
avec tous les documents à l'appui. Pratiquement parlant,
l'Amérique du Nord était un pays désert; les Peaux-
Rouges qui l'occupaient étaient en nombre absolument
négligeable. D'ailleurs, ils ont été promptement refoulés
ou tués et ils n'ont exercé aucune action sur la colonisation anglaise. L'Amérique étant un pays désert, les choses
s'y sont passées comme dans notre préhistoire. Mais tandis
que nous pouvons seulement supposer ce qui est arrivé
jadis chez nous, nous savons exactement ce qui est arrivé
en Amérique et la connaissance des origines de la société
américaine permet des déductions relatives aux débuts des
sociétés européennes.

Or, on voit qu'en Amérique, à une certaine époque, personne ne pratiquait la spoliation parce que cette spoliation
était inutile. Les terres étaient en quantité illimitées, les
denrées produites en quantité infinitésimale. Dans cet
état de choses, tout le monde devait comprendre que le
travail était l'unique moyen d'obtenir ces denrées (c'est-à-
dire la richesse) et que la spoliation ne pouvait pas les

1. *Éléments d'une psychologie politique du peuple américain.* Paris,
A. Colin, 1902, p. 127.

fournir. L'humanité a donc commencé par la production ; la spoliation est un fait relativement récent. Nous savons ainsi que des guerriers germains envahirent la Gaule romaine pour s'emparer des champs des Gaulois. Une expédition entreprise dans un pareil but supposait déjà un degré de civilisation assez avancé. Il fallait d'abord que les champs dont les envahisseurs devenaient les maîtres eussent été défrichés et rendus propres à l'agriculture ; cela seul les rendait enviables. La Germanie, à l'époque de Clovis, n'avait peut-être pas deux habitants par kilomètre carré ; c'était une solitude où les champs ne manquaient pas. Les Germains pouvaient en prendre tant qu'ils en désiraient. Mais il aurait fallu abattre les forêts et déraciner les arbres, et les Germains ne voulaient pas se donner cette peine. Ils trouvaient plus commode de s'approprier des champs tout défrichés. D'autre part, pour entrer en possession d'un champ, il faut qu'il ait été plus ou moins cadastré et mesuré. Or, un ensemble d'institutions politiques fort complexes est nécessaire pour accomplir ces opérations et pour établir légalement le droit de propriété sur une étendue de terrain déterminée. Les Germains en envahissant les provinces de l'empire romain profitaient immédiatement de ces institutions avancées. Mais des siècles avant Clovis, quand les Gaulois n'avaient pas encore défriché leur sol, quand l'enregistrement des propriétés n'existait pas, la conquête des champs de la Gaule eut été inutile et personne n'eût songé à l'effectuer.

La spoliation est donc récente. Ce qui empêche de le voir nettement, c'est qu'à l'époque où s'ouvre l'histoire écrite, le genre humain était déjà parvenu à un degré de civilisation relativement avancé : l'invention de l'écriture elle-même en était précisément la preuve. Vers l'an 4 ou 5.000 avant notre ère, les hommes avaient déjà accumulé, en certains pays, des richesses considérables qui excitaient les convoitises. Or, il est évident que c'est seulement à partir du jour où ces convoitises furent réveillées que com-

mencèrent les guerres de spoliation. Comme tout ce que
nous raconte l'histoire se rapporte à la période où la
spoliation sévissait dans toute son ampleur, nous nous
imaginons que c'est là l'état naturel et normal du genre
humain. Pure illusion! Notre espèce a traversé une
longue période pendant laquelle les conditions économiques étaient semblables à celles qu'offraient les colonies
anglaises de l'Amérique au xviie siècle. Les terres étaient
en quantité illimitée. On se sentait à l'aise et l'unique
moyen d'augmenter le bien-être était le travail. A cette
époque les hommes n'étaient pas poussés à se combattre
avec autant de fureur que plus tard, lorsque les convoitises
furent allumées. L'idée des *Saturnia regna*, de l'âge d'or,
du paradis terrestre, est peut-être un vague souvenir de
cette époque relativement heureuse, souvenir transmis par
une longue et obscure tradition. S'il en est ainsi, l'histoire
de l'humanité se développe en vastes cycles, en immenses
ricorsi, comme le veut J.-B. Vico. Notre espèce aurait
commencé par la seule production et elle finirait de même,
quand la justice sera établie sur toute l'étendue de la terre
et qu'on cessera de s'entre-dévaliser. Mais combien faudra-
t-il de milliers d'années, de massacres hideux, de souffrances horribles et de larmes amères pour revenir à l'état
primitif. Combien faudra-t-il de progrès scientifiques et de
découvertes pour faire comprendre à l'homme que la
spoliation est la plus absurde et la plus désastreuse des
conduites! Combien d'efforts pour lui faire saisir que le
respect absolu du droit de propriété est le fondement
inébranlable du bonheur social.

J'entends par droit de propriété la possibilité de garder
intégralement les bénéfices de son travail. La sociologie
est rien moins que simpliste. Elle affirme que les phénomènes sociaux sont des plus complexes. Le droit de propriété rentre dans la règle commune. Il est incontestable que la propriété peut donner lieu, dans certaines
circonstances, aux abus les plus monstrueux. Si un indi-

vidu plante un pieu dans un champ et vend ce champ plusieurs millions, trente ans plus tard, on peut se demander
où est le droit. La propriété de la terre est un fait social
d'une difficulté toute particulière. D'autre part, il est évident que la propriété est bien souvent acquise par des
moyens odieux et infâmes. Les reproches, il est vrai, s'adres-
sent alors à ces procédés, et non à la propriété elle-même.
Seulement il est parfois bien difficile de discerner la limite
exacte. Je ne me dissimule nullement les difficultés qui
surgissent à l'occasion du droit de propriété. Mais il semble que sur l'appropriation individuelle des bénéfices du
travail il y ait consentement général. Nul ne les abandonne
de plein gré. Le vêtement que l'homme revêt et qui provient de l'ensemble de son travail est semblable a une
seconde peau et peut être considéré comme une partie
inhérente de son corps; vouloir le lui enlever de force
équivaut à l'écorcher. Les provisions qu'une ménagère
conserve dans son garde-manger sont analogues aux ré-
serves de graisse que les cellules élaborent pour les besoins de notre organisme. Par suite de la division du
travail, le tailleur fait des vêtements et l'acteur joue la
comédie. Quand ce dernier vient débiter ses rôles en public,
il travaille *indirectement* à se confectionner des effets,
tandis que le tailleur, qui s'habille lui-même, y travaille
directement. Direct ou indirect, le *produit* est toujours un
prolongement de la personne. Par suite, toute atteinte
portée au droit de propriété équivaut à une mutilation[1].

1. Voy. plus haut, p. 128.

CHAPITRE XV

LES CONQUÊTES TERRITORIALES

L'erreur générale qui empêche l'établissement de la justice universelle est l'idée que la spoliation est avantageuse. Mais la spoliation prend les formes les plus diverses. La conquête politique en est une. Comme les conquêtes ont causé et causent encore des maux effroyables, il est nécessaire d'en examiner spécialement les conséquences.

J'ai montré dans un autre travail comment évolue la spoliation [1], je ne veux pas recommencer ici cet exposé, je dirai seulement quelques mots pour l'intelligence de ce qui va suivre.

La spoliation est individuelle ou collective. Je n'ai pas à m'occuper de la première : elle s'opère au sein de l'État (vol, escroquerie, faux, etc.). La spoliation collective est d'abord privée (brigandage, razzias de particuliers), puis publique (entreprises faites par les gouvernements). Dès que l'État s'en mêle, on est convenu de donner le nom d'*armée* à la bande guerrière qui opère la spoliation.

La spoliation publique prend des formes variées. L'armée d'un État envahit le territoire d'un autre. Si l'envahisseur est victorieux les combinaisons suivantes peuvent se produire : le vainqueur prend un butin et se retire, ou bien il s'établit dans le pays conquis et y prend un butin permanent constitué par les impôts que payent les vaincus. La conquête est donc la spoliation d'une collectivité au profit d'une autre. Elle est née du désir du butin. Mais les phénomènes

1. Voir ma *Fédération de l'Europe*. Paris, F. Alcan, 1901, chap. V, p. 159.

sociaux étant fort complexes, il est advenu, par suite des progrès de la civilisation, que la conquête a changé considérablement de caractère. L'un de ces changements, le plus radical, a été l'abandon de la spoliation directe et individuelle des vaincus. Le conquérant a pu ne pas augmenter les impôts après la conquête; il a pu même parfois les alléger, ou ne pas les percevoir à son profit direct, c'est-à-dire ne verser aucune part des revenus du pays conquis dans le trésor du pays conquérant[1]. Dans ce cas le vainqueur ne s'approprie pas le produit des impôts; il prend seulement des places et exerce non plus la spoliation directe, mais la spoliation indirecte.

Tant qu'on pratiqua la spoliation directe, la conquête put procurer des richesses à ceux des conquérants qui détenaient le pouvoir. Mais quand les profits directs furent abandonnés, les avantages de la conquête disparurent. Malheureusement le prestige resta. Nous assistons, en un certain sens, à la dégénérescence de la conquête. Elle ressemble à ces organes atrophiés, conservés héréditairement, n'exerçant plus de fonction. Elle est une simple survivance. Quand les Japonais ont envahi la Corée en 1904, ils ont déclaré qu'ils ne voulaient pas l'annexer à leur empire, mais seulement y exercer le protectorat. On ne voit pas bien la supériorité de cette occupation sur celle toute pacifique, que pratiquent par exemple les Italiens dans la République Argentine.

Malgré cela, la conquête est encore une passion profondément ancrée dans l'âme humaine : l'âpre désir de s'emparer des provinces d'autrui, maladie que j'ai dénommée kilométrite, sévit sur l'humanité depuis des siècles, avec une intensité que rien ne diminue. Cet enfantillage est si bien incrusté dans les esprits que chez les nations même les plus avancées de l'Europe, comme l'Angleterre, la conquête, c'est-à-dire le crime international permanent, est

1. Le contraire arrive même assez souvent. Le Turkestan et l'Algérie coûtent à la Russie et la Prusse plus qu'il ne leur rapporte.

considérée *comme le but de l'activité politique de l'État.*
Les Anglais ne peuvent se persuader que le but de la société
est non d'ordre militaire, mais bien d'ordre civil. Ils s'imaginent que l'État a pour fonction non le respect du droit de
tous, mais bien le viol constant du droit des collectivités
étrangères. L'humanité, pour la majeure partie des gouvernants de Grande-Bretagne, doit vivre, non de travail,
mais de rapine.

C'est par suite de cette folie kilométrique que les grandes
nations civilisées trouvent utile le maintien de l'anarchie
internationale. Les Italiens [1] veulent l'Albanie, les Autrichiens la Macédoine, les Russes Constantinople, etc. Les
gouvernements comprennent que s'il existait un ordre
juridique international, on ne pourrait plus rien prendre.
Aussi ont-ils la naïveté de croire à l'utilité de l'anarchie.

Un autre fait est venu donner un prestige extraordinaire
à la conquête. On a pensé qu'elle seule a formé les grandes
nations civilisées comme l'Angleterre, la France, l'Allemagne, etc. Ces individualités nationales sont si importantes,
leur constitution a eu de telles conséquences pour la civilisation qu'on a parfaitement raison de leur vouer un culte
superstitieux. D'autre part la nationalité est une source
de jouissances si vives pour l'individu qu'elle mérite l'affection la plus profonde. Après le mot *famille* (et peut-être
même avant), il n'est pas de mot plus resplendissant et
qui parle plus au cœur que le mot de *patrie*. Si la conquête
seule peut former la patrie, elle est un des actes les plus
bienfaisants des humains. La kilométrite n'est pas, dès lors,
une folie, mais bien le fondement même de la raison.

« Il est heureux pour nous, dit M. René Millet [2], que la
vieille France ait été moins versée dans la comptabilité en
partie double et moins avare de son sang... S'il y avait eu

---

1. Il est, bien entendu, des exceptions; mais la plupart sont inféodés à la
vieille politique de la violence et de la spoliation. Cette observation s'applique aussi bien aux autres peuples.

2. *Revue politique et parlementaire*, 10 mai 1901, p. 275.

dans ces temps-là un rapporteur du budget de la guerre, il n'aurait pas manqué de faire le compte de ce que coûtait l'acquisition du Limousin, de la Bretagne, du Roussillon, et il eut découvert que l'opération se soldait en perte, attendu que ces contrées étaient pauvres, les communications difficiles, le mouvement des échanges peu considérable. » On peut déduire de ce passage que, pour M. Millet, si ces conquêtes et d'autres semblables ne s'étaient point opérées, il n'existerait pas aujourd'hui de patrie française. M. Millet confond les conquêtes politiques et les conquêtes nationales. Cette erreur provient de l'ignorance des faits sociaux les plus élémentaires. La formation de la nationalité est un processus d'ordre intellectuel soumis à des lois particulières. Les conquêtes territoriales sont des processus politiques. On s'imagine que la nationalité est uniquement constituée par les conquêtes, et que toute annexion politique assimile le territoire conquis au pays nouveau auquel on l'incorpore. Or, il suffit de regarder superficiellement autour de soi pour se convaincre que l'agglomération politique ne fait pas toujours l'unité nationale, et que la division politique n'empêche pas la formation de cette unité de se produire. La dynastie des Habsbourg a groupé pendant de longs siècles des provinces autour d'un noyau de possessions primitives, tout comme la dynastie des Capétiens. Mais les provinces des Hasbourg, malgré leur union politique (pour quelques-unes aussi ancienne que l'union politique d'un grand nombre de provinces françaises), n'ont pas constitué de nationalité. D'autre part, l'Italie et l'Allemagne sont restées jusqu'à nos jours divisées en souverainetés indépendantes; cela ne les a pas empêchées de former des nationalités très compactes et très vivaces. L'Ecosse a été anglicisée avant d'avoir été unie à l'Angleterre[1]; la Pologne, au contraire, bien qu'unie à l'empire russe, ne tend guère

---

1. L'Écosse employait à l'origine des dialectes celtiques. Tout le midi de ce pays a parlé anglais lontemps avant que les couronnes d'Angleterre et d'Écosse fussent réunies sur la tête de Jacques 1er.

à se russifier. Pour bien apprécier que la formation de la
nationalité est un processus d'ordre intellectuel, il suffit
de supposer que la fédération du genre humain ait été
établie il y a dix mille ans et qu'elle ait existé sans inter-
ruption depuis cette époque. Elle eût nécessairement exclu
toute conquête militaire. Si cette union s'était formée, la
terre ne serait pas actuellement sauvage et inhabitée ; elle
aurait, au contraire, probablement cinq à six milliards d'habitants bien plus civilisés que nous, car la justice eût favorisé la prospérité. Les hommes, d'autre part, ayant vécu
dix mille ans dans un état de culture très avancé, ne seraient
pas devenus muets. Ils parleraient des langages divers qui
formeraient les limites des nationalités comme cela se produit de notre temps. On voit donc que les nationalités se
seraient fort bien constituées sans les conquêtes militaires.

Les unités nationales ne provenant pas d'un processus
politique, la conquête n'a nullement créé les patries actuellement existantes, objet bien légitime de nos affections [1].

Un autre fait, qui donne à la conquête un grand prestige, est le besoin de sécurité. J'ai déjà montré plus haut [2]
que c'est pure illusion, si les forces des États restent relativement égales.

Faut-il démontrer que le prétendu avantage des conquêtes
est une des erreurs les plus grossières et les plus naïves
de l'esprit humain ? On en pourrait donner des preuves par
centaines, mais je dois me limiter ici, car j'ai déjà traité
cette question dans mes ouvrages précédents [3]. La vérité est
que l'intérêt primordial de l'individu est de voir régner la
justice sur toute l'étendue du globe. Il n'importe nullement
à son bonheur que l'État auquel il appartient ait un mil-

---

1. Il m'est impossible d'entrer ici dans le développement d'un sujet
aussi complexe, et qui mérite à lui seul un ouvrage spécial, que j'espère
écrire dans la suite.

2. Voy. p. 99.

3. Voy. entre autres ma *Fédération de l'Europe*, chap. v, p. 172.

lion ou un millier de kilomètres carrés. Le bonheur n'est
pas en fonction de l'étendue territoriale, mais en fonction
de la somme de justice. Or, les nations ne sont nullement
des entités métaphysiques, existant en dehors des individus :
ce qui constitue le bonheur des individus constitue par
suite le bonheur des nations.

Je vais citer un fait concret, qui montrera l'évidence
de ces affirmations. « En décembre 1902, six chapeliers
anglais se sont vu refuser le droit de débarquer à Sidney,
sous prétexte qu'ils étaient engagés d'avance dans un ate-
lier et que la loi interdit l'entrée des personnes ayant signé
un contrat de travail [1]. » Nul ne contestera que le droit
incontesté de résidence ne soit la base fondamentale du
bonheur humain ; sans lui, la liberté individuelle est un
vain mot, et, sans liberté individuelle, il n'est pas de
bonheur possible. La liberté de l'habitat est un des droits
primordiaux que garantit toute collectivité politique [2]. Or,
les chapeliers anglais dont il s'agit ont été privés de ce
droit primordial *dans les limites de leur propre État*. L'on
sait d'ailleurs que les lois restrictives contre les immigrants
existent, non seulement dans la Nouvelle-Galle du Sud,
mais encore dans toute l'Australie et en Nouvelle-Zélande.
Je ne parle même pas des mesures qui gênent le commerce anglais (qui violent, par suite, le droit de propriété
des Anglais) : elles sont en usage dans toutes les colonies
à *self governement*.

On se demande alors à quoi servent les possessions extérieures si elles ne profitent pas aux possesseurs eux-mêmes.
Pourquoi les Anglais se sont-ils emparés de l'Australie,
s'ils n'y peuvent écouler le trop plein de leur population
et les produits de leur industrie ? Nous voyons ainsi s'établir une situation bien singulière. La Grande-Bretagne

1. Fait cité par M. Pierre Leroy-Baulieu dans la *Revue des Deux Mondes*,
15 juillet 1903, p. 358.
2. Voy. plus haut ce que dit à ce sujet la constitution des États-Unis d'Amérique, p. 97.

protège ses sujets en pays étrangers [1]. Si on leur cause le
moindre dommage, elle fait des représentations diplomatiques, et parfois même des expéditions militaires, mais
elle est complètement désarmée vis-à-vis de ses colonies
autonomes. Les lois iniques faites en Australie pour
empêcher l'immigration n'ont pas soulevé l'ombre d'une
protestation de la part du gouvernement de la métropole.
Or, il importe peu à l'individu que ses droits fondamentaux
soient violés par ses compatriotes ou par des étrangers ; il
importe uniquement à son bonheur que ses droits soient
scrupuleusement respectés. Aucune loi n'existe en Russie,
qui interdise aux ouvriers étrangers, engagés par contrat,
de s'établir sur le territoire de l'Empire. Le gouvernement
de la puissance qu'on dit l'ennemie irréconciliable et naturelle de l'Angleterre traite donc les Anglais avec plus de
justice que ne le font les Anglais d'Australie. L'extension
territoriale nous procure seulement le plaisir de voir, sur la
carte du globe, de nombreuses régions coloriées comme
notre propre pays. C'est une satisfaction bien enfantine
pour laquelle ce n'est vraiment pas la peine de verser une
goutte de sang ou de dépenser un centime.

C'est là la preuve bien nette de l'absurdité de la kilométrite. Les Anglais possèdent le plus grand empire qui
existe, mais leur bonheur n'est pas en proportion, puisque
leurs droits sont moins respectés dans les limites de leur
domination qu'en dehors de ces limites.

L'extension de l'État n'est pas un but, mais un moyen.
Le but unique est le bonheur des citoyens. L'extension ne
procurant pas le maximum de bonheur, il faut recourir au
seul procédé qui puisse le réaliser : la justice universelle.
Or cette justice ne pourra jamais s'établir tant que dure-
ront les conquêtes.

1. Si les chapeliers dont il s'agit avaient été empêchés de débarquer à
Saint-Pétersbourg, par exemple, l'ambassadeur d'Angleterre serait intervenu. De plus, un refus d'autorisation de débarquer de la part des autorités russes aurait soulevé dans toute la Grande-Bretagne une vive indignation, et les journaux de Londres eussent fulminé contre la Russie.

Revenons à l'exemple des chapeliers de Sidney. S'il régnait entre les Anglais de la Grande-Bretagne et ceux de l'Australie les mêmes principes de justice qui existent entre les Pensylvaniens et les Californiens aux États-Unis, les droits primordiaux de ces Anglais n'eussent pas été violés. Si l'on établit entre pays politiquement séparés, des rapports basés sur l'équité, on obtiendra le bonheur de l'individu. Si, au contraire, on établit une union politique, sans rapports équitables, ce bonheur n'existera pas. Ce n'est donc pas l'étendue territoriale provenant des conquêtes, mais les institutions sociales provenant de la justice qui, seules, assurent le bonheur des individus, par suite des nations.

Dans la spoliation individuelle, il existe encore un semblant de logique. Si chacun passait son temps à dépouiller son voisin, personne ne pourrait rien produire et, la misère étant universelle, il n'y aurait plus rien à voler. Cela est l'évidence même, mais le voleur individuel peut être incapable de réflexions aussi larges : il s'empare du bien d'autrui et améliore de suite sa situation matérielle : son acte a donc apparence de raison. Or cette apparence même n'existe à aucun degré dans la spoliation collective qui s'appelle la conquête, et dont les masses victorieuses ne profitent jamais. S'il est des bénéfices pécuniaires, directs ou indirects, ils vont uniquement à la minorité des chefs. S'il n'en est pas, personne ne gagne rien. Quant aux désastres financiers, directs ou indirects, ils sont inévitables : d'abord, les dépenses nécessitées par la guerre de conquête augmentent les charges qui pèsent sur le vainqueur; ensuite, l'insécurité produite par chaque conquête nouvelle oblige à augmenter les armements, par suite les dépenses de tous. La Russie n'a perdu aucun territoire à la suite du traité de Francfort; mais elle a craint que l'Allemagne ne voulut un jour lui arracher les provinces Baltiques, après avoir arraché l'Alsace-Lorraine à la

France. Elle a donc augmenté ses armements. L'Allemagne, à son tour, a dû armer sa frontière de l'Est, en sorte que le *vainqueur* a dû, par sa victoire même, diminuer son bien-être en majorant ses impôts. Or appeler *avantageux* des actes qui *diminuent* notre bonheur est une pure aberration.

Il est grand temps de reconnaître le *désavantage* des conquêtes. Aucun particulier, aucun État ne veut son propre malheur. Le désavantage une fois démontré, tout homme d'État qui voudra faire des conquêtes sera tenu pour traître à sa patrie. Par ce fait même, la fédération des nations civilisées sera établie, car le seul obstacle à sa formation est le désir de s'emparer des territoires du voisin.

On a cru pendant longtemps qu'il valait mieux faire travailler un homme gratuitement que de lui payer un salaire. De là l'institution de l'esclavage à laquelle les hommes ont tenu pendant des siècles avec une passion semblable à celle qu'ils nourrissent maintenant pour les conquêtes territoriales. Peu à peu on s'est débarrassé de l'erreur esclavagiste. On a fini par comprendre (si paradoxal que cela puisse paraître à première vue) qu'il est plus avantageux de payer un salaire au travailleur que de ne pas le payer. L'esclavage a dès lors été aboli.

Il en est aujourd'hui de la sujétion politique, comme autrefois de la sujétion individuelle. Les Allemands, par exemple, croient avantageux de tenir les Alsaciens-Lorrains sous leur joug et de ne pas les laisser disposer de leurs destinées [1]. De là l'anarchie internationale. Un jour viendra où les Allemands comprendront qu'il leur est nuisible de violer les droits des Alsaciens-Lorrains. Ce jour les rapports juridiques internationaux remplaceront l'anarchie et la fédération de l'Europe sera faite.

Certes, l'idée de la nocivité des conquêtes est encore loin

---

1. Je prends ce cas parmi tant d'autres analogues : la Russie et la Pologne, la Transylvanie et la Hongrie, etc.

d'être tombée dans le domaine public, de là nos malheurs ; mais cette idée fait son chemin avec une vitesse proportionnée aux progrès des lumières et à la démocratisation des sociétés. En Europe, l'élite intellectuelle en est déjà pénétrée, et l'on sent que l'ère de la spoliation brutale et du parasitisme éhonté sera bientôt remplacée par l'ère du travail fécond et du respect du droit.

J'ai déjà montré que la civilisation et la justice sont des termes synonymes. On peut le prouver encore d'une autre façon [1]. Aussi longtemps qu'une nation considère les conquêtes comme utiles, elle prouve sa barbarie, puisqu'elle démontre son ignorance. Barbarie et ignorance sont des phénomènes inséparables. Dès qu'on analyse, même superficiellement, les faits sociaux, on demeure convaincu que la conquête est funeste. Les sociétés qui croient les conquêtes utiles sont incapables de comprendre la vraie nature des processus sociaux ; elles sont donc plongées dans l'ignorance. Conquête et faiblesse d'esprit sont des termes connexes. On sait l'acharnement extraordinaire qui caractérisa la bataille de Leipzig, appelée aussi bataille des nations. On ne peut se défendre d'un sentiment d'admiration en présence de l'héroïsme qu'y prodiguèrent les combattants. Mais on éprouve aussi un sentiment de commisération profonde à l'idée de l'étroitesse de leur esprit. Les Français ont livré ce combat pour conserver l'hégémonie militaire en Allemagne et en Europe. Or, non seulement cette hégémonie *militaire* ne leur était pas utile, mais elle leur était funeste. La seule combinaison utile à la France était le règne de la justice internationale en Europe. C'est ce qu'on comprenait également mal, en 1813, sur les bords de la Seine, du Danube, de la Tamise et de la Néva. Mais on commence à s'en rendre compte de plus en plus. A ce point de vue, on peut dire que les Français de nos jours sont plus civilisés que leurs ancêtres du temps de Napo-

---

1. Voy. plus haut au chap. xi, p. 113.

léon. Successivement, et grâce au progrès, les peuples de notre continent comprennent de mieux en mieux les conditions véritables de la prospérité sociale et la passion des conquêtes tend à s'affaiblir.

« Tout État qui ne s'agrandit pas diminue », a dit Catherine II. L'idée que la conquête est l'unique facteur de la croissance des nations a certainement contribué, dans une large mesure, à maintenir la folie kilométrique. Or cette idée est complètement fausse : la croissance nationale et les annexions politiques sont choses différentes. Les États-Unis ont actuellement 82 millions d'habitants. Ils pourraient en avoir facilement 600 millions sans changer de superficie. La croissance nationale dans la masse peut donc s'accomplir sans conquêtes. Rien n'est stable dans l'univers ; les limites des langues parlées sont en mouvement perpétuel, comme les atomes qui constituent les corps, comme les astres qui constituent les amas stellaires. Quand deux langues sont en contact, il en est toujours une qui perd du terrain et une autre qui en gagne. Ce gain constitue le procédé *naturel* de la croissance nationale. Quand bien même les conquêtes politiques et les annexions violentes seraient complètement supprimées, les assimilations *nationales* continueraient sans trêve et sans répit, au profit des collectivités possédant les civilisations les plus raffinées et les plus séduisantes. Cette croissance *nationale* naturelle se fera d'autant plus vite que la somme de justice sera plus grande sur la terre.

Enfin, il existe un troisième moyen de croissance possible sans conquêtes nouvelles. La plupart des grandes nations européennes se sont constitué ces derniers temps un vaste empire colonial. Sans l'étendre d'un kilomètre, ces nations peuvent y répandre leur langue et leur culture intellectuelle pendant de longs siècles. Cinq cent mille hommes parlent actuellement le français dans l'Afrique du nord ; sans que les limites de l'État français se modifient, la langue française peut être parlée par cinq ou dix millions d'individus.

Je ne veux pas discuter ici la *vexata questio* de l'utilité des possessions coloniales. Il me semble pourtant incontestable que le Soudan, par exemple, progressera plus sous la domination française que sous celle de chefs indigènes barbares et sanguinaires, comme Samory et Rabah. Si les peuplades sauvages pouvaient être complètement respectées ce serait parfait, mais conquête pour conquête, je préfère celles de la civilisation à celles de la barbarie. On contestera difficilement que la tutelle *momentanée* exercée par les peuples avancés sur les races primitives (pour qu'elle ait lieu sans violence inutile) profite à ces races primitives. Quoi qu'il en soit de ces opinions, justes ou fausses, un fait se dégage nettement : les nations européennes ne sont pas actuellement disposées à abandonner leurs possessions coloniales, en sorte qu'un vaste champ existe ouvert à l'expansion civilisatrice des métropoles.

Ainsi la croissance nationale et la conquête territoriale violente ne sont nullement identiques et peuvent même parfois être opposées l'une à l'autre. La kilométrite est donc une aberration. Dès que la conquête paraîtra funeste, notre destinée sera entièrement modifiée. La période d'anarchie internationale sera terminée. Celle de la justice commencera pour l'immense profit du genre humain.

CHAPITRE XVI

L'ÉTROITESSE D'HORIZON MENTAL

Quand on voit le phénomène monstrueux qu'est l'anarchie internationale sembler utile aux hommes, on ne peut expliquer cette colossale aberration que par l'étroitesse de leur horizon mental. Cette étroitesse dépasse malheureusement parfois tout ce qu'on peut imaginer. Les gouvernants, même dans les pays les plus avancés, semblent incapables de regarder par-dessus les frontières. Les hommes d'État anglais dont le domaine embrasse près du cinquième des continents émergés ne font malheureusement pas exception à cette triste règle. Les gens qui gouvernent les empires semblent répugner à étendre leur horizon mental. Ils s'irritent quand on les convie à embrasser l'ensemble du monde. Il y a quelques mois je publiais un article soutenant qu'il était temps de songer à établir l'ordre sur l'ensemble du globe[1]. Un journal vénitien le critiqua vivement et attribua cette conception à une *infirmité mentale*. Un homme raisonnable, disait ce périodique, ne s'occupe que des questions à l'ordre du jour et des pays voisins du sien. On me qualifia d'*aveugle* et de *myope* parce que j'osais dire qu'il fallait avoir des vues étendues.

Ce journaliste vénitien n'est malheureusement pas le seul de son espèce. Les premiers hommes d'État européens trouvent en général qu'il est peu nécessaire de voir les questions par leur grand côté. Cela ne leur semble ni pratique, ni *patriotique !* Or un ministre qui n'est pas « pratique » est

1. Voy. l'*Européen* du 19 mars 1904.

nécessairement considéré comme un songe-creux, un idéaliste, un imbécile. Les routiniers ne comprennent pas qu'il y a différence capitale et même opposition complète, entre voir *loin* et voir *faux*. Quand d'un navire, un individu doué d'une vue perçante aperçoit le rivage avant qu'un myope puisse le reconnaître, il ne s'ensuit pas que le premier se trompe. Il voit la vérité, en l'espèce la terre *réelle*, mais il la voit plus tôt. Celui qui voit loin est celui qui voit juste, car si nous pouvions voir à l'infini nous aurions l'omniscience, ce qui nous éviterait de nous tromper. Myopie et erreur sont synonymes, largeur de vue et erreur ne le sont pas. Certes on peut voir loin et voir faux, mais alors on voit faux parce qu'on voit faux et non parce qu'on voit loin. On peut donc avoir un horizon visuel très étendu sans être aucunement idéaliste, rêveur, optimiste ou songe-creux. C'est, au contraire, l'horizon le plus étendu qui fait le *réaliste* dans la véritable acception de ce terme, puisque un horizon plus étendu permet de voir plus de rapports entre les choses, par suite, de serrer la réalité de plus près.

Les faits prouvant l'incapacité où sont les hommes d'État de voir plus loin que leurs frontières sont innombrables. Je vais en citer quelques-uns.

La Nouvelle-Zélande a édicté, ces derniers temps, une série de mesures législatives qui entravent l'immigration des sujets britanniques eux-mêmes. C'est un des pays les plus favorisés qui soient au monde : elle a 270.000 kilomètres carrés (à peu près la superficie de l'Italie) et 823.000 habitants, soit 3 par kilomètre carré. Cette densité égale celle de la province russe de Vologda, qui est presque un désert glacé. La Nouvelle-Zélande pourrait facilement nourrir 27 millions d'individus. On voit que la place ne manque guère aux Néo-Zélandais de nos jours, ce qui ne les empêche pas de pratiquer un exclusivisme national révoltant. Les motifs qui les y poussent ont été formulés comme il suit par un de leurs hommes d'État : « J'aime mieux que notre pays ait un million d'habitants heureux et satisfaits que *deux millions*[1] vivant en partie dans des rues malpropres, de noirs taudis, au milieu d'une pauvreté sordide. » Ces préférences n'étonnent guère, mais l'étroitesse du raisonnement frappe davantage. Comment oublier, en effet, qu'il existe en dehors de la Nouvelle-Zélande, en Chine, au Japon, en Angleterre, en Italie, des centaines de milliers de malheureux qui ne mangent jamais à leur faim. Fermer à ces individus le territoire de la Nouvelle-Zélande, c'est les condamner en quelque sorte à mourir d'inanition.

Ces raisonnements étroits déterminent les grandes catastrophes historiques. Un jour les faméliques perdent patience et songent que mourir pour mourir, mieux vaut tomber sur les accapareurs que de s'éteindre lentement par les privations. Si une société transgresse le principe du droit des gens par lequel nul ne doit être empêché de s'établir où il peut s'assurer le plus de bien-être, elle doit être mise hors la loi par les sociétés voisines. Tout individu peut faire ce qui lui plaît, pourvu que ses actes ne nuisent pas à ses semblables. C'est ce que n'ont pas compris les hommes d'État Néo-Zélandais.

L'incapacité de voir au delà des frontières empêche de saisir un autre fait dont l'évidence crève les yeux : l'absence de limites à la possibilité d'association[2].

Appelons Zédois les individus qui peuplent la petite circonférence Z de la figure ci-dessous et Ixois ceux qui peuplent la grande. Les Zédois dans leur ensemble ont autant d'intérêt à s'unir, individuellement, aux autres Ixois que chaque Zédois aux autres Zédois. Ce qui empêche les hommes d'État Zédois de comprendre cette vérité élémentaire c'est que leur rayon visuel ne peut s'étendre jusqu'à la circonférence X et reste limité à la circonférence Z. Incapables de saisir que, plus l'association est vaste et

---

1. Ce qui donnerait à la Nouvelle-Zélande 7 habitants par kilomètre carré, soit autant que la Laponie où ne vit que le renne !

2. Voy. p. 68.

plus elle est avantageuse, les hommes d'État Zédois ne
conçoivent pas exactement les intérêts de leur patrie et
pratiquent une conduite qui souvent la mène à la ruine.

L'humanité forme déjà un tout solidaire ; les limites que
nous donnons aux associations politiques n'ont aucune réalité objective, ce sont de pures fictions, proportionnées à
l'étendue de notre horizon mental et fixées par l'ensemble
de nos conceptions. A notre époque, par exemple, nous

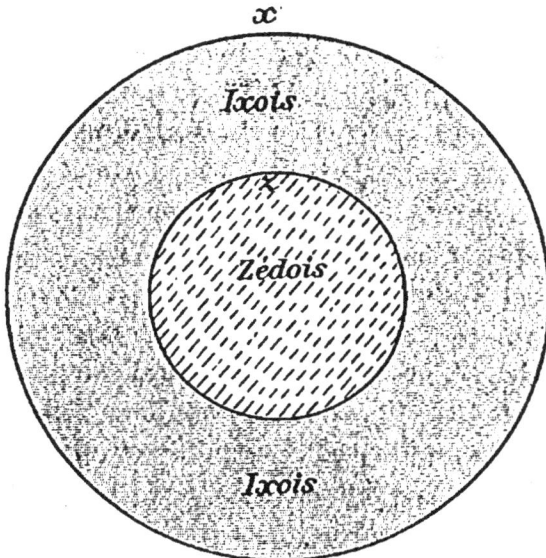

x

Ixois

Zédois

Ixois

vouons à l'État un culte qui tient du fétichisme, et c'est
en général à ses frontières que nous limitons l'association dont nous nous croyons solidaires. Or, cette limite est
convention pure : il est facile de s'en convaincre. L'Egypte
fait-elle actuellement partie de l'État turc ou de l'État
anglais ? Il est malaisé de répondre, car la situation de
l'Egypte résulte d'une *fiction* diplomatique; or une fiction
est nécessairement une conception subjective de l'esprit
humain et non une réalité concrète. L'Australie fait-elle
partie de l'État anglais? On peut répondre oui et non. Il
n'y a plus entre l'Angleterre et l'Australie ce qui constitue
la base fondamentale du lien politique, c'est-à-dire la plénitude des droits civiques (la faculté absolue de s'établir

sur toute l'étendue du territoire national); mais, d'autre
part, le gouverneur de l'Australie est nommé par la couronne britannique. Ainsi donc, les limites politiques, convention pure, n'ont aucune réalité concrète. C'est ce que les
hommes d'État refusent de comprendre grâce à leur myopie,
leur routine et leurs préjugés.

Par suite de certains mariages, l'héritier direct de la reine
Élisabeth s'est trouvé être le roi d'Écosse Jacques VI.
Monté sur le trône d'Angleterre, il a réuni sur sa tête les
couronnes de ces deux pays. Les Anglais et les Écossais se
sont alors sentis solidaires, bien que l'administration des
deux États fût restée séparée et les relations commerciales
presque nulles. Actuellement les rapports économiques et
intellectuels entre la France et l'Angleterre sont plus nombreux et plus suivis que ne l'étaient les rapports entre
l'Écosse et l'Angleterre au cours du xviie siècle. Mais les
fictions politiques empêchent Anglais et Français de se
sentir solidaires, ce qui ne prouve nullement qu'ils ne le
soient pas. Il existe parfois de nos jours des communications plus nombreuses entre États différents qu'entre les
quartiers différents d'une même ville [1]. Mais l'étroitesse des
vues empêche d'interpréter ce fait à sa juste valeur et de
comprendre que les nations civilisées forment désormais
un seul et même tout. Les hommes d'État, par un aveuglement qui semble tenir du prodige, conservent à l'époque
des chemins de fer et des téléphones les conceptions politiques du temps où existaient à peine quelques routes car-
rossables.

Cet aveuglement est si grand qu'il fait marcher de surprise en surprise. Dès qu'une nouvelle association politique est formée, les États-Unis, le royaume d'Italie, l'empire d'Allemagne, par exemple, on admet ses avantages.
On consent alors aux plus grands sacrifices pour la maintenir et pour lui donner de bonnes institutions. Mais quand

[1] L'auteur de ces pages a été un bien plus grand nombre de fois à Paris
que dans certains faubourgs éloignés de la ville qu'il habite en Russie.

une association n'est *pas encore* formée, on commence par
la proclamer *utopique* et on finit par la déclarer *funeste*.
C'est véritablement un comble! Pourquoi l'association des
États européens sera-t-elle funeste quand celle des États
italiens ou des États allemands est bienfaisante? Si l'association conduit au malheur, celles déjà formées auraient
dû avoir produit ce résultat; or, on sait que c'est juste le
contraire. Pourquoi une association englobant tous les
Européens aura-t-elle des effets différents de celle englobant
tous les Américains ou tous les Allemands? Les hommes
d'État disent que l'association de l'Europe est dangereuse
parce que, dans son sein, une nation pourra en opprimer
une autre. Dans ce cas, c'est l'oppression qui est funeste
et non l'association.

L'étroitesse d'horizon mental empêche seule l'association générale de l'humanité. Mais la lumière se répand,
l'étroitesse des conceptions diminue chaque jour et le processus d'unification se poursuit sans trêve. Dès qu'une
collectivité comprend l'avantage de l'union elle y tend irrésistiblement et consent à verser son sang pour la réaliser :
c'est l'histoire de l'Italie et de l'Allemagne, au XIX° siècle.
La myopie seule, pendant un certain temps, empêche de
comprendre les avantages des associations supérieures.
La Bavière, par exemple, vers 1815 considéra l'unité supérieure, appelée Allemagne, comme une combinaison politique contraire à ses intérêts; à partir de 1870, elle fut d'un
avis diamétralement opposé. L'Allemagne regarde actuellement la fédération de l'Europe comme contraire à ses
intérêts, mais, quand les hommes d'État allemands auront
des conceptions plus larges, ils changeront d'opinion. Un
jour, sans doute, on consentira à verser des flots de sang,
si cela est nécessaire, pour réaliser l'unité de l'Europe,
comme on a consenti à en verser pour faire l'unité de
l'Allemagne et celle de l'Italie.

J'ai déjà dit que ce qui pousse les peuples à se défier de
la fédération c'est la crainte du despotisme; ici encore

l'analogie est complète entre l'Europe actuelle et l'Italie
d'autrefois. Au xv° siècle les hommes d'État de la péninsule
apennine identifiaient l'unité et l'établissement du despotisme ; les institutions politiques étaient alors très imparfaites ; on ignorait le moyen de faire respecter les droits
des citoyens sur de vastes territoires. Les Florentins étaient
convaincus que l'annexion de leur république au duché de
Milan équivaudrait à la perte totale de leurs libertés
civiles et politiques qui seraient soumises au bon plaisir
du duc de Milan ; aussi ne voulaient-ils pas entendre parler
de l'unité italienne. Ils firent tout leur possible pour l'entraver. Mais un jour vint où les Italiens s'aperçurent que
non seulement l'unité ne sacrifierait la liberté de personne,
mais, au contraire, qu'elle serait la meilleure garantie de
la liberté de tous. Ils tendirent dès lors de toutes leurs
forces vers l'unité.

Il en est de même de l'Europe actuelle. La myopie et les
routines font croire que l'unité portera atteinte aux droits
des nations, aussi n'en veut-on à aucun prix. Quand les
Européens auront des idées plus larges ils comprendront
que l'unité sera la meilleure sauvegarde du droit et ils la
désireront ardemment.

Les individus qui, de nos jours, tiennent en mains la
destinée du peuple allemand pensent qu'il est juste de
violer les droits des hommes et déclarent qu'ils donneront
tout leur sang pour empêcher un plébiscite en Alsace-
Lorraine. S'ils pensaient demain qu'il est dégradant, honteux et contraire à leur intérêt de violer le droit, s'ils au-
torisaient un plébiscite des Alsaciens-Lorrains et se conformaient à leurs vœux, la destinée de la France serait
de suite considérablement modifiée. Le bonheur ou le
malheur d'une nation dépend donc des opinions qui règnent
chez les voisins. On exprime la même idée en disant que
le bonheur ou le malheur dépendent des conditions du
milieu international. L'homme d'État, qui veut assurer le
bonheur de son pays, doit avant tout considérer l'ensemble

des intérêts du groupe dont ce pays fait partie. Imaginer qu'il y ait un autre moyen de réaliser le bonheur de la patrie est une aberration profonde. L'étroitesse d'esprit ne mène à rien ou plutôt, elle mène à l'anarchie, partant à la ruine. L'action des groupes est à coup sûr la résultante de l'action de chacun de ses membres. Mais selon que cette action individuelle est ou non imitée par les autres, le résultat est différent. Imaginons que l'Allemagne désarme : si la France n'agit pas de même, on n'aura pas fait un pas vers la fédération. Il n'y a pas lieu de penser qu'on puisse jamais réaliser le bonheur d'une nation en n'agissant que d'un seul côté; il faut absolument une action collective du groupe. Mais alors on doit *mettre au-dessus de tout les intérêts généraux de ce groupe.* Or, aucun des hommes d'État actuels ne raisonne de la sorte? Quel ministre anglais conçoit que le bonheur de la Grande-Bretagne dépend du bonheur des Allemands, des Français et des Russes? Personne ne s'est encore élevé à l'intelligence de ces vérités élémentaires. Tous, au contraire, ont encore cette conception enfantine du moyen âge qui fait croire qu'on réalise le bonheur d'une nation par le malheur de ses voisines. Nul ne considère encore le problème international dans toute son étendue. Chacun se fait un devoir de l'envisager d'une façon fragmentaire. C'est ce qu'on appelle *servir les intérêts de son pays.* Quelle ironie dans cette expression! En réalité tout homme d'État, qui n'embrasse pas la politique internationale par son côté large, est un véritable malfaiteur qui poursuit systématiquement la ruine de sa patrie. Je sais bien que les intentions peuvent être excellentes : je les mets hors de cause, mais les résultats n'en sont pas moins lamentables. Sans une politique large on aboutit à l'anarchie, c'est-à-dire à la diminution de l'intensité vitale des nations.

L'intérêt le plus général est toujours le plus important par cela même qu'il englobe les intérêts particuliers. Aussi l'établissement de la justice universelle est-il pour nous un intérêt qui prime de beaucoup celui de la famille, de la cité, de l'État et de la nation, parce qu'il assure un plus grand développement à chacune de ces associations. La justice universelle est la première source de notre félicité.

Mais, par suite de l'étroitesse des esprits, la *compréhension* des intérêts est en raison *inverse* de leur importance. Les intérêts secondaires sont parfaitement analysés, les intérêts supérieurs sont méconnus. De là notre lamentable anarchie.

Qui nous débarrassera des maux qu'engendre l'étroitesse d'esprit? La science, la grande rédemptrice du genre humain, et, si l'on veut préciser, la science sociale. Car tout individu qui fait, de nos jours, une injection antidiphtérique n'a pas besoin d'être un Pasteur pour guérir son malade, mais le génie de ce grand savant a été nécessaire pour découvrir le procédé d'inoculation des virus atténués. Ce sont les progrès de la microbiologie qui sauvent aujourd'hui tant de créatures humaines; de même, la science sociale sauvera un jour les milliers de malheureux qui tombent sur les champs de carnage et les millions qui meurent dans les taudis, victimes de l'anarchie internationale.

CHAPITRE XVII

L'HYPNOTISATION DE LA DÉFENSIVE

Une des particularités de l'étroitesse d'esprit, qui empêche l'établissement de la justice universelle, est ce qu'on peut appeler l'hypnotisation de la défensive. C'est un défaut de l'intelligence qui pousse à considérer les affaires internationales par leur seul côté passif, celui de l'injustice subie, et à faire complètement abstraction du côté actif, celui de l'injustice infligée.

En 1896 des différends s'élevèrent entre l'Angleterre et le Vénézuéla au sujet de la frontière qui sépare cette république et la Guyanne. Les Anglais menacèrent de recourir à la force ; le président Cleveland s'interposa alors en vertu de la doctrine de Monroë et pendant quelques jours on put craindre une guerre entre la Grande-Bretagne et les États-Unis. Ce fut à cette époque que Théodore Roosevelt, alors sous-secrétaire d'État au département de la marine, rédigea un rapport sur la flotte militaire qui fut ensuite publié sous le titre de *Washington's forgotten maxim.* Cet écrit est un exemple des plus intéressants de l'hypnotisation de la défensive. Voici comment s'exprime notre auteur. « Il y a un siècle Washington écrivait : le plus sûr moyen d'obtenir la paix est d'être prêt à la guerre... Actuellement une nation qui ne sait pas défendre ses droits les armes à la main ne peut tenir son rang ni jouer un rôle utile dans le monde... Nous, habitants des États-Unis, avons connu presque toujours la paix depuis qu'il existe pour nous une vie nationale. Nous rendons honneur aux architectes de notre prospérité matérielle... Mais nous sentons qu'après

tout, les hommes qui ont fait le plus courageusement la
guerre... sont ceux qui méritent le plus notre reconnaissance... La soumission docile à l'intervention étrangère
est chose vile et indigne ; mais il est encore plus vil et
plus indigne de se livrer d'abord à des fanfaronnades
pour se soumettre ensuite ou refuser de faire les préparatifs qui s ...!s peuvent nous épargner la soumission... Une
nation ne peut demeurer immobile si elle veut conserver
le respect d'elle-même et garder intactes les traditions
d'honneur qu'elle a héritées des hommes qui l'ont fondée
et protégée par l'épée... Il ne faut pas s'engager dans une
guerre par pur caprice, mais il ne faut jamais l'éviter au
prix de l'honneur national. Une nation ne doit jamais
se battre à moins d'y être forcée, mais elle doit toujours
être prête au combat. Le seul fait d'être prête la préservera
le plus souvent d'une déclaration de guerre[1]. »

M. Roosevelt s'élève avec indignation contre ceux qui,
pour faire marcher les affaires, auraient consenti aux com-
promissions attentatoires à l'honneur national. C'est à cette
occasion qu'il se servit pour la première fois de l'appellation
de citoyen « au type flasque » qui a eu depuis une si grande
fortune. On ne peut qu'applaudir aux idées si justes et
si élevées du président Roosevelt. On ne saurait repousser
avec assez d'énergie les théories antisociales et délétères de la non résistance au mal. Ce sont des vues d'esclaves asiatiques, indignes d'une nation libre. Certes le
président Roosevelt a raison, mille fois raison... il faut
défendre son droit jusqu'à la dernière goutte de son sang.
Seulement, il passe à côté de la question véritable sans
l'aborder même de loin.

Le but de la vie humaine n'est nullement de montrer son
courage, d'être un citoyen du type fort, de défendre son
droit jusqu'à la dernière extrémité... ; le but de la vie
humaine est le bonheur. Il importe donc d'organiser les

1. L'Idéal américain, traduction A et E de Rousiers. Paris, A. Colin,
1904, p. 131, 134, 136, 145, et 148.

relations internationales de telle façon qu'elles puissent procurer la plus grande somme de félicité à l'individu. C'est là le véritable problème. Quand un navire coule, il ne s'agit pas de savoir s'il faut prendre des mesures pour le sauver; cela va de soi. La politique, comme la morale, ne doit pas se préoccuper uniquement de la réponse à l'action, mais de l'action elle-même. L'homme, dans la vie ordinaire, ne se soucie pas seulement de savoir ce qu'il fera quand il sera attaqué par son voisin, il se soucie surtout de ce qu'il fera pour arriver au bonheur. Il se trace une ligne de conduite et tâche de la suivre jusqu'au but. La vie ne peut être vécue que par l'accomplissement d'une série d'actes délibérés et cela est vrai des collectivités comme des individus. Cette erreur de conception chez un homme aussi éclairé que le président Roosevelt est véritablement étonnante. Si telle est la façon de penser des personnages éminents de notre époque, combien doivent être profondes les erreurs des simples mortels !

Le président Roosevelt ne peut pourtant ignorer qu'un gouvernement doit agir à toute heure. C'est l'ensemble de ces actions qui fait le bonheur ou le malheur des citoyens. Si on se préoccupe de ce bonheur, on doit montrer à son pays comment il faut agir pour pouvoir le réaliser promptement; en d'autres termes, on doit donner à son pays des conseils d'ordre actif et non d'ordre passif. Voilà le terrain sur lequel on doit placer un véritable homme d'État.

Examinons maintenant ce qui a motivé ces considérations du président Roosevelt. La Grande-Bretagne affirmait des prétentions sur une partie du territoire de la République Vénézuélienne. Les États-Unis s'interposèrent alors en vertu de la doctrine Monroë. Cette doctrine est une théorie politique personnelle formulée vers 1820 par un ancien président de la grande fédération américaine. Elle n'a jamais revêtu la forme d'un arrangement international. Le cabinet de Washington n'a jamais entamé

de négociations pour faire accepter cette doctrine par
les puissances étrangères. Même si cela avait eu lieu, tant
que l'Angleterre n'avait pas reconnu la doctrine Monroë
par un acte diplomatique, cette doctrine n'était pas obligatoire pour elle. Mais elle l'était encore moins, je le répète,
puisque le cabinet de Washington n'avait jamais officiel-
lement notifié l'existence de cette doctrine au cabinet de Londres. Lorsque les États-Unis s'interposèrent,
les Anglais auraient pu répondre qu'ils n'admettaient pas
l'intervention comminatoire des Américains dans une
affaire qui leur était étrangère, que cette intervention por-
tait atteinte à l'honneur de l'Angleterre et que, par suite,
ce dernier pays n'avait qu'une seule réponse à faire : la
guerre. Mais le ministère de lord Salisbury céda devant
les menaces des États-Unis. Tout ce que le président
Roosevelt disait à ses concitoyens : « une nation qui ne
sait pas défendre ses droits les armes à la main ne peut
tenir son rang dans le monde... La soumission docile à
l'intervention étrangère est une chose vile, indigne », etc.,
M. Rudyard Kipling eût pu aussi justement le dire aux
Anglais lors du conflit vénézuélien.

Une nation doit défendre son droit! C'est juste, mais
ce n'est pas assez. Une nation doit défendre son droit,
mais sans violer le droit d'autrui. Or, dans le cas du Vénézuéla qui violait le droit? Était-ce l'Angleterre qui voulait
s'entendre directement avec cette république, ou bien les
États-Unis qui se mêlaient d'une affaire qui ne les regardait pas?

Dans tout litige international, chaque partie peut croire
que le bon droit est de son côté. Dès qu'on se *croit* lésé
faut-il sortir l'épée du fourreau ou bien s'adresser à
un tribunal? C'est la question fondamentale que doit poser
et résoudre tout homme d'État préoccupé du bonheur de
son pays. Il n'y a pas d'autre alternative, que faut-
il conseiller à ses concitoyens: la justice ou l'anarchie?
Si l'on trouve un avantage à la justice internationale (et

je vais démontrer que c'est l'opinion du président Roosevelt et des partisans du *si vis pacem para bellum*) ces hommes d'État sont traîtres à la patrie, qui ne prennent pas immédiatement les mesures nécessaires pour organiser cette justice. Dire seulement à ses concitoyens : « défendez-vous si vous êtes attaqués », est un enfantillage indigne de quiconque dirige les destinées d'une grande nation civilisée.

Voici maintenant ce qui démontre que le président Roosevelt est pour la justice et non pour l'anarchie. « Il ne faut pas s'engager dans une guerre par caprice, dit-il ; une nation ne doit jamais se battre à moins d'y être forcée. » C'est dire précisément qu'une nation ne doit pas faire la guerre pour violer le droit d'autrui. Mais conseiller de ne pas violer le droit, revient à conseiller l'établissement de la justice. Or un homme aussi éclairé que le président Roosevelt peut-il croire aux miracles? C'en serait un bien grand que de voir la justice internationale fonctionner sans posséder pour cela les organes nécessaires. Chaque nation peut vouloir ne pas violer les droits de ses voisines et désirer seulement faire respecter ses droits. Là gît précisément, la difficulté. Comment déterminer où est l'agression et où est la défense ?

Reprenons l'incident Vénézuélien. Si au lieu des États-Unis, le Brésil était intervenu dans le débat, le cabinet de Saint-James eût certainement répondu à celui de Rio que ce différend ne regardait que les parties en litige et que la Grande-Bretagne n'admettait pas l'intervention d'une tierce puissance. Si lord Salisbury n'a pas répondu de même au président Cleveland, c'est que les Américains sont une puissance formidable. L'Angleterre a cédé à une menace indirecte. On peut donc soutenir avec raison que dans l'incident Vénézuélien l'agression — dans les rapports anglo-américains — venait de Washington et non de Londres. Si une guerre avait alors éclaté la flotte américaine (dont le président Roosevelt poursuit l'accroissement avec tant d'insistance) eût été un instrument d'attaque et non de défense.

C'est précisément parce que, dans les litiges internationaux, il est parfois difficile, de déterminer où est l'agression et où est la défense que l'intervention des hommes compétents est indispensable. Si donc, comme le président Roosevelt, l'on est pour la justice il faut la mettre à même de fonctionner. Qui veut la fin veut les moyens, dit le proverbe ; mais être pour la justice et ne pas essayer en même temps d'organiser des tribunaux internationaux obligatoires pour toutes les causes, est une pure contradiction.

L'hypnotisation de la défensive est aussi une erreur fondamentale des théoriciens du droit international. Voici comment s'expriment la plupart de leurs traités : « La guerre est le dernier et le suprême moyen que possède un État pour *défendre* ses droits, quand il ne peut les sauvegarder d'une façon pacifique[1] ».

On répète cette proposition depuis des siècles sans s'apercevoir qu'elle ne supporte pas un seul instant la critique. On est véritablement surpris de voir des hommes d'État sérieux soutenir de tels enfantillages avec une conviction sincère !

Cette proposition ne tient pas debout pour la raison exposée tout à l'heure, à savoir qu'il est impossible de déterminer qui défend son droit et qui enfreint celui d'autrui, tant qu'il n'y a pas eu un arrêt de juristes compétents. Mais le point le plus absurde de cette proposition consiste en ce qu'elle confond la *guerre* et la *victoire*. Or non seulement ces deux notions ne sont pas identiques, mais elles doivent être opposées dans une certaine mesure, puisque dans chaque guerre il y a nécessairement un vaincu.

Admettons un instant que la détermination du bon droit

1. Cette phrase est de M. E. Schlief, un des principaux pacifistes allemands. Voy. *Der Friede in Europa*, Leipzig, Veit 1892, p. 9.

soit hors de cause. Avoir le droit de son côté ne suffit pas pour vaincre; l'histoire est là pour nous le prouver. Lorsqu'en 1795 les Polonais se battaient pour conserver leur indépendance ils avaient le droit pour eux ; cela ne les empêcha pas d'être battus. Après l'entrevue de Ferrières, le droit était pour la France, et pourtant les Allemands lui imposèrent le traité de Francfort. Je pourrais multiplier ces exemples. Tant que durera l'anarchie, la raison du plus fort sera toujours la meilleure. Or, comme il est bien des faibles sur la terre, on ne peut pas soutenir que « la guerre est un moyen de défendre ses droits » ! Si les théoriciens du droit international voulaient être sérieux, ils affirmeraient que seule « l'organisation de la justice internationale peut garantir les droits des États ». Mais quand ils affirment que l'injustice universelle fera triompher le droit, quand ils assurent, en d'autres termes, que le triomphe du droit viendra de sa négation même, nous devons nous demander si ces théoriciens ne veulent pas ridiculiser la logique la plus élémentaire.

Le *si vis pacem para bellum* peut être également rangé dans la catégorie des hypnotisations par la défensive. Or, il est facile de démontrer que cette proposition est fausse et contradictoire. D'abord, le but est la paix : *si vis pacem*. On ne dit pas *si vis bellum*. Mais si l'on veut la paix pourquoi ne pas la préparer, pourquoi prendre non le droit chemin mais une voie détournée passant par la guerre? On répondra que le voisin agit ainsi. Cela seul montre que la proposition est contradictoire. En effet, si une ligne de conduite est avantageuse, tous ont intérêt à l'adopter. Il est alors contradictoire de dire qu'on a intérêt à suivre la ligne diamétralement opposée. Et puis comment ne voit-on pas que la proposition *si vis pacem para bellum* est aussi absurde que la proposition *si vis bellum para pacem*. *Si vis bellum para bellum* et *si vis pacem para pacem* sont seuls logiques. Il est en effet impossible de vouloir la

guerre et de ne pas s'y préparer; il est tout aussi impossible de vouloir la paix et de ne rien faire pour la réaliser.
Si les peuples voulaient vraiment la paix, qui donc les
empêcherait de l'établir ? Ils n'auraient qu'à s'organiser
en fédération ; s'ils ne le font pas, c'est que tous, ou
quelques-uns, s'opposent à la paix, c'est-à-dire au respect des droits d'autrui, dont la violation rend la guerre
inévitable. Le *si vis pacem para bellum* revient à dire : « Je
veux la paix, mais je refuse de la faire régner » ; c'est une
pure contradiction.

Le *si vis pacem para bellum* se maintient encore grâce
au funeste travers des hommes d'État qui refusent de
regarder par-dessus les frontières. Quand on voit, par
exemple, un pays armer à outrance, comment croire
à ses intentions pacifiques ? « Nous sommes bien inten-
tionnés », disent les Zédois. D'accord, mais c'est trop peu.
Il faut encore que vos voisins en soient *convaincus*. Or
quand vous, Zédois, voyez les Ixois procéder à des armements vous leur supposez des intentions hostiles ; comment admettre que ces mêmes Ixois vont penser autrement. Il est ridicule de ne pas raisonner ainsi ; mais on se
croit vertueux et l'on s'indigne d'être autrement jugé par
ses voisins. Cette illusion qui nous pousse à nous considérer comme des modèles de vertu et à considérer les
autres comme des monstres de scélératesse est profondément ancrée dans l'âme humaine.

Mais il est aisé de comprendre que l'opposé du *si vis
pacem para bellum* est seul logique vis-à-vis de nos voisins. Si, par exemple, la France voyait l'Allemagne désarmer, elle ne pourrait douter de ses intentions pacifiques.
Il est impossible, en effet, de faire croire à des velléités
belliqueuses, quand on licencie des régiments.

Je me rapelle avoir lu jadis l'histoire de deux voyageurs
américains. L'un d'eux entre dans un compartiment et
trouve un compagnon dont la mine lui semble peu rassu-
rante. Il tire alors un revolver et le tient braqué sur ce com-

pagnon qui, de suite, en fait autant. En fin de compte un des
voyageurs s'écrie : « Pardon, Monsieur, avez-vous l'intention de me tuer ? — Pas du tout, répond l'autre — Eh bien
alors commençons par mettre nos revolvers dans nos
poches. » Ils agissent ainsi d'un commun accord, se mettent
à causer et deviennent bientôt bons amis. Jamais ces voyageurs n'en seraient arrivés là s'ils n'avaient consenti à
mettre bas les armes (*para pacem*). Ainsi, les nations civilisées ne pourront jamais assurer leur bonheur tant qu'elles
pratiqueront la politique absurde du *para bellum*.

La maxime *si vis pacem para bellum* a diminué de beaucoup la somme de la félicité humaine. Il est erroné de croire
qu'on puisse établir la paix par la guerre. Si les nations
n'avaient pas pris cette fausse direction, elles auraient compris depuis longtemps que la sécurité et la paix ne peuvent
être établies que par une entente mutuelle, par la fédération.
L'erreur grossière du *si vis pacem para bellum* a occasionné
des armements excessifs, dont les frais ont, en grande
partie, déterminé la misère actuelle des classes deshéritées.
Cette fameuse maxime a d'autre part endormi et trompé
les nations. En effet, le *si vis pacem para bellum* peut être
sincèrement pratiqué, mais il peut aussi servir à cacher
les plus noirs desseins. En 1880, la flotte anglaise était plus
faible que celles des puissances continentales. Les patriotes
des bords de la Tamise poussèrent des cris d'alarme. En
vingt ans, à coup de milliards, la marine anglaise devint la
plus formidable du monde. Pourtant, les Anglais n'en pro-
fitèrent pas pour attaquer leurs voisins. Le renforcement
de la flotte fut donc pour eux une mesure défensive. Mais
les exemples contraires ne manquent pas. Quand, en 1862,
le roi Guillaume réorganisa l'armée prussienne, trois
guerres entreprises à de courts intervalles montrèrent bien
que ces armements avaient un but offensif. De 1894 à 1904,
le Japon a procédé à d'énormes préparatifs militaires : les
événements ont prouvé aussi que ce n'était pas seulement

pour défendre les îles de Nippon et de Kiousiou que nul ne songeait à attaquer.

Si la fameuse maxime n'était pas entrée dans les habitudes des nations, tout préparatif de guerre nouveau susciterait une grande défiance, et pousserait à prendre des mesures en conséquence; par suite, des millions d'existences et des milliards de francs pourraient être économisés. Mais la routine séculaire nous fait parfois nous tromper. La Russie, qui voyait l'Angleterre augmenter sa flotte et ne pas s'en servir, a pensé que l'empereur Mutsuhito agirait de même. Il n'en a pas été ainsi. D'autre part, si notre voisin est sincère et si nous avons tort de nous défier de lui, les dépenses faites pour le suivre dans ses armements sont en pure perte et diminuent inutilement le bien-être de notre pays.

Tout cela démontre, encore une fois, que, si l'on sort du chemin de la vérité (en l'espèce, de cette vérité élémentaire : si tu veux la paix organise l'union), on aboutit toujours à la souffrance et au malheur.

CHAPITRE XVIII

LE FÉTICHISME DE LA FORCE ET LA DÉFIANCE DU DROIT

La force brutale est l'opposé du droit comme les ténèbres sont l'opposé de la lumière. Pour établir la justice universelle, il faut annihiler cette force brutale, la dompter et la soumettre à la force intellectuelle. Mais tout cela n'a pas encore été possible parce que la force brutale jouit d'un très grand prestige qui retarde singulièrement le triomphe de la justice.

Ce prestige vient de ce que la force brutale se manifeste plus particulièrement dans la guerre. La guerre étant un cataclysme épouvantable influe beaucoup sur l'imagination des hommes. On n'est impressionné que par ce qui frappe vivement l'esprit. La violation du droit, poussée à l'extrême, est semblable à ces grandes erruptions volcaniques, qui attirent l'attention de tous, et dont le récit se transmet à travers les siècles. Ce sont les causes lentes, les stratifications imperceptibles des couches géologiques qui ont produit les plus grands changements sur notre globe ; mais personne ne s'en aperçoit. Il en est de même des phénomènes sociaux. C'est le droit qui a tout édifié. Le travail économique est la conséquence du droit et l'aspect de nos sociétés est la résultante du seul travail. Mais les phénomènes de l'activité économique, artistique et intellectuelle échappent à notre conscience par cela même qu'ils sont innombrables et constants. Les injustices brutales sont plus rares, mais par les souffrances mêmes qu'elles causent, elles frappent tous les esprits.

Le prestige de la force brutale a eu des conséquences

déplorables. Il a fait considérer la violation du droit comme
un devoir de gentilhomme et le respect de ce même droit
comme une conduite de manants. Cette erreur grossière
a fait prendre la souffrance (l'injustice) pour un bien et la
jouissance (la justice) pour un mal; elle a guidé l'humanité
dans une voie fausse dont on la tirera difficilement. Le
mépris du droit est un des plus grands malheurs qui puisse
frapper notre espèce, car il est synonyme de mépris de
la vie. Malheureusement il faut pousser assez loin l'analyse des faits sociaux pour se pénétrer de ces vérités.
Longtemps, les hommes n'ont pas compris (et tous ne comprennent pas encore) le véritable mécanisme de l'association. Ils ont voué à la force brutale une adoration proche
du fétichisme.

Considérons, par exemple, l'état de l'opinion publique
en France au lendemain du traité de Francfort. Les Français venaient de subir la plus flagrante violation de leurs
droits. Cela eut dû leur ouvrir les yeux, leur faire saisir
l'horreur de la force brutale, les imprégner de la conviction que dans le droit seul était le salut. De là, eut dû
découler le désir de tout faire pour établir le règne de la
justice. Une grande partie de l'opinion publique en France
raisonna d'une façon diamétralement opposée. Le prestige
de la violence l'emporta. Au lieu de crier : « vive le droit,
à bas la force! » on cria « vive la force, à bas le droit! » Il est
difficile d'imaginer un plus profond aveuglement. Quand
des Français viennent déclarer que leur seul regret est de
n'avoir pu, en 70, infliger une injustice aux Allemands, ils
justifient ces mêmes Allemands d'avoir infligé une injustice aux Français. Car les Français doivent bien reconnaître que s'ils trouvent cette conduite bonne pour eux, ils
doivent également l'approuver chez les autres; s'ils trouvent que c'est leur intérêt de prendre la frontière du Rhin,
ils doivent accepter le désir qu'ont les Allemands de
prendre la frontière du Rhône. Ce n'est qu'en reconnais-
sant le besoin de respecter scrupuleusement les droits

d'autrui que les Français peuvent logiquement revendiquer
la rétrocession de l'Alsace-Lorraine.

Comme autre échantillon du fétichisme de la force brutale je citerai ce passage de M. Albert Sorel, au sujet
des négociations du congrès de Chaumont : « Un autre
Fleurus, un autre Zurich, un autre Marengo, un autre
Hohenlinden, un autre Austerlitz, un autre Iéna, un autre
Friedland, un autre Wagram, auraient seuls pu conju-
rer les desseins des alliés en 1813, comme ils les avaient
conjurés de 1794 à 1809[1]. » On frémit en songeant aux
hécatombes qu'aurait exigées la nouvelle série de batailles
dont M. Sorel parle d'un cœur léger. En outre comment
ne comprend-il pas que si Fleurus, Marengo, Austerlitz,
Iéna et Wagram n'avaient pu décider l'Europe à renoncer
à ses droits, une répétition de ces épouvantables massacres ne l'y eut pas décidé davantage ? Son raisonnement
est contraire à la logique et fait songer à un médecin qui
dirait à son malade : « L'arsenic vous fait mal, prenez en
donc un peu plus. » S'il est une histoire démontrant qu'on
ne fonde rien sur la violence, c'est bien celle de Napoléon.
Mais M. Sorel dit à ses compatriotes : « Les violences vous
ont perdu, livrez-vous à une nouvelle série de violences ! »

Chose étrange jusqu'à présent, personne ne s'est aperçu,
que la violence conduit à la faiblesse sociale et jamais à la
force. La violence mène à l'anarchie, qui a pour conséquence la misère, le paupérisme, les conditions hygiéniques les plus défavorables à l'immense majorité du pays,
donc une mortalité excessive et une dégénérescence inévitable. C'est par la justice seule qu'on aboutit aux phénomènes diamétralement opposés : richesse, bonnes conditions hygiéniques, petit nombre de malades, vigueur
physique et mentale des individus, diffusion de l'instruction,
faible mortalité, donc hormis les cas de pratiques malthu-
siennes voulues, accroissement rapide de la population.

---

1. *Revue des Deux Mondes*, 1er août 1904, p. 592.

A un autre point de vue, on peut encore montrer que la violence mène directement à la faiblesse. Quand on a recours à la force, c'est nécessairement pour faire souffrir quelqu'un. Lorsque, en 1849, les Autrichiens en ont usé contre les Italiens, ils les ont privés de toutes les satisfactions que procure l'indépendance nationale. Mais comme je l'ai déjà montré, la prospérité d'une société influe sur le bonheur des peuples voisins ; donc, quand on emploie la force pour diminuer l'intensité vitale d'une nation étrangère, on diminue, du même coup, sa propre intensité vitale à soi.

Il est peu de faits sur lesquels on ait accumulé autant d'erreurs que sur la force brutale. On ne s'est pas aperçu qu'elle est complètement inutile, et, par cela même, nuisible. Ainsi les patriotes français félicitent la Grande-Bretagne de s'être donné la flotte la plus puissante du monde. Mais l'Angleterre ne fait jamais parade de sa force navale vis-à-vis des États-Unis ; elle sait en effet que le jour où les Américains voudront se donner une force navale égale à la sienne, ils le feront sans difficulté. Il est bien inutile d'avoir cent cuirassés contre un ennemi qui en a dix ; vingt navires de guerre sont suffisants. Une force exagérée contre les faibles est donc une absurdité, mais vis-à-vis des forts, elle l'est encore davantage, parce que deux armées et deux flottes, qui se neutralisent, sont complètement inutiles et peuvent aussi bien être supprimées. Que sert-il aux Anglais de pouvoir mettre cent cuirassés en ligne contre l'Amérique, si l'Amérique peut en faire autant ?

La force ne peut être utile que lorsqu'elle est mise au service du droit. Elle est alors supprimée en fait puisque son rôle devient secondaire. Le gendarme n'est pas un guerrier, mais à proprement parler, un officier de l'État civil, à l'égal d'un notaire ou d'un huissier.

Bien entendu, le plus grand emploi qu'une collectivité

pourrait faire de la force serait d'y recourir pour soumettre
à ses lois l'ensemble des nations. Si un chef d'État possédait
le maximum de puissance militaire, il lui serait possible d'é-
tablir la monarchie universelle. Mais monarchie universelle
et union juridique du genre humain sont des notions semblables à beaucoup de points de vue. Au sein de la monarchie universelle, comme au sein de la république universelle, les relations entre nations cesseraient d'être d'ordre
anarchique et deviendraient d'ordre juridique ; c'est là la
ressemblance. La différence consiste en ce qu'une monarchie universelle, fondée sur la violence, voudra subordon-
ner les intérêts de tous les peuples conquis à ceux du seul
peuple conquérant; en d'autres termes, le peuple conquérant cherchera à exercer un empire despotique sur les peuples conquis, c'est-à-dire diminuer leur bien-être. Si l'on
pouvait augmenter la prospérité d'une nation en diminuant
celle des autres, cet idéal de despotisme universel serait
logique, mais comme, de par la nature des choses, toute
diminution de l'intensité vitale d'un vaincu diminuera l'intensité vitale du vainqueur, le despotisme sera funeste à ce
dernier qui de la sorte se fera du mal à lui-même. Si le
vainqueur veut établir des institutions qui lui procurent le
maximum de bénéfices, il devra établir l'égalité et la justice entre tous ses sujets; dans ce cas, la monarchie universelle et la fédération du genre humain ne seront plus
qu'une seule et même chose. La force n'aura servi qu'à
aboutir au droit. Il est donc beaucoup plus simple de marcher droit au but et de travailler directement à la fédération
sans passer par la monarchie universelle.

L'histoire de Rome en est une preuve. Il y a lieu de supposer que sans l'unité brutale fondée par cette ville impitoyable, une fédération des peuples méditerranéens aurait
commencé à se constituer dès le IIIᵉ siècle avant notre ère [1].

1. Il existe des systèmes stellaires composés de plusieurs soleils d'égale
dimension ; il y en est également qui sont composés d'un seul astre central
autour duquel tournent de petits satellites ; il en est de même des systèmes

,'il en avait été ainsi, l'Europe aurait économisé les
misères du moyen âge et les invasions musulmanes, qui
ont fait perdre à notre groupe de civilisation la moitié de
son domaine, ne se seraient peut-être pas produites.

Une autre forme de l'adoration de la force est le fétichisme de la souveraineté de l'État. A la conférence de La
Haye, en 1899, M. Zorn, délégué de l'Allemagne, s'exprima
comme il suit : « Un monarque qui fait dériver son titre
du droit divin[1] ne peut abdiquer une part de sa souveraineté, qui est le droit de déterminer le destin de la nation
dans un moment critique. » C'est pour rester fidèles à ce
principe que les Allemands firent échouer la proposition
de désarmement et s'opposèrent de longs jours à la création d'une cour d'arbitrage permanente. Ils l'acceptèrent
à leur corps défendant à la douzième séance, et encore, en
imposant de nombreuses restrictions.

Or, il est facile de démontrer que le raisonnement de
M. Zorn est absolument faux. En effet, si Guillaume II,
par exemple, ne peut faire entrer l'Allemagne dans une
fédération européenne, il n'a pas la faculté de « déterminer
le destin de la nation ». Que devient alors sa prétendue
« souveraineté »? Quelle singulière puissance est celle
qui est autorisée à maintenir l'anarchie, mais non à établir l'ordre légal ! Si le roi Louis II n'avait pas eu le droit
de faire entrer la Bavière dans l'empire allemand, M. Zorn
eût-il pu affirmer que ce roi était souverain? La « souveraineté », selon M. Zorn, se réduit à quelque chose de bien

politiques. Rome était une organisation à puissance centrale unique.
L'Europe moderne semble au contraire organisée en systèmes à centres
divers : cette dernière combinaison paraît plus parfaite, parce qu'elle
suppose en principe une plus grande somme de justice. Si Rome n'avait
pas pris une autorité aussi néfaste, le système des centres multiples l'eut
emporté dans le groupement du monde antique. Au lieu de l'empire, on
eût abouti, dès cette époque, à une fédération dont les conditions sem-
blaient se dessiner au temps de la seconde guerre punique.

1. En d'autres termes, des massacres sur les champs de bataille. Car il
n'a jamais été constaté, de façon certaine, que Dieu soit descendu du ciel
pour poser une couronne sur la tête d'un individu.

étrange. Elle consisterait, pour un monarque, dans le droit
de faire le malheur de sa patrie sans le droit de faire son
bonheur. M. Zorn ne niera pas que la Bavière, en entrant
dans l'empire allemand, a acquis des avantages qu'elle
n'eût pas eu en restant autonome. Or l'empereur d'Allemagne ne sera tenté de faire entrer son pays dans une
fédération européenne que le jour où il y verra un avantage. Lui, contester alors le droit d'agir de la sorte, c'est
lui contester le droit d'assurer la prospérité de son pays !
Cette façon ridicule et monstrueuse de comprendre la
« souveraineté » provient de la conception archaïque et
enfantine qui voit dans l'État une institution anarchique
dont le but est de conquérir et de piller et non une institution de l'ordre civil, dont le but est le bien-être économique et le développement intellectuel des citoyens.

De longs siècles de violence ont incroyablement faussé
la notion de droit dans les cerveaux humains, chez le vulgaire, comme chez les esprits cultivés. Un savant allemand,
naturalisé américain, et faisant partie de ce corps admirable qui s'appelle le *Geological survey* des États-Unis,
M. Robert Stein, m'écrivait : « Si une nation décide qu'une
certaine étendue territoriale lui est nécessaire, on ne peut
pas dire que cette exigence ne compte pas vis-à-vis de la
volonté des individus qui occupent cette portion de territoire. Certes, ces derniers ont le droit d'être consultés,
mais il reste encore à décider lequel des deux droits (celui
de la nation entière ou celui de la province), est supérieur [1]. »

Ainsi voilà un homme d'une haute instruction, citoyen
d'un des pays les plus libres du monde; qui affiche la plus
entière méconnaissance du droit, et confond les choses et les
hommes. Si M. Stein parlait d'une « étendue de territoire »

---

1. M. R. Stein s'occupe d'une façon particulière de la question d'Alsace-
Lorraine. Il en a proposé une solution dans une brochure intitulée *Modern
Esau.*

complètement *déserte*, ses vues seraient fort admissibles ;
mais, du moment qu'il s'agit d'une étendue territoriale
peuplée, la question change entièrement. *Tous* les hommes
sont également des objets de droit et certains citoyens ne
peuvent disposer d'autres citoyens comme d'une chose. On
dira sans doute que M. Stein est un géologue et non pas
un juriste : c'est justement pour cela que je l'ai donné en
exemple. Certaines notions élémentaires du droit devraient
être des lieux communs admis par tous. L'exemple de
M. Stein montre qu'il n'en est pas encore ainsi.

D'ailleurs les hommes d'État qui s'occupent à tout moment
de relations juridiques, ne sont malheureusement pas plus
avancés que les géologues. A l'heure où j'écris ces lignes,
le prince Georges de Grèce entreprend une tournée dans les
capitales pour pressentir les gouvernements européens au
sujet de l'annexion de la Crète à la Grèce. « L'Angleterre
s'y refuse parce qu'elle craint que l'admirable rade de la
Sude ne soit mise à la disposition de quelque autre puissance rivale, l'Italie parce que la Grèce l'entrave en Albanie, l'Autriche parce qu'elle n'est pas philellène[1]. » Dans
cet ensemble de motifs, un seul dont nul ne parle devrait
primer tous les autres : les vœux des Crétois qui ont un
droit imprescriptible de disposer de leurs destinées. Aucun
diplomate des nations *libres* de l'Europe (je ne parle pas de
celles régies despotiquement pour lesquelles une pareille
conduite est explicable) ne se préoccupe un seul instant
des désirs des populations. L'habitude est prise de ne plus
s'arrêter aux droits des hommes. L'exemple de la Crète
n'est malheureusement pas un cas isolé ; on pourrait en
citer bien d'autres semblables. La violation constante des
droits des nationalités faibles est la base de l'ordre international actuel.

Les déviations de l'esprit prennent parfois des propor-

---

1. Toutes ces raisons sont petites, mesquines, superficielles et même
parfois un peu ridicules : « L'Autriche n'est pas philellène ! »

tions phénoménales. De nos jours, les grands États, formidables camps armés, sont prêts à vomir des millions de guerriers et des milliers de canons et à détruire, en un mois, le travail de nombreuses générations. Ces cataclysmes peuvent éclater à tout moment, sans qu'on s'y attende [1], par suite des appétits d'une caste guerrière ou de l'orgueil d'une tête couronnée. Les hommes vivent pourtant sur ces volcans et, par une aberration incroyable, ils proclament que cette situation précaire, parce qu'elle ne limite en rien la « souveraineté » de l'État, assure la sécurité ! Qu'on leur parle d'établir une fédération des pays civilisés qui donnera à tous une sécurité complète, aussitôt la défiance se réveille ! Les canons chargés n'inquiètent personne. Les arrêts d'une cour composée des magistrats les plus sages, les plus compétents et les plus intègres inquiètent tout le monde.

« Eh quoi, disent les conservateurs, si le monde entier devient une fédération, il ne sera plus qu'un immense bagne. Quand le despotisme des Césars devenait insupportable, on pouvait du moins se réfugier chez les Parthes. Mais si le globe terrestre forme une seule organisation politique, où fuira-t-on ? Toute liberté aura disparu... Cela sera la fin du monde... Il n'y aura plus qu'à se coucher dans la tombe en abandonnant toute espérance. »

L'erreur de ceux qui parlent ainsi consiste à croire qu'on peut établir le droit en le supprimant. Si les institutions fédérales sont bien agencées, la fédération procurera à toutes les nations et à tous les individus la plus grande somme de justice. Personne alors n'aura besoin de se réfugier chez le voisin, parce que personne ne sera molesté dans son pays. Et si l'on fuit à l'étranger, on ne pourra être livré à son pays que par suite d'un jugement entouré de toutes les garanties désirables. Le fait que la fédération sera établie, ne fera pas du monde un bagne :

1. Cela s'est produit récemment quand le Japon a attaqué la flotte russe alors qu'à Pétersbourg on croyait la guerre impossible.

cela n'aurait lieu que si la fédération était *mal* organisée,
c'est-à-dire si elle comportait une somme insuffisante de
justice. Mais alors il faudrait la *bien* organiser, et non la
supprimer. Il est absurde de venir affirmer que la partialité d'un tribunal motive la suppression des tribunaux. Si
une fédération mal organisée ne donne que peu de justice,
ce n'est pas l'anarchie qui en donnera davantage.

Cette défiance à l'égard de la justice supra-nationale est
uniquement basée sur des erreurs de l'esprit et sur l'étroitesse du jugement. Les unions politiques qui existent à notre
époque montrent que l'impartialité des autorités centrales
est parfaitement suffisante. Considérons, par exemple, la
cour suprême des États-Unis. Elle est indistinctement
composée de Pensylvaniens, de Californiens, de Géor-
giens, etc. Il n'existe aucune loi qui écarte des séances les
juges appartenant aux États dont les causes sont en litige.
Pourtant, dans ses arrêts, la cour suprême de Washington
ne montre aucune partialité pour un État plutôt que pour
un autre. Il en est de même du tribunal de l'empire allemand, qui siège à Leipzig ; les juges sont Prussiens, Bavarois, Wurtembergeois ; ils examinent des procès où leurs
pays respectifs sont engagés et cependant personne ne
s'est jamais plaint de leur partialité ; de même en Suisse.

Il en est ainsi pour une raison bien simple. Quand le
conseil d'État français a à juger un litige où sont impliqués
deux départements, il est impartial, parce que toutes les
parties du territoire lui sont également chères. Dans une
fédération européenne, les intérêts de l'Angleterre seront
aussi chers aux juges de la cour suprême que les intérêts
de l'Italie ou de la Russie ; la routine seule nous empêche de
le comprendre. Nous croyons nos nationalités irréductibles,
et nous oublions que les anciennes unités paraissaient
telles à nos ancêtres. Venise et Milan se sont opposés
l'unité italienne comme l'Allemagne et l'Angleterre s'opposent de nos jours l'unité mondiale. On oublie que les
hommes sont guidés par l'intérêt ; que servirait-il mainte-

nant à un membre du conseil d'État français de favoriser un département plutôt qu'un autre? Aussi n'y songe-t-il même pas. De même, quand l'Europe sera unie, la solidarité l'emportera. L'Italie, l'Espagne, l'Allemagne seront toujours l'Europe pour le pouvoir central de la fédération.

Les unions naissent de l'intérêt : si les Français désirent former un seul groupe politique, c'est qu'ils y voient leur avantage. Les relations et les sentiments qui existent de nos jours entre Français pourront s'établir entre Européens quand ceux-ci y verront la condition de leur bonheur. L'antagonisme de l'Angleterre et l'Allemagne s'évanouiront comme se sont évanouis l'antagonisme de Milan et Venise.

« La différence fondamentale entre les États-Unis et les États Européens, dit M. Snider, c'est que dans ces derniers le pouvoir judiciaire est une administration comme celle des postes ou des travaux publics. Aux États-Unis, au contraire, le pouvoir judiciaire détient une partie de l'autorité suprême, puisqu'une loi, votée par le congrès et approuvée par le président, n'est valable que si la cour suprême ne la juge pas contraire à la constitution[1]. »

Il est évident qu'une fédération de l'Europe partirait déjà de ce point avancé et réaliserait encore d'autres améliorations, de telle sorte que la somme de justice y serait complètement suffisante[2].

Je vais montrer comment la défiance à l'égard du droit n'est rien autre qu'une aberration de nos esprits. Si les nations ne veulent pas désarmer, c'est qu'elles persistent dans l'erreur qui leur fait croire aux bienfaits des conquêtes brutales. Les Zédois estiment que s'ils réduisent

---

1. Voir l'*Année sociologique*, 1902-1903 (Paris, F. Alcan, 1904), p. 455.

2. Ce qui le prouve, entre autres, c'est la force infinie du sentiment national. L'offense faite à notre nationalité est une des souffrances les plus vives que nous puissions endurer. La résistance que la Bavière et le Wurtemberg opposent à la Prusse n'est déjà pas négligeable : mais imaginons combien plus puissante et plus indomptable serait celle de l'Angleterre à l'Allemagne ou de la France à l'Italie, au sein de la fédération européenne. Or, la somme de justice sera toujours en raison directe de la résistance à l'oppression.

leurs troupes, leurs voisins les Ixois vont immédiatement
les attaquer : d'où une incurable défiance. Aucune nation
ne croit que sa voisine lui abandonnera des provinces,
parce que personne ne croit qu'il est avantageux d'abandonner des territoires. Or, quand tout le monde sera convaincu de l'inutilité des conquêtes, personne n'admettra
chez le voisin le désir d'en faire, et la défiance suscitée par
la folie kilométrique disparaîtra. Ce fait spécial de la conquête peut se généraliser; actuellement, on se défie de la
fédération, parce qu'on estime que chaque nation a intérêt à violer le droit. Quand cet enfantillage aura cessé,
quand on comprendra que l'intérêt primordial des peuples
est de respecter le droit, la fédération ne suscitera plus la
moindre défiance.

Je vais citer un dernier fait qui montre la profondeur et
aussi l'absurdité de la défiance à l'égard du droit. On sait
que dans les récents traités conclus entre les nations européennes, les questions touchant l'*honneur* national ont toujours été réservées. Or c'est précisément ces points qu'on
eût dû particulièrement soumettre à la justice internationale, car c'est là que cette justice peut remplir son rôle le
plus utile et le plus efficace, c'est là qu'est son véritable
champ d'action. En effet « l'honneur national » n'est qu'un
vain mot. Si les Allemands veulent garder l'Alsace-Lorraine
alors que les Français veulent la reprendre et si une guerre
sanglante s'engage à ce propos, du moins, l'objet en litige
est un fait concret, pour lequel on peut verser son sang.
Mais « l'honneur » n'est qu'une pure appréciation subjective. L'intervention des États-Unis dans le litige entre la
Grande-Bretagne et le Vénézuéla pouvait être parfaitement
admise, comme elle pouvait être déclarée attentatoire à
l'honneur de l'Angleterre; cela dépendait de l'état d'esprit
du cabinet de Londres. La moindre bagatelle (la séquestra-
tion d'un navire portant de la contrebande de guerre) peut
être tenue soit pour sans importance, soit pour attentatoire
à l'honneur d'un pays. Or, les dirigeants se refusent à com-

prendre que ce sont surtout ces questions d'honneur
national qu'il faut déférer aux tribunaux d'arbitrage. Leur
intervention y est justement applicable parce qu'il s'agit de
pures appréciations abstraites. Les Allemands sont en droit
de préférer la mort à l'abandon de l'Alsace-Lorraine. Ils ont
tort, sans doute, mais là n'est pas la question. Tant qu'ils
pensent ainsi, il n'y aura point de tribunal qui puisse tran-
cher un semblable litige. Certes, le peuple Allemand était
bien indifférent aux querelles enfantines soulevées par les
diplomates de l'ancien régime. Or, les prétendues questions « d'honneur » rentrent toutes dans cette catégorie. On
sait les discussions acharnées que soulevaient jadis sur les
préséances les délégués des princes du Saint-Empire à la
diète de Ratisbonne. Nous en sourions à présent, mais les
incidents qui sont soulevés de nos jours par l'honneur national ne méritent guère plus de respect ; ce sont des enfantillages, des bulles de savon qui éclatent au premier souffle
raisonnable. Il suffit de soumettre ces litiges à un tribunal
pour les voir réglés aussitôt. Les parties, en effet, n'ont
rien de *positif* à présenter à leurs juges, et ne peuvent que
se retirer en rougissant.

Ce que je viens de dire trouve également sa preuve dans
ce qui se passe au sein des fédérations actuelles. La
Bavière est aussi allemande que la Prusse et tient autant à
l'unité de la patrie; elle conserve pourtant une certaine
individualité qui la différencie nettement de la Prusse. Il
peut donc fort bien exister un orgueil et un honneur bavarois, et pourtant on n'affirme pas qu'il a besoin d'être défendu
par la force des armes contre l'honneur prussien, tandis
que l'honneur allemand doit être défendu par les armes
contre les atteintes de la France ou de la Russie. D'où vient
la différence? De cette raison bien simple que l'empire
d'Allemagne est un ensemble d'institutions d'ordre *concret*,
et non d'ordre métaphysique, possédant un pouvoir exécutif, un parlement, une cour centrale de justice, qui existent en bonne et due forme. Or, il suffit d'entrer dans

l'ordre des faits positifs pour voir s'évanouir les fantômes
diplomatiques. Imaginons le gouvernement bavarois inten-
tant un procès au gouvernement prussien devant la cour
de Leipzig, pour atteinte à son honneur : l'exposé seul de
la cause secouerait les juges d'un rire homérique. La
Bavière apprendrait à ses dépens qu'une appréciation toute
sentimentale ne peut être matière à procès et qu'il faut,
pour une action en justice, formuler une demande de
l'ordre tangible et positif.

En résumé, le fétichisme de la forme brutale est aussi
peu rationnel que la défiance à l'égard du droit. L'idée que
l'on puisse établir le bonheur de l'homme sur une base
autre que la justice est la plus folle de toutes les chimères.
On trouve maintenant spirituel de se moquer du droit : le
mot de Bismarck sur la primauté de la force a eu une
énorme fortune. Mais quand on analyse de près les phénomènes sociaux, on ne tarde pas à découvrir que tous les
diplomates « pratiques », « malins » et « réalistes » ne sont,
en fait, que de grands enfants, naïfs et ignorants. L'humanité se fie encore à ces empiriques. Elle refuse de suivre
ceux qui viennent lui dire, au nom de la science, que dans
la justice est le salut. Mais l'humanité est punie de cette
conduite folle, par les souffrances innombrables qu'elle
endure depuis des siècles.

CHAPITRE XIX

LE PRÉTENDU SPIRITUALISME

Si paradoxal et incroyable que cela paraisse, bien des hommes s'opposent encore à l'établissement de la justice universelle, au nom du spiritualisme et de la morale. Il est curieux d'étudier la déviation de l'esprit qui détermine une telle erreur de logique élémentaire et de bon sens.

On arrive à cette monstruosité par paresse d'esprit et par routine. Quand, par suite des progrès de l'organisation sociale, on eut mis de l'ordre dans les finances, on put démontrer, de la façon la plus catégorique, qu'aucune conquête, faite entre pays de haute civilisation, ne rapportait plus qu'elle n'avait coûté. C'était la preuve que les conquêtes sont des spéculations ruineuses, ce qu'on ne comprenait pas bien auparavant. Puisque les conquêtes sont onéreuses, une conclusion s'imposait : dans notre propre intérêt il ne faut plus en faire. On arrivait là par des considérations économiques. La science sociale, en s'élevant à des vues plus hautes, aboutissait au même résultat, et montrait, de façon probante, que le maximum de prospérité ne pouvait être obtenu que par le respect du droit, c'est-à-dire par le renoncement aux conquêtes.

Mais la violence était une habitude prise depuis des siècles. Les esprits routiniers ne voulaient pas se déjuger ; ils cherchèrent alors une ancre de salut et se crurent très habiles en exaltant l'idéalisme. Quand on démontrait que le *peuple* allemand ne gagnait rien à la conquête de l'Alsace-Lorraine, qu'il y perdait beaucoup au contraire, les patriotes des bords de la Seine (je dis de la *Seine*)

répondaient avec ceux des bords de la Sprée : « C'est
exact au point de vue de l'estomac, mais l'homme ne vit
pas seulement de pain ! » Cette phrase semblait devoir
ravaler les partisans du droit au rang de vulgaires jouisseurs songeant seulement aux plaisirs de la chair. Les partisans de la force brutale s'élevaient de ce fait à leurs
propres yeux. Ils s'estimaient être généreux, patriotes et
fiers et plaçaient les partisans du droit dans la tourbe
abjecte des matérialistes.

Il n'y a pas un seul homme de bon sens qui conteste
que la conquête a été à l'origine un acte de pur brigandage, dont le lucre était le seul but. Personne n'osera ridi-
culement prétendre que les hommes de l'époque sauvage
et barbare combattaient pour le triomphe du spiritualisme.
Mais, quand on eut démontré tout ce que la conquête avait
d'ignoble et d'absurde, les routiniers durent bien chercher
un motif plausible pour excuser leur résistance à la raison
et ils firent cette découverte admirable, que « l'homme ne
vit pas seulement de pain ».

Oui, certes, l'homme ne vit pas seulement de pain et
c'est la plus haute de ses gloires. L'homme vit surtout par
l'esprit et par le cœur. Il y a même davantage : aucun
bonheur n'est possible tant que l'homme n'est pas en paix
avec sa conscience : il vit donc surtout et avant tout, de la
satisfaction de lui-même ; en d'autres termes, du sentiment
de l'honneur.

Mais l'erreur fondamentale des partisans de la force et
des anarchistes internationaux, consiste à croire que
l'unique satisfaction morale que puisse éprouver un peuple
est de se savoir malfaiteur. Dans la vie privée, nous voyons
juste le contraire. Les individus se sentent malheureux
quand ils sont criminels ; ils se sentent fiers, grands et
heureux quand ils sont loyaux et honnêtes. La plus grande
satisfaction que puisse éprouver un homme est d'être un
juste, et non un scélérat ou un brigand [1].

1. Voy. plus haut, p. 23.

L'homme ne vit pas seulement de pain, il vit surtout d'honneur et, dès que celui est perdu, la dégradation et la dégénérescence arrivent à grands pas. Mais, ou bien l'honneur est un mot absolument vide de sens, ou bien il consiste à respecter le droit du prochain. Dès qu'un individu a volé ou fait un faux, s'il y a en lui la moindre parcelle de sentiment de l'honneur, il se sent avili et abaissé, il est déchiré par le remords qui lui fait prendre la vie en horreur et en dégoût.

Ce qui est vrai des individus, pris en particulier, l'est aussi des individus pris collectivement, c'est-à-dire des nations, car celles-ci ne sont autre chose que la totalisation des individus.

Le peuple allemand peut parfaitement ne pas se contenter seulement de pain et se sentir dégradé à l'idée qu'il nie les droits des Alsaciens-Lorrains. Il n'est pas prouvé que, parce qu'il ne doit pas se contenter seulement de pain, il doive éternellement trouver noble, grand et beau de se livrer aux plus cruelles violations du droit vis-à-vis des nations voisines.

Le sentiment de l'honneur, dans la vie privée, consiste à respecter les droits du prochain. Le sentiment de l'honneur national n'est pas encore compris de la même manière ; souvent hélas il est compris d'une manière diamétralement opposée. Mais d'abord il est aisé de démontrer que cette manière diamétralement opposée est fausse. L'honneur national est, en réalité, exactement semblable à l'honneur individuel. Peu importe, d'ailleurs ; ce n'est pas la question pour le moment. Je veux seulement établir ce fait : le jour où les nations mettront leur point d'honneur à respecter et non à violer les droits des prochains, elles n'auront nullement besoin de se nourrir seulement de pain. Elles pourront parfaitement voguer à pleines voiles dans l'idéalisme le plus éthéré sans avoir besoin de commettre le moindre crime international. L'honnêteté la plus scrupuleuse n'empêche pas plus le spiritualisme des collectivités que celui des individus.

Si les peuples mettaient leur honneur où il doit être en réalité, c'est-à-dire dans le respect du droit, les Allemands, par exemple, n'auraient jamais voulu annexer l'Alsace-Lorraine sans consulter ses habitants. L'honneur national n'étant pas encore compris comme l'honneur individuel, Guillaume Ier ne s'est pas cru obligé de provoquer un plébiscite. Mais il ne s'ensuit aucunement que, s'il l'avait fait et s'il s'était conformé aux vœux des Alsaciens, le peuple allemand serait tombé dans le plus dégradant des matérialismes. Victor-Emmanuel II a bien consulté les Vénitiens avant de les annexer à son royaume, et l'on ne voit pas que les Italiens soient devenus pour cela une nation privée d'idéal.

C'est par la déduction la plus contraire à la logique que les partisans de la force rangent les partisans du droit dans le vil troupeau d'Épicure. Les partisans du droit soutiennent que le bien-être matériel est de la plus haute nécessité. Jamais et nulle part ils n'ont affirmé que le bien être matériel est le seul but de la vie et que le développement intellectuel ne doit pas être la principale préoccupation de l'homme. Au contraire, ce sont les partisans du droit qui servent véritablement la cause spiritualiste. Je le demande : quel idéalisme peut-on exiger d'un individu gagnant 345 francs par an en tout et pour tout [1]. Mais s'il pouvait gagner dix fois davantage, ses besoins intellectuels augmenteraient dans une très forte mesure. Le bien-être matériel est la base qui soutient le spiritualisme. Sans bien-être matériel la haute culture intellectuelle est impossible. Quand on réfléchit bien, on comprend que ce sont précisément les partisans de l'anarchie internationale qui veulent réduire le peuple à se nourrir seulement de pain et cela, au sens propre aussi bien qu'au sens figuré.

1. C'est le revenu moyen de 40 p. 100 du peuple allemand.

Voici maintenant un autre refrain du prétendu spiritualisme :

« L'homme est ainsi bâti, dit M. René Millet, qu'il ne fait de grandes choses qu'à la condition de mettre sa vie pour enjeu[1]. Dès qu'il se préfère lui-même à son idée ou à son rêve, il commence à déchoir. Quelle agriculture, quel commerce, quel génie même de l'invention remplaceront ces crises violentes et parfois salutaires où les cœurs battent à l'unisson, où les âmes vibrent à la voix d'un chef, où les volontés humaines, portées à leur maximum de tension, renversent tous les obstacles, s'élancent dans l'inconnu, reculent les bornes du possible, engagent un duel à mort contre la force d'inertie, et finissent par arracher du bloc informe de la pauvre humanité la figure radieuse du Dieu-nation. » Ce passage est un curieux échantillon des efforts que fait la pensée médiévale pour se libérer des étreintes de la raison moderne. Toutes les admirables émotions dont il est parlé ici sont évidemment dues à la victoire sur les champs de bataille. Je ne suppose pas M. Millet assez « sans patrie » pour désirer à son pays des désastres comme ceux de l'année terrible à la seule fin de voir les cœurs français « battre à l'unisson ».

En effet, c'est bien la victoire qu'il a uniquement en vue puisqu'il ajoute : « Le plus pacifique, le plus obscur d'entre nous tressaille au seul nom d'Austerlitz. » M. Millet ne dit pas « au seul nom de Sedan ». Mais notre honorable adversaire ne pourra pas contester, il me semble, que pour qu'il y ait un vainqueur il faut nécessairement un vaincu. Alors où est le profit ? Si Austerlitz relève le cœur des Français, il rabaisse celui des Russes. Ce qui est gagné par une nation est perdu par l'autre, en sorte qu'il ne

---

1. La proposition ne soutient pas la critique, Stephenson a créé une des plus grandes œuvres de l'humanité, les chemins de fer, sans avoir eu besoin de donner sa vie comme enjeu. Et ne peut-on le faire qu'en massacrant ses semblables sur les champs de bataille ? Ai-je besoin de rappeler à M. Millet combien de savants ont mis leur vie en enjeu et combien l'ont perdue, hélas, pour percer les mystères de la nature ?

Revue politique et parlementaire du 10 mai 1901, p. 279.

résulte aucun avantage positif pour le bonheur humain. Et puis il ne faut pas oublier que chaque nation peut être vaincue. La France, triomphante pendant vingt ans, a subi ensuite une série de revers aussi terribles que ses victoires avaient été fulgurantes.

Mais l'erreur fondamentale de M. Millet consiste à croire que les grandes émotions viennent seulement de la douleur. Nullement : elles viennent de la joie. Les souvenirs marqués en traits de feu dans la vie de chacun de nous sont ceux où nous nous sommes élevés à l'empyrée du bonheur, non ceux où nous avons été précipités dans un abîme de souffrances. Qui de nous ne se souvient avec un délicieux battement de cœur de la première étreinte de la femme adorée? Quel orateur ne se rappelle avec une profonde émotion ces moments où des milliers d'êtres frémissants étaient suspendus à ses lèvres? Quel homme, enfin, ne se sent pas envahi d'une satisfaction profonde en pensant à un bienfait qu'il a pu accomplir, surtout si ce bienfait s'étend sur les foules immenses, comme la découverte du sérum antidiphtérique. Au contraire, personne ne se souvient avec satisfaction du jour où la faim a assailli son foyer, où la maladie l'a accablé et où la mort, hélas, a emporté ses êtres les plus chers.

Ce qui est vrai des individus l'est aussi des collectivités. L'ouverture des états généraux, le serment du jeu de paume, la nuit du 4 août, l'inauguration du canal de Suez, les fêtes franco-italiennes peuvent avoir causé des émotions aussi profondes au peuple français que les égorgements de septembre, l'entrée des Prussiens dans Paris et les massacres de la Commune.

Mais, dira-t-on, et Marengo, et Austerlitz et Iéna et Wagram? Oui, certes! Seulement je vais montrer où est la différence fondamentale. Les émotions basées sur les triomphes de la justice n'appellent pas de réaction. Aucun pays n'a voulu faire du mal à la France parce qu'elle a proclamé les immortels principes de 1789. Au contraire, les émotions agréables, provenant des violations de la justice, sont nécessairement de courte durée, parce qu'elles appellent une réaction. Toute injustice étant une erreur a pour conséquence inévitable une douleur. Ainsi non seulement Austerlitz, Iéna et Borodino ont été suivis de la Bérésina, de Leipzig et de Waterloo, mais, de plus, les hécatombes de la Révolution et de l'Empire ont eu pour résultat la dépopulation et l'alanguissement de la France [1].

Lorsqu'on analyse avec précision les phénomènes sociaux, on comprend que les moments où les cœurs « battent à l'unisson » par suite de la violation de la justice peuvent avoir les conséquences les plus négatives pour le bonheur de la patrie. Au contraire, lorsque les cœurs battent par suite des triomphes du droit, le bonheur de la patrie ne peut qu'augmenter.

Les partisans de la force brutale traitent aussi de dégénérés tous ceux qui ne sont pas prêts à verser leur sang à tout instant pour la « grandeur » de la patrie. Or, par ce mot « grandeur », les adeptes de la politique médiévale n'entendent pas autre chose que la conquête militaire, c'est-à-dire la violation des droits du prochain. Mais observez quelles entorses à la logique sont données par ces opinions prétendues spiritualistes. On arrive à considérer comme vertueuses les nations qui pratiquent le crime international et comme *dégénérées* celles qui ne le pratiquent pas ; cela renverse nos idées les plus enracinées. Ce sont les criminels que l'on a toujours considérés comme des dégénérés, non les hommes pleins d'honneur et de vertu. Voyez une autre conséquence. Au point de vue des rapports internationaux, ce qu'on appelle maintenant *subversif*, c'est le respect du *droit* et ce qu'on appelle *légal* est la négation du droit. En effet, ceux qui veulent renverser le règne de la force et restaurer, par exemple, les uni-

---

1. On a fait le calcul que, sans ces guerres, la population de la France serait supérieure de vingt millions à son chiffre actuel.

tés nationales des Polonais, des Serbes et des Bulgares, doivent tendre à modifier les divisions territoriales actuellement existantes. Or les individus qui font des tentatives de cette espèce sont traités de *criminels* par les gouvernements européens. Rien ne montre mieux dans quel océan de contradictions sont plongées les sociétés modernes. Elles traitent de *subversifs* les individus qui s'élèvent contre l'anarchie internationale ! Ce que les gouvernements, de nos jours, appellent l'*ordre*, consiste dans la permanence du brigandage et de la violence !

Mais aucun sophisme, issu d'une prétendue spiritualité, ne saura prévaloir contre ce qui est vrai. Les peuples régénérés sont ceux qui ont dépassé la hideuse période des meurtres et des rapines. La Suisse et la Scandinavie sont des nations vraiment régénérées, car elles n'admettent plus que le travail comme moyen d'enrichissement et elles ont renoncé à l'homicide collectif et au brigandage armé. Au fur et à mesure que les autres nations imiteront celles que je viens de nommer et abandonneront toute idée de conquête violente, elles se régénéreront à leur tour. Les hommes d'État qui n'hésitent pas à faire massacrer des milliers de leurs compatriotes pour obtenir des satisfactions d'amour-propre sont des monstres de corruption, la lie de l'humanité. Les hommes d'État, au contraire, qui travaillent à établir la justice universelle sont la fine fleur, les plus brillants joyaux de notre race.

La morale est un ensemble de règles produisant le bonheur de l'individu. Des actes semblables assurent le bonheur de l'individu, au sein de l'État et le bonheur des nations au sein de l'humanité. Les hommes qui dirigent les destinées des peuples, ayant un horizon mental extrêmement borné, n'ont pas encore compris cette vérité élémentaire. Mais cela ne prouve nullement que cette vérité ne soit pas le fondement inébranlable du bonheur humain. Il n'y a pas d'idéalisme ni de spiritualisme qui puissent jamais renverser les lois de la nature et asseoir

le bonheur des sociétés sur le brigandage et la spoliation.

Abordons maintenant une dernière thèse des spiritualistes : ils disent que le règne de la force brutale vaut
mieux que celui de la justice, parce que celui-ci conduirait
au luxe qui amollit les nations.

Ces bons conservateurs sont véritablement touchants !
Ils ont une peur bleue de voir les peuples tomber en décadence ! Ils affirment qu'il faut accepter de gaîté de cœur
les massacres les plus épouvantables, les souffrances les
plus cruelles et les catastrophes les plus terribles pour éviter le malheur suprême de la dégénérescence. Quelle sol-
licitude pour l'élévation du genre humain ! On se sent tout
ému quand on songe à la noblesse de ces aspirations.

Depuis des milliers d'années on répète que le luxe amollit les nations et produit leur chute. Comment ne s'est-on
pas encore aperçu que ce vieux cliché est le plus absurde
qui se puisse imaginer et qu'il contient dix fois plus de
contradictions que de mots ?

Le luxe ! A l'heure actuelle, dans les sociétés les plus
avancées de l'Europe occidentale, sur 1.000 individus
il y en a 900 qui vivent dans la misère, 90 dans l'aisance
et à peine 10 dans la richesse. Il en est ainsi à notre
époque, quand la vapeur et l'électricité ont au moins décuplé la production. Il en est ainsi dans les sociétés civilisées
de l'Occident, c'est-à-dire pour 300 millions d'hommes au
plus sur les 1.545 qui peuplent notre globe. Il faut songer
que dans l'antiquité et le moyen âge, le nombre des riches
était beaucoup moins considérable que de nos jours. Peut-
être ne s'élevait-il pas à 1 pour 1.000. Comment vient-on
donc soutenir que le luxe a corrompu les nations, quand
les individus possédant le luxe ont toujours été une minorité complètement négligeable ? L'immense majorité des
hommes ont vécu et vivent encore dans les privations les
plus horribles et, par une ironie véritablement cruelle,

on vient affirmer qu'ils doivent se massacrer de temps en temps pour ne pas être amollis par le luxe qu'ils n'ont jamais possédé ! Il n'y a pas à dire, comme argument spiritualiste, cette mystification est des plus réussies !

Mais admettons que la justice universelle fût établie et que, par suite, le revenu de chaque famille humaine put atteindre 10.000 francs par an. Cela serait encore à peine l'aisance et nullement ce luxe sardanapalesque qui peut amollir. Quant au jour où tous les hommes auront chacun plus d'un million de revenu (ce qui serait vraiment le luxe universel), les spiritualistes peuvent parfaitement le laisser en dehors de leurs préoccupations.

Mais, de plus, pourquoi affirme-t-on que le luxe produit nécessairement la dégénérescence ? On répète cette phrase moutonnièrement parce qu'elle a été dite autrefois par quelque rhéteur absolument ignorant de la science sociale. Il suffit de jeter le coup d'œil le plus superficiel autour de soi pour se convaincre que les faits ne la confirment en aucune façon. Il y a des gens riches qui mènent la vie la plus rangée et qui travaillent du matin au soir avec la plus grande ardeur, comme il y a des pauvres qui mènent la vie la plus dissolue et ne veulent absolument rien faire. Les fainéants sont des dégénérés, assurément, et non les travailleurs. Mais fortune et fainéantise ne sont pas des termes inséparables. Ce qui empêche de bien comprendre cette vérité, c'est qu'on confond parfois le travail avec la production économique. Un individu peut travailler comme un nègre et faire le plus grand bien à ses semblables, non seulement sans gagner d'argent, mais en dépensant même celui qu'il a. Tel est, par exemple, le cas des législateurs dans un pays où les députés ne sont pas payés.

Ce qui est vrai des individus est aussi vrai des collectivités. Les Turcs sont beaucoup plus pauvres que les Américains. Cependant les Américains sont l'activité même et les Turcs l'indolence personnifiée. Les désirs du cœur humain n'ont pas de limites. Un homme qui possède un million peut abattre la besogne la plus énorme pour en acquérir un second. Rien ne prouve que le jour où chaque chef de famille pourra gagner 10.000 francs par an il ne fera pas des efforts pour en gagner 20.000. Il est donc absurde de demander le maintien de l'anarchie sauvage qui règne de nos jours par crainte de voir l'humanité dégénérer par le luxe.

Et les spiritualistes ne craignent pas seulement les délices de Capoue et l'amollissement social, ils craignent aussi le dépérissement physiologique de la race. Ici les raisonnements des spiritualistes atteignent, en vérité, les limites les plus extrêmes de l'extravagance.

On ne voit pas pourquoi des parents bien logés, bien vêtus et bien nourris doivent nécessairement donner le jour à des enfants rabougris et malingres. C'est le contraire qu'on observe partout. Quand les parents sont affaiblis par les misères et les privations, ils mettent au monde des rejetons rachitiques et souffreteux.

Et puis lorsque l'enfant est né, c'est, de nouveau, l'absence de bien-être qui l'empêche de se développer d'une façon normale et saine. Certainement l'aisance et la richesse n'opposent pas d'obstacles à la naissance d'enfants robustes et bien doués. Alors comment peut-on dire que l'aisance fera dégénérer la race?

On prétend que la haute civilisation fait survivre beaucoup d'enfants qui seraient incontestablement morts dans l'état barbare et, qu'à ce point de vue, la civilisation produit la dégénérescence. A cela je répondrai que la supériorité de l'homme est dans le cerveau et que la préservation d'êtres faibles de corps, mais forts par l'esprit est un important bénéfice pour la race. Mais, de plus, au raisonnement des spiritualistes je vais en opposer un autre : si le bien-être n'empêche pas les forts de voir le jour, la misère, de son côté, n'empêche pas les faibles de naître et de survivre quand même dans une certaine mesure. Ensuite des forts peuvent venir au monde dans l'état de misère et, par suite de cette misère, ils peuvent contracter des maladies qui les rendent faibles. Enfin tout le monde sait que les guerres produisent une sélection à rebours des plus actives par l'élimination des mieux constitués et des plus robustes, car on n'enrôle pas les malingres et les débiles. Tous ces faits montrent que la barbarie amène aussi une dégénérescence de la race et qu'il ne suffit pas d'empêcher l'établissement de l'ordre international pour régénérer le genre humain.

A quoi pourrait aboutir le plus extrême progrès de la science, en général, et de la science médicale en particulier ? A faire vivre tous les hommes en parfaite santé jusqu'à quatre-vingts ans et à les voir mourir alors de mort naturelle sans souffrance. Voilà certes un idéal difficile à atteindre. Mais imaginons qu'il soit réalisé. Comment les spiritualistes pourront-ils affirmer qu'alors l'espèce humaine aura dégénéré ? Il y a contradiction absolue dans leurs conceptions. Ils appellent *dégénéré* l'homme qui ne peut pas lutter contre les circonstances adverses et qui meurt avant l'âge, sans avoir accompli sa carrière. Mais si tous les hommes pouvaient mourir à quatre-vingts ans, il faudrait les appeler *régénérés* et non dégénérés. On voit donc que lorsque les spiritualistes affirment que le bien-être et la haute civilisation font dégénérer le genre humain, ils sont en pure contradictions avec les faits.

Les spiritualistes disent que la guerre est utile parce qu'elle empêche la décomposition des sociétés. La prétendue puissance régénératrice des massacres, ou en d'autres termes, la prétendue bienfaisance des actes criminels est le paradoxe le plus violent qui soit jamais entré dans une cervelle humaine.

Ainsi Descartes, Newton, Laplace, Lavoisier, Pasteur, tous ces génies qui ont ouvert à la pensée des horizons infinis, qui ont donné à l'âme les envolées les plus superbes, tous ces hommes ont contribué à la dégénérescence de

notre espèce ! Au contraire, tous les massacreurs impitoyables, les Tamerlan, les Soliman, les Napoléon, les
Bismarck, hommes qui ont déchaîné les pires instincts de
la brute, ont contribué à régénérer notre espèce ! On est
vraiment stupéfait quand on voit des individus, se disant
sérieux, venir soutenir de pareilles propositions ! Alors la
dégénérescence de notre espèce est ce qui fait de nous des
êtres intelligents et la régénération est ce qui fait de nous
des brutes inconscientes !

Et ce sont de prétendus *spiritualistes* qui viennent
exprimer gravement des énormités de ce genre ! Comment ne voient-ils pas qu'ils sont en complète contradiction avec eux-mêmes ! Ils nous conjurent constamment de nous élever au-dessus du matérialisme épicu-
rien et ils nous poussent à descendre dans la pure animalité !

Mais il y a un paradoxe encore plus fort que la régénération par le massacre, c'est l'amusement par le massacre.
Écoutons de nouveau M. Millet : « Le monde, si par impossible il devenait complètement pacifique, ne tomberait-
il pas dans une désolante monotonie et une irrémédiable
médiocrité [1]. » L'opposé de la monotonie est la distraction.
Or la distraction est une forme de plaisir, donc une jouissance. Mais comment les pires douleurs, la mort sur les
champs de bataille, les blessures horribles ou les maladies
les plus cruelles peuvent-elles produire de la jouissance ?
Paris est une des villes du monde où l'on a le plus l'occasion de se distraire, de ne pas vivre par conséquent dans
une « désolante monotonie ». Mais il en est ainsi parce
que Paris contient un grand nombre de plaisirs de tout
genre, matériels et intellectuels, et nullement parce qu'on
s'y est massacré de temps en temps avec fureur comme
en juin 1848 et en mai 1871. La vie est stagnante et en-
nuyeuse dans les petites villes de province, justement par

---

1. *Revue pol. et parl.,* p. 278.

ce qu'on y manque de distractions et nullement parce
qu'on y jouit de la sécurité.

Combien serait absurde qui viendait dire : « Cela m'en-
nuie de me bien porter, je veux me donner la fièvre
typhoïde pour me distraire. » Un homme sain peut déployer
l'activité la plus dévorante et ne pas s'ennuyer un seul
jour pendant une longue existence. Il en est exactement
de même des sociétés. Elles ont à accomplir encore un
travail immense. Il faudra des siècles et des siècles de
labeur acharné pour aménager notre planète conformément aux besoins de notre espèce. Les neuf dixièmes de
cette colossale besogne ne sont pas encore accomplis. —

La guerre étant un état de pathologie sociale, quand
M. Millet propose de nous massacrer de temps en temps
pour nous distraire, il est exactement semblable à l'homme
qui conseillerait de prendre un peu de fièvre typhoïde pour
rompre la monotonie de son existence.

Un dernier argument des spiritualistes : « les nations
ne sont pas seules sur le globe, disent-ils. Pendant que les
unes s'amollissent dans le luxe, les autres restent fortes
dans la barbarie. Un beau jour les secondes se jettent sur
les premières et les détruisent. Donc l'amollissement par
le luxe est un mal, la force par la barbarie est un
bien. »

Il y a dans cette proposition une erreur fondamentale de
raisonnement que l'on peut mettre nettement en évidence
par l'argument suivant. Imaginez un individu disant à ses
concitoyens : « Il y a parmi nous quelques assassins, ils
pourront nous tuer. Donc il est mauvais d'être inoffensifs
comme nous le sommes. Devenons tous assassins sans
quoi nous serons massacrés par les quelques criminels qui
vivent parmi nous. »

Le mal ne vient pas de ce que certaines nations sont
amollies et ne veulent plus attenter aux droits d'autrui. Il
vient de ce qu'il y a des nations qui ne veulent pas respecter les droits d'autrui. Mais ce sont les nations rudes qui

doivent s'amollir et non les nations amollies qui doivent devenir rudes.

C'est très bien, dira-t-on, mais comment faire pour amener ce résultat? Il faut agir, dans l'ordre international, comme dans l'ordre civil. Parce qu'il y a quelques criminels au sein de l'État, les honnêtes gens ne se font pas criminels, ils se liguent contre les criminels et les domptent. De même, dans l'ordre international, les nations vertueuses (celles qui ont renoncé aux conquêtes) doivent se liguer contre les nations prédatrices et les dompter. Mais si, sous prétexte que le Japon peut attaquer la Russie, la Russie veut attaquer le Japon, la Chine ou l'Allemagne, l'anarchie internationale durera éternellement, et le bonheur des nations restera une chimère. Si les nations civilisées de l'Europe se liguaient maintenant contre tout barbare perturbateur de l'ordre, ce barbare serait dompté comme sont domptés les criminels au sein de l'État.

On voit donc que les spiritualistes sont repoussés de leur dernier retranchement. Il n'est nullement nécessaire que les peuples redeviennent barbares pour être heureux, il est seulement nécessaire que tous les peuples deviennent civilisés le plus vite possible. Ce n'est pas dans la violence et dans l'anarchie qu'est le salut c'est, au contraire, dans l'ordre et dans la justice.

LIVRE II

LE DARWINISME SOCIAL

CHAPITRE XX

EXPOSITION DE LA THÉORIE

J'ai examiné dans le livre précédent une série d'erreurs qui s'opposent à l'établissement de la justice universelle. Ces erreurs avaient un lien commun : elles venaient de l'ignorance. Les unes étaient transmises traditionnellement aux générations actuelles par nos grossiers ancêtres de l'époque sauvage et barbare ; les autres étaient élaborées par des théoriciens, mais encore plongés dans l'empirisme. Je vais examiner maintenant, dans ce livre, une erreur formulée et propagée, j'ai le profond regret de le dire, par les adeptes mêmes de la science. C'est la doctrine qui a été qualifiée de darwinisme social. Elle enseigne que la société politique doit son origine à la violence et que l'État est le produit de la conquête, c'est-à-dire des massacres sur les champs de bataille.

Voici comment M. Lester Ward, un partisan des plus convaincus de cette doctrine, décrit l'origine de l'État et ses développements successifs : « Lilienfeld a comparé le processus qui s'opère par la conquête à la fécondation biologique. La race conquérante représente le spermatozoïde, l'élément actif et agressif ; la race conquise représente l'ovule, l'élément passif et subordonné ; le mélange réunit les caractéristiques des deux progéniteurs... Ce processus a été complètement décrit et illustré par MM. Gumplowicz

et Ratzenhofer[1], et ils ne sont pas seulement d'accord sur
les phases successives du développement, mais même sur
l'ordre dans lequel elles se produisent généralement :
1° asservissement d'une race à une autre ; 2° origine des
castes ; 3° adoucissement de cette condition aboutissant à
une grande *inégalité* des individus au point de vue politique et social ; 4° substitution d'une forme *légale* à la sujétion purement militaire ; apparition de l'idée du *droit ;*
5° origine de l'*État* dans les limites duquel toutes les classes
ont des devoirs et des droits ; 6° coalescence d'une masse
hétérogène d'éléments ethniques dans un *peuple* plus ou
moins homogène ; 7° naissance et développement du sentiment *patriotique* et formation de la *nation*[2] ».

M. Ward donne donc ici le schéma *général* de la formation des associations politiques. Il fait partir ces associations d'un fait *biologique :* de l'homicide qui permet à un
groupe humain d'en subjuguer un autre. Je dis que ce point
de départ est *biologique* parce que nul ne pourra contester,
il me semble, que la mort ne soit un phénomène physiologique, donc biologique. Si l'association politique a pour
fondement indispensable une série d'homicides, c'est-à-dire
de morts, nul ne pourra nier, il me semble, qu'elle a pour
origine un phénomène *biologique.*

D'autre part, l'asservissement d'une société à une autre

---

1. Par M. Gumplovicz dans son ouvrage intitulé *Der Rassenkampf*,
Innsbruck, Wagner, 1883 (traduit en français par M. Ch. Baye sous le
titre : *La lutte des races.* Paris, Guillaumin 1893), par G. Ratzenhofer dans
son ouvrage intitulé *Die sociologische Erkentniss*, Leipzig, Brockhaus 1898.
2. Voy. Lester F. Ward *Pure sociology.* New-York Macmillan 1903,
p. 205. MM. Gumplowicz et Ratzenhofer sont les représentants les plus
attitrés du darwinisme social. Si je prends cependant, de préférence, l'ouvrage de M. Lester Ward pour combattre cette théorie c'est, d'abord, parce
que M. Ward est un des sociologues les plus éminents de notre époque et,
ensuite, plus particulièrement, parce qu'il est Américain. Les Américains,
nation jeune, libérée des traditions médiévales qui pèsent d'un poids
si lourd sur les esprits européens, libérés des préjugés nationaux et des
haines internationales qui, malgré tout, obscurcissent nos jugements, les
Américains, dis-je, sont généralement beaucoup plus avancés que les
savants du vieux continent. Si des sociologues américains peuvent tomber
dans de si profondes erreurs, on peut s'imaginer ce qu'il en est des
autres.

paraissant à MM. Ward, Gumplowicz et Ratzenhofer la condition indispensable pour former l'union politique et cet asservissement se produisant presque toujours à la suite d'homicides, c'est donc une série de *morts* qui sont l'origine de la *vie* sociale dans ses formes les plus complexes et les plus élevées.

Parti de ces prémisses, le darwinisme en tire des conséquences logiques. « En examinant les choses objectivement, dit encore M. Ward, on trouve que la guerre a été la condition principale et directrice du progrès dans l'humanité. Si les conseils des partisans de la paix avaient prévalu, il y aurait eu peut-être la pacification universelle, peut-être même une grande somme de contentement, mais il n'y aurait eu aucun progrès. Le pendule social aurait accompli des oscillations toujours de plus en plus courtes, jusqu'au moment où il serait arrivé au point mort; et la société ayant atteint l'équilibre, tout mouvement y aurait été suspendu [1]. »

M. Ward m'écrivait encore dans une lettre personnelle : « La guerre a été le principal moyen de conserver les différences dans les forces potentielles des sociétés. La conquête et l'asservissement sont les conditions indispensables à toute société qui s'élève au-dessus de la phase de la horde. C'est exactement semblable à l'origine des tissus dans la vie organique. La comparaison des protozoaires et des métazoaires avec la phase protosociale et métasociale est basée sur ce fait. »

En un mot, le darwinisme social enseigne que la lutte sanglante est la condition initiale de la formation des collectivités humaines de l'ordre supérieur, et le facteur indispensable de leur progrès.

Je vais consacrer les huit chapitres suivants à réfuter cette théorie. Je crois pouvoir y réussir sans beaucoup de peine, parce qu'elle est manifestement fausse. Mais avant

---

1. *Op. cit.*, p. 238 et 240.

d'entreprendre cette réfutation, je veux me laver de tout
reproche de sentimentalisme. « La plus grande partie de
la propagande pacifique, dit M. Lester Ward, est caractérisée par une méconnaissance totale des grands faits
cosmiques et des lois générales de la nature. De là vient
l'impuissance complète de cette propagande. Il y a un
degré de culture très raffiné qui, loin d'étendre l'horizon
mental, le restreint. C'est le propre d'un esprit stérilisé
d'exagérer les petites choses et de négliger les grandes.
Sentimentalité niaise et tendresse hors de propos, absence
de perspective et d'esprit critique dans l'examen des phénomènes mondiaux, incapacité de sentir la pression des
événements ou de peser le poids relatif des faits inégaux
et hétérogènes, tels sont les défauts dominants chez certains esprits qui, par suite de leur haute culture intellectuelle et de leurs autres avantages sociaux, ont la réputa-
tion de constituer la fine fleur de l'élite intellectuelle. Les
rudes instincts du gros public et des collectivités sociales
sont des guides beaucoup plus sûrs[1]. »

M. Lester Ward a parfaitement raison. La science n'a
absolument rien de commun avec le sentiment. Il est assurément très regrettable que le Sahara soit un désert aride
au lieu d'être une région fertile et plantureuse. Mais a-t-on
jamais vu un géologue écrire une seule ligne pour se
lamenter à ce sujet? Pour ma part, je considérerai comme
indigne de moi de perdre une seule minute de mon temps
à combattre le darwinisme social, par ce seul motif
que cette théorie est désolante, inhumaine et cruelle. Cela
serait peine absolument perdue, pure niaiserie enfantine.
La science est la connaissance de la vérité et nullement
la chasse aux illusions; un esprit véritablement scientifique professe le plus profond mépris pour la sentimentalité. Ce livre n'est pas écrit pour faire de la propagande
pacifique, mais pour exposer des vérités qui me semblent

1. *Op. cit.*, p. 239.

méconnues. La bonté, la générosité, la charité, l'amour du prochain ont assurément leur place, et une place des plus glorieuses dans les affaires humaines, mais elles n'en ont aucune dans la science. Celle-ci est guidée par la raison et uniquement par elle; le cœur a son mot à dire dans la conduite des hommes, mais non dans les théories scientifiques.

D'ailleurs, aucune théorie n'est malfaisante, parce que cruelle, elle ne peut être malfaisante que parce que fausse. Imaginons un géologue qui, après de longues et profondes recherches, élabore une théorie démontrant que l'Europe doit s'effondrer sous les eaux de l'Océan dans un délai de dix ans. Certes il sera cruel de penser que tant de pays magnifiques, la Suisse avec ses merveilles, l'Italie avec ses paysages enchanteurs et ses admirables monuments d'art, devront disparaître à bref délai. La théorie de notre géologue sera tout ce qu'il y aura de plus désolant, mais elle ne sera nullement malfaisante, si elle est vraie. Les habitants de l'Europe, prévenus à temps, auront la possibilité de se sauver. Par suite de cette théorie, une immense somme de souffrances (la mort soudaine de 400 millions d'hommes) sera épargnée à notre espèce. La théorie de notre géologue ne sera malfaisante que si elle est fausse. En effet, ayant été tenue pour vraie, elle aurait poussé 400 millions d'Européens à quitter leurs foyers et à s'exposer à des privations innombrables en émigrant vers les autres continents et cela en pure perte, puisque l'effondrement n'aurait pas eu lieu. La théorie aurait donc amené une somme de malheurs considérables qui ne se seraient pas produits si la théorie n'avait pas vu le jour. Elle aura été malfaisante uniquement parce qu'erronnée. Il en est de même du darwinisme social. Il nous cause des souffrances uniquement parce qu'il n'est pas vrai et nullement parce qu'il est cruel.

Comme la somme du bonheur humain est en raison

directe de la vérité, les erreurs se traduisent directement
par des souffrances. Mais les erreurs scientifiques ont des
résultats beaucoup plus importants que les erreurs de l'ignorance. L'ignorance est méprisée ; la science, au contraire,
est hautement honorée. Quand un savant illustre expose
une théorie bien élaborée, elle peut exercer une immense
influence sur les esprits. Son autorité peut être en raison
même du prestige exercé par le savoir et alors, si la théorie
se trouve fausse, elle peut faire beaucoup plus de mal que
les idées traditionnelles qui sont toujours regardées d'un
œil plus ou moins défiant par les esprits avancés. Ainsi on
voit entreprendre, de nos jours, des croisades enthousiastes
contre les dogmes religieux et politiques du moyen âge,
mais peu de personnes entreprennent des croisades contre
les théories scientifiques dont quelques-unes sont manifestement erronées. C'est à ce point de vue que le darwinisme
social a été particulièrement funeste. Il est arrivé avec la
splendide auréole de la science et, par suite, il a pu faire
déjà un mal incalculable.

C'est à lui que nous devons, en partie, le recul relatif de
la civilisation, qui a marqué la seconde moitié du xixe siècle.
Assurément, il nous vaut, dans une certaine mesure, ce
militarisme outrancier qui cause des souffrances si aiguës
et si intolérables à notre génération. Le darwinisme
a soutenu Bismark et a contribué à lui inspirer sa
fameuse doctrine que la force prime le droit, doctrine
qui fera perdre peut-être tout un siècle à la civilisation
européenne.

Le darwinisme social n'a pas été moins funeste à l'intérieur de l'État. Il a mis à la mode, poussé en avant et
comme justifié le type du « struggleur », de l'arriviste sans
foi ni loi, sans patrie et sans idéal. En effet, s'il est conforme à l'ordre de la nature de nous manger les uns aux
autres, vivent ceux qui ont le caractère le plus féroce et
les dents les plus acérées ! Les passions les plus basses, les
appétits les plus éhontés semblèrent justifiés désormais

par les arrêts de la science. On s'élança donc à la curée, sans le moindre remords.

Le darwinisme social a contribué puissamment à diminuer le bonheur de l'espèce humaine. S'il était une théorie vraie, il n'y aurait qu'à étudier les faits qu'il signale, avec la même indifférence que les phénomènes géologiques dont quelques-uns, comme les tremblements de terre, ont pour nous les conséquences les plus désastreuses. Fort heureusement, le darwinisme social est une théorie fausse. On peut donc ne pas se contenter de tenir à son égard une attitude uniquement passive. On peut le combattre, le réfuter et le reléguer dans ces vastes archives où le genre humain, dans son ascension triomphale vers la vérité, a déposé déjà tant de vieilles aberrations et tant d'archaïques erreurs.

CHAPITRE XXI

UNIVERSALITÉ ET TRANSFORMATION DE LA LUTTE

Lorsque, le 26 novembre 1859, Darwin fit paraître son immortel ouvrage sur l'origine des espèces, ce fut un tres-saillement universel dans le monde civilisé. On poussa un grand soupir de soulagement ! On était enfin débarrassé pour toujours du joug d'une divinité capricieuse ; l'arbitraire disparaissait de la nature ; tout rentrait dans un ordre grandiose et majestueux. On se sentait enfin sur le roc solide de la réalité ; on abandonnait le terrain mouvant de la fantaisie subjective ; on n'avait plus besoin du miracle ; la science positive étendait son empire sur toute la création ; l'esprit humain était désormais complètement affranchi.

Immédiatement on appliqua les principes darwiniens à l'ensemble des phénomènes de la nature, à l'astronomie, à la psychologie, à la sociologie. Et cette application se montra féconde. Elle renouvela toutes les sciences. Le monde, qui semblait figé auparavant dans une immobilité pareille à celle des momies d'Egypte, s'agita. Le changement, c'est-à-dire le mouvement et la vie, apparut partout.

L'enthousiasme excité par le darwinisme fut énorme ; il grisa les esprits. Comme il est conforme à la nature humaine que la puissance de la réaction y soit proportionnelle à la puissance de l'action, les conclusions du darwinisme furent immédiatement poussées beaucoup au delà de ce que légitimaient les connaissances positives. Le pendule dont j'ai parlé au chapitre xiii fut violemment écarté de la verticale par la théorie darwinienne. Malheureusement la déviation à droite fut suivie d'une déviation à gauche d'amplitude équivalente. L'application directe, et sans discernement, du phénomène de la lutte pour l'existence dans le domaine de la sociologie, engendra autant d'erreurs et des erreurs aussi profondes que le darwinisme avait engendré de vérités de premier ordre dans les domaines de la cosmologie et de la biologie. Cette déviation était d'ailleurs inévitable. Il est conforme à la nature de notre esprit que les observations superficielles et les généralisations hâtives précèdent, dans l'ordre des temps, les observations plus attentives, plus exactes et plus méticuleuses et les généralisations plus prudentes. Il faut des études plus prolongées pour connaître un grand hombre de faits, que pour en connaître un petit nombre.

Rien n'était plus rationnel que d'étendre le pl 'nomène de la lutte aux domaines de la chimie et de l'astronomie, d'une part, et de la sociologie de l'autre. Le mouvement et la matière sont un seul et même fait ; l'atome immobile est une absolue impossibilité. Dès lors, puisque tout est mouvement dans l'univers, la lutte en est le principe. Elle est partout et toujours, éternelle dans l'espace et dans le temps. D'une façon générale la lutte se ramène à la formule que voici : des atomes matériels, agglomérés autour d'un centre, s'en éloignent et vont s'agglomérer autour d'un autre.

Mais si la lutte est universelle, ses formes ou, si l'on veut, ses procédés, varient dans les limites les plus extrêmes. La formule que je viens de donner est comme un tronc qui étend des ramifications prodigieuses. La lutte, telle qu'elle s'opère entre atomes chimiques, diffère dans une mesure incommensurable, comme procédés, de la lutte telle qu'elle s'opère entre sociétés humaines.

Assurément, c'est une grossière erreur de croire que les lois universelles de la nature vont suspendre leur action

éternelle et auront la complaisance de s'arrêter au seuil
des collectivités humaines pour favoriser le bonheur de
notre espèce. Certes, il est ridicule et enfantin de nourrir
des illusions aussi prodigieusement optimistes. Non, la
lutte pénètre dans le domaine des collectivités humaines
et reste éternelle dans leur sein comme partout ailleurs.
Mais c'est une erreur tout aussi grossière de croire que
les *formes* de la lutte, dans le domaine social, puissent rester exactement semblables aux formes de la lutte dans les
domaines astronomique, chimique et biologique.

Tout d'abord, et d'une façon générale, on peut dire que
la lutte prend un aspect d'autant plus complexe qu'est complexe aussi le champ d'action dans lequel elle s'exerce.
Les phénomènes sociaux étant d'une complexité plus
grande que tous les autres, il faut s'attendre, *a priori*, à
ce que les procédés des luttes sociales soient aussi d'une
complexité corrélative. Les luttes humaines se différencient également parce qu'il y entre un élément intellectuel
qui manque dans les luttes chimiques, astronomiques et
biologiques. Il faut éviter soigneusement les procédés simplistes dès qu'on pénètre dans le domaine de la science
exacte et positive.

Mais il n'y a pas seulement le degré de complexité, il y
a des différences de nature.

La lutte astronomique s'accomplit par le procédé de
l'attraction et de la coalescence chimique. Les astres qui
errent dans l'espace (quel que soit leur état de condensa-
tion) attirent les amas de matière tombant dans leur sphère
d'attraction et les arrachent aux astres rivaux. Les plus
heureux dans ce combat, si l'on peut s'exprimer de cette
façon imagée, deviennent des soleils énormes ; les plus
malheureux restent de modestes petites étoiles.

La lutte biologique entre animaux s'accomplit par des
procédés tout différents. Un animal se jette sur un autre,
le tue, le mange et s'assimile sa substance par la digestion.

Assurément entre la lutte sidérale et la lutte biologique il y a quelques analogies. Toutes les deux rentrent dans la formule générale : des atomes, agglomérés autour d'un centre, s'agglomèrent ensuite autour d'un autre. Mais à côté de cette ressemblance fondamentale, combien de différences partielles ! On peut se demander même, si, au point de vue scientifique, la somme des différences ne l'emporte pas sur la somme des ressemblances. Certes, on peut dire que l'étoile victorieuse a *dévoré* le corps céleste vaincu, mais tout le monde comprend que cette expression est purement métaphorique. L'attraction d'un corps céleste par un autre et l'absorption d'un animal par un autre sont des phénomènes extrêmement différents. Il entre dans le second une infinité de facteurs qui n'existent pas dans le premier.

Parce que la lutte est universelle, parce qu'il y a des luttes astronomiques aussi bien que des luttes biologiques, il ne s'ensuit nullement que les procédés des luttes astronomiques et les procédés des luttes biologiques doivent être exactement pareils.

Il y a assurément des luttes sociales, comme il y en a d'astronomiques et de biologiques. Mais il ne s'ensuit en aucune façon que les procédés des luttes sociales doivent être identiques aux procédés des luttes biologiques, parce que les phénomènes sociaux sont autres que les phénomènes biologiques. Chaque domaine a ses formes particulières de luttes qui correspondent à sa nature spéciale. Il est parfaitement juste de dire que les transformations sociales ne peuvent s'opérer que par suite d'une lutte, tout comme les transformations sidérales ; mais il n'est pas juste de dire que les transformations sociales ne peuvent s'opérer que par suite du phénomène biologique du massacre. Affirmer cela est aussi peu exact et scientifique que d'affirmer que les transformations sidérales ne peuvent s'opérer qu'à la suite du phénomène biologique de la digestion. Tout le monde comprend qu'il est impossible de

transporter le procédé astronomique de la lutte (l'attraction) dans le domaine biologique et le procédé biologique
de la lutte (absorption) dans le domaine sidéral. Mais ce
qu'il faut comprendre aussi, c'est qu'il en est exactement
de même de la sociologie. Elle a son procédé spécial. On ne
doit pas confondre les domaines. On n'est pas en droit de
dire que, parce qu'il est conforme aux lois de la nature
que le lion mange l'antilope, il est également conforme
aux lois de la nature que les hommes se massacrent les
uns les autres jusqu'à la fin des siècles. Imaginez un astronome venant affirmer que, puisque les luttes sidérales se
produisent par le procédé de l'attraction, les luttes biologiques doivent se produire par un procédé identique et que
les animaux doivent s'arracher directement des cellules les
uns aux autres pour les agglomérer directement à leurs
corps. Il n'y a pas chez les animaux des cellules arrachées
directement à d'autres animaux, il y a un processus infiniment plus complexe, d'une nature spéciale (précisément la
nature biologique) qui est la digestion et l'assimilation.

De même dans les luttes sociales : on voit certains pays
qui, après avoir fait partie d'une nationalité, font ensuite
partie d'une nationalité différente (la Gaule, autrefois cel-
tique, est devenue latine). Ce phénomène a certainement
des analogies éloignées avec l'absorption biologique. On
dit communément, par métaphore, que Rome a dévoré la
Gaule. Mais tout le monde comprend que la latinisation
de la Gaule s'est faite par des procédés complètement différents de ceux de la digestion biologique qui s'opère
quand le lion tue et mange une antilope.

Ainsi donc l'objet de ce chapitre est d'établir nettement
deux vérités fondamentales : la lutte est éternelle et universelle, mais ses formes, ses procédés *varient constamment selon la nature des phénomènes qui sont en jeu*. On se
trompe en croyant que les formes de la lutte, qui se produisent dans un domaine, se retrouvent sans modification
dans les autres.

Le darwinisme social est la théorie qui enseigne que les procédés de la lutte biologique se retrouvent, sans modification aucune, dans le domaine de la sociologie, puisque le darwinisme affirme qu'un acte biologique (le massacre) est la cause première de l'association humaine de l'ordre supérieur et du progrès, donc des transformations de la société. Le darwinisme social, étant donc en contradiction avec une des vérités les plus incontestablement établies par la science, à savoir la transformation des procédés de la lutte, on peut établir, *a priori*, que le darwinisme social est une théorie fausse.

La démonstration *a posteriori* sera faite dans les chapitres suivants. Mais, avant de l'entreprendre, je veux faire encore une dernière généralisation.

Le darwinisme social enseigne que le massacre (la guerre) est le point de départ des formes supérieures de l'association humaine et la condition même du progrès. Mais les massacres sur les champs de bataille pendant la conquête, puis l'asservissement ou, en d'autres termes, le despotisme exercé sur les vaincus[1] sont des souffrances, donc une diminution de vie. Le darwinisme social aboutit donc à affirmer qu'une diminution de l'intensité vitale produit un accroissement de cette intensité. Cela se ramène tout simplement à affirmer que le malheur est le bonheur. C'est une contradiction pure. Autant affirmer que l'immobilité est le mouvement. Cela seul suffit à démontrer déjà que le darwinisme social est une théorie fausse. La vérité est beaucoup plus simple ; elle ne s'écarte pas du droit chemin ; elle est à midi et non à quatorze heures. La vérité est tout uniment cette proposition inattaquable, parce qu'elle est fondée sur le roc inébranlable de l'identité, à savoir que l'accroissement de la vie est l'accroissement de la vie et la jouissance, la jouissance. Le darwinisme enseigne

---

1. Ce despotisme est inévitable, au moins dans les premiers temps, car s'il était inutile, il n'y aurait pas conquête d'une race par une autre, mais simplement union volontaire de deux collectivités politiques.

que les sociétés deviennent plus vivantes (progressent)
quand elles deviennent moins vivantes (par le despotisme
qui accompagne les conquêtes). Or la vérité est, de nouveau, toute opposée : les sociétés deviennent plus vivantes
quand elles sont rendues vivantes (par la liberté) et moins
vivantes quand elles sont rendues moins vivantes (par la
tyrannie).

On peut juger à quel point le darwinisme a fait dévier
la pensée du droit chemin, quand on est obligé, dans un
ouvrage scientifique, de soutenir des propositions de ce
genre qui sont assurément les truismes les plus vulgaires
qui se puissent imaginer.

CHAPITRE XXII

CONFUSION DES LUTTES BIOLOGIQUES ET SOCIALES

Quand le darwinisme fit sortir l'esprit humain de l'étroite et obscure enceinte où il était resté confiné pendant des siècles, il se trouva soudain devant un vaste univers dont les phénomènes étaient d'une complexité prodigieuse. Longtemps la pensée scientifique ne sut pas se débrouiller dans ce chaos. Il fallut de nombreux et de persévérants efforts pour se retrouver au milieu des faits si prodigieusement multiples, pour les classer, les mettre en ordre et établir des distinctions claires et précises.

La confusion fut particulièrement grande dans les domaines biologiques et sociaux dont l'enchevêtrement et la variété sont extrêmes. Ici l'inobservation des faits, ou si l'on veut la superficialité de l'observation, atteignit presque les limites du grotesque. Les faits physiologiques, économiques, politiques et intellectuels furent mis pêle-mêle sur la même ligne sans aucun système et sans aucun discernement.

On ne sut pas établir de distinction nette entre les faits suivants :

1° Les luttes entre individus d'espèces différentes et les luttes d'individus de même espèce ;

2° Les luttes d'individus incapables de s'associer, avec les luttes d'individus capables de s'associer ;

3° Les luttes d'individus pourvus de hautes facultés mentales avec les luttes d'individus pourvus de facultés mentales embryonnaires.

Naturellement, par suite de ces confusions et de beau-

coup d'autres, qu'il m'est impossible de signaler toutes, on
arriva à des conclusions absolument contraires à la réalité.

Mais la plus grande erreur du darwinisme fut d'hypnoti-
ser la pensée humaine par l'idée de la lutte. Ce fut un véritable aveuglement. Il est impossible de comprendre comment des esprits scientifiques ont pu se fourvoyer aussi
complètement. Cela tint véritablement comme de la ma-
gie. Le darwinisme fit complètement oublier qu'il y a
dans l'univers un phénomène aussi général et aussi constant que la lutte : l'association. Dans la nature, les semblables s'attirent aussi bien que les dissemblables se repous-
sent, et la force qui unit les uns n'est en rien inférieure à
celle qui sépare les autres. La lutte est partout, mais l'association aussi. Chaque organisme, composé de plus d'une
cellule, est une association. Et certes, les organismes de
ce genre ne sont pas de rares exceptions ; ils sont plus
nombreux que les feuilles des arbres, plus nombreux que
les grains de sable de l'océan. L'existence universelle de
l'association crève donc les yeux. On ne peut pas regarder un seul instant autour de soi, on ne peut pas contem-
pler le moindre brin d'herbe, le plus modeste des animaux
sans être en présence de ce phénomène. Et pourtant, je
le répète, le darwinisme produisit un tel enthousiasme
qu'on le négligea presque complètement[1].

Une autre déviation de l'esprit, causée par le darwinisme,
a consisté à nous représenter la nature comme une divinité
consciente et cruelle, se complaisant à faire régner par-

---

1. Les organismes polyplastidaires sont des sociétés. A ce compte on
pourrait presque dire que tout le règne des métazoaires rentre dans les
limites de la sociologie. De même, la sociologie plonge dans le domaine
de la psychologie, puisque la conscience de l'homme a été élaborée par le
milieu social. La sociologie plonge dans la biologie parce que les relations
entre cellules, dans les organismes complexes, offrent de nombreux
rapports d'ordre social (division du travail, échange, etc.). D'ailleurs la
réciproque est vraie : la sociologie, à ce même point de vue, peut être
considérée comme le prolongement de la biologie. Ces empiétements de
domaines sont parfaitement compréhensibles. La nature est une et elle
comprend simultanément des phénomènes étudiés séparément par chacune
de nos sciences. Les divisions qui les séparent sont, dans une grande
mesure, arbitraires et subjectives à notre esprit.

tout la douleur. Le darwinisme nous a fait voir l'univers sous les couleurs les plus sombres et les plus atroces. Il a été une des raisons qui ont mis le pessimisme tellement à la mode dans ces dernières années.

Or l'idée de la cruauté de la nature est une pure fantasmagorie. La nature n'est ni tendre ni cruelle : tendresse et cruauté n'existent pas en dehors du domaine psychique. C'est par un grossier anthropomorphisme que nous croyons retrouver dans les substances inconscientes des manifestations semblables à celles qui se produisent dans nos centres nerveux. Dans l'univers on connaît seulement des lois générales ; il n'y a ni cœur ni entrailles. Une de ces lois générales est que tout être vivant fuit la douleur et recherche le plaisir (manifestation biologique de la loi plus universelle que tout mouvement suit la ligne de la moindre résistance). Quand deux êtres se trouvent en présence, si c'est l'antagonisme qui assure la plus forte expansion vitale du plus puissant, l'antagonisme l'emporte ; quand l'association assure le plus d'expansion vitale, l'association l'emporte. La résultante peut être tantôt une combinaison tantôt l'autre. Il en est en biologie exactement comme en astronomie. Si un astre, errant dans les espaces célestes, est attiré dans la sphère d'attraction de notre soleil, la résultante sera la conséquence du mouvement antérieur de ces deux corps. Si le corps attiré a une vitesse x, il peut se mettre à tourner autour du soleil, s'il a une vitesse y il peut s'éloigner du soleil après s'en être approché pendant un certain temps. Dans le premier cas, il se forme une association entre le corps errant et le soleil, si l'on peut s'exprimer de cette façon métaphorique, dans le second cas il ne s'en forme pas. On voit encore ici que l'association est un phénomène aussi universel que la lutte, car, de toutes façons, la rencontre de deux corps célestes produit ou une association ou une dissociation.

Après ces considérations générales, dont on appréciera

l'importance dans les chapitres suivants, revenons aux confusions que je signalais au commencement de celui-ci.

Il s'est formé sur la terre des espèces vivantes nombreuses et variées. Quelques-unes de ces espèces servent
de substances alimentaires à certaines autres : le phylloxéra se nourrit des racines de la vigne, le lion de la
chair de l'antilope, etc. Entre individus d'espèces se trouvant dans ces relations alimentaires, l'antagonisme est
invétéré, absolu, irréductible. C'est ici que le sentimentalisme n'a absolument rien à voir. On a beau les regretter,
il n'y a pas autre chose à faire qu'à constater la cruauté
des procédés employés dans la nature pour pourvoir à
l'alimentation de certains êtres. Il est absurde de vouloir y
porter un remède. La mort de la vigne produit la vie du
phylloxéra, la mort de l'antilope la vie du lion et vice
versa.

Mais parce que l'antagonisme et les procédés cruels existent nécessairement entre le lion et l'antilope, ce n'est pas
une raison pour nous aveugler et pour affirmer que des
rapports de ce genre sont les seuls qui puissent exister
entre deux animaux.

Je néglige déjà l'immense ensemble de phénomènes qui
se produisent entre espèces ne servant pas de substances
alimentaires les unes aux autres, comme, par exemple,
l'éléphant et le rhinocéros. Je vais me borner à examiner
d'autres rapports plus simples.

Les tigres ne se mangent pas entre eux. C'est la constatation d'une grande vérité biologique : à savoir que les
rapports entre individus de même espèce sont déjà différents des rapports entre individus d'espèces diverses. Les

---

1. Chose curieuse cependant, l'association se glisse subrepticement
même dans cette sphère de l'antagonisme absolu. Entre le bœuf et
l'homme, la relation est exactement semblable à celle qui s'établit entre
le lion et l'antilope. Pourtant une mutualité très forte existe entre l'espèce
homme et l'espèce bœuf. Sans aucun doute, il y aurait beaucoup moins
de bœufs sur la terre et chacun d'eux, en moyenne, vivrait moins longtemps si leur espèce n'était entrée dans l'alliance de l'homme.

tigres ne se mangent pas entre eux, pour deux raisons élémentaires : la première est que le tigre serait le plus terrible adversaire du tigre. Or, en vertu de la loi que tout être vivant cherche à fuir la douleur, un animal voulant manger se jette de préférence sur une proie facile, sur un gibier faible, plutôt que sur un gibier pouvant déployer une résistance égale à la sienne. En second lieu, les animaux de même espèce, s'ils sont de sexe différent, peuvent s'accoupler, ce qui établit de nouveau entre eux une série de relations nouvelles. Ces deux faits ont probablement fixé par hérédité l'instinct de solidarité entre animaux de même espèce. Mais, dans tous les cas, le lecteur voit déjà une première différenciation. Les relations sont autres entre individus de même espèce qu'entre individus d'espèces différentes.

Vient ensuite une immense région de rapports de tout genre, qui passent insensiblement de l'opposition fondamentale à l'association la plus étroite. C'est le vaste ensemble de phénomènes que les naturalistes étudient sous le nom de symbiose. Des êtres appartenant, non seulement à des espèces différentes, mais même à des règnes différents peuvent conclure à la longue des alliances tellement indestructibles qu'ils sont considérés comme formant un organisme unique.

Le lecteur comprend que je ne puis même pas aborder ce terrain dans le présent travail. Cela me mènerait trop loin et d'ailleurs ces faits ont été exposés d'une façon complète par de bien plus compétents que moi [1].

La seule chose que je veuille établir, c'est qu'il y a des êtres qui peuvent s'associer et d'autres qui ne le peuvent pas. Par cela seul, il se produit une différence fondamentale dans les procédés de la lutte qui s'établit entre eux. Dès qu'une association s'est formée, on ne peut plus comparer

---

1. Voir entre autres le livre magistral de M. A. Espinas, *Les sociétés animales*, étude de psychologie comparée, Paris, Germer Baillière et Cie 1878, et encore Ed. Perrier, *Les Colonies animales et la formation des Organismes*, Paris, Masson, 1881.

la lutte qui se livre entre les unités composant cette association, aux combats entre individus d'espèces différentes,
comme le lion et l'antilope.

« Nos cellules, dit M. T. Gautier, c'est-à-dire l'étoffe de
nos tissus et de nos organes ne sont autre chose que des
microzyma *sui generis*, de sorte que nous sommes, en dernière analyse, un paquet de bactéries plus ou moins fédé-
rées et faisant bon ménage ensemble. »

Tous les hommes vivant sur la terre pourraient parfaitement s'associer. La preuve c'est qu'il existe déjà
une association humaine embrassant le tiers de l'humanité (l'empire britannique), et nul ne contestera qu'il
serait parfaitement possible d'établir une fédération englobant tous les peuples de la terre. Puisqu'il en est ainsi,
profonde est l'erreur d'identifier les luttes humaines aux
luttes zoologiques qui s'accomplissent entre animaux d'espèces différentes, l'une servant naturellement de substance
alimentaire à l'autre, comme c'est le cas pour le lion et la
gazelle. Il faut identifier les luttes humaines à celles qui
s'accomplissent entre les cellules d'un même organisme
biologique. C'est alors que la lumière se fait et qu'apparaissent les analogies précises et justes.

Si tous les phylloxéras pouvaient mourir demain, la
société française deviendrait plus prospère, c'est-à-dire
plus vivante. De même, si tous les serpents pouvaient être
détruits en un seul jour, la société brésilienne acquérrait
une plus grande prospérité. Mais si tous les Anglais mou-
raient demain, la société française serait frappée de la plus
épouvantable des catastrophes, son bien-être serait réduit
dans une mesure énorme, en d'autres termes, son intensité
vitale serait sensiblement diminuée [2].

Dans le domaine biologique, la mort d'une espèce peut

1. *Année scientifique* de 1901, Paris Hachette 1901, p. 20.
2. Cela, d'une façon directe (parce que beaucoup de Français, réduits à
la misère, mourraient) et d'une façon indirecte (parce que beaucoup de
Français appauvris auraient moins de bien-être, donc une vie moins
intense).

faire la vie de l'autre ; dans le domaine social la mort totale d'une nation fait la mort partielle de l'autre. Quand un homme tue un bœuf et le mange, il ne se fait aucun mal à lui-même. Quand un homme en tue un autre et le mange, il se fait à lui-même le plus grand mal imaginable. Sans parler de toutes les autres relations, il peut détruire l'individu capable d'inventer une machine ou un remède dont il ferait un énorme profit.

Il n'y a donc aucune analogie entre le fait biologique et le fait social. Au contraire, il y a opposition complète. Or le darwinisme ne voit pas cette opposition : cela seul suffit encore à démontrer que cette théorie est complètement fausse.

Le budget de la marine anglaise était de 407 millions de francs en 1889 ; il est de 870 millions en 1904. Cela représente une diminution de bien-être, donc d'intensité vitale pour un grand nombre d'Anglais. Mais cela ne représente nullement un accroissement d'intensité vitale pour les Français, les Russes ou les Italiens, car si les 870 millions de francs, dépensés pour la marine, l'eussent été pour des besognes productives, les Anglais auraient acheté plus de marchandises aux Français, aux Russes et aux Italiens. D'autre part, qu'une guerre éclate demain entre l'Allemagne et la France, il se peut que beaucoup d'Allemands soient tués, mais, même en cas de victoire de la France, il y aura aussi beaucoup de Français qui tomberont. On voit donc qu'il est impossible de détruire d'autres hommes sans se détruire en partie soi-même, tandis qu'au contraire il est parfaitement possible au lion de détruire la gazelle sans se détruire lui-même. Encore une preuve que les luttes biologiques ne sont pas de la même nature que les luttes sociales, mais d'une nature diamétralement opposée.

Le darwinisme ne tient pas compte de ces différences pourtant évidentes, donc il est une théorie fausse.

Enfin je passe à la dernière des distinctions que j'indi-

quais au commencement de ce chapitre, celle qui se manifeste dans des luttes entre individus pourvus de hautes
facultés mentales et les luttes entre individus possédant des
facultés embryonnaires.

Ici je vais procéder par un exemple. Il montrera d'une
façon particulièrement nette, à quelles erreurs énormes
on arrive quand on applique au domaine social, sans attention et d'une façon superficielle, les données biologiques.

Une idée qui court les rues, c'est bien l'affirmation que
les hommes se font la guerre parce qu'ils manquent de
subsistances. Cela a été répété à satiété sous les formes
les plus diverses. « Cette terre, si vaste qu'on la suppose,
dit M. R. Millet, a cependant des bornes. Sa force de production n'est pas indéfinie. Que font les peuples quand
les terres leur manquent? Ils se battent pour en avoir
d'autres [1]... Les hommes ne cesseront jamais de se disputer la terre, parce que la richesse qu'elle récèle dans ses
flancs ne grandit pas aussi vite que leur nombre, leurs
besoins et leur ambition [2]. » Écoutons maintenant un des
coryphées du darwinisme social, G. Ratzenhofer : « La
réduction des subsistances produites par l'accroissement
de la population pousse les individus et les collectivités à
la lutte pour l'existence [3]. » Quand éclata la guerre entre
l'empire du Mikado et celui du Tsar, l'immense majorité
du public russe fut persuadée que les Japonais avaient
un besoin impérieux de s'emparer de la Corée, parce

1. Une remarque, en passant : comment M. Millet ne s'aperçoit-il pas
de l'inconséquence contenue dans le mot *autre*. Si la terre manque aux
Allemands et qu'ils prennent l'Alsace-Lorraine, de cet acte résulte que la
terre manque aux Français. Les conquêtes n'augmentent pas la superficie
du globe, elles déplacent seulement les dominations. Par conséquent,
quand la terre viendra à manquer à l'ensemble de l'humanité, on aura
beau déplacer les frontières, on n'arrivera pas à atténuer le mal produit
par le manque de champs cultivables. M. Millet aurait dû dire que, pour
être à son aise, une nation doit de temps en temps en massacrer une
autre. Cela serait logique. Seulement cet aimable procédé n'offrirait de
charmes que pour le massacreur et non pour le massacré. Mais qui peut
prévoir d'avance le rôle auquel il sera réduit? Cette politique manque
décidément d'attrait.

2. *Revue polit. et parlem.* du 10 mai 1904. p. 281.

3. *Sociologische Erkentniss*, p. 245.

qu'ils manquaient chez eux de champs cultivables ou, en d'autres termes, de subsistances.

Or, guerroyer pour s'emparer des subsistances ressemble plus ou moins à l'acte que commet le lion en tuant l'antilope pour le manger. C'est donc, dans une certaine mesure, un phénomène biologique. On a assimilé la guerre aux combats que se livrent les animaux qui se jettent sur une proie. On a dit qu'elle est la continuation du même processus et on a conclu que la guerre entre les hommes est éternelle et fatale, parce que telle est, en vertu des lois de la nature, la lutte entre les espèces animales qui servent de substances alimentaires les unes aux autres.

Or cette affirmation est un tissu d'inconséquences, parce qu'il y a un abîme entre les actions d'un être ayant l'intelligence de l'homme et les actions d'un être ayant l'intelligence du lion.

La première différence capitale, c'est que les hommes peuvent accroître leurs subsistances par l'agriculture et par l'élève du bétail, dans une limite presque indéfinie, tandis que les animaux ne le peuvent pas. Cette différence, à elle seule, établit une limite absolue et tranchée entre les phénomènes purement biologiques et les phénomènes sociaux, et montre tout le néant et toute la fausseté du darwinisme social. Malthus a beau affirmer que les hommes s'accroissent plus rapidement que les subsistances produites par eux, avec des théories imaginaires, il ne peut rien contre la réalité des faits. Or des faits positifs sont donnés par la statistique. Ainsi, aux États-Unis d'Amérique, de 1830 à 1900, la richesse a passé de 45 à 450 milliards, c'est-à-dire qu'elle a décuplé, tandis que la population a passé de 12.866.000 à 76.085.000 hommes, c'est-à-dire qu'elle a sextuplé. Il en est de même dans tous les autres pays qui ont un gouvernement régulier, respectueux des droits du citoyen[1]. Dans tous les États de ce genre, le

_____

1. En Angleterre le revenu constaté par l'incone-tax était de 390 millions de livres-sterlings en 1869 et de 867 millions en 1902. Ainsi pendant que

revenu moyen par tête d'habitant augmente constamment. La richesse croît donc plus vite que la population. Or richesse signifie, en premier lieu, possibilité de se procurer des subsistances, car il est impossible, dans les sociétés civilisées, d'avoir moins de produits alimentaires en ayant plus de revenu. L'heure où notre planète ne sera pas en état de fournir des ressources suffisantes aux hommes qui la peuplent, est encore très loin d'avoir sonné. Si les hommes ne tirent pas, de nos jours, des entrailles du globe tout ce qu'il leur est nécessaire cela tient uniquement à notre mauvaise organisation politique.

Un second trait fondamental qui sépare l'homme des animaux, c'est qu'il peut limiter l'accroissement de la population à volonté, tandis que l'animal ne le peut pas. Les moyens par lequel l'homme y arrive sont des plus divers : l'abstinence pure, les précautions, les opérations chirurgicales, l'avortement, l'infanticide. Je n'ai pas à apprécier ici ces moyens ni à les juger. Il me suffit de constater que l'animal ne pratique aucun de ces procédés et cela seul établit de nouveau entre l'animal et l'homme une différence énorme qui dément toutes les affirmations du darwinisme social. On sait que certaines nations ne s'accroissent presque plus et que d'autres ont une tendance à diminuer leur natalité. Il viendra donc probablement un temps assez proche où les hommes n'auront guère peur de ne pouvoir tirer assez de subsistances de la terre, puisqu'ils cesseront de multiplier. Comme je l'ai établi ailleurs, il faudrait que leur nombre fût au moins de quatre milliards sur la terre, pour leur permettre d'atteindre le maximum du bien-être. Les hommes à l'époque actuelle feraient donc bien, dans leur intérêt, de s'accroître encore. Mais ce n'est pas de cela qu'il est question pour le moment. Il me suffit d'établir que si nous pouvons augmenter nos subsistances pour ainsi dire indéfiniment et si nous pouvons empêcher l'accroisse-

le revenu augmentait de 217 p. 100, la population augmentait seulement de 135 p. 100.

ment de la population, il ne se produira pas de ces insuf-
fisances de substances alimentaires qui devront pousser
les collectivités à l'inéluctable nécessité de se massacrer
les unes les autres.

Tous les ans on publie maintenant des cartes schéma-
tiques montrant la production des substances nutritives
sur le globe entier. L'humanité connaît donc les ressources
dont elle dispose et peut parfaitement proportionner les
naissances à la quantité de produits alimentaires qui sont
mis à sa disposition. On peut faire déjà un budget général
de l'espèce humaine et prendre les mesures nécessaires
pour obtenir les denrées nécessaires en quantités suffisantes. La statistique et l'économie étaient autrefois nationales. Elles sont devenues mondiales. Bientôt le globe
entier sera dans la situation où la France se trouvait sous
Colbert. On sait que ce célèbre ministre se croyait en devoir d'édicter des règlements en vue d'assurer les subsistances à la totalité des sujets de son souverain. Bientôt,
sans doute, il y aura des hommes qui auront de pareils
soucis pour l'ensemble du genre humain. Assurément, je
le répète, rien d'analogue ne se retrouve parmi les animaux. On voit donc combien sont prodigieusement simplistes les esprits qui assimilent complètement les luttes
biologiques alimentaires aux luttes sociales.

Ces déviations de l'esprit sont véritablement inexpli-
quables. C'est à croire, en vérité, qu'il n'a jamais existé
parmi les hommes un phénomène appelé *production*. Comment les darwinistes sont-ils assez aveugles pour mécon-
naître cette vérité, banale entre les banales, que c'est par
la production que l'homme augmente la somme de ses
subsistances. La spoliation, que les darwinistes qualifient
de lutte pour l'existence, est seulement un moyen de s'approprier ce que d'autres hommes ont produit auparavant.
Sans production pas de spoliation possible. La somme des
substances alimentaires, mise à la disposition du genre
humain, a toujours été ce qu'avaient produit les travail-

leurs. Les guerriers, qui menaient la fameuse lutte pour l'existence, ne pouvaient faire qu'une seule chose : distribuer cette somme autrement qu'elle ne se serait distribuée si chaque producteur avait gardé pour lui le fruit de son labeur. Mais les guerriers, les « struglours » n'augmentaient pas la quantité des substances alimentaires d'un seul épi [1]. Ils pouvaient, il est vrai, en tuant un certain nombre d'hommes, diminuer la masse des copartageants et augmenter ainsi la part de chacun, ce qui ressemblait à un accroissement de bien-être. Mais c'était une pure illusion, puisqu'en tuant les producteurs, ils diminuaient par cela même la somme des subsistances qui pouvaient être versées sur les marchés l'année suivante.

Je dois faire encore une remarque générale. Quand X... se jette sur Z... le tue et lui vole son bien, ce n'est pas parce que X... *n'est pas capable* de produire, c'est parce qu'il ne *veut pas* produire, croyant s'enrichir plus vite par la spoliation. Dans ce cas, le manque de subsistance dont pouvait souffrir X... avant le meurtre, ne venait pas de ce que le globe terrestre n'était pas à même de les lui fournir, il venait de ce que X... ne voulait pas les tirer des entrailles du globe terrestre. Et ce qui est vrai, au point de vue individuel, l'est également au point de vue collectif.

G. Ratzenhofer a donc complètement tort de dire qu'il est venu un jour « où la réduction de la somme des subsistances produites par l'accroissement de la population a poussé à la lutte pour l'existence ». La population peut augmenter énormément (comme aux États-Unis où elle a vingtuplé en un siècle) et tous les hommes peuvent travailler et produire sans avoir aucun besoin de se massacrer. Ce qui a donc poussé à cette fameuse lutte pour l'existence ce n'est nullement l'impossibilité de produire des substances alimentaires en quantité suffisante, mais uniquement le désir de s'en procurer sans les produire soi-même.

1. Sans compter déjà que ces guerriers diminuaient, dans une immense mesure, la production en empêchant le travail en sécurité.

A toutes les époques de l'histoire, les hommes se seraient procuré infiniment plus de subsistances, s'ils ne s'étaient pas combattus et s'ils s'étaient alliés. Les hommes ne se sont pas procuré *plus* de subsistances, parce qu'ils se sont combattus; au contraire, ils ont *manqué* de subsistances pour ce motif. Ainsi, au moyen âge, où les razzias étaient perpétuelles, des pays qui sont maintenant des greniers d'abondance étaient en proie aux famines périodiques. Les animaux manquent de subsistances s'ils ne tuent pas. Les hommes, au contraire, en obtiendront le maximum, le jour où ils cesseront de se tuer. Aussitôt que la guerre éclate entre deux pays, la quantité de denrées alimentaires diminue. Le meurtre de chaque homme coupe, dans une certaine mesure, les vivres à tous les autres. Imaginez l'assassinat collectif des 10 millions d'agriculteurs américains: immédiatement l'Europe sera affamée. Et ce qui est vrai de 10 millions d'hommes l'est aussi d'un seul, sur une échelle réduite. Non seulement, chez les hommes, *plus* il y a tueries *moins* il y a de subsistances, mais même, moins il y a d'antagonismes, plus il y a de subsistances. Si les ouvriers et les capitalistes pouvaient tomber d'accord sur ce qui est le *juste* salaire, et si les grèves cessaient, les subsistances deviendraient immédiatement plus abondantes.

On a dit encore que la lutte pour l'existence est inévitable parmi les hommes, parce que chaque société veut croître et s'étendre. Mais comment ne s'aperçoit-on pas que cette proposition est précisément la condamnation du darwinisme social. Justement, pour croître et multiplier, il faut des subsistances. Or, plus on sera occupé de besognes productives et non destructives comme la guerre, plus on en aura, plus vite on pourra grandir. Ce qui empêche de comprendre cette vérité élémentaire, c'est qu'on confond la croissance nationale avec les conquêtes territoriales. Les États-Unis ont actuellement 82 millions d'habitants; ils pourraient en avoir 600 millions sans

annexer un pouce de nouveau territoire. Quand ce chiffre
de population sera atteint, la société américaine aura
prodigieusement grandi sans que l'étendue de son domaine
politique ait augmenté.

Il faut considérer, de plus, qu'aucune nation n'est seule
sur la terre. Par qu'elle aberration incroyable applique-t-
on le mot *croître* à la seule nationalité dont on fait partie.
Et les autres? On dit que s'il n'y a pas assez de subsistances sur la terre pour que la nation Ixoise puisse croître,
il faut qu'elle massacre la nation Zédoise. Mais où est la
croissance dans ce cas? Il y a, au contraire, décroissance,
de toutes façons. D'abord si les Zédois sont tués jusqu'au
dernier, il y aura pas mal d'Ixois aussi qui le seront. En
suite, après le massacre, au lieu d'Ixois et de Zédois qui
vivaient simultanément il ne restera plus que les Ixois. Il
y aura donc moins d'êtres humains. On ne peut donc,
dans ce cas, parler d'un accroissement général. Si des
rapports juridiques règnent entre les Ixois et les Zédois,
ils peuvent multiplier en nombre tous les deux côte à côte.
Mais dès qu'on entre en guerre, dès qu'on commence le
massacre, cela n'est plus possible. Or comme toutes les
nations ont un désir égal de croître, si elles pratiquent
pour cela le procédé erroné de l'homicide, elles ne peuvent aboutir qu'à un seul résultat : la décroissance simultanée ou le ralentissement simultané de croissance.

Considérez, de plus, que le massacre ne peut fournir
des subsistances qu'au *vainqueur.* Le vaincu, après la
guerre, a moins et non plus de subsistances qu'avant le
commencement des hostilités. Or comme l'homme, grâce
à son intelligence supérieure, prévoit l'avenir de beaucoup
plus loin que l'animal, il sait, en commençant une guerre,
qu'il peut être vaincu. Comment peut-on donc affirmer
que la guerre procure des subsistances, quand chaque bel-
ligérant sait qu'elle peut au contraire les lui enlever.

D'ailleurs les faits les plus patents et les plus incontestables prouvent que depuis fort longtemps déjà les hommes

ne font nullement la guerre pour se procurer des subsistances. On peut trouver de nombreux motifs pour expliquer l'invasion de la Russie en 1812; mais, assurément,
parmi ces motifs le seul qui ne semblerait pas soutenable
serait de dire que l'empereur Napoléon a passé le Niémen,
parce que les Français ne pouvaient plus tirer assez de
subsistances du sol de leur patrie. Les deux millions d'In-
diens qui peuplaient l'Amérique du Nord, avant l'arrivée
des Européens, se livraient à des guerres perpétuelles.
Certes ce n'est pas parce que leur pays ne pouvait pas
fournir assez de vivres, puis qu'il pourrait nourrir facilement 600 millions d'hommes.

On voit donc dans quelle profonde erreur tombe le darwinisme social, en identifiant les luttes qui se passent
entre espèces animales avec celles qui se passent au
sein de l'humanité. Ce sont des faits si complètement
différents qu'ils produisent des résultats diamétralement
opposés. Les lions peuvent donc continuer à tuer
et à manger les antilopes jusqu'à la fin des temps sans
que cela empêche en aucune façon le genre humain de
former une seule association juridique. Affirmer l'identité
des luttes biologiques et sociales est tellement superficiel
que cela devient presque plaisant. En suivant cette voie,
le darwinisme s'est donc complètement fourvoyé dans
les sentiers de l'erreur.

Moins que tout autre je ne conteste l'unité des phénomènes de la nature. Ils se fondent les uns avec les autres
sans transitions et, par là, ils se laissent ramener à un
principe général. Napoléon Ier n'a pas fait la campagne de
Russie parce que le sol de la France ne pouvait pas nourrir sa population, c'est évident. Il a fait cette campagne
pour établir sa domination sur toute l'Europe. S'il avait
vaincu, il aurait pu donner à l'Europe une organisation
telle que les revenus des Français eussent été plus élevés
(ils seraient donc en état de se procurer plus de subsistances). A ce compte, on peut affirmer, si l'on veut, qu'il y

a une ressemblance, très lointaine, entre le lion qui dévore une gazelle et un conquérant qui envahit le territoire d'un pays étranger. C'est soutenable; mais, d'autre part, étant donné la prodigieuse complexité des phénomènes naturels, cela n'empêche pas que les dissemblances ne soient aussi énormes : l'erreur du darwinisme social consiste précisément à négliger les dissemblances. Or si on veut faire une théorie *vraie*, il faut prendre en considération *tous* les facteurs qui agissent sur le phénomène étudié. En écarter le plus grand nombre au profit d'un seul, par esprit de système, c'est pratiquer la méthode la plus antiscientifique qui se puisse imaginer ; c'est se précipiter tête baissée dans l'erreur.

CHAPITRE XXIII

CONFUSION DES FAITS PATHOLOGIQUES ET NORMAUX

Il y a sur la terre des individus de certaines espèces qui servent de substances alimentaires à ceux de certaines autres. Il y a aussi des individus qui, étant pareils, peuvent s'associer. Les relations qui s'établissent entre ces deux catégories de créatures, loin d'être semblables, sont, au contraire, diamétralement opposées. Dans le premier cas, la mort de l'un des individus fait la *vie* de l'autre, dans le second cas, la mort d'un individu produit la *mort* de l'autre. Les plastides monocellulaires qui nagent dans l'eau sont des êtres éphémères, mais soixante trillons de plastides, associés dans un corps comme le nôtre, peuvent durer au delà de cent ans. De même l'homme isolé mène une existence des plus précaires, mais 56 millions d'hommes associés en une nation, comme l'Allemagne, peuvent avoir une existence des plus actives et des plus intenses.

Dans les relations entre mangeur et mangé, l'individu dévoré devient un instrument pour celui qui le dévore. Il y a subordination complète d'un être aux fins vitales d'un autre, donc inégalité absolue, naturelle, inéluctable. Dans les rapports entre associés, l'avantage de l'un produit l'avantage de l'autre, donc il n'y a plus subordination vitale, mais égalité vitale, même multiplication de puissance vitale d'un individu par celle de l'autre, donc solidarité. Il n'y a pas un atome d'optimisme ou de pessimisme dans ces affirmations; c'est la pure constatation des faits. Mais les conséquences de ces faits sont de la plus haute valeur.

Par suite du mécanisme de l'association, tout individu qui lèse son associé se lèse lui-même, donc se rend malade ou, en d'autres termes, se met dans un état pathologique. D'autre part, si l'essence de l'association est une coopération pour l'accroissement de l'intensité vitale des associés, l'acte qui diminue l'intensité vitale d'un des associés est contraire à l'essence de la société; c'est donc un acte qui trouble la vie normale de la société, un acte perturbateur, par suite, au point de vue de l'ensemble du groupe, un acte pathologique.

Ainsi donc toute action ayant pour résultat le maintien et l'accroissement de l'intensité vitale de l'association, est une action normale saine; toute action ayant pour résultat une rupture de l'association (une dissociation) et une diminution de l'intensité vitale, est une action morbide ou pathologique.

Ces vérités semblent banales. Tout le monde comprend que le meurtre du semblable est un acte de pathologie sociale. Mais on cesse aussitôt de s'entendre sur le sens à donner au mot *semblable*. L'opinion généralement adoptée, de nos jours, c'est que les *semblables* sont ceux qui font partie de la même association *politique*. Rien n'est plus complètement faux. Les limites que nous assignons à l'association politique, comme je l'ai montré plus haut[1], sont de pures conventions de notre esprit. Le semblable *réel* est celui avec qui, de par les conditions physiologiques, nous *pouvons* nous associer. Or *tous* les hommes peuvent s'associer entre eux. Sitôt que deux sociétés entrent en contact, la circulation vitale s'établit immédiatement entre elles par les voyages, le transport des marchandises et la transmission des idées. Or dès que la circulation vitale s'est établie entre deux sociétés, elles en forment désormais une seule. Ce sont de simples vues subjectives et erronées de nos esprits qui nous empêchent de comprendre cette vérité fondamentale[2]. Ici encore se présente le revers de la

1. Voy. p. 205.
2. Ainsi la distinction entre la guerre *civile* et la guerre *étrangère* est

médaille, dont j'ai parlé au chapitre XIII. La haute raison de l'homme a pour malheureuse conséquence la possibilité de se laisser guider par de simples conventions. Tout acte qui tend à empêcher l'extension de l'association est pathologique. Il y a même plus : le maximum de bien-être pour chaque individu sera atteint par l'union générale du genre humain. Donc cette union est l'état normal. Comme maximum de bien-être et maximum de santé sont des termes corrélatifs, si l'on niait que l'union du genre humain est la condition normale de notre espèce, il faudrait admettre que la santé n'est pas la condition normale de l'individu, ce qui est absurde [1].

La thèse vient d'être présentée au point de vue général. On peut aussi la considérer au point de vue particulier. Tout ce qui pousse à renforcer l'association contribue à augmenter l'intensité vitale des individus qui la composent, puisque l'intensité vitale des citoyens est en raison directe de la somme de justice qui règne dans leur pays. Au contraire, ce qui pousse à affaiblir l'association (injustice sous toutes ses formes) tend à diminuer l'intensité vitale des individus. Or comme diminution de l'intensité vitale et maladie sont des termes corrélatifs, il en résulte que tout acte qui affaiblit la tendance à l'association est un cas pathologique.

En résumé, tout acte qui pousse à l'association est normal, tout acte qui pousse à la dissociation est pathologique.

C'est contre ces vérités élémentaires que s'élève le darwinisme social. Il affirme que les formes supérieures de l'association humaine ne sont possibles que par la guerre. Il y a deux contradictions fondamentales dans cette proposition.

de pure forme. Impossible de déterminer précisément où et quand finit l'une et commence l'autre. En réalité, toutes les guerres que se livrent les hommes sont civiles. Seules les guerres entre l'humanité et les autres espèces sont étrangères.

1. Voy. plus haut, p. 72.

D'abord elle implique l'idée que des actes de dissociation
peuvent produire l'association, ce qui est absurde. Puis
elle implique l'idée que des actes pathologiques sont normaux. En effet, la guerre est une série d'homicides et de
destructions de la richesse. Ces actes impliquent une diminution de la somme d'intensité vitale, un état pathologique
des individus. Affirmer donc qu'on augmente l'intensité
vitale des sociétés par la guerre, équivaut à affirmer qu'on
augmente la santé des hommes par la maladie. C'est une
contradiction pure.

Si les hommes étaient naturellement dans les relations
du lion et de l'antilope, si l'association était impossible entre
eux, le darwinisme social serait une théorie vraie. Mais
comme l'association est possible entre tous les hommes, il
s'ensuit que la guerre est un état pathologique. C'est par
la guerre que l'humanité plonge dans l'anarchie ; c'est par
suite de l'anarchie que la vie humaine, au lieu d'atteindre
le maximum d'intensité, reste terne et languissante.

Affirmer donc que ce qui diminue l'intensité vitale de
l'humanité est précisément ce qui augmente cette intensité
vitale (par le passage aux formes supérieures de l'association) est, de nouveau, contradictoire. Donc le darwinisme
social, parce qu'il confond les faits pathologiques avec les
faits normaux, est une théorie complètement fausse.

L'univers est le théâtre de deux séries de phénomènes
parallèles : les formatifs et les déformatifs. En astronomie,
par exemple, il y a la force centripète et la force centrifuge ;
en chimie, l'affinité et la répulsion ; en biologie, la santé
et la maladie ; en sociologie, la concorde et la discorde ; en
psychologie, la vérité et l'erreur, etc., etc. Que cette dua-
lité soit objective et réelle ou subjective et imaginaire, peu
importe. Il est impossible à notre esprit d'identifier la force
centripète et la force centrifuge, et aussi longtemps qu'il
en sera ainsi, ces deux forces antagonistes auront chacune,
pour nous, une existence réelle et concrète.

Oui, certes, les phénomènes de la série déformative ou

disjonctive, sont aussi positifs et aussi universels que ceux de la série formative ou conjonctive; mais ils le sont juste autant, ni plus ni moins. C'est ce que le darwinisme social néglige de prendre en considération. Hypnotisé par l'idée de la lutte, il ne voit qu'elle. Il regarde l'univers par un seul côté et, naturellement, il tombe, pour ce motif, dans l'erreur la plus complète.

L'existence du fait négatif n'empêche pas l'existence du fait positif. Oui, certes, il y a la douleur, mais cela n'empêche pas qu'il y ait à côté la jouissance. Oui, certes, il y a la mort, mais cela n'empêche pas la vie! Assurément la maladie est un fait naturel, mais il ne s'ensuit pas que la santé ne le soit pas également. Sans doute il se produit partout et toujours des dissociations d'où résultent des diminutions de l'intensité vitale, mais cela n'empêche pas qu'il se produise aussi, partout et toujours, des associations d'où résultent des exaltations de l'intensité vitale.

D'une manière encore plus générale, on peut montrer que le fait négatif, si on peut s'exprimer de cette manière anthropomorphique, n'empêche nullement l'existence du fait positif. Il y a assurément des dissolutions de mondes, mais il y a aussi des formations. Or, pour que des mondes puissent se former, il faut qu'il y ait nécessairement une période pendant laquelle les forces conjonctives l'emportent sur les forces disjonctives. C'est ce qui arrive précisément à l'humanité. Tant que les conditions géologiques de la planète ne cesseront pas de lui être favorables, elle restera en somme dans la période de croissance. Oui, certes, la maladie est un fait naturel incontestable. Cependant si l'on pouvait mettre en balance, pour la totalité du genre humain, les années de maladie et celles de santé, celles de santé l'emporteraient nécessairement. S'il en avait été autrement, le genre humain aurait péri.

Il en est de la société comme des individus. Les cas de pathologie collective qu'on appelle guerre sont absolument réels. Mais, tout de même, les années de santé sociale

(celles pendant lesquelles les rapports ont été plus ou moins
légaux) l'ont emporté sur les années de maladie (celles où
les rapports ont été violents). S'il en avait été autrement,
les sociétés auraient péri depuis longtemps. Le monde
n'est pas une idylle, non, certes ; mais il ne s'ensuit pas
qu'il a été et qu'il devra être éternellement un pandémo-
nium. Il y a la folie, certes, mais il y a aussi la raison. Si
la raison ne l'avait pas emporté en définitive sur la folie,
il n'y aurait plus d'humanité depuis des siècles.

Le darwinisme en proclamant que la souffrance est le
moteur unique de la vie, a contribué sensiblement à faire
dévier la pensée scientifique de la voie droite qui consiste
à prendre en considération les phénomènes de la série
déformative et ceux de la série formative. Et parce qu'uni-
latéral le darwinisme social est une théorie fausse.

J'arrive maintenant à une des erreurs les plus fondamentales du darwinisme social, celle qui affirme que la
conquête violente, acte pathologique, est la condition indispensable pour atteindre les formes supérieures de l'association humaine.

La maladie peut frapper un homme depuis les premiers
moments de son existence. Il y a des individus qui deviennent malades avant même d'être sortis du sein de leur
mère. Puis la maladie suit l'homme pas à pas, à tout âge,
pendant son existence, et il arrive toujours au moment où
elle l'emporte sur la santé, amène le triomphe des forces
disjonctives, et cause la mort. Qui conteste ces faits ? Les
contester serait souverainement ridicule, tant ils sont
notoires. Mais ces faits n'autorisent nullement à conclure
*que la maladie est la cause et la condition même de la
santé.* Cette affirmation est le plus insoutenable des paradoxes. Assurément, la dissociation (la mort) est un phénomène aussi naturel que l'association, mais il est contradictoire d'affirmer qu'elle est la *cause première* et la *condition
indispensable* de l'association. La maladie a pour résultat

la dissociation ; la santé seule maintient l'association. La maladie cause le dépérissement de l'être vivant, la santé seule cause son exubérance. La maladie est un fait naturel, mais cela ne l'empêche pas d'être aussi un fait anormal et perturbateur, et cela n'empêche pas que la santé soit le fait normal et régulier. Or c'est ce que le darwinisme conteste quand il affirme que la conquête est la condition indispensable pour atteindre les formes supérieures de l'association. Cela se ramène à affirmer que la maladie est la cause de la santé, ce qui est manifestement contradictoire, donc faux.

Dès qu'on observe les sociétés, on voit que le vol ne produit pas la richesse, mais la misère ; que la guerre ne produit pas l'activité sociale, mais la stagnation sociale. Sans doute la folie, le vice et le crime sont des faits aussi naturels que la raison, la vertu et l'honneur. Mais le vice, la folie et le crime ne sont pas les causes de la prospérité sociale, ce sont la raison, la vertu et l'honneur. De même qu'un homme atteint la plus grande somme d'exubérance vitale s'il n'est jamais malade, de même la société atteint le maximum de bien-être s'il ne s'y produit pas de faits pathologiques, c'est-à-dire d'homicides et de spolations.

Il semble presque ridicule de soutenir gravement des théories aussi élémentaires. Il faut s'y résoudre cependant, puisqu'elles sont constamment contestées par le darwinisme social. MM. Gumplowicz, Ratzenhofer, Lester Ward et beaucoup d'autres affirment avec une imperturbable assurance que l'homicide collectif (la guerre), cas pathologique suraigu, est l'*unique* cause du progrès de l'humanité. Cette idée est devenue un véritable cliché. Quand donc comprendra-t-on cette chose simple comme un axiome, que la vie produit la vie et la mort la mort. Les tueries ne peuvent avoir pour conséquence qu'un affaiblissement de l'intensité vitale des sociétés, la justice peut seule augmenter cette intensité.

Quand les darwinistes disent : « la guerre est un fait », ils font une simple constatation ; mais quand ils disent « *la guerre* est un *bienfait*[1] », ils prononcent un jugement. Or la constatation peut être parfaitement juste et le jugement complètement faux. Le darwinisme social est une doctrine erronée, non parce qu'il affirme l'existence universelle et même, si l'on veut, l'indestructibilité de la guerre; il est une théorie erronée, parce qu'il affirme que la guerre est la cause du progrès de l'humanité. Quand on soutient que la maladie et la mort sont des faits inévitables, on est dans le vrai; mais dès qu'on soutient que la maladie est la condition même de la vie, on entre dans le faux. Un homme qui ne serait jamais malade serait immortel. Ce n'est pas grâce à la maladie, c'est malgré elle qu'un organisme se développe et grandit. De même pour la maladie collective qu'est la guerre. Venir affirmer que les sociétés progressent grâce à elle, revient à affirmer que les sociétés croissent et se développent *grâce* à la maladie. Les darwinistes sociaux ont complètement tort de prétendre qu'on combat leurs théories par sentimentalisme. Il n'y a pas un atome de sentimentalisme à prouver qu'ils raisonnent faux. Si un humanitaire s'efforçait de démontrer que la guerre n'existe pas ou qu'elle pourrait ne pas exister et que le monde pourrait devenir une idylle, on comprendrait, à la rigueur, les sarcasmes des darwinistes et leur dédain. Autant vaudrait vouloir prouver, par amour de l'humanité, que la maladie et la mort n'existent pas. Jamais les humanitaires ne profèrent de pareilles insanités. Ils disent seulement que les faits de pathologie collective diminuent l'intensité de la vie sociale. Et en cela les affirmations et les raisonnements des humanitaires sont incontestables, ce sont les darwinistes qui vont à l'encontre des faits les mieux établis et de la logique, en affirmant le contraire.

D'ailleurs, à chaque instant, les darwinistes tombent dans la contradiction. Ainsi ils affirment que la guerre était autrefois un bien, mais qu'elle ne l'est plus. Quel médecin

---

1. Ou la guerre *produit* des bienfaits (le progrès de l'humanité), ce qui revient au même.

oserait soutenir que la lèpre, par exemple, fut autrefois un bien et qu'elle ne l'est plus. Le fait pathologique a été une diminution de vie à toutes les époques, comme il l'est à la nôtre. Si donc la guerre est nuisible à notre époque, parce qu'elle est une maladie, elle a toujours été nuisible. Il est contradictoire d'affirmer qu'un fait malfaisant peut être bienfaisant.

En second lieu M. Lester Ward [1] soutient, par exemple, qu'il est complètement en faveur de la paix. Mais cela ne l'empêche pas de prétendre que la guerre est la cause de la civilisation. Ici encore il est en contradiction avec lui-même. Si on est persuadé que la guerre est la cause de la civilisation, on doit être persuadé par contre que la paix est la cause de la barbarie. Dans ce cas, rien de plus funeste que la paix et l'on ne peut pas en être partisan. Mais en venant affirmer qu'on est pour la justice (car paix et justice sont des termes synonymes), on reconnaît implicitement que le darwinisme social est une théorie fausse, parce qu'on reconnaît que la justice, et non l'injustice (la guerre) est la base des progrès de l'humanité.

Une des sources du darwinisme social est l'hypnotisation produite par la guerre. Celle-ci, comme un cyclone, frappe les esprits par l'immensité des catastrophes dont elle est l'occasion. Alors on néglige les mille petits faits de la vie quotidienne qui sont la véritable trame de l'existence sociale et l'on est uniquement attiré par les événements tragiques provenant des batailles. Les sociologues tombent maintenant dans les erreurs par lesquelles ont passé autrefois les géologues. Ces derniers ont affirmé aussi, à l'époque où leur science en était à ses premiers balbutiements, que les transformations opérées sur la surface du globe avaient eu pour cause de terribles catastrophes périodiques. Puis les géologues se sont convaincus, en observant les faits de plus près, que les transformations du globe

1. Et tous les autres darwinistes avec lui, car aucun d'eux ne recommande de se livrer constamment à des massacres sans pitié.

se sont accomplies par le jeu des phénomènes ordinaires,
agissant pendant des périodes très longues. De même, on
commence à comprendre que l'évolution du genre humain
et la civilisation ne sont nullement le produit de terribles
catastrophes périodiques, mais de petits faits journaliers,
en nombre immense, se répétant pendant des périodes très
prolongées.

Ce n'est pas la guerre qui produit la civilisation, c'est
le travail. Depuis la reconnaissance de l'Indépendance des
États-Unis par la couronne britannique, quelques citoyens
américains en 1812, 1845, de 1861 à 1865 et en 1898 ont
fait la guerre. Ces individus ont peut-être consacré
800 millions de journées aux tueries[1]. Mais, de 1783 à
1905, l'ensemble des citoyens américains ont consacré
732 milliards de journées[2] à l'activité productrice, soit
915 fois plus qu'à l'activité guerrière. On voit donc que
cette dernière activité est un élément passablement négligeable par rapport à la première. Les progrès des États-
Unis ont été précisément accomplis par les 732 milliards
de journées consacrées à la production et nullement par les
800 millions de journées consacrées à la destruction. Il est
antiscientifique, au premier chef, d'affirmer qu'un phénomène qui est la neuf cent quinzième partie de l'ensemble
des phénomènes sociaux, est la cause *principale et indispensable* du progrès des collectivités. On voit donc dans
quelle proportion énorme se trompent ceux qui attribuent
à l'homicide et aux tueries produites par la guerre des ver-
tus si prodigieuses.

1. Les États-Unis ont actuellement 82 millions d'habitants. En 1783, ils
en avaient un peu plus de 4. De 1861 à 1865, on peut facilement admettre
qu'il y eut, aux États-Unis, pendant la guerre de Sécession, une moyenne
de 500.000 hommes sous les drapeaux, pendant 1.460 jours (quatre ans).
Cela donne 730 millions de journées de travail. J'ajoute encore 70 millions
pour les autres guerres (contre l'Angleterre et le Mexique) qui ont été très
courtes.

2. Si on prend pour la période de 122 ans allant de 1783 à 1905, une
moyenne de 30 millions d'habitants pour les États-Unis, dont 20 seraient
des travailleurs, et si on calcule 300 journées par an, on obtient le chiffre
donné dans le texte. Ce chiffre est d'une approximation grossière, mais il
suffit pour mettre en lumière la vraie nature des phénomènes sociaux.

Ce qui est vrai des États-Unis, en particulier, est vrai de l'humanité en général. La guerre, comme la maladie pour les organismes biologiques, est toujours plus ou moins un accident et, au point de vue du temps et au point de vue de l'espace. Au point de vue du temps, parce qu'elle a lieu à des époques plus ou moins éloignées, au point de vue de l'espace, parce qu'elle a lieu dans un périmètre souvent peu étendu [1]. Comment peut-on donc affirmer que la guerre est un des principaux facteurs du progrès de l'humanité?

On a dit et redit à satiété que la guerre a fait la civilisation. Mais je suppose que pour avoir une civilisation il faut, tout d'abord, qu'ils y ait des hommes. Or on sait que les Espagnols, par exemple, ont massacré des aborigènes de l'Amérique par millions. Sans la conquête castillane, ce continent aurait une population quintuple et peut-être décuple de celle qu'il a de nos jours. N'étant pas une solitude, il pourrait être, naturellement, plus civilisé. L'histoire montre que partout et toujours l'anarchie engendre la sauvagerie et la justice la civilisation. Venir affirmer que l'anarchie (c'est-à-dire la guerre) peut produire la civilisation, revient à dire que la désorganisation peut produire l'organisation, ce qui est contradictoire.

Un dernier ordre d'arguments pour montrer combien grave est l'erreur qui confond les faits pathologiques avec les faits normaux.

Ouvrez un ouvrage quelconque de physiologie, et voyez comment on y décrit la formation des animaux, de l'homme par exemple. On montre que l'ovule femelle fécondé par le zoosperme mâle se divise d'abord en deux parties, puis en quatre, en huit, en seize et ainsi de suite. Les cellules se forment, elles s'agglomèrent en blastodermes, les ren-

---

1. A l'heure où j'écris ces lignes, sur 135 millions de kilomètres carrés de la surface des continents et des îles, la guerre sévit seulement sur 1.753.000 kilomètres carrés (la Mandchourie et l'Afrique occidentale allemande) et encore, il s'en faut de beaucoup que ce soit sur l'ensemble de ces territoires.

 flements apparaissent, puis les lames dorsales, etc., etc. Et la description continue ainsi jusqu'à la formation complète du fœtus. Mais cette description ne s'occupe que des faits normaux. Les biologistes savent tous, assurément, que le fœtus peut être atteint par des maladies graves, même mortelles, mais il n'est jamais venu à l'esprit d'aucun d'eux d'affirmer que ces phénomènes morbides, qui se produisent parfois, sont la condition première et indispensable de la formation de l'embryon. Une pareille idée paraîtrait tout simplement saugrenue au plus réactionnaire et au plus pessimiste des physiologistes, car il n'est pas difficile de comprendre que c'est seulement par le jeu des processus normaux que l'embryon peut se développer et venir à terme, tandis que les processus anormaux et morbides ne peuvent que le faire mourir.

Malheureusement il n'en est pas des sociologues comme des biologistes. Ce qui paraît absurde et ridicule aux derniers, paraît parfaitement rationnel et sérieux aux premiers. Rien ne montre mieux, hélas, combien la science sociale est encore dans une période chaotique et enfantine.

Cependant les lois de la nature sont universelles. L'homicide et la spoliation ne sont pas plus les causes efficientes du développement des sociétés humaines que la maladie n'est la cause efficiente du développement de l'embryon. Les lois de la biologie et de la sociologie sont absolument concordantes sur ce point. S'il est des sociologues qui ne le voient pas, c'est qu'ils observent les faits d'une façon trop hâtive et trop superficielle.

CHAPITRE XXIV

CONFUSION DES FAITS D'ASSOCIATION ET DE DISSOCIATION

J'ai montré dans le chapitre précédent que tout acte pathologique aboutit nécessairement à la dissolution de la société, ou à la dissociation.

Imaginez cent personnes formant une collectivité sociale. Il se commet dans ce groupe une série d'homicides qui amènent la mort de vingt individus. A la suite de ces crimes l'association n'est plus composée que de quatre-vingt membres. Si ces vingt personnes, au lieu d'avoir été tuées, s'étaient retirées du groupe, celui-ci aurait subi une dissociation partielle. Après la mort directe et immédiate, par homicide, considérons la mort indirecte et lente par la spoliation. Vingt individus parviennent à confisquer une partie des propriétés des quatre-vingt membres du groupe [1]. Ces derniers tombent dans la misère, la mortalité augmente parmi eux. Par suite, au bout d'un certain temps, le groupe, au lieu d'être composé de cent personnes ne l'est plus que de quatre-vingt. Si ces vingt personnes s'étaient retirées du groupe, il y aurait eu dissociation partielle. C'est ici un cas exactement analogue à celui de l'homicide.

Ce qui vient d'être dit des groupes déjà existants, s'applique aussi aux groupes encore à former. C'est parce que la France et l'Allemagne commettent l'une à l'égard de l'autre le crime de l'homicide collectif, à des intervalles plus ou moins éloignés, que ces deux nations ne forment

1. Comme sous l'ancien régime, en France, où sur 100 francs que gagnait le paysan propriétaire, 81 lui étaient pris par l'État, l'Église et le seigneur.

pas une seule organisation politique. Si elles renonçaient à
se faire la guerre, elles constitueraient *ipso facto* un groupe
d'hommes unis par des liens juridiques et non pas anarchiques, donc une société. C'est l'homicide collectif et la
spoliation, faits pathologiques, qui empêchent l'aire de
l'association de s'étendre. Or, empêcher la formation d'une
association plus vaste, ou rompre et diminuer une association déjà existante, sont des faits corrélatifs. Les Gascons
et les Normands forment maintenant un seul État parce
qu'ils ne se battent pas entre eux ; mais s'ils se battaient,
ils formeraient comme les Allemands et les Français, deux
États séparés. Tout acte qui les empêcherait de se fondre
dans une unité plus vaste, appelée France, serait un acte
de dissociation. De même est un acte de dissociation celui
qui empêche l'Allemagne, la France, l'Angleterre et l'Italie
et les États-Unis, par exemple de se fondre en une unité
politique plus importante.

Guerre et dissociation sont des termes synonymes. Venir
donc affirmer, comme le font les darwinistes sociaux, que
la guerre forme les associations humaines supérieures,
équivaut à affirmer que la dissociation forme l'association.
C'est une pure contradiction. Or un fait contradictoire est
irréalisable. Aussi nulle part et jamais l'association humaine
n'a été la conséquence d'actes pathologiques ; elle a été
partout et toujours la conséquence des actes normaux.
Mais précisément, parce que normaux, ils n'ont pas frappé
les imaginations et ont été négligés par les historiens et
les sociologues.

Il est temps d'abandonner ces erreurs. De même que
les géologues ont accompli un immense progrès le jour
où ils ont appliqué le microscope à l'observation des
roches, de même la sociologie avancera immensément le
jour où on se décidera à observer les petits faits quotidiens qui se passent à chaque instant sous les yeux. Ce
genre de microscopie sociale, si je puis m'exprimer ainsi,
donnera l'explication claire des grands phénomènes d'en-

semble. Si l'on veut faire de la science positive, il faut passer du particulier au général. La métaphysique qui élève ses édifices dans les nuages, peut se dispenser d'observer les faits de près; mais, par cela même, elle vogue à pleines voiles dans l'océan de l'erreur.

Un des collègues de M. Lester Ward, à la *Geological survey* des États-Unis, s'est mis en tête de créer un alphabet international pour les peuples de civilisation européenne. Frappé des immenses difficultés qui naissent de la prononciation différente des mêmes lettres de l'alphabet latin selon les pays [1], M. Stein a voulu provoquer la réunion d'un congrès international pour établir certaines règles fixes qui seraient adoptées par toutes les nations.

Cette tentative de M. Stein est un excellent exemple pour montrer le processus de la formation de l'État. *Celui-ci est le produit du besoin d'organisation*, et ce besoin, à son tour, est un aspect particulier de la loi biologique en vertu de laquelle tout être vivant fuit la douleur et recherche le plaisir. Si chaque commune avait des arrangements spéciaux pour le mariage, les successions, la propriété, etc. etc., la complexité serait si grande que la vie collective deviendrait presque impossible. Pour éviter les pertes de temps [2], ou en d'autres termes la diminution de jouissance qui en résulte, l'homme est porté à unifier autant que possible les normes juridiques. C'est ce besoin d'unité qui est l'origine de l'État [3]. On le voit poindre dans l'exemple de l'alphabet de M. Stein. Ce besoin s'étend successivement sur le vaste ensemble des manifestations de la vie collective : les lois civiles et pénales, les poids et les mesures, la langue littéraire, l'orthographe, etc., etc. Pour

1. Le nom *Fachoda* se prononcerait *fatchoda*, en anglais; *fachoda,* en français et *fakhoda* (h aspirée) en allemand.

2. Car toute perte de temps se ramène en dernière analyse à une perte de jouissance.

3. Précisément l'empire allemand actuel est résulté d'une tendance de cette nature. Aussi, à peine a-t-il été constitué, qu'il s'est donné un code civil et un code pénal s'étendant sur l'ensemble des 56 millions de citoyens dont il est formé.

obtenir cette unité, il faut organiser une série d'institutions fort nombreuses et parfois extrêmement complexes. Considérez, par exemple, combien il sera difficile et laborieux de réaliser la tentative de M. Stein. Il faudra qu'il existe dans chaque pays une académie ou un corps savant quelconque possédant une autorité suffisante pour faire adopter par tout le monde sa manière de prononcer les lettres. Puis il faudra que les résolutions de ce corps puissent être transmises à l'ensemble des citoyens ; il faudra qu'il y ait encore des institutions locales qui en recommandent l'emploi, etc., etc. En un mot, l'État résulte d'un vaste total d'intérêts, de l'ordre formatif et non pas, uniquement, d'un seul intérêt de l'ordre déformatif, qui est l'homicide et la spoliation. Les phénomènes sociaux, rentrant dans le domaine du droit civil, sont de l'ordre conjonctif et non disjonctif et ce sont précisément ces phénomènes qui donnent naissance à l'État. Celui-ci pourrait être défini : un ensemble de normes juridiques. Inutile de rappeler encore la sphère immense des intérêts purement matériels, la sphère de l'outillage social : routes, canaux, ports, édifices publics de tout genre. Ces travaux, fort souvent, excèdent les forces d'une seule commune et le besoin de les exécuter pousse également à la formation de l'État.

Une idée antique très répandue et qui a été fortifiée par le darwinisme est que l'État a été organisé par les collectivités humaines, surtout en vue de la défense contre d'autres collectivités. Cette idée n'est vraie que partiellement ; à un point de vue général elle est complètement fausse.

Notre organisme, on le sait, est plongé dans un milieu aérien où se trouvent de nombreux microbes pathogènes. Il a dû s'établir en lui un ensemble d'appareils pour les combattre. Les leucocytes accomplissent cette besogne. Mais la défense contre les ennemis extérieurs est une des nombreuses fonctions qui existent dans le corps humain. A côté de celle-ci, il y en a beaucoup d'autres dont le but est, non seulement la défense contre un ennemi particulier, mais l'entretien de la vie et de la pensée de l'individu, ce qui peut être considéré, à un certain point de vue, comme une défense contre l'ensemble du milieu cosmique. Quand un homme se transporte dans un endroit où il y a peu de microbes pathogènes (les hautes montagnes, la pleine mer, etc.), les leucocytes ont un travail moindre à accomplir, mais l'homme ne s'en porte pas plus mal; au contraire, il s'en porte mieux. Et si les microbes pathogènes disparaissaient entièrement de la surface de la terre, ce serait un immense avantage pour notre corps. Les forces, employées au combat contre les microbes, pourraient servir à augmenter l'activité des autres fonctions vitales (nutrition, pensée, etc.).

Il en est exactement des sociétés comme des êtres biologiques. Imaginez que l'hostilité entre les collectivités humaines n'eut jamais existé, les États se seraient cependant parfaitement organisés et ils auraient atteint, de nos jours, un degré de perfection que nous pouvons difficilement nous représenter. Les forces qui ont été nécessaires pour l'attaque et la défense contre un ennemi particulier, représenté par d'autres hommes, auraient été employées à combattre l'ensemble des obstacles provenant du milieu cosmique. Cela revient à dire que le globe aurait été infiniment mieux adapté aux besoins de notre espèce, qu'il ne l'est actuellement.

Il n'y a pas que des différends entre les hommes, il peut y avoir entre eux des millions d'intérêts communs. Quand certains statuts ont été élaborés, on peut avoir besoin de *contraindre* les hommes à s'y conformer; mais encore faut-il, tout de même, élaborer les statuts. La besogne législative existera donc toujours dans la société et cette besogne est précisément ce qui pousse à la formation de l'État. Pour montrer combien les intérêts, qui sont réglés par des arrangements de l'ordre législatif dépassent en nombre les différends, je me permettrai de citer un seul exemple. L'union

postale universelle a été fondée en 1874. Il a été transporté,
en 1903, dans le périmètre de son territoire, 24 milliards
d'objets de correspondance. Si l'on calcule pour les trente
années révolues depuis la fondation de l'union, il faudra
peut-être multiplier ce chiffre par 10 (car dans les premiers
temps il était sensiblement inférieur). Il s'est donc effectué
240 milliards de transports depuis la fondation de l'union
postale. Chacun de ces transports représente, en réalité,
l'exécution d'un contrat international, en d'autres termes,
le fonctionnement *normal* d'un organe ou, si l'on veut,
l'obéissance à la loi. Pendant trente ans, il n'y a pas eu un
seul différend postal entre les États qui avaient adhéré à
l'union. Donc le rapport entre la contravention à la loi (fait
pathologique) et l'exécution de la loi, (fait normal), est de
240 milliards à zéro ! Assurément si l'on prend l'ensemble
des phénomènes sociaux qui s'accomplissent dans tous les
pays, on n'arrivera peut être pas à des proportions aussi
fortes, mais toujours le nombre des actes normaux dépas-
sera, dans une énorme mesure, le nombre des anormaux.
Or c'est le besoin de ces millions de petites ententes qui
pousse à la formation de l'État. Quand on vient nous dire
que ce ne sont pas ces phénomènes quotidiens, mais les
phénomènes immensément plus rares des différends, qui
sont la cause principale de la vie politique, on tombe dans
une erreur proportionnellement aussi grande que la différence entre le nombre des faits normaux et des faits morbides. Quelle singulière sociologie que celle qui néglige
les milliards de faits qui constituent l'association humaine
pour limiter son attention sur les faits relativement rares
de la dissociation (homicide et spoliation). Cette erreur
peut être admise encore, à la rigueur, chez les profanes.
Justement parce que les faits d'association sont si fréquents, ils échappent à l'attention par leur petitesse. Mais
les spécialistes ne doivent pas raisonner comme le vulgaire.
Ainsi aucun géologue n'ignore, de nos jours, que des ani-
malcules microscopiques ont élevé d'immenses continents.

Imaginons la justice universelle établie sur toute l'étendue du globe. Imaginons la disparition absolue des crimes internationaux (violences militaires) et des crimes commis à l'intérieur des collectivités politiques, il n'y aurait plus homicide ni spoliation. Est-ce à dire que l'État devrait dès lors disparaître ? En aucune façon. Des dix ministères qui se trouvent généralement dans tous les pays civilisés, on devrait seulement en supprimer trois : ceux de la guerre, de la marine et de la justice. Et encore ce dernier devrait-il continuer à fonctionner dans la sphère du droit civil, car il y a des hommes qui, de très bonne foi, peuvent interpréter la loi autrement que d'autres ; cela nécessite donc l'existence d'un magistrat qui en indiquera l'interprétation exacte. On peut se représenter une société sans code pénal (celle qui serait formée d'anges) mais on ne peut pas s'en représenter sans code civil, code civil et organisation sociale étant des termes synonymes. Chaque usine a son règlement; il peut ne pas y être question de contravention ; mais l'usine ne peut pas fonctionner si chaque ouvrier ne sait pas ce qu'il doit faire et c'est précisément celà qu'indique le règlement oral ou écrit.

Et remarquez que le travail législatif, comme une toile de Pénélope, est une besogne éternelle qui ne peut jamais être terminée. Reprenons l'exemple de l'alphabet de M. Stein : après son adoption par tous les pays civilisés, supposons qu'il ne s'opère aucune contravention à son égard (ce qui revient à dire que le règlement sera ponctuellement observé par tous les hommes); il ne s'ensuivra nullement que l'œuvre soit terminée à jamais. Il se pourra qu'on propose des améliorations utiles ; on sera amené à faire des modifications aux arrangements anciens. Alors il faudra, de nouveau, mettre en mouvement l'organisation destinée à les placer à la portée du public. Il en est de même de toute l'œuvre législative, et c'est pour ce motif que l'organisation de l'État reste nécessaire, même s'il ne devait plus se présenter un seul cas de pathologie sociale.

Ce qui vient d'être dit prouve, il me semble, l'erreur de ceux qui pensent que l'État a pour origine unique un fait de force. La vérité, c'est que son origine est dans d'innombrables faits de droit, c'est-à-dire d'association et d'organisation.

CHAPITRE XXV

L'ORIGINE DE L'ÉTAT

Considérons maintenant la question de la genèse de l'État.

« L'État, dit G. Ratzenhofer, n'est pas le produit d'intérêts agissant librement, comme c'est le cas pour la horde, la tribu, les partis et les autres unions sociales. Il est le produit du conflit des intérêts hostiles. Il est un fait *d'organisation coercitive*... Toute évolution est le produit de la lutte... mais la violence est la puissance créatrice de l'État. Telle est l'idée fondamentale de l'État qui ne comporte aucune déviation : admettre qu'il soit un simple produit de la civilisation, qu'il provienne d'un arrangement pacifique ou de tout autre fait de ce genre, signifie *contredire les enseignements de la sociologie* et courir à des expériences politiques devant se terminer de la façon la plus déplorable[1] ». M. Lester Ward, comme on l'a vu, adopte complètement les idées du sociologue allemand et déclare que les sociétés humaines n'ont pu parvenir aux phases supérieures de l'association que par l'emploi de la violence. Il énumère les phases de ce passage : asservissement d'une race par une autre, sujétion militaire, inégalité, etc., comme je l'ai indiqué plus haut[2].

Il est facile de réfuter cette théorie qui ne soutient ni l'examen de la logique ni celle des faits.

Les sociologues darwinistes n'ont pas de renseignements complets sur la manière dont se sont formés *tous* les États

1. *Sociologische Erkentniss*, p. 233 et 234.
2. Voy. p. 252.

de notre globe. Ils en ont seulement sur la formation de quelques-uns. C'est dire qu'après avoir étudié un certain nombre de faits, ils ont conclu : « les quelques faits observés par nous se sont accomplis partout et toujours, donc nous pouvons formuler le schéma naturel de la formation de l'État. » Ce *donc* est une déduction logique et non une observation directe, car pour avoir l'observation directe il aurait fallu avoir des renseignements sur la formation de *tous* les États, ce qui, je le répète, est impossible.

Avant de montrer que les faits ne correspondent en aucune façon au tableau que les darwinistes sociaux tracent de la genèse de l'État, je veux les combattre, en premier lieu, par quelques arguments logiques. J'en ai parfaitement le droit, puisque leur théorie, comme je viens de le montrer, repose entièrement sur une opération de l'entendement.

La forme *supérieure* de l'association ne dépend pas uniquement du nombre des associés ; elle provient d'une organisation plus *parfaite*. Lorsque deux tribus formées, par hypothèse, de mille personnes, se fondent par la conquête, il ne résulte nullement que leur organisation devient meilleure par le seul fait de l'augmentation des membres du groupe. Mille bisons réunis à mille autres formeront un troupeau de deux mille têtes, mais ne constitueront pas une organisation d'une nature supérieure. Pour que l'asservissement d'une peuplade à une autre puisse produire un avantage, il faut que le conquérant ait des facultés mentales supérieures à celles du vaincu. C'est ce que reconnaissent les darwinistes : ils comparent le conquérant à l'élément mâle, actif, agressif, tandis que les vaincus sont comparables à l'élément femelle, passif et placide.

Pour que le conquérant puisse faire passer un groupe d'hommes de la phase de la tribu à la phase de l'État, il faut qu'il ait lui-même atteint cette phase ; car s'il en est seulement à celle de la horde, il aura simplement fondé une plus grande horde, rien de plus, de même que la réu-

nion de deux troupeaux de bisons produit un troupeau
plus grand et rien de plus. Mais comment le conquérant
se sera-t-il élevé lui-même à la phase de l'État, si on ne
peut l'atteindre que par la conquête? Il faut, pour cela, que
le conquérant actuel ait été lui-même subjugué auparavant
par un autre. Mais alors comment le premier a-t-il pu se
perfectionner? Il faut bien admettre qu'il s'est perfec-
tionné tout seul par des procédés d'ordre civil et intellectuel. Or, s'il en est ainsi, toute la théorie darwinienne
est ruinée dans ses fondements. Si une seule société
humaine a pu atteindre la phase de l'État sans conquête,
la conquête n'est pas la condition *indispensable* pour y
parvenir. Cette phase peut donc être atteinte par d'autres
moyens que la violence.

Remarquez une autre erreur fondamentale de logique
dans les déductions de Ratzenhofer. Il affirme que l'État est
un fait d'organisation, mais il prétend qu'il ne peut provenir que d'un fait de désorganisation. Ratzenhofer ne
pourra pas contester que l'empire romain avait une certaine organisation quand il a été envahi par les chefs Germains et que ceux-ci l'ont brisée. La conquête est donc la
substitution du désordre à l'ordre, donc la désorganisation
de l'État et non son organisation. Et le cas de l'empire
romain s'est répété partout et toujours, car il n'y a pas une
société humaine qui n'ait une organisation quelconque, si
rudimentaire soit-elle. Plus tard, les chefs Germains ont
substitué un ordre nouveau à l'ancien. Comment Ratzenhofer ne voit-il pas que c'est précisément au moment
où les effets de la conquête se sont effacés presque complètement, que les formes sociales supérieures ont été
atteintes[1]? C'est donc seulement par l'*ordre* que la
phase supérieure peut être réalisée et non par le désordre provenant de la conquête violente. La déduction
s'impose : ce sont des arrangements légaux (organisation),

---

1. Ce sujet sera examiné plus loin avec les développements qu'il comporte.

et non des faits d'anarchie (conquête) qui sont la genèse de l'État.

Des arguments logiques passons à l'observation des faits. Ils ne confirment en aucune façon la théorie du darwinisme social.

Les trois principaux coryphées de cette théorie sont actuellement un Américain, M. Ward, un Allemand, Ratzenhofer et un Polonais, M. Gumplowicz. Or, par une espèce d'ironie du sort, les patries de ces trois sociologues ne se sont pas constituées conformément au schéma qu'ils proclament être inévitable pour le passage d'une société aux phases supérieures de la vie collective. Ni l'État américain, ni l'État allemand, ni l'État polonais n'ont été formés par une invasion venue du dehors et représentant l'élément mâle au milieu d'une population autochtone représentant l'élément femelle.

Pour ce qui est de l'État américain, nous connaissons sa genèse d'une façon très exacte. Et précisément elle peut servir de meilleur argument pour montrer toute l'inconsistance du schéma darwinien.

J'ai eu déjà l'occasion de dire combien l'étude de l'origine de la société américaine était précieuse pour le sociologue[1]. On y voit le commencement d'une société en pleine lumière de l'histoire. Les faits qui se sont passés dans les colonies anglaises de la région des Alléghanys ont dû se passer d'une façon sensiblement analogue dans la haute antiquité. Il faut considérer que les sociétés humaines ont débuté toutes, à une certaine époque, par l'établissement dans un pays désert, comme le firent les émigrants de la Grande-Bretagne quand ils passèrent sur le nouveau continent[2]. Par cela seul on peut voir que le schéma de

1. Voy. plus haut p. 186.
2. Car les populations autochtones y étaient si clairsemées qu'elles étaient pratiquement comme non existantes. D'ailleurs elles furent bientôt ou exterminées ou refoulées. Les Peaux-Rouges n'ont pas exercé la moindre influence sur l'organisation de la société américaine ; ils ne lui ont légué

Ratzenhofer ne soutient pas un seul instant la critique.
S'il avait fallu un élément femelle et un élément mâle pour
permettre à une société d'atteindre la phase supérieure de
l'association, la société américaine n'aurait pas pu atteindre
cette phase, parce que l'élément femelle y faisait complètement défaut. Cette prétendue fécondation n'est donc nullement nécessaire pour produire une association supérieure,
donc la théorie darwinienne s'écroule par la base.

Ainsi, la conquête n'est pas nécessaire pour qu'une association de l'ordre supérieur puisse se constituer. L'histoire
des États-Unis le démontre, et une théorie qui ne peut pas
renfermer dans sa formule le processus de la formation
d'une société comme celle de l'Amérique du Nord, ne peut
pas avoir la prétention d'appartenir à la science positive.

Mais poursuivons. Après l'asservissement d'une race par
une autre, il faut, disent les darwinistes, pour former une
association supérieure : l'établissement des castes, l'inégalité politique, puis la substitution de la loi à la force.

Aucune de ces phases, prétendues indispensables, ne se
retrouve dans l'histoire des États-Unis. Voici comment
cette société s'est constituée : « des hommes égaux et libres
se sont d'abord groupés en townships, des townships égaux
et libres ont volontairement organisé l'État colonial pour
leur sûreté et leur commodité. A la fin, des États égaux et
libres ont volontairement et dans un intérêt non moins
positif organisé l'État fédéral[1] ». Voit-on ici les castes,
l'inégalité politique, puis la suppression de cette inégalité
et l'établissement de la justice ? Que les choses se soient
passées parfois dans le monde, conformément au schéma
de Ratzenhofer, c'est incontestable. Mais que les choses
ne *puissent pas se passer autrement*, c'est ce que les faits

que quelques noms de lieux et quelques héros de roman. L'humanité a
rayonné nécessairement d'un centre unique de dispersion. Assurément
elle ne descend pas d'un seul couple, pas plus que tous les Anglais. Mais
tous les Anglais, ceux de la Nouvelle-Zélande, de l'Australie, du Cap, du
Natal, des Antilles, des États-Unis et du Canada proviennent d'un centre
unique de dispersion qui est la Grande-Bretagne.

1. E. Boutmy, *Psychologie du peuple américain*, p. 116.

contredisent de la façon la plus formelle. Il faut dire, d'ailleurs, qu'on a dû complètement abandonner, en sociologie, toute idée d'évolution rectiligne. On croyait autrefois que partout et toujours la famille, par exemple, avait passé par les mêmes phases. Une étude plus complète des faits a obligé d'abandonner ces généralisations hâtives. La vie biologique offre déjà une diversité très grande; mais, dans la vie sociale, la diversité est portée au carré, s'il est possible de s'exprimer ainsi. Il n'y a pas deux espèces qui se développent de la même manière; à plus forte raison, n'y a-t-il pas deux sociétés. Des facteurs innombrables créent une variété si extrême qu'elle se laisse difficilement ramener à des cadres précis. Des castes peuvent apparaître dans une société et non dans la société voisine. On ne peut décrire l'évolution des sociétés que d'une façon très générale, comme je vais l'essayer plus loin.

Mais je veux auparavant signaler d'autres faits qui mettent à néant le schéma de Ratzenhofer.

Pour que sa théorie soit vraie, il faut que le conquérant représente un élément plus avancé que la collectivité conquise. Or Ratzenhofer n'a pas besoin d'aller bien loin pour constater qu'il n'en est pas toujours ainsi. Assurément il ne viendra pas nous affirmer que les trustes de Clovis, de Genséric, de Théodoric et de Totilla représentait une organisation supérieure à celle de l'empire romain. L'histoire nous montre que ces chefs détruisirent l'ordre établi par la ville éternelle et firent régner, pendant des siècles, l'anarchie la plus cruelle là où Rome avait mis la paix et un gouvernement régulier. L'histoire offre des exemples de toutes les combinaisons imaginables : tantôt c'est une peuplade barbare qui envahit un pays plus civilisé, tantôt des peuples civilisés qui envahissent des régions peuplées de barbares; tantôt des pays de culture également avancée s'unissent pour former des collectivités politiques plus grandes (l'Italie en 1859, l'Allemagne en 1870). Bref la diversité est extrême. De toutes ces combinaisons naissent des États;

donc l'État n'est pas formé uniquement par la fusion de deux sociétés, l'une supérieure et l'autre inférieure. La théorie de Ratzenhofer n'est donc pas confirmée par les faits.

Ratzenhofer peut répondre qu'il parle de l'*origine* de l'État à l'époque primitive ; mais outre qu'il est impossible de déterminer à quel moment cette période *primitive* commence et finit, ce point de vue ne soutient pas la critique. Une théorie scientifique doit être vraie pour toutes les époques, ou elle est fausse. Un sociologue ne peut pas choisir, à sa fantaisie, un moment quelconque de l'histoire de l'humanité et dire : « je ne prends plus en considération ce qui s'est passé après ». Les événements de 1870 ont constitué aussi bien un *État* (l'Allemagne) que des événements qui se sont passés à l'aurore de l'histoire. Une théorie, appliquable seulement à l'époque préhistorique, sur laquelle on a des données extrêmement incertaines, est bien fragile. On peut la soupçonner fortement d'être fondée sur des vues subjectives de l'esprit. Rien de plus commode que les romans préhistoriques ; seulement il ne faut pas oublier de les donner comme tels et de ne pas les confondre avec la science sévère et positive. Que dirait-on d'un naturaliste qui, dans un traité d'embryologie, ne voudrait pas considérer les êtres qui naissent sous nos yeux, mais seulement ceux qui naissaient à l'époque tertiaire. La formation de l'État du Dakota, que nous avons vu s'accomplir de nos jours est aussi parfaitement une genèse d'État que la formation des États de l'époque homérique.

La pauvreté du langage crée souvent des confusions qu'il appartient à la science de faire disparaître. Le mot *État* signifie, en premier lieu, une certaine structure sociale : la vie sédentaire, la pratique de l'agriculture et la possession d'institutions rendant possible le développement économique et politique de la société. A ce point de vue on dit que les sociétés française, prussienne et américaine sont arrivées à la phase de l'État, tandis que les sociétés fuégienne ou touareg ne l'ont pas encore atteint. La seconde acception du mot *État* se rapporte à la configuration territoriale : L'État prussien est l'ensemble des provinces réunies par les Hohenzollern et s'étend sur une surface déterminée de l'Europe. Si Ratzenhofer veut dire que les États français, prussien ou espagnol tels qu'ils existent à l'heure présente, territorialement parlant, sont des faits provenant de l'emploi de la force, il a parfaitement raison. Assurément sans les guerres européennes de ces dix derniers siècles (pour ne parler que de cette période), ni l'État prussien ni les autres n'existeraient certainement pas dans leurs limites géographiques actuelles. Mais cela ne signifie, en aucune façon, que s'il n'y avait jamais eu de guerre dans l'humanité, la région qui s'étend des Alpes à la Baltique ne serait pas peuplée maintenant d'hommes arrivés à la phase d'organisation de l'État. Au contraire, sans la guerre, cette phase eût été non seulement atteinte, mais l'aurait été beaucoup plus vite dans la plaine de l'Allemagne du nord, et la structure sociale des individus peuplant cette partie de l'Europe serait beaucoup plus parfaite. Sans l'emploi de la force, les groupements existant de nos jours ne se seraient pas formés. A ce compte on a raison de dire que c'est la guerre qui a formé ces groupements. Mais cela ne prouve nullement que la force crée les formes supérieures de l'association, car, sans la force, il se serait formé d'autres groupements plus parfaits, parce qu'étant conformes aux vœux des populations, ils auraient mieux correspondu aux conditions rationnelles des collectivités humaines.

Ainsi le schéma de la formation de l'État élaboré par Ratzenhofer, ne soutient ni la critique de la logique ni celle des faits. Il est en partie imaginaire en ce sens qu'il donne comme indispensable des phases qui peuvent parfaitement ne pas exister.

A ce schéma erroné, je vais maintenant opposer celui qui me paraît serrer la réalité de plus près ; mais je préviens le lecteur que je trace ici la marche de l'évolution normale, de celle qui se produit sans les perturbations amenées par les violences et la guerre. Je procède comme les biologistes qui tracent les phases normales du développement de l'embryon. Cependant tout biologiste sait que l'embryon peut être affecté de maladies ; il fait abstraction de celles-ci en parlant de l'évolution normale, et s'en occupe dans un chapitre spécial de son étude. Je sais parfaitement, de même, que bien peu de sociétés humaines (il y en a cependant) n'ont pas subi les perturbations de la guerre, mais je veux en faire abstraction pour le moment.

De plus, pour ne pas tomber dans les erreurs que je reproche à mes adversaires, je déclare que, bien que ma description soit faite seulement à très grands traits, je n'ai pas la prétention de soutenir qu'elle expose une marche qui se produit partout et toujours avec régularité. La vie sociale est tellement complexe que ses particularités passent à travers les mailles du réseau le moins serré. Il faut, de plus, attirer l'attention du lecteur sur le fait que beaucoup de sociétés n'ont pas encore parcouru toutes les phases que je retrace ici. Enfin ce livre n'est pas un traité de sociologie ; il a un but spécial et déterminé. Le lecteur comprend donc que mon tableau de l'évolution humaine est tracé le plus brièvement possible et seulement dans les limites qui sont nécessaires pour l'exposition de ma thèse. Cela dit, passons à ma description.

L'homme descend d'un animal inférieur ; il a donc commencé par être nomade. Aussi longtemps qu'il en était ainsi, les limites de l'association humaine n'ont pas pu être marquées par le territoire. Elles ont été déterminées par des rapports individuels, par les liens de parenté, d'abord réelle, ensuite réelle et fictive. C'est la période de la horde, du clan et de la tribu.

Puis l'homme se fixe au sol ; il se met à pratiquer l'agriculture et à bâtir des demeures. Successivement apparaissent la différenciation du travail et l'échange. La production grandit et se diversifie. Alors sont créées, les unes après les autres, les institutions de tout genre qui assurent le fonctionnement de l'activité économique et politique. En même temps, par le fait de la vie sédentaire, le lien social se transforme lentement (ce qui demande des siècles), d'individuel il devient *territorial*. Une agglomération plus dense, la ville, autour de laquelle se serrent les agriculteurs est la première forme de ce groupement. C'est la commune, la cité ou le township. Lorsque des relations fréquentes s'établissent entre des cités voisines, le besoin se fait sentir de leur donner une organisation d'ensemble ou, en d'autres termes, de fixer un certain nombre de normes juridiques. Des cités où des communes unies entre elles forment l'*État*. Grâce à l'organisation plus parfaite de ce groupe social, la richesse se développe, le loisir apparaît et avec lui naissent les besoins de l'intelligence. Alors l'art et la littérature prennent leur essor. L'activité littéraire (tant au point de vue poétique que scientifique) fait naître la question de la langue. Tant que les communications entre les différents groupes humains sont rares et difficiles, la différenciation des idiomes est très rapide, surtout à l'époque où il n'y a pas encore d'écriture. Il arrive que des populations unies politiquement ou entre lesquelles s'établit une circulation économique et intellectuelle intense, peuvent parler des dialectes différents. La tendance à prendre un de ces dialectes (le plus favorisé, pour mille raisons dont il m'est impossible de parler ici) pour langue commune s'affirme, de même que dans les affaires commerciales on tend à prendre une marchandise déterminée comme instrument d'échange général[1]. Le dialecte devenu pour ainsi dire universel peut alors s'étendre sur un vaste territoire et être employé par l'élite,

1. Ce phénomène se produit en vertu de la loi universelle que le mouvement suit la ligne du moindre effort.

conjointement avec les dialectes locaux; il peut même
évincer complètement ces derniers. Dans les deux cas, le
dialecte universel forme ce qu'on appelle la langue nationale. Concurremment avec ce travail linguistique se produit l'ensemble des autres progrès sociaux, ce qui amène
un nombre croissant de citoyens à avoir des besoins intellectuels de plus en plus vifs. Alors l'art, la science et la
philosophie passent au premier plan des préoccupations
sociales. Mais naturellement tous ces besoins intellectuels
ne peuvent être satisfaits que par l'intermédiaire du langage et particulièrement du dialecte devenu commun.
Quand une société arrive à posséder des besoins intellectuels très intenses et une langue commune pour les exprimer elle atteint la phase de la *nationalité*.

A partir du moment où celle-ci est constituée, au lien
territorial qui unit les hommes en tant que citoyens d'un
État, s'ajoute et se superpose un lien intellectuel qui les
unit en tant que membres de la même *nation*. Alors peut
s'établir une affinité des plus puissantes entre individus qui
habitent des États séparés, pourvu qu'ils appartiennent à
la même nationalité.

Plus tard, des nationalités voisines s'unissent par des
rapports intellectuels de tout genre et forment ce qu'on
appelle un groupe de civilisation, comme l'Europe actuelle.
Enfin la phase dernière sera que les groupes de civilisation
s'uniront dans une association plus vaste qui comprendra
l'humanité tout entière.

Telle est la marche normale de l'évolution sociale. On
voit que la guerre n'y est d'aucune nécessité, pas plus
que la maladie pour grouper en association biologique
les 60 trillions de cellules qui forment le corps humain.
Tous les phénomènes que je viens de décrire auraient
pu s'accomplir de la façon la plus complète s'il n'y avait
jamais eu sur la terre un seul homicide individuel ou
collectif. Il est même évident que, sans les homicides individuels (crimes) et collectifs (guerre), non seulement

toutes les sociétés humaines auraient déjà atteint depuis
longtemps les phases supérieures de l'évolution (celles
de l'État et de la nationalité) [1], mais, de plus, qu'elles
auraient atteint collectivement la phase suprême de l'évolution de notre espèce : l'union générale du genre humain.

De même encore, sans les homicides individuels et collectifs, les formes des associations humaines eussent été
infiniment plus avancées que de nos jours et des combinaisons en vue du bien public, qui se réaliseront peut-être
dans dix ou vingt siècles, eussent été déjà réalisées depuis
des années.

De cette exposition de l'évolution normale de la société,
se dégage la démonstration de la fausseté du darwinisme
social : à savoir que la guerre, loin d'avoir été la condition
indispensable de la formation des organisations sociales
supérieures, a toujours empêché leur prompte formation.
La guerre n'a pas été la cause du progrès, mais l'obstacle
principal opposé au progrès.

Je vois venir l'objection des darwinistes : ils pourront
me dire que mon schéma est aussi arbitraire et convention-
nel que le leur parce qu'aucune société dans le monde n'a
pu se développer d'une façon normale. Mais, quand bien
même il en serait ainsi, cela ne prouverait en aucune
façon la vérité de la théorie que je combats ici. Assurément
il n'y a pas un seul organisme biologique qui se développe
d'une façon tout à fait normale, parce qu'il n'y en a pas
un seul qui reste absolument sain pendant toute la durée
de sa croissance. Au contraire, tous sont affectés par des
maux plus ou moins perceptibles. Mais il ne s'ensuit nullement que si la maladie ne se produisait pas, l'intensité
vitale de l'individu diminuerait.

Il en est des sociétés comme des individus. Presque
toutes ont passé par des états pathologiques, soit parce

---

1. Ce qui revient à dire qu'il n'y aurait plus eu sur la terre ni sauvages
ni barbares.

qu'elles ont attaqué leurs voisines, soit parce qu'elles ont
dû se défendre contre des attaques. Mais cela ne prouve
nullement que si ces faits pathologiques ne s'étaient pas
produits, l'intensité vitale des sociétés eut été moindre. Or
c'est précisément ce qu'affirme le darwinisme quand il soutient que, sans la guerre, il n'y aurait eu ni formes
sociales supérieures, ni progrès.

C'est seulement par une interprétation superficielle des
faits, basée surtout sur l'erreur du *post hoc ergo propter
hoc*, qu'on a pu croire le contraire.

On voit, par exemple, un pays qui mène une existence
normale, qui jouit, en d'autres termes, d'une somme de
justice suffisante, qui se trouve donc dans l'état de santé.
Il est envahi par un conquérant étranger. Quelques années
après la conquête, on voit, parfois, ce pays prospérer plus
qu'auparavant. On en conclut : la conquête est comme une
fécondation ; elle augmente l'intensité de la vie sociale;
elle est la cause du progrès.

Or cette interprétation des faits est, tout entière, contraire à la vérité.

Dès qu'un pays est envahi par un conquérant, il subit
une période d'anarchie; la somme de justice diminue, donc
l'intensité vitale baisse. Puis si, au bout d'un certain
temps, et ceci dépend de mille circonstances les plus
diverses, l'ordre est rétabli par le nouvel envahisseur (s'il
fait régner une somme de justice suffisante), et si, le pays
se remet à prospérer, la prospérité ne provient alors pas
de la conquête, c'est-à-dire de l'anarchie et de l'injustice,
mais du fait que la justice a été restaurée. Par suite d'une
observation superficielle des faits, alimentée par l'hypnotisation de la force brutale et par la sympathie de l'esprit
humain pour l'hypothèse cataclysmique, on attribue la prospérité revenue, non pas à sa cause véritable (la justice),
mais à la cause même qui l'avait détruite, c'est-à-dire à la
violence et au désordre.

Que l'invasion produise une maladie sociale, nous le voyons à chaque pas. Après que les blessures épouvantables, causées par la conquête romaine s'étaient plus ou moins cicatrisées dans le nord de l'Afrique, il s'y était fondé une société qui serait devenue la sixième grande nation latine, à côté de l'Italie, de la France et de l'Espagne, etc. Carthage était de nouveau un grand centre de civilisation et le serait restée à côté de Paris, de Florence et de Venise. Mais la conquête musulmane vint détruire tous ces beaux germes. Elle diminua la somme d'énergie vitale de cette société ; elle la rendit malade. De même, l'invasion des Turcs dans la presqu'île des Balkans. Ces pays ont été arrêtés à la période économique et intellectuelle dans laquelle l'Europe se trouvait au xive siècle. La Macédoine souffre encore d'une terrible maladie qui ne prendra fin que par l'expulsion complète des envahisseurs, c'est-à-dire par la suppression des injustices provenant de la conquête.

En résumé, les phénomènes se suivent dans l'ordre suivant : population laborieuse, invasion, alors maladie (langueur, diminution de la production économique et intellectuelle), retour à la barbarie ou à la sauvagerie. Puis, si le conquérant sait restaurer l'ordre et la justice : *guérison* et, par suite, prospérité, retour de vigueur sociale. L'invasion ne produit pas la vigueur, c'est la suppression de ses effets qui amène ce résultat.

La conquête est la désorganisatrice générale des sociétés humaines. Cela pour deux raisons capitales. La première c'est qu'elle empêche le groupement naturel des populations ; de là des souffrances incalculables. Voyez la monarchie autrichienne vers 1780 : elle possède des provinces dispersées au quatre coins de l'Europe : le Milanais, la Belgique, le Tyrol, etc. Rien de plus funeste que ces créations artificielles. En unissant des hommes qui n'ont aucune affinité naturelle et en séparant ceux qui en ont, la conquête crée des groupements artificiels dont la vie est terne et languissante.

La seconde raison est que les violations de droit que les conquêtes amènent nécessairement, désorganisent la société d'une façon encore plus funeste en introduisant le despotisme. Il y a certainement sur la terre des millions d'hommes absolument incapables de se représenter qu'il puisse exister des droits politiques. Tels sont les Fellahs de l'Egypte et les ryots de l'Inde. On peut comprendre combien faible est l'intensité vitale des sociétés composées de pareils citoyens. La dégradation des caractères y devient effrayante et la production économique et intellectuelle y sont réduites au minimum.

Sans la conquête, tous les États actuellement existants auraient été, comme les États-Unis d'Amérique, des fédérations de communes librement constituées. Donc la liberté aurait été partout, on l'aurait respirée par tous les pores de l'être, elle aurait rempli et embaumé l'air de ses senteurs vivifiantes ; elle aurait servi de base universelle à l'ordre social. Ce ne sont pas quelques millions de privilégiés, comme les Anglais, c'est tout homme vivant sur la terre qui aurait pu avoir pour devise : « Dieu et mon droit ». La conquête est la plus terrible des maladies sociales. Si nous n'en guérissons pas, l'humanité restera éternellement dans l'anarchie, c'est-à-dire dans la langueur. Or il faut véritablement un amour bien immodéré de paradoxe pour affirmer que l'anarchie produit les formes supérieures de l'association humaine. Tout l'effort de l'humanité doit précisément tendre à faire dans l'avenir ce qui n'a pas été fait dans le passé, c'est-à-dire à supprimer la conquête, car cette suppression et le bonheur de notre race sont des termes synonymes.

On a vu des conquêtes bienfaisantes pour les populations soumises. Quelles sont celles qui ont produit ce résultat ? Uniquement celles, où, par suite de sa supériorité mentale, et par suite de mille autres raisons qu'il est impossible d'examiner ici, le conquérant a établi une somme de justice plus grande que celle qui existait auparavant. Ici donc le bien ne provient pas de la conquête, mais uniquement de l'accroissement de la somme de justice. Assurément les Français introduiront au Soudan une somme de justice infiniment supérieure à celle que pratiquait Rabah ou Samory. Aussi la conquête française sera-t-elle bienfaisante pour les Soudanais. Cet exemple peut servir pour tous les cas analogues.

Ce qui vient d'être dit prouve qu'il n'y a aucune ressemblance entre la fécondation de l'ovule par le zoosperme et la formation de l'État. L'auteur de ces pages est un des plus fervents adeptes de la théorie organique ; mais par le fait qu'on est organiciste, il ne s'ensuit nullement qu'on doive reconnaître comme justes et fondées *toutes* les analogies qu'il plaira d'établir entre les faits biologiques et sociaux. On peut très bien en établir aussi qui soient complètement fausses. Un grand nombre de ces comparaisons, faites d'une façon hâtive et superficielle, sont des jeux d'esprit, fort amusants parfois, mais qui n'ont absolument rien de commun avec les réalités concrètes sur lesquelles la science positive doit se fonder.

Les sociétés sont des organismes, sans aucun doute, mais des organismes *sui generis* qui présentent des phénomènes spéciaux. Sous prétexte qu'un chêne et un lion sont tous deux des organismes, on n'est pas en droit d'affirmer que *tout* ce qu'on dira de l'un s'appliquera textuellement à l'autre. Il y a des traits communs entre le chêne et le lion, mais il y a aussi des dissemblances énormes qu'on n'est pas en droit de négliger. Or les différences entre les organismes sociaux et biologiques sont infiniment plus considérables que les différences entre les plantes et les animaux.

La comparaison entre la fécondation sexuelle et la genèse

1. Voy. ma *Théorie organique des Sociétés*, Paris, Giard et Brière, 1899.

de l'État est complètement fausse ; les objections qu'elle
soulève sont innombrables. Le lecteur comprendra que je
ne puis pas les examiner toutes dans ce travail, dont le
but est spécial ; aussi me contenterai-je d'en signaler quelques-unes.

Par exemple, après la fécondation de l'ovule par le
zoosperme, les cellules commencent à se multiplier rapidement. Or, après une conquête, on voit fort souvent se
produire le fait diamétralement opposé : après la prétendue
« fécondation » de la Grèce par la Turquie, le nombre des
habitants de la Grèce a constamment diminué. Ce pays a
été réduit à l'état de solitude. C'est seulement quand il a
été opéré une « défécondation » (*horresco referens !*), quand
les Turcs ont été expulsés, que la population a commencé
à croître. D'autre part, une population peut augmenter en
nombre et en civilisation, sans qu'il s'y opère la moindre
« fécondation », c'est-à-dire la moindre conquête. Les
Anglais sont allés s'établir en Tasmanie en 1804. Comme
les indigènes de cette île sont morts jusqu'au *dernier*, on
peut dire que cette terre était complètement déserte. Il n'y
a donc pas eu la moindre « fécondation » puisque l'élément
femelle manquait complètement. Or nul ne contestera que
les Anglais peuvent développer la plus brillante civilisation
en Tasmanie et la peupler de la façon la plus dense, sans
subir la moindre invasion armée de la part d'aucune nation
étrangère. La prétendue fécondation n'est donc nullement
nécessaire pour former une société d'ordre supérieur. Or
ce qui s'est fait en Tasmanie, en 1804, a dû se passer dans
beaucoup d'autres régions du globe à des époques dont
les hommes n'ont plus conservé le souvenir.

Une autre différence, mais fondamentale cette fois, entre
la fécondation et la conquête, c'est que la première ne s'accomplit qu'une seule fois dans la vie d'un être biologique,
tandis que la seconde peut se répéter à plusieurs reprises.
À notre connaissance, la Tunisie a été conquise successivement par les Phéniciens, les Romains, les Germains, les

Arabes, les Turs et enfin les Français. Ce pays aurait donc subi *quatre* fécondations successives ! On voit que nous sommes bien loin de la fécondation de l'ovule par le zoosperme !

Mais il y a plus encore. La conquête s'opère non seulement à plusieurs reprises ; à vrai dire, elle s'opère à jet continu pendant de longues années. L'armée qui s'empare d'un pays, après avoir vaincu celle des indigènes, ne fait que rompre la digue. C'est après la guerre, par l'occupation du territoire, que se fait la vraie conquête, la définitive. Chaque régiment qui va tenir garnison sur le territoire du vaincu, chaque fonctionnaire qui va l'administrer, chaque colon qui va s'y établir pour cultiver la terre, continuent la conquête. Les opérations militaires, en Algérie, ont été terminées en 1857, mais la conquête de l'Algérie par le peuple français se poursuit et ne sera peut-être pas encore achevée avant un siècle. Où voit-on des fécondations prolongées en biologie? Encore une preuve que les différences entre les deux domaines sont radicales.

Autre dissemblance : dans une fécondation biologique, les éléments de l'ovule femelle jouent un rôle aussi important que les éléments du zoosperme mâle, puisque les descendants participent autant de la mère que du père. Dans la conquête il n'en est pas toujours ainsi : quand l'envahisseur pratique un massacre sur une grande échelle, il peut ne rien rester de la civilisation du vaincu. Alors il n'y a pas amalgame mais extirpation. Carthage n'a *rien* laissé de sa culture originale en Tunisie : rien, pas un monument, pas une œuvre littéraire.

De plus, la théorie de la fécondation ne nous explique pas pourquoi certaines sociétés sont considérées comme « mâles » et d'autres comme « femelles ». On admet que le « mâle » est le vainqueur, signe bien décevant, car toutes les sociétés ont remporté des victoires et ont subi des défaites, ont opéré des conquêtes puis ont subi des invasions, selon les vicissitudes de l'histoire. Ainsi les Romains,

pendant une certaine période, auraient été un élément
« mâle », puis, à une certaine autre, ils se seraient trans-
formés en élément « femelle ». C'est une métamorphose
plus prodigieuse que celle de Térésias!

Une dernière objection : les sociétés « femelles », donc
faibles et inférieures, seraient, d'après le darwinisme
social, celles qui ont abandonné le brigandage et les conquêtes, pour se livrer à la seule production économique et
intellectuelle. Mais c'est une véritable hérésie contre la
biologie et la sociologie, d'appeler *inférieures* des sociétés
ayant une structure plus complexe et supérieures des sociétés ayant une structure plus simple. Personne ne dira
qu'une mousse est plus parfaite qu'un arbre. Or la production économique et intellectuelle ne peut atteindre un niveau
très élevé sans que les institutions politiques se multiplient, se compliquent et se différencient. Si le darwinisme
social était vrai, il aurait fallu admettre que la société germanique, au IVᵉ siècle de notre ère (société où il n'y avait
ni une grande ville, ni une école, ni un grand écrivain, ni
un grand artiste et où l'écriture était à peine pratiquée),
était plus parfaite et supérieure à la société romaine ! Qui
osera jamais soutenir un pareil paradoxe?

Enfin il est complètement arbitraire d'affirmer que le
monde ait été jamais partagé en sociétés de guerriers ou
« mâles » et en sociétés de travailleurs ou « femelles ».
Dans les organismes biologiques, comme dans les organismes sociaux, les différentes fonctions se développent
simultanément. Les Prussiens d'aujourd'hui ont une industrie infiniment plus avancée que leurs ancêtres, les Suèves,
mais ils ont aussi des armées infiniment mieux organisées.
Tout se tient dans la vie sociale. Le progrès des sciences
produit l'avance de la production technique et celle-ci, à
son tour, les perfectionnements de l'outillage militaire. Il
n'y a donc jamais eu une époque où le monde était partagé
en sociétés mâles et en sociétés femelles. Toutes étaient
tantôt l'un, tantôt l'autre (quelquefois l'une ou l'autre selon

l'appréciation subjective de l'individu). La prétendue
fécondation n'a donc jamais pu s'effectuer.

Cette théorie de la fécondation par la conquête a été
forgée, après coup, à l'aide des suppositions les plus arbitraires et des fantaisies les plus étranges, pour faire entrer
les faits rapportés par l'histoire dans le lit de Procuste des
analogies biologiques.

Si l'on veut établir une comparaison entre l'origine des
sociétés et celle des organismes, il y a une série de phénomènes en biologie où, *mutatis mutandis*, elle est beaucoup
plus vraie ; ce sont les phénomènes du bourgeonnement.

On sait qu'un grand nombre de créatures vivantes se
reproduisent par génération agame. Si l'on considère l'ensemble des êtres animés, et non pas seulement les espèces
supérieures, peut-être faudra-t-il dire que la fécondation
est le cas exceptionnel et la génération agame le cas général. Cette génération se fait, entre autres, par le procédé
du bourgeonnement. Une excroissance se forme sur le
corps du progéniteur (on ne peut plus parler de père ni
de mère), puis l'excroissance se détache et commence à
mener une vie indépendante. Cela ressemble beaucoup plus
à la manière dont se reproduisent les sociétés. Des individus se détachent d'un groupe primordial et vont s'établir
dans un pays nouveau. Ainsi s'est formée la société anglaise
de l'Amérique du Nord.

Comme les sociétés nouvelles peuvent s'établir dans des
pays déserts et y parcourir toutes les phases de l'évolution sociale, il est complètement faux de soutenir que,
pour atteindre les formes supérieures de l'association
humaine, il faut passer nécessairement par un fait de
pathologie sociale. Or, à partir du moment où il est
démontré que l'État est le produit des forces formatives,
c'est-à-dire juridiques, tout l'édifice du darwinisme social
s'écroule immédiatement.

CHAPITRE XXVI

CONFUSION DES FAITS BIOLOGIQUES ET PSYCHOLOGIQUES

J'ai essayé de démontrer, dans le chapitre précédent, que les formes supérieures de l'association humaine ne proviennent nullement du fait pathologique de l'homicide collectif.

Il me reste à démontrer que les progrès de la civilisation sont aussi faussement attribués à ces mêmes faits pathologiques.

Mais d'abord laissons nos adversaires exposer leurs théories.

« La pénétration réciproque des civilisations, dit M. Lester Ward[1], est à la sociologie ce que la fécondation croisée des germes est à la biologie. Une civilisation est une structure sociale, un organisme social, si l'on préfère ; les idées en sont les germes. Elles peuvent être mêlées et croisées et l'effet est le même que celui des croisements des caractères héréditaires. Le processus grâce auquel le résultat a été obtenu en majeure partie, *au moins à l'époque primitive de l'histoire humaine*, est la lutte des races....·Une race humaine peut être considérée comme un système physique possédant une large provision d'énergie potentielle, mais ayant souvent atteint un degré d'équilibre qui le rend incapable d'accomplir autre chose que les fonctions normales de la croissance et de la multipli-

---

1. *Pure Sociology*, p. 235. Le texte anglais porte : « Tho cross fertilisation of cultures » ce qui signifie, à la lettre : la fécondation croisée des civilisations. On voit que M. Ward emploie des termes directement tirés de la biologie.

cation... Le plus grand nombre des races sauvages et
barbares sont actuellement dans cet état. Elles ne veulent aucun changement et demandent seulement la conservation de ce qui existe. Il y a même plus : elles détestent
tout changement et y sont résolument opposées. Si l'on
devait compter sur l'initiative des races, il n'y aurait
jamais aucun progrès social. Nous pouvons même aller
plus loin et dire que si cela dépendait d'une action consciente et délibérée de l'humanité, le progrès serait impossible. Fort heureusement, il y a de grandes forces cosmiques, des principes inconscients qui travaillent pour le
progrès contre la résistance éternelle établie par la structure sociale. Par le simple concours des circonstances, par
suite de la fécondité exubérante de l'espèce, par l'effort de
s'étendre au loin pour éviter la surpopulation, par les
voyages et les migrations, différentes races, chargées
d'énergie potentielle emmagasinée dans des religions, des
coutumes, des langues, des tendances fort diverses, sont
amenées fortuitement à des chocs et à des rencontres qui
aboutissent à des conflits et à des conquêtes. Par suite, tous
ces germes divergents sont d'abord mêlés les uns aux
autres, puis rudement brassés dans un dissolvant qui tend
à polariser les fuseaux sociaux et qui se fond ensuite en
un tout par le processus de la karyokinèse ». Quelques
lignes plus loin, l'auteur complète sa pensée et lui donne une
force encore plus nette et plus tranchée. « Il est impossible
de ne pas prendre en considération l'influence de la guerre
et de la paix sur les progrès de l'humanité. Le monde
civilisé, tout entier, a conscience des horreurs de la guerre
et, si la sociologie a des visées utilitaires, l'une d'elle doit
consister, assurément, dans un effort tendant à en diminuer et en atténuer les horreurs. Mais la sociologie pure
est simplement une étude des faits et des états sociaux;
elle n'a rien de commun avec les visées utilitaires. Et sitôt
qu'on se livre à une étude complètement objective, on est
obligé de reconnaître, comme un fait incontestable, que *la*

guerre a été la condition principale et dominante du progrès de l'humanité. Ceci est parfaitement évident pour celui qui comprend le sens de la lutte des races. Quand les races cessent de lutter, le progrès s'arrête. Elles ne veulent aucun progrès et n'en font aucun. *Pour toutes les races primitives et peu développées, l'état de paix est un état de stagnation.* Nous pouvons élever nos âmes et nous réjouir des bénédictions de la paix, mais les faits restent comme ils ont été établis et les conclusions qui s'en dégagent ne peuvent pas être réfutées ».

Je pense au contraire qu'elles peuvent être réfutées victorieusement et même sans beaucoup de peine. Les objections contre cette théorie se présentent en nombre tellement considérable qu'on est véritablement embarrassé de les choisir.

M. Ward a parfaitement raison de dire que toute société qui ne reçoit pas des idées du dehors, tombe dans la stagnation et commence à rétrograder. Une société, comme un individu, ne peut élaborer par ses propres forces, qu'un nombre d'idées limité. Si ce nombre n'est pas augmenté par les idées du dehors, il y a arrêt de développement.

Mais M. Ward a complètement tort quand il pense que les idées nouvelles ne peuvent pénétrer dans une société que par le circuit des massacres sur les champs de bataille ou par celui des conquêtes territoriales.

Laissons les abstractions et serrons les faits de près.

Voilà deux armées en présence : elles se tirent des coups de canon et des coups de fusil ; les hommes tombent de part et d'autre, les uns tués, les autres blessés. Je le demande, dans cette série d'actions, à quel moment se produit ce fécond échange d'idées qui empêche la stagnation sociale ? Les morts ne pensent plus, que je sache. Quant aux blessés, ils n'ont d'autres soucis que de panser leurs plaies et de les guérir, et non de discuter sur des

1. *Pure Sociology*, p. 238.

questions abstraites avec leurs adversaires qu'ils ne voient d'ailleurs plus. Assurément, quand les Français et les Allemands se massacraient avec fureur à Leipzig et les Japonais et les Russes à Liao-Yang, ils avaient bien autre chose en tête que d'échanger des opinions. Ce n'est donc pas sur les champs de bataille que se transmettent les idées. La guerre n'est donc pas leur véhicule.

Mais, dira-t-on sans doute, la guerre est seulement la préparation de la conquête et c'est par celle-ci que la transmission des idées s'opère surtout.

Or c'est encore une erreur. La guerre cinétique, si l'on peut s'exprimer ainsi, est suivie d'une guerre potentielle. Après la fin de chaque campagne militaire, il reste entre le vainqueur et le vaincu une haine d'autant plus profonde que le combat a été plus acharné et que ses résultats ont été plus désastreux pour la partie qui a succombé. Cette haine empêche la circulation des idées. La conquête peut seulement juxtaposer les hommes; elle ne peut pas les amalgamer en un tout social. Deux êtres peuvent se trouver côte à côte et même se toucher, et malgré cela ils peuvent rester aussi complètement étrangers l'un à l'autre que s'ils vivaient aux antipodes. Aussi longtemps qu'il n'y a pas circulation mentale, il ne peut pas se produire de fusion intellectuelle. Or la guerre est précisément le facteur le plus efficace qui empêche cette circulation de s'établir, parce que la guerre amène l'hostilité et l'antipathie entre les hommes. Depuis quatre siècles les Turcs et les Grecs vivent sur le même territoire et dans les mêmes villes, porte à porte. Cependant les Grecs n'apprennent pas le turc[1], les Turcs n'apprennent pas le grec et aucun échange d'idées ne se produit entre ces deux sociétés, parce qu'elles ne se fréquentent et ne se mêlent en aucune manière. Il en est exactement de même en Pologne : le monde polonais et le monde russe ne se connaissent pas à

---

1. Les individus isolés, qui en ont besoin pour leurs affaires, l'apprennent nécessairement, mais pas les familles.

Varsovie. Les membres de l'aristocratie sont invités dans certaines occasions officielles chez le gouverneur général des « provinces vistuliennes[1] ». Un air froid et compassé règne à ces réunions et si l'on est obligé d'échanger quelques paroles entre Russes et Polonais ce sont de pures banalités qui n'ont pas le moindre semblant d'une idée. Des millions de Polonais n'ont jamais lu un livre russe, précisément parce que cette nation qui les opprime leur fait horreur[2].

On peut généraliser ce qui vient d'être dit. M. Ward, qui est Américain, sait mieux que tout autre qu'à la suite des guerres entre les faces pâles et les Peaux-Rouges, les représentants de ces deux races ne peuvent pas se rencontrer en rase campagne sans se tirer des coups de fusil. De même, par suite des hostilités existant entre chrétiens et musulmans en Afrique, tout Européen pénétrant au Maroc est tué. Je demande après cela à M. Ward si la guerre opère vraiment la transmission des idées et la « fertilisation croisée » des civilisations ? Il est de toute évidence, au contraire, que la guerre forme le plus puissant obstacle au transport des idées de peuple à peuple.

Quand se décidera-t-on enfin à abandonner les sentiers tortueux et les chemins de traverse, pour prendre la voie large, droite et directe de la vérité ? Quelle singulière manie de compliquer les choses à plaisir, de chercher toujours des raisons à côté, au lieu des raisons naturelles. Il est si facile d'observer les choses comme elles se passent sous nos yeux. Or il est de la dernière évidence que les idées se propagent par la transmission des idées et n'ont

1. C'est ainsi qu'en langage administratif russe on appelle maintenant la malheureuse Pologne.
2. Je citerai un petit fait caractéristique : une demoiselle israélite d'Odessa avait épousé un riche israélite de Varsovie. Elle passait l'été aux environs de cette dernière ville dans un château qui lui appartenait. Un jour l'armée russe opéra des manœuvres dans les environs. La dame invita les officiers de l'état-major à déjeuner. Lorsqu'elle rentra l'hiver à Varsovie, aucune dame israélite de cette ville ne voulut plus la fréquenter, parce qu'elle avait publiquement affiché des sympathies pour les moscovites ! On voit comme la guerre fusionne les populations !

nul besoin de prendre le circuit des massacres; elles se transmettent, oralement, par les entretiens et par les écrits.

Les darwinistes sont bien obligés de reconnaître ce fait si prodigieusement banal. Mais ils font immédiatement volte-face pour présenter une nouvelle offrande à leur idole bien-aimée.

Ils disent que la guerre est le véhicule des idées parce qu'elle amène de grands mouvements de population. C'est vrai, ces mouvements se produisent, mais ils sont une quantité négligeable en comparaison des mouvements d'ordre économique et intellectuel. En 1870-71, 925.000 soldats allemands sont allés en France et environ 300.000 soldats français en Allemagne. C'est le plus grand mouvement de population, amené par une guerre, que connaisse l'histoire. Mais c'est un jeu d'enfant en comparaison des migrations humaines d'ordre normal. 300.000 touristes vont en Suisse tous les ans. Ainsi pendant les trente-quatre années qui se sont écoulées depuis le traité de Francfort, la seule petite Hélvétie a reçu sept fois plus d'étrangers que la France n'a reçu de soldats dans la plus formidable invasion que nous connaissions[1]. Et j'ai parlé seulement de la Suisse. Mais si l'on considère les touristes qui vont en Italie, à Paris, sur les bords du Rhin et sur la côte d'Azur, c'est par millions qu'il faut les compter. Jamais la guerre n'a produit rien de semblable à ces tourbillons d'hommes dont le mouvement incessant s'opère jour et nuit et va toujours en croissant.

Vienne la guerre, tout ce flot s'arrêtera. M. Ward n'ignore sans doute pas qu'avant le 12 avril 1861[2] de nombreux trains partaient tous les jours régulièrement de Washington pour Richmond et Savanah. Dès que les premiers coups de canon furent tirés, ces trains cessèrent de

---

1. Si on compte à partir de 1870, il faut prendre une moyenne de 200.000 touristes pour la Suisse.

2. C'est le jour où commença la guerre de Sécession aux États-Unis.

circuler. M. Ward ne contestera donc pas que la guerre arrête la circulation des hommes, donc la possibilité de l'échange des idées.

J'ai parlé des touristes et des voyageurs, mais le mouvement des émigrants n'est pas moins important. De 1820 à 1902, 20.635.000 étrangers sont allés s'établir aux États-Unis. Qu'on cite une seule guerre ou même une série de guerres qui aient donné lieu à un pareil mouvement de populations. Or ce peuplement des solitudes américaines par les Européens n'a été possible que par suite de l'absence d'hostilité, donc par suite de la non-existence d'une guerre entre les nouveaux venus et les premiers occupants. Si tout immigrant débarqué à New-York avait couru le risque d'être tué comme une bête féroce, jamais l'immigration en Amérique n'aurait pu atteindre ses proportions colossales actuelles.

Ainsi donc les mouvements des populations les plus importants sont des faits économiques et non militaires, et la guerre, loin de favoriser ces mouvements est, au contraire, le plus grand obstacle qui s'oppose à leur activité.

Après les conversations d'homme à homme, le principal véhicule de la pensée est l'écrit. Or il est de toute évidence que les écrits se répandent par des procédés particuliers qui n'ont absolument rien à voir avec les massacres sur les champs de batailles et avec les annexions politiques. Les écrits se répandent par l'envoi direct sous forme de marchandises ou par les envois postaux de tout genre. L'impératrice Catherine II avait lu les œuvres de Montesquieu et s'était imprégnée de ses idées. Comme il n'y avait pas eu de guerre entre la Russie et la France jusqu'à cette époque, il est évident que la guerre n'était nullement nécessaire pour répandre les idées françaises en Russie. On a mis plus tard en circulation le fameux cliché disant que la France a promené dans les plis du drapeau tricolore les immortels principes de 1789. Ce cliché a eu une fortune énorme. Cela ne l'empêche pas d'être le plus faux

et le plus contraire à la vérité qui se puisse concevoir. Ce
fut *avant* l'apparition du drapeau français que les idées de
la Constituante produisirent leur plus puissant effet en Allemagne et dans le reste de l'Europe et ce fut *après* l'apparition de ce même drapeau et la tyrannie qui en fut la conséquence, qu'elles commencèrent à perdre du terrain.
D'ailleurs, par cela seul que la France fit des annexions
territoriales, elle cessa de propager les principes de 1789,
car la Constituante avait formellement répudié les conquêtes violentes[1]. Les idées de 1789 auraient pénétré
beaucoup plus vite dans tous les pays et y auraient poussé
des racines beaucoup plus profondes si la Convention, le
Directoire et Bonaparte n'avaient pas massacré trois millions
d'Européens et n'avaient pas causé des pertes économiques
incalculables à presque toutes les nations de l'ancien continent. En 1848, le drapeau tricolore ne quitta pas le territoire national; cela n'empêcha pas les idées françaises
d'exercer un effet foudroyant dont les conséquences bienfaisantes se manifestent encore à l'heure actuelle.

Revenons maintenant à la transmission des idées par les
écrits de tout genre.

M. Ward a un grand nombre de livres allemands dans
sa bibliothèque. On a vu dans quelle forte mesure il a
subi l'influence des ouvrages de Ratzenhofer. Et ce résultat a été parfaitement obtenu sans qu'il y ait eu jamais de
guerre entre l'empire germanique et les États-Unis. Et,
comme les livres d'un pays pénètrent dans les autres tous
les jours et pour ainsi dire à jet continu, tandis que les
guerres ont lieu à des intervalles relativement espacés, on
voit que les livres sont un véhicule de la pensée autrement
efficace et puissant que les combats sur les champs de
bataille.

Ainsi les idées peuvent parfaitement faire leur chemin

1. Le titre VI du chapitre IV de la Constitution de 1791 porte : « La
nation française renonce à entreprendre aucune guerre en vue de faire
des conquêtes, et n'emploiera jamais ses forces contre la liberté d'aucun
peuple ».

sans la guerre. Mais il est facile de montrer que celle-ci n'a d'autre effet que de ralentir leur marche.

D'abord à cause du simple fait de la circulation des produits. Les idées s'incorporent dans les écrits et les écrits, en dernière analyse, forment des ballots de marchandises. Comme la guerre arrête la circulation des biens, elle arrête par cela même la circulation des idées.

Il faut considérer encore que la guerre, en causant de grandes pertes matérielles, diminue la demande des produits intellectuels et contribue également par là à arrêter l'importation des idées du dehors. Mais à part ces considérations d'ordre matériel, il y en a encore d'ordre moral. Les Polonais et les Français n'ont jamais été en guerre ; par suite, les Polonais n'ont aucune antipathie contre les Français ; ils font venir leurs livres et s'imprègnent de leurs idées. Si les rapports entre Polonais et Français avaient été aussi hostiles (c'est-à-dire si ces deux nations s'étaient fait la guerre) qu'ils l'ont été entre Russes et Polonais, ceux-ci auraient fait venir moins de livres français ; il y aurait eu chez eux un moindre afflux de livres, donc moins d'idées étrangères, et ils seraient restés dans une plus grande stagnation.

Enfin, pour transmettre les idées, une des premières conditions est d'en avoir ; or deux hordes sauvages dont le développement intellectuel est presque nul ont beau se massacrer et se remassacrer pendant des siècles, les vainqueurs ne pourront pas transmettre aux vaincus des idées qu'ils ne possèdent pas eux-mêmes et aucun mouvement d'idées ne naîtra des homicides les plus prolongés et les plus impitoyables. Les tribus américaines se sont livré de sanglants combats pendant des siècles. Seulement comme les Sioux n'avaient pas une provision d'idées plus considérables que les Algonkins, les tribus de l'Amérique du Nord sont restées sauvages malgré les guerres les plus incessantes. Quand une nation plus élevée transmet ses idées à une autre moins avancée, c'est cette transmission qui est bienfaisante par elle-même et nullement le fait d'avoir été opérée par la guerre; car si la transmission se fait sans combat, elle est tout aussi avantageuse. La France a occupé la Tunisie presque sans coup férir; cela n'empêche pas que la société tunisienne tire un immense profit des idées françaises et, certes, ce profit n'aurait pas été plus grand si la Tunisie avait été domptée après des flots de sang versé.

M. Ward ne contestera pas, je pense, que les idées sont élaborées lentement par la méditation. Il écrit ses ouvrages dans son cabinet et non sur les champs de bataille. Lorsqu'on est couché en joue par quelque soldat ennemi, on n'a pas la tête à une besogne intellectuelle. Il en a été ainsi de tous les penseurs et à toutes les époques. Si donc, dans le contact entre deux nations, l'une peut avoir des idées plus avancées que l'autre, c'est que la nation plus avancée les a élaborées directement par son travail intellectuel. C'est donc ce travail et nullement la guerre qui profite aux nations moins avancées.

Maintenant les darwinistes disent que la guerre aboutit à la conquête et que c'est cette dernière qui, en mêlant les populations, cause l'échange rapide des idées.

J'ai déjà montré par l'exemple des Grecs et des Polonais que la conquête n'amène nullement ce résultat. Mais ici, je dois faire observer encore que les conquêtes, loin d'avoir pour effet une plus grande activité mentale, aboutissent au contraire à l'arrêt et à la stagnation du mouvement intellectuel, par suite du despotisme du vainqueur. Il est certain que le mouvement intellectuel de la Pologne serait beaucoup plus actif si ce pays ne se trouvait pas sous le joug russe. Il faut considérer aussi que la conquête d'une société plus avancée par une société moins avancée est toujours possible. Alors loin que la conquête fasse exécuter un pas en avant, elle peut en faire exécuter plusieurs en arrière. Par la conquête turque, toute l'Europe orientale à été justement jetée dans cette stagnation que M. Ward

redoute tant qu'il accepte les plus épouvantables massacres pour en être préservé.

Les darwinistes pourront difficilement contester tout ce
que je viens d'avancer. Aussi, pour sauver leur théorie,
font-ils une réserve des plus importante, mais qui la ruine
totalement. Ils disent que le processus qui empêche la stagnation mentale est la lutte des races *mais seulement à
l'époque primitive de l'histoire humaine*[1].

Il saute au yeux que, de nos jours, les idées se transmettent par les entretiens et les écrits. Aussi, pour rendre
acceptable la théorie qui veut que les idées se transmettent
par les massacres, on est obligé de rejeter ce singulier
genre de transmission dans le passé préhistorique.

Suivons les darwinistes sur ce terrain et serrons les faits
d'aussi près que possible.

On n'a aucune notion directe sur la manière dont s'ac-
complissaient les fonctions sociales dans la préhistoire. On
peut seulement *déduire* ce qui a dû se passer alors, par
une opération de l'entendement. Alors on retombe dans
le terrain de la logique et il faut voir si les arguments
des darwinistes soutiennent la critique à ce point de vue.

Tout d'abord, il faut établir que, lorsqu'on infère d'un
fait connu, on emploie la bonne méthode, mais lorsqu'on
fait le contraire, on emploie une méthode fautive. Or, inférer du connu à l'inconnu, dans ce cas spécial, c'est inférer
du présent au passé. Nous voyons que de nos jours les
idées se transmettent directement de cerveau à cerveau
par le langage direct (oral) ou indirect (écrit). De quel droit
vient-on affirmer que, dans la préhistoire, elles se transmettaient seulement par les rencontres sanglantes ?

Quand les hommes se rencontrent maintenant sur les
champs de bataille, ils échangent des coups de baïonnette
et personne n'affirme que ces baïonnettes transmettent des

1. Voy. plus haut p. 321.

idées. Mais quelle raison a-t-on d'affirmer qu'il y a trente mille ans, quand les hommes échangeaient des coups de massues, ces massues transmettaient les idées? Cette affirmation purement arbitraire ne soutient évidemment pas la critique.

Ici aussi, évidemment, les darwinistes n'ont pas en vue les combats, mais les conquêtes.

Mais ce détour ne les sauve nullement. Comme on l'a vu, de nos jours, le mélange des populations et des idées est en raison inverse de l'hostilité des groupes humains. Il va peu d'étrangers au Maroc et celui-ci reçoit peu d'idées parce qu'on y tue tous les étrangers. Il faudrait démontrer qu'il y a trente mille ans il n'en était pas de même et que, par un miracle incompréhensible, à cette époque, la facilité des communications était en raison directe de l'*insécurité*; or nulle part et par aucun argument les darwinistes n'ont jamais pu le démontrer.

Mais, disent nos adversaires, il y a une différence fondamentale entre les temps présents et l'époque préhistorique. Aujourd'hui les sociétés humaines peuvent parfaitement entrer en contact sans se combattre, tandis que, dans la haute antiquité, elles ne le pouvaient pas. Or comme la stagnation était inévitable sans les contacts, et comme les contacts étaient impossibles sans combats, ceux-ci seuls ont empêché la stagnation, donc ils ont fait le progrès de l'humanité.

Comment sait-on qu'à l'époque préhistorique les tribus ne pouvaient pas entrer en contact sans combats? On n'a aucun document direct démontrant ce fait; c'est une simple supposition née, à notre époque, des idées darwiniennes et inspirées par la lutte entre animaux d'espèces différentes. J'examinerai plus loin si cette idée est plausible. Mais, pour le moment, je veux l'admettre comme vraie afin de montrer qu'elle ne sauve la théorie en aucune façon. J'accorde pour un instant que la guerre était le seul moyen de mettre les hordes en contact; cela ne prouve nullement que si les contacts n'avaient pas été hostiles, les idées ne se seraient pas transmises plus vite. Donc la guerre a *ralenti* et non *accéléré* le mouvement des idées aussi bien à l'époque quaternaire qu'à l'époque actuelle. Alors il est complètement illogique d'affirmer que la guerre a été la cause de la civilisation, quand elle a été plutôt la cause de l'arrêt de la civilisation; il est illogique d'affirmer que la cause d'un phénomène et précisément ce qui l'a empêché de se produire.

Examinons maintenant s'il est probable que, dans les temps préhistoriques, deux hordes ne pouvaient pas se rencontrer sans se combattre.

Il n'y a pas d'effets sans causes. L'hostilité des hordes primitives devait avoir une raison quelconque. Affirmer que les hommes se sont toujours combattus, dans la nuit de la préhistoire, uniquement parce qu'ils étaient des hommes ou parce qu'ils se sont combattus plus tard, ne soutient pas la critique. De tout temps ils n'ont livré des combats que lorsqu'ils avaient une raison quelconque de le faire. Les combats sont loin d'être une opération agréable et on a toujours essayé d'éviter la douleur. Or, dans la haute antiquité, les hommes n'avaient d'autre motif de se combattre que pour se disputer les subsistances. Certes, ils ne se sont pas livrés des batailles « pour conserver des différences de potentiel dans la société afin d'y empêcher la stagnation », comme dit M. Ward [1.] Mais il est manifeste que, moins les hommes étaient nombreux, moins les subsistances devaient leur manquer, en sorte qu'il est parfaitement logique de penser que, plus on recule dans le passé, *moins* l'hostilité entre les humains devait être forte. Comme j'ai eu déjà l'occasion de le faire remarquer, l'homme a certainement traversé une période où il ne se trouvait pas à l'étroit sur le globe [2]. Pendant cette période, deux hordes qui se rencontraient n'avaient aucune raison

1. Voy. plus haut p. 253.
2. Voy. plus haut p. 187.

do s'attaquer et, comme l'homme n'a jamais agi sans une impulsion psychique motivée, cette prétendue inévitabilité du combat n'est qu'une simple fiction inventée, après coup, sous l'influence des idées darwiniennes.

Je prie le lecteur de ne pas m'attribuer d'illusions idylliques. Je n'affirme en aucune façon que les hordes préhistoriques ne se sont jamais combattues, parce qu'elles ne manquaient pas de subsistances. Les deux millions de Peaux-Rouges de l'Amérique du Nord n'en manquaient pas davantage ou, du moins, ils auraient parfaitement pu ne pas en manquer. Cela ne les empêchait pas de se combattre avec fureur. Je veux établir seulement que, dans ce cas, comme dans tous les autres, les combinaisons les plus nombreuses et les plus variées se sont produites à chaque rencontre. Les darwinistes ne peuvent pas nous prouver que *toujours et partout*, la rencontre de deux hordes avait pour résultat unique un massacre sans pitié.

Or si des hordes avaient aussi des relations pacifiques, les idées pouvaient se transmettre par la voie directe des entretiens, pendant la période préhistorique comme de nos jours. Ceux qui affirment le contraire, pèchent d'ailleurs contre la méthode scientifique rationnelle. On sait que la géologie n'est devenue une science exacte, qu'à partir du moment où elle a adopté la théorie des causes actuelles, car ne pas admettre cette théorie c'est croire au miracle, c'est sortir de la science positive. M. Ward, qui est géologue, aurait dû, mieux que tout autre, être imbu de la théorie des causes actuelles et il aurait dû percevoir nettement que, si la guerre est maintenant un motif de dissociation et non d'association, elle l'a été de tout temps.

Mais, à part les déductions logiques, nous pouvons combattre encore les théories darwiniennes par des faits. L'archéologie préhistorique nous fournit quelques renseignements sur la vie de nos ancêtres, très rares malheureusement mais, par cela même, plus précieux. Les découvertes archéologiques ont établi, par exemple, que le commerce même entre pays très éloignés, existait depuis la plus haute antiquité. Or le commerce suppose des rapports d'ordre économique et nullement d'ordre guerrier. Et sitôt que nous passons de la préhistoire, sur laquelle nous n'avons aucun renseignement, à l'histoire très ancienne sur laquelle sont conservés des souvenirs précis, nous voyons immédiatement que les rapports commerciaux et intellectuels s'opéraient alors directement comme de nos jours. On connaît le vaste trafic organisé par les Phéniciens dans le bassin de la Méditerranée et même dans l'océan Atlantique depuis une époque des plus reculées.

En résumé, on voit que les idées progressaient parfaitement sans guerre, à toutes les périodes de la vie de l'humanité, et que la guerre a toujours ralenti et non accéléré leur marche.

Considérons maintenant les prétendus bienfaits de l'homicide collectif, à d'autres points de vue.

J'ai cité les opinions de M. Ward : « La guerre a été la condition principale et directrice du progrès dans l'humanité... Avec la pacification universelle, il n'y aurait plus eu aucun progrès. Le pendule social aurait accompli des oscillations toujours de plus en plus courtes, jusqu'au moment ou il aurait atteint le point mort, et la société, ayant atteint l'état d'équilibre, tout mouvement y aurait été suspendu[1] ». Cela signifie la stagnation complète. Il faut donc des combats pour que ce malheur ne se produise pas : l'homicide collectif est la cause du progrès.

Il y a d'abord dans cette proposition de M. Ward une erreur philosophique fondamentale qui montre, encore une fois, combien sont dangereuses les comparaisons purement extérieures entre les phénomènes biologiques et les phénomènes sociaux.

Par suite du fait qu'un pendule, arrêté à son point mort

1. Voy. plus haut p. 253.

nous paraît immobile, il ne s'ensuit, en aucune façon, qu'il le soit réellement. D'abord les atomes dont il est formé parcourent leurs trajectoires avec une rapidité vertigineuse et, ensuite il participe à tous les mouvements que la terre accomplit dans l'espace. L'immobilité de la matière est une des plus profondes erreurs de notre esprit. La matière sans mouvement est une pure abstraction aussi inconcevable que le serait le mouvement sans matière. L'équilibre ne signifie nullement la suppression du mouvement (ce qui est absolument impossible), mais simplement l'établissement du rythme des trajectoires. L'équilibre, à proprement parler, est une transformation de mouvement. Si l'Europe pouvait se trouver en parfait équilibre politique, l'activité économique et intellectuelle, loin de diminuer, augmenterait, au contraire, dans une mesure immense. Et cela, par suite du jeu de mille facteurs complexes et, en premier lieu, parce qu'une série de forces, qui sont détournées maintenant vers des armements improductifs seraient employées à activer les mouvements d'ordre économique et intellectuel.

A notre époque, un certain équilibre, très insuffisant encore, s'est établi entre les États de l'Europe. C'est grâce à lui que la circulation des produits, des idées et des hommes a fait des progrès si importants dans ces dernières années. Confondre l'équilibre avec la cessation du mouvement est une complète erreur provenant de l'anthropomorphisme.

Maintenant il est facile de démontrer que la guerre n'est nullement la cause efficiente de l'activité des sociétés d'où résulte le haut potentiel mental dont parle M. Ward.

La guerre peut être offensive et victorieuse ; dans ce cas loin de produire l'activité mentale, elle peut amener la stagnation.

L'Angleterre est sortie finalement victorieuse de toutes les guerres où elle s'est engagée dans le courant du XIXᵉ siècle. Naturellement les Anglais en ont conçu un

orgueil immense. Ils sont, à l'heure actuelle, le peuple
civilisé le plus infatué de ses qualités. Pour eux l'idée qu'ils
sont, en tout, la première nation de la terre paraît évidente comme un axiome mathématique. Par suite ils ont
le plus souverain mépris pour tout ce qui s'écrit sur le continent. De tous les peuples cultivés, ils sont certainement
celui qui lit le moins de livres étrangers. Il en résulte que
leur provision d'idées devient relativement plus restreinte.
Il se produit chez eux une stagnation mentale des plus
funeste. Les Anglais se font un tort considérable par
leur exclusivisme dédaigneux; ils affaiblissent leur intellect et leur puissance d'expansion [1]. On est véritablement
stupéfait de voir dans quelle profonde ignorance des
choses étrangères vivent parfois les Anglais, et à quelle
étroitesse d'esprit ils sont arrivés. Quelle différence, sous
ce rapport, entre les Anglais et les Américains ! Autant les
premiers ont peu de curiosité, autant les seconds ont une
curiosité insatiable. Aussi déjà, sous beaucoup de rapports
le cousin Jonathan dépasse John Bull et, si les Anglais
persévèrent dans leur exclusivisme mental, ils seront vite
distancés par les nations plus accessibles aux idées du
dehors.

Ce qui est vrai des Anglais l'est aussi des autres peuples.
Assurément il y a une profonde différence entre le développement intellectuel de l'Allemagne vers 1780 et vers 1880.
Au xviiie siècle, l'Allemagne était une fournaise ardente où
bouillonnaient les idées les plus larges et les plus avancées, venues des quatre coins du monde. En 1880, l'Allemagne était devenue une nation rogue et dure d'où ne
rayonnait plus aucune lumière vivifiante.

En dernier lieu, il est absolument notoire que le déve-

1. Personne n'est tenté d'acheter des ouvrages scientifiques qui ne
contiennent pas le dernier mot de la science élaborée par l'ensemble du
monde civilisé. Si les Anglais (ou tout autre peuple) se confinent dans
leurs seules idées, ils écriront des livres archaïques et démodés. On n'en
voudra pas en pays étrangers et, de cette façon, l'influence de l'Angleterre
sur les nations voisines sera restreinte ; en d'autres termes, la puissance de
rayonnement de la culture britannique sera affaiblie.

loppement intellectuel des nations est en raison inverse du militarisme. A l'époque de Soliman le Magnifique la Turquie était la première nation de l'Europe au point de vue de la guerre. Elle était la dernière au point de vue du développement intellectuel. En France, de 1804 à 1815, pendant que tout retentissait du cliquetis des armes, la « muse » comme on disait dans le langage du temps, était devenue muette. Le règne de Napoléon Ier a été une des périodes les plus stériles de la pensée française.

On voit donc que, si l'on se place au point de vue des victorieux, la guerre, loin d'élever le « potentiel » de l'intelligence, ne fait que l'abaisser.

Je n'ai pas besoin de me placer au point de vue du vaincu : je l'ai fait déjà à plusieurs reprises dans ce travail et puis, il est notoire que la guerre a complètement détruit un certain nombre de civilisations très brillantes.

Ainsi donc, tant au point de vue du vainqueur que du vaincu, la guerre peut parfaitement amener la stagnation intellectuelle.

Dans le domaine de la sociologie, les généralisations les plus superficielles et les plus hâtives paraissent malheureusement légitimes. Par suite de ce défaut, on ne s'est pas aperçu que le mélange des nations n'est rien par lui-même. Tout dépend des éléments qui entrent en mélange.

Vers la fin du XVIIe siècle, la Chine avait déjà une civilisation ancienne et fort conservatrice. La stagnation des idées y était grande. La Chine fut soumise par les Mandchous. Il y eut conquête. Mais le « potentiel » de l'intellect chinois varia peu. Pourquoi ? Mais parce que les Mandchous étaient un peuple de valeur intellectuelle fort médiocre. De même quand les Anglo-Saxons envahirent militairement la Bretagne, au Ve siècle, ils n'apportèrent aucune idée nouvelle et, par suite du départ des Romains, les lumières, ou si l'on veut le « potentiel » mental, baissèrent au lieu de s'accroître.

Enfin, je dois répéter ici de la différence du « potentiel » mental, ce que j'ai dit plus haut du mouvement des idées. Le « potentiel » agit directement, sans avoir besoin du circuit des combats. Ainsi en ce moment la France est en train de passer à la conception moderne de l'univers. Elle commence à se former une nouvelle âme positiviste et à se débarrasser de l'âme mythologique provenant de la légende chrétienne. Par cette transformation, le potentiel mental s'élèvera à une hauteur considérable. Mais M. Ward et tous les autres darwinistes savent parfaitement que ce mouvement de déchristianisation ne provient nullement de la guerre. Il provient de mille faits très complexes mais assurément tous de l'ordre psychique.

Maintenant si, pendant que la France est déjà imprégnée de la pensée moderne, l'Angleterre, par exemple, continue à rester figée dans le mysticisme chrétien, il se produira une différence de potentiel mental entre ces deux pays. La France pourra influer sur sa voisine du nord par les livres, les revues, les journaux, les conférences et les entretiens particuliers, et elle pourra la tirer de la stagnation mentale. Mais il est de toute évidence que la guerre n'est d'aucune utilité, à aucun moment, pour produire ce résultat. Au contraire, la guerre, si elle venait à éclater, ralentirait immédiatement l'envahissement des idées. On en a une preuve directe : les doctrines des encyclopédistes français avaient pénétré largement dans la Grande-Bretagne ; elles avaient accompli leur œuvre bienfaisante d'émancipation mentale ; l'Angleterre était mûre, dès 1790, pour une réforme électorale démocratique. Par malheur, la guerre éclata. La haine de l'adversaire politique fit aussi haïr ses opinions. Tout ce qui venait des bords de la Seine parut odieux sur les bords de la Tamise, et la réforme électorale fut retardée de quarante-deux ans [1].

1. Je n'affirme en aucune façon que toutes les tendances libérales qui ont abouti en Angleterre au reform bill de 1832 venaient uniquement de la France. Non, elles étaient produites aussi par le travail interne de la

Le stock d'idées que contient un pays, ou, si l'on veut, son potentiel mental, provient de mille et mille causes extrêmement complexes : économiques, politiques, littéraires, scientifiques, historiques, etc., etc. Attribuer ce potentiel à la seule cause de la lutte militaire c'est pratiquer une méthode complètement irrationnelle. Que les profanes tombent dans le travers si répandu du simplicisme il n'y a pas lieu de s'en étonner. Par paresse, l'esprit humain a une tendance naturelle à tout ramener à l'unité de cause. Mais que des gens du métier, des sociologues, versent aussi dans cette erreur, cela est moins admissible.

Mais à part l'erreur de la cause unique, il y a ici encore l'erreur de la cause constante. Autrefois on prenait deux pierres, on les faisait tourner par un esclave et l'on obtenait de la farine. Maintenant il y a d'immenses moulins à vapeur dont l'outillage est d'une énorme complexité, mais dont le pouvoir de production est aussi d'une puissance proportionnelle.

Or, en admettant même que l'homme préhistorique, ignorant et grossier n'a pas su trouver de procédés plus parfaits pour augmenter le potentiel mental, que la guerre et la conquête [1], il est certain que, depuis, nous avons trouvé ces procédés : ce sont l'écriture, les presses rotatives, les chemins de fer, les universités, etc., etc., qui augmentent le potentiel mental et empêchent la stagnation d'une façon beaucoup plus efficace que les batailles et les combats.

En admettant donc (ce qui n'est pas) que la guerre a été utile pour augmenter le potentiel mental à l'époque où les autres procédés, plus efficaces, n'étaient pas encore inventés, elle a cessé d'être utile depuis qu'ils l'ont été. Or on a continué à faire la guerre longtemps après ce moment.

pensée britannique, surtout à partir de Wesley. Je veux dire seulement que les idées françaises exerçaient une forte action conjointement avec les idées nationales.

1. Et je le répète encore, jamais pareille préoccupation n'a pu entrer dans la tête de nos ancêtres préhistoriques.

Il est donc incontestable que, de l'aveu même de M. Ward, pendant cette dernière période, au moins, la guerre a été une aberration. Il a donc complètement tort d'affirmer que la propagande pacifique « est caractérisée par une méconnaissance des grands faits cosmiques et des lois générales de la nature[1] ». C'est lui, au contraire, qui méconnaît une de ces lois cosmiques les plus générales celle de l'évolution. Il soutient, en effet, que des procédés, efficaces dans certaines conditions données, doivent encore rester efficaces dans des conditions diamétralement opposées. A affirmer cela, c'est affirmer que la société restera toujours immuable, en d'autres termes, que l'évolution n'existe pas.

[1]. Voy. p. 254.

CHAPITRE XXVII

CARACTÈRES SPÉCIAUX DES LUTTES SOCIALES

Après avoir discuté directement quelques-unes des principales affirmations des darwinistes, je vais exposer une série de faits qu'ils ont négligé d'observer et qui ruinent également leur théorie.

J'ai montré d'une façon générale, au chapitre XXI, que la lutte est éternelle et universelle dans la nature, mais que ses procédés se transforment selon que l'on passe d'un ensemble de phénomènes à un autre ensemble. Les luttes chimiques se font par des moyens autres que les luttes astronomiques et les luttes biologiques par des moyens autres que les luttes chimiques. De même les luttes sociales ont leurs procédés particuliers ; ce sont : *l'invention et la discussion.*

Je vais montrer tout à l'heure pourquoi il en est ainsi et pas autrement. Mais auparavant je tiens à constater qu'il n'y a dans mon affirmation pas la moindre dose d'optimisme, d'idéalisme ou d'humanitarisme. On a reproché ces tendances à quelques-uns de mes travaux antérieurs. Je m'en suis toujours défendu et j'ai affirmé que je me suis simplement contenté d'exposer les choses dans leur réalité la plus concrète. Pourtant j'ai pu, peut-être, sans m'en apercevoir, m'être laissé glisser sur la pente de l'humanitarisme dans mes livres pacifistes. Mais cet ouvrage n'est pas une œuvre de propagande pacifique ; c'est une œuvre de science positive. Assurément personne ne pourra affirmer qu'il y a la moindre dose d'optimisme à observer exactement les faits et à raisonner juste.

Avant d'aller plus loin, je ferai observer également que les darwinistes ont une psychologie bien rudimentaire et bien fruste. Ils ne semblent pas encore avoir découvert que la sympathie est une des plus grandes, sinon la plus grande des jouissances humaines. Or comme tout ce qui est vivant fuit la douleur et recherche la jouissance, il est naturel que l'homme recherche la plus grande de toutes les jouissances, avec le maximum d'ardeur. Aussi voyons-nous que la sympathie et la pitié ne sont pas moins si elles ne sont pas même plus répandues, que la férocité et la haine. La pitié est un phénomène aussi réel que la dureté. Il suffit, pour s'en convaincre, de songer au nombre immense d'institutions charitables qui existent dans le monde. Cependant pour pouvoir mieux réfuter les arguments darwiniens, je ferai abstraction complète du vaste ensemble des phénomènes affectifs.

Ceci dit, entrons dans mon sujet.

Voici comment on peut démontrer que l'invention et la discussion sont les procédés *naturels* des luttes sociales.

Deux êtres vivants, placés en contact immédiat, peuvent rester complètement étrangers l'un à l'autre aussi longtemps qu'il n'y a pas entre eux de circulation vitale. Mais, dès que cette circulation s'établit, la société se forme. La circulation commence, en général, par un échange de substances matérielles. Aussi longtemps que le lien entre les unités composantes est constitué par un fait de cette nature il y a association d'ordre biologique. On a affaire à un organisme polycellulaire ou à une colonie animale. Mais peu à peu, au sein des unités vitales associées, à la circulation des substances s'ajoute aussi une circulation des *mouvements*. Un orateur qui parle à une foule peut exercer une grande influence sur elle et l'amener à commettre des actes déterminés. Cela s'opère uniquement par des transmissions de mouvements. Les lèvres de l'orateur remuent des particules aériennes ; celles-ci remuent la membrane auditive qui transmet ses vibrations au cerveau, puis de là partent d'autres mouvements des nerfs qui font agir les individus. Ces actes ne sont pas le résultat d'un échange de substances, mais seulement d'une transmission de mouvements.

Le discours de l'orateur en présence de la foule est l'image du système nerveux. Dès qu'il se forme dans un être vivant, il y a transmission de mouvements de la périphérie au centre et du centre à la périphérie.

De la circulation des matières et des mouvements, résulte la masse incalculable des organismes biologiques qui constitue le groupe des métazoaires. Puis la circulation des mouvements se complique et se subtilise encore. Un moment arrive où, au lieu d'être directe, au lieu de se faire par des vibrations pures, elle devient indirecte, et se fait par des signes, par des images ou par un acte psychique complet. Ce genre de circulation s'établit entre individus séparés, de cerveau à cerveau. Les individus, unis par ce genre spécial de lien psychique, forment une *société*. Les fourmis qui se communiquent leurs états intellectuels par le mouvement des antennes, les animaux qui se les communiquent par des cris, les hommes enfin qui se les communiquent par la parole articulée, forment des sociétés.

Ainsi la société présuppose un acte psychique. Elle ne peut pas exister sans cet acte. Donc, à ce point de vue, la société est un être qui rentre dans le domaine de la phénoménalité psychologique. Il est alors parfaitement explicable que la lutte véritablement sociale participe aussi de l'essence de la société, c'est-à-dire qu'elle se fasse par des procédés de l'ordre psychique et que pour être véritablement de l'ordre social, elle ne peut se faire *que par des procédés psychiques*[1]. Il n'y a absolument rien d'étonnant à cela. C'est le contraire qui, étant complètement opposé aux lois universelles de la nature, aurait lieu de nous remplir d'une profonde stupeur. Que dirions-nous si l'on venait nous

1. Au sujet de cette dernière conclusion, voy. le chapitre suivant.

affirmer que les luttes biologiques peuvent s'accomplir
comme les luttes chimiques, par une décomposition et
une recomposition des groupements atomiques. Jamais l'on
n'a rien observé de pareil. Au contraire, on a observé des
milliards de faits démontrant que les luttes biologiques
s'accomplissent par les procédés biologiques de l'assimilation cellulaire soit directe, soit indirecte (animal qui en
mange un autre). Il suffit donc de jeter le regard le plus
superficiel autour de soi, pour se convaincre que la lutte,
au sein de chaque domaine, s'opère par des procédés
spéciaux appartenant spécialement à ce domaine. Cette
vérité paraît banale aussi longtemps qu'il s'agit de chimie
et de biologie (bien que la limite entre ces deux sciences
soit difficile à tracer). Il faudrait qu'elle devienne aussi
banale quand on passe de la biologie à la sociologie.
Ce n'est malheureusement pas le cas et c'est en cela,
comme je l'ai montré plus haut, que consiste une des
erreurs les plus considérables du darwinisme social.

Il faudrait tout un volume pour décrire comment s'opè-
rent les luttes, au sein des sociétés, par le procédé de
l'invention et de la discussion. Je ne fais pas ici un traité
de sociologie, aussi ne dirai-je que quelques mots sur ce
processus, juste ce qui est nécessaire pour les besoins de
mon sujet.

L'invention est la mère de toutes les luttes sociales.
Appliquée à l'outillage et à la production des richesses,
elle engendre la concurrence économique. Voilà deux
industriels qui fabriquent un produit quelconque, mettons des barres de fer. Si l'un de ces industriels invente
un procédé de fabrication plus parfait que son voisin, une
machine mieux combinée ou une meilleure organisation
des ateliers, il peut produire à meilleur marché et ruiner
son voisin. Celui-ci se voyant comme attaqué dans ses
sources de revenus, est obligé de se défendre. Il tâche de
se procurer les machines inventées par son concurrent, ou
d'autres avantages, bref il tâche de résister. Ce processus

de la compétition économique est trop connu pour qu'il soit nécessaire d'en dire davantage.

Quand l'invention s'applique à l'organisation de la société, les choses deviennent beaucoup plus complexes. Tout d'abord le terme d'*invention*, appliqué à des réformes de l'ordre politique paraît impropre. C'est à tort. Le processus mental de l'invention dans l'ordre technique comme dans l'ordre politique est absolument semblable à l'origine. C'est plus tard seulement que la divergence apparaît. Il y a toujours un moment où un appareil n'existe qu'à l'état de représentation, d'image, dans le cerveau de son inventeur. Certainement cette représentation peut se réaliser sans délai quand il s'agit d'une machine [1]. Elle ne le peut pas quand il s'agit d'une institution sociale. Cela n'empêche pas l'identité du phénomène mental à ses débuts. De nos jours, par exemple, la production industrielle est organisée d'une certaine façon ; un individu peut se la représenter organisée d'une façon autre. Cette représentation, différente de la réalité, est une invention. Quand l'auteur de ces pages voit l'humanité entière unie en fédération et quand il se figure les rouages de cette union politique, il fait aussi bien une invention que le mécanicien quand il voit dans son imagination les rouages d'une machine encore inexistante.

Si un individu invente un nouvel arrangement social, qui lui paraît utile à ses intérêts, il a le désir de le voir réalisé. Mais une institution sociale n'est, en dernière analyse, qu'une série d'actes accomplis par les hommes. Il faut donc, pour réaliser son invention, que notre individu persuade aux hommes de faire ce qui lui paraît utile. L'inventeur va donc prêcher ses idées. Si elles sont immédia-

---

1. La représentation interne peut se transformer d'abord en dessin ensuite en modèle, ce qui lui donne déjà une réalité corporelle. Cela n'est pas possible dans l'ordre politique. Quand aux mots, *sans délai*, employés dans le texte, ils ne sont pas absolument exacts ; on sait que certains inventeurs ont dû attendre de longues années pour pouvoir construire leurs appareils.

tement acceptées, il se produit le phénomène de l'accord, dont je parlerai plus loin[1] ; si elles ne sont pas acceptées immédiatement, il faut recourir à la discussion et commencer le combat mental[2]. L'inventeur dit une chose, ses antagonistes la chose opposée : si l'inventeur parvient à convaincre ses adversaires, les hommes commencent à faire ce qu'il conseille ; il arrive à ses fins, il obtient les satisfactions qu'il désire, en un mot il triomphe. Si ses adversaires ne se laissent pas convaincre, il est vaincu. Dans le cas de la persuasion, les institutions sociales se modifient selon les idées de l'inventeur ; dans le cas contraire, elles restent ce qu'elles étaient auparavant, ou, en d'autres termes, ce que les avait faites un inventeur plus ancien. Les socialistes veulent, par exemple, de nos jours, supprimer la propriété privée et la remplacer par la propriété collective. Personnifions ce désir sous le nom de Karl Marx. Si les socialistes parviennent à persuader aux hommes que la propriété collective est plus avantageuse que la propriété privée, la propriété privée sera supprimée. Karl Marx triomphera. Si les socialistes ne parviennent pas à établir la propriété collective, c'est qu'ils auront été battus par les hommes qui, à un certain moment, ont inventé la propriété privée. Toutes les œuvres humaines, tant techniques que politiques ont suivi les phases que je viens d'exposer.

Quand on analyse de près la marche des phénomènes sociaux, on comprend immédiatement comment la lutte perpétuelle, sans répit ni trêve, peut parfaitement se combiner avec la plus grande somme possible de justice et avec l'association générale de l'humanité[3]. La lutte par les procédés biologiques (homicide et spoliation ou, en d'autres termes, mort immédiate et mort lente) peut totalement

1. Voy. p. 349.
2. Le lecteur comprend bien que, sous le terme de *discussion*, je n'entends celle qui se fait par tous les genres imaginables de procédés oraux et écrits (livres, brochures, revues, journaux, dessins, caricatures, etc., etc.).
3. Voy. plus haut, p. 259.

disparaître du sein de notre espèce, tandis que la lutte, par les procédés sociaux de l'invention et de la discussion, peut continuer avec la plus grande intensité jusqu'à la fin des siècles. C'est la disparition de l'invention et de la discussion qui produirait réellement la stagnation finale et la destruction de notre espèce, et nullement la disparition de la lutte par les procédés biologiques. Voilà ce que les darwinistes ne comprennent pas, parce qu'ils confondent des choses différentes et n'analysent pas les phénomènes sociaux avec une exactitude suffisante. Mais les darwinistes peuvent demeurer tranquilles. Pour que l'invention puisse disparaître, il faudrait un miracle incompréhensible, il faudrait un renversement des lois universelles de la nature; il faudrait que, seule parmi les substances qui existent, celle du cerveau devint tout à coup immobile ! Or une substance immobile est une pure contradiction. Dans tous les cas, si cette   ossibilité absolue se réalisait jamais, la justice n'y serait pour rien, car la justice, loin de diminuer la puissance de l'invention et l'ardeur des discussions, ne fait, au contraire, que les activer. C'est au sein de l'anarchie et du despotisme que la pensée est languissante, débile et muette. C'est au sein de l'ordre et de la liberté qu'elle est vibrante, active et fulgurante de clarté.

Ainsi donc l'invention et la discussion sont les procédés *naturels* des luttes sociales. Mais l'opinion publique est encore loin d'admettre cette vérité. Supposons un instant que ce soit moi qui l'aie découverte. Est-ce à dire, pour cela, que le phénomène ne soit pas ancien ? En aucune façon. Le Verrier a découvert la planète Neptune en 1848. Est-ce à dire qu'elle n'avait pas gravité auparavant pendant des millions d'années autour du soleil ? Nullement, elle avait gravité autour du soleil, mais les hommes, dans leur ignorance, ne s'en étaient pas aperçus, voilà tout. Il en est de même de ma découverte (si tant est qu'elle soit de moi), sur la véritable nature des luttes sociales. Depuis des cen-

taines de siècles l'invention et la discussion se pratiquaient
au sein de l'espèce humaine. Seulement les hommes étant
très ignorants, ne s'étaient pas aperçus que ces deux phénomènes psychiques façonnaient tout leur outillage économique et toute leur organisation sociale. Aussi longtemps
que Le Verrier n'avait pas découvert la planète Neptune,
les variations dans l'orbite d'Uranus et de Saturne pouvaient être attribuées à certaines causes. Mais celles-ci
étaient fausses, parce que la vraie cause était Neptune. De
même, aussi longtemps qu'on n'avait pas découvert la
véritable nature des luttes sociales, on pouvait attribuer le
progrès de l'humanité aux massacres sur les champs de
bataille. Mais cette cause était fausse, car la vraie cause
du progrès est l'invention et la discussion.

Maintenant je dois appeler l'attention sur une autre
conséquence provenant de la découverte du véritable procédé des luttes sociales.

Comme je l'ai indiqué plus haut [1], le phénomène de l'invention n'aboutit pas toujours à la discussion, mais fort
souvent aussi à l'accord immédiat ou à proprement parler
à l'imitation, dont le regretté Gabriel Tarde a exposé le
mécanisme d'une façon si magistrale.

Une modiste de Paris invente une nouvelle forme de
robe. Immédiatement, elle est imitée, c'est-à-dire adoptée,
par les élégantes du monde entier, de Calcutta à San
Francisco et de Stockholm au cap de Bonne-Espérance.
L'opposition contre l'invention nouvelle est nulle ; l'accord
est immédiat. Il en est de même d'une infinité d'autres
inventions de tout genre, tant de l'ordre technique que de
l'ordre politique. Non seulement les Français libéraux en
1789 et les Prussiens progressistes en 1848 ne s'opposaient
pas à l'introduction du régime parlementaire, inventé en
Angleterre, mais ils appelaient cette imitation de leurs
vœux les plus ardents. On pourrait multiplier les exemples

1. Voy. p. 347.

de ce genre. Je dois dire ici au sujet des accords psychiques ce que j'ai dit, au chapitre XXIV, au sujet des faits d'association. Les accords psychiques dépassent dans une mesure incommensurable les désaccords psychiques qui donnent lieu à des discussions. Les accords sont la règle, les désaccords l'exception. S'il n'en était pas ainsi, les sociétés se disloqueraient tous les jours. C'est seulement parce que les Français (ou toute autre nation) sont d'accord sur l'idée qu'ils doivent vivre ensemble et obéir aux lois de leur pays, que la France reste cohérente, ordonnée et prospère. Si cet accord de tous les instants n'existait pas, la France serait plongée dans la plus épouvantable anarchie. Il en est des accords intellectuels comme des faits d'association (car ces deux phénomènes n'en font, à proprement parler, qu'un seul, mais envisagé à des points de vue un peu divers); ils échappent aux regards, justement parce qu'ils sont innombrables et perpétuels. Les discussions, au contraire (l'analogue des différends), par cela même qu'elles sont plus rares et parfois douloureuses affectent presque toujours la conscience individuelle et collective.

Reste encore à signaler dans ce chapitre une nouvelle erreur du darwinisme.

Chose étrange ! Personne ne conteste que l'espèce lion puisse lutter avec l'espèce boa, l'espèce chat avec l'espèce souris. Bref personne ne conteste que les animaux d'espèces différentes puissent lutter les uns contre les autres. Mais on fait une exception à cette règle générale, pour l'homme. Pour celui-ci seul « la lutte » s'entend uniquement comme un combat contre des individus de sa propre espèce et jamais comme un combat contre des espèces différentes. Mais s'il est notoirement établi que les loups peuvent parfaitement vivre sans se manger, en vertu de quelle loi *naturelle* les darwinistes viennent-ils affirmer que les hommes ne le peuvent pas ? Les loups ne se mangent pas entre eux, parce que l'instinct de la préservation

mutuelle a été fixé chez eux par hérédité. Chez l'homme,
les facultés mentales étant dominantes, les instincts passent
au second plan. Cependant l'homme reste composé de substances protoplasmiques comme tous les autres animaux,
il reste dans le domaine de la nature. On ne comprend
pas pourquoi les instincts ne pourraient pas se fixer, chez
lui aussi, par hérédité. Si l'homme forme une exception
unique, il faut que les darwinistes nous expliquent pourquoi.

Mais il y a plus. Que les loups ne se mangent pas entre
eux, par instinct ou par raison, peu importe. Toujours
est-il qu'aucun darwiniste ne vient affirmer que ce fait soit
pernicieux à leur espèce et que si les loups se mangeaient
entre eux, leur espèce se développerait plus rapidement
(ou en d'autres termes serait en progrès). Or les darwinistes
sont en pleine contradiction avec les lois universelles de la
nature en affirmant que, seuls les hommes, ne peuvent
progresser qu'en se massacrant entre eux. Il faut que les
darwinistes nous expliquent pourquoi notre espèce constitue cette unique exception dans l'ensemble des êtres
vivants. Évidemment ils ne parviendront jamais à trouver
une explication plausible de ce fait, parce que la vérité
est que les hommes progresseraient infiniment plus vite
s'ils se conformaient aux lois générales des autres espèces
et ne se massacraient pas les uns les autres.

Il n'est nullement vrai, d'ailleurs, que les hommes ne
peuvent combattre que leurs semblables. Tout le monde
sait, au contraire, qu'à l'égal des animaux, leur combat le
plus acharné doit être mené contre les autres espèces et
contre le milieu physique. La lutte contre ce dernier a
pour but de nous préserver de la faim, par la multiplication
artificielle des denrées alimentaires, de nous préserver des
intempéries des saisons, par le vêtement et la demeure, et
enfin d'adapter le globe à nos convenances, par des modifications opérées sur sa surface (routes, canaux, dessèchement des marais, irrigation des déserts, etc.). L'ensemble
des efforts, accomplis pour combattre les conditions défa-

vorables du milieu, s'appellent du nom général de production économique [1]. Ces efforts absorbent au moins les huit dixièmes de l'activité du genre humain.

Après le combat contre le milieu physique, vient le combat contre les autres espèces animales. D'abord les grandes : les tigres, les lions, les loups, les serpents. Dans cette direction l'homme a déjà tant fait, qu'il reste peu de chose à parfaire. Les carnassiers ne nous font plus courir de sérieux dangers. Mais il n'en est pas de même des petites espèces et des infiniment petites. Celles-ci sont formidables. Nous connaissons leur existence depuis peu et nous sommes encore bien mal armés pour les combattre. Aussi les bacilles nous attaquent avec succès sous forme de maladies infectieuses de tout genre [2]. Ils nous attaquent encore indirectement en détruisant nos substances alimentaires (maladie de la pomme de terre, phylloxéra, etc.). La lutte contre les infiniment petits commence aussi à absorber une certaine partie de notre activité, sous forme de diverses mesures sanitaires qui se répandent de plus en plus parmi les populations.

On risque peu de se tromper, il me semble, quand on affirme que les huit dixièmes de notre travail sont employés à combattre les conditions défavorables du milieu, ainsi que les autres espèces animales. Par quel aveuglement étrange, les darwinistes, complètement hypnotisés d'ailleurs par l'idée de la lutte, ne *voient*-ils pas la lutte

---

1. Il ne suffit pas de faire produire du blé à un champ, une seule fois, il faut le lui faire produire constamment. Il s'agit donc d'adapter une portion du globe à la croissance du blé. Si le blé croissait naturellement, en quantités suffisantes, cette adaptation serait inutile. L'homme emploie son effort pour obtenir artificiellement ce qui n'existe pas naturellement. Dans l'exemple du blé, cet effort s'appelle agriculture. Le charbon n'étant pas à la surface (comme cela serait utile pour nous) mais dans les profondeurs du globe, il faut le monter aux endroits où il peut nous servir. Cet effort, c'est l'industrie extractive. Si le charbon était naturellement à la surface, l'industrie extractive n'existerait pas. Et ainsi de suite. On voit donc que toute production économique se ramène, en dernière analyse, à une adaptation de la planète.

2. Le sérum antidiphtérique et les autres découvertes dues au génie de Pasteur, sont comme une constitution du processus naturel qui a formé dans nos corps les leucocytes détruisant les microbes pathogènes.

qui absorbe les huit dixièmes de notre temps, pour ne voir que celle qui en absorbe les deux dixièmes. Décidément une théorie qui se prétend scientifique et qui néglige de considérer huit facteurs sur dix, n'est autre chose que du pur empirisme.

Assurément aucun darwiniste n'affirmera que la lutte contre le milieu physique puisse jamais se terminer. Certes, jamais ne viendra le jour où les cailles rôties tomberont d'elles-mêmes dans nos bouches, et où des habitations sortiront d'elles-mêmes du sol, pour nous abriter. Si donc la lutte contre le milieu est éternelle et si, comme je viens de le montrer, le milieu est un ennemi huit fois plus terrible que nos semblables, de quel droit les darwinistes viennent-ils affirmer que jamais ne se répétera pas, pour le genre humain ce qui s'est accompli déjà pour toutes les espèces innombrables existant sur notre globe.

D'après la loi universelle dans la nature, le mouvement suit la ligne de la moindre résistance. C'est en vertu de cette loi que se sont formées des associations de 60 trillions de cellules, comme le corps humain. Les êtres vivants se combattent ou s'associent indistinctement. Quand l'association assure le maximum d'intensité vitale, elle prend le dessus ; quand c'est la subordination complète, celle-ci l'emporte et l'antagonisme s'établit. La ligne de moindre résistance est précisément la prédominance de l'une de ces combinaisons sur l'autre. Si donc l'homme rencontre dans le milieu physique une résistance égale à 8 et chez ses semblables une résistance égale à 2, n'est-il pas évident que, d'après les lois générales de la nature, le mouvement suivant la ligne de la moindre résistance doit aboutir à l'association du genre humain tout entier ?

Ces réflexions font encore saisir de plus près, comment la lutte peut être éternelle et ses procédés variables à l'infini. On peut parfaitement prévoir le moment où toute l'humanité sera sciemment alliée pour combattre le milieu physique et les autres espèces animales. Est-ce à dire que

l'équilibre, le repos et la stagnation se produiront alors ?
Nullement. Cela sera juste le contraire. Plus l'alliance
entre les hommes sera étroite, plus la lutte contre le milieu
sera ardente [1]. Le milieu nous présente, entre autres, deux
inconvénients majeurs : l'espace et le temps. L'homme
invente un grand nombre d'appareils pour les combattre
(chemins de fer, télégraphes, écriture, photographie, ciné-
matographie, etc.). Bien entendu, jamais le combat contre
ces ennemis ne prendra fin. Nous voyageons actuellement
à la vitesse de cent kilomètres à l'heure, mais il n'y a
aucune raison pour que nous n'arrivions pas à en faire
deux cents, trois cents, et ainsi de suite. Maintenant, plus
les hommes seront unis entre eux, plus ils pourront consacrer de temps à la lutte contre le milieu physique, donc
cette lutte sera de plus en plus victorieuse. Mais chaque
succès obtenu, rendra plus faciles les succès ultérieurs et
ainsi le progrès pourra marcher d'un pas toujours plus
accéléré.

En résumé, les formes naturelles des luttes sociales sont
les phénomènes psychiques de l'invention et de la discussion. Les luttes entre les hommes sont une petite fraction
des luttes que notre espèce doit soutenir contre ses ennemis du dehors. Voilà des faits incontestables auxquels le
darwinisme social néglige de prêter attention et voilà une
preuve de plus que cette théorie est complètement fausse.

1. Ce qui s'exprime, d'une autre façon, quand on dit que la richesse
augmentera avec le maximum de rapidité.

CHAPITRE XXVIII

LES LUTTES ANTISOCIALES ET LE CRIME

En 1893 je publiais un travail où j'exposais, pour la première fois, l'opinion que les procédés *naturels* des luttes sociales sont de l'ordre intellectuel et émotionnel, en un mot de l'ordre psychique[1]. On traita mes idées de nobles et de généreuses, mais on affirma qu'elles étaient loin de correspondre aux réalités concrètes. On prétendit que je nourrissais de profondes illusions et que je donnais comme existant dans le présent ce qui pourrait se réaliser peut-être seulement dans un avenir très éloigné. La plupart des hommes identifient la lutte avec la guerre. Comme c'est une utopie de penser qu'il pourra jamais venir un jour où il n'y aura plus de lutte, on en concluait qu'il ne viendra jamais de jour où il pourra ne pas y avoir de guerre.

Je vais tâcher de démontrer, dans ce chapitre, que ma théorie est admise depuis de longs siècles par les nations civilisées, seulement à un point de vue un peu différent du mien, ou, si l'on veut, sous d'autres noms.

Si je prouve qu'il a été reconnu depuis l'antiquité que la forme naturelle des luttes sociales est l'invention et la discussion, j'aurai prouvé en même temps que je n'ai rien avancé de nouveau, en formulant cette théorie.

---

1. Voy. mes *Luttes entre sociétés humaines et leurs phases successives* (Paris, F. Alcan). J'y soutenais, entre autres, par exemple, que la puissance d'expansion d'une nationalité n'était pas en raison directe de sa puissance militaire, mais en raison directe de la sympathie qu'elle savait inspirer, d'où la conclusion que la plus grande force sociale existant sur la terre était précisément le don d'inspirer la sympathie.

D'autre part, si ma théorie est vraie et si les luttes mentales sont la forme naturelle des luttes sociales, comme il
y a eu des luttes sociales dans le passé, elles ont dû s'accomplir conformément aux lois de la nature ; il est absurde,
en effet, d'affirmer qu'il puisse s'accomplir dans la nature
des phénomènes contraires à ses lois. Alors les luttes par
les procédés intellectuels se sont toujours pratiqués dans
le passé, et dans ce cas, on n'est pas en droit de m'accu-
ser d'idéalisme ou d'utopie, car il n'y a pas le moindre
atome d'idéalisme ni d'utopie à constater des faits qui se
sont passés des milliards de fois sur la terre, depuis des
temps très éloignés.

Abordons maintenant ma démonstration.

Les sociétés humaines sont des organismes doublement
composés : des associations d'associations. L'élément cons-
tituant de la société, l'individu humain, est lui-même un
groupement de 60 trillions de cellules.

Par suite de cette double composition, les sociétés
sont le théâtre d'un double ensemble de phénomènes :
les phénomènes de l'ordre biologique et ceux de l'ordre
social. De même la lutte, au sein des sociétés, peut être
de l'ordre biologique et de l'ordre social. Si un individu se
jette sur un autre, le tue et le mange, il se produit, au sein
de la société, une lutte biologique exactement semblable
à celle qui a lieu quand un lion se jette sur une antilope et
le dévore. Si un individu se jette sur un autre et le tue,
pour lui arracher des subsistances, il s'opère, au sein de
la société, par le procédé de l'élimination, une lutte biologique comme entre deux plantes qui s'arrachent l'une à
l'autre les substances minérales se trouvant dans le sol.

Puis les sociétés peuvent être l'arène d'une autre série
de luttes ayant le caractère mi-partie biologique et mi-partie social.

Comme je l'ai montré dans le premier chapitre de ce
travail, un homme peut infliger à un autre la mort com-

plète et immédiate (homicide) ou la mort partielle et lente.
Cette seconde mort, mitigée, si l'on peut s'exprimer ainsi,
comprend d'abord les lésions du corps (blessures), puis
l'immense catégorie des actes qui prennent le nom géné-
rique de violation du droit : le vol, le brigandage, la spoliation et ensuite le despotisme. Toutes les fois qu'un
homme commet un de ces actes, il pratique la lutte par les
procédés biologiques, puisque le vaincu subit une limitation
de vie, quelque chose d'analogue à une maladie, ce qui est,
sans contestation possible, un fait d'ordre physiologique.

Or, depuis la plus haute antiquité, les actes qui produi-
saient cette limitation de vie ont toujours été considérés
comme criminels et délictueux s'ils étaient commis au sein
de la communauté. A son tour, tout acte criminel et délictueux a toujours et partout été considéré comme contraire
à l'*ordre* social, donc comme un acte anormal, comme un
acte pathologique.

Mais pourquoi en était-il insi ? Quand on va au fond des
choses on découvre que l'acte tenu pour criminel est celui
qui est contraire à la nature des choses. Ainsi, il n'est
pas considéré comme criminel de tuer tous les jours un
certain nombre de bœufs à l'abattoir ? Pourquoi ? Parce
que l'homme étant constitué de telle façon que la viande
est utile à son alimentation, s'il ne mangeait pas de viande,
il agirait contrairement à sa nature. Si donc on tient pour
criminel de tuer et de voler ses semblables, c'est qu'on le
considère comme contraire à l'ordre de la nature. Donc,
depuis la plus haute antiquité, l'homme a considéré que les
procédés biologiques ne sont pas les procédés naturels des
luttes sociales.

Passons maintenant aux procédés de l'invention et de la
discussion.

A aucune époque un producteur inventant un procédé
plus parfait n'a été considéré comme commettant un acte
criminel. Quand on a inventé les couleurs d'aniline, les
cultivateurs de la garance ont été ruinés. Cependant les

inventeurs des couleurs d'aniline n'ont pas été poursuivis
par la justice. Mais si ces mêmes inventeurs étaient venus
voler les cultivateurs de garance (c'est-à-dire, au fond,
leur causer la même perte, mais par des procédés biologiques), ils auraient été considérés comme criminels et
auraient été poursuivis. Il en est ainsi maintenant; il en
a toujours été ainsi [1]. Voilà pour l'invention technique. Il
en est exactement de même de l'invention politique même
quand elle nécessite le procédé de la discussion. Imaginez
un individu venant proposer de fonder une nouvelle institution sociale ou d'en modifier une ancienne. Tant qu'il
emploie les armes de la persuasion, on dit qu'il ne sort pas
de la légalité et son apostolat paraît parfaitement légitime.
Mais, dira-t-on, les gouvernements considèrent souvent la
prédication des idées nouvelles comme le plus terrible de
tous les crimes. L'inquisition espagnole brûlait les gens à
petit feu pour la plus légère hérésie. Précisément ce fait,
loin de contredire ma théorie, en est la plus éclatante con-
firmation. Dès que les gouvernements agissent ainsi, ils
deviennent tyranniques, c'est-à-dire criminels vis-à-vis des
citoyens.

On le voit : depuis un temps immémorial les hommes
considéraient l'emploi des procédés biologiques dans les
luttes sociales comme criminel, donc anormal, donc contre
nature, et l'emploi des procédés intellectuels comme légal,
d nc normal, donc naturel. Ce n'est donc pas moi qui ait
découvert que le procédé *naturel* des luttes sociales est de
l'ordre intellectuel et émotionnel. Cette découverte a été faite
(ou, si l'on veut, cette vérité a été reconnue) depuis l'antiquité.

---

1. Cela me rappelle une histoire que je lisais dans mon enfance. A
Rome, au iii⁰ siècle avant notre ère, un individu avait été accusé par ses
voisins d'empêcher la fertilité de leurs champs par des sortilèges. Il
démontra que si ses propriétés donnaient de plus belles récoltes, ce n'était
pas par suite de sortilèges, mais par l'emploi d'instruments aratoires plus
perfectionnés. Il fut absous et porté en triomphe. Cette historiette montre
que, même dans l'antiquité, on reconnaissait la légitimité absolue de la
lutte par les procédés de l'invention.

Pour faire une société il faut des hommes vivants. C'est seulement par un accord tacite de se laisser vivre les uns les autres, que la société est possible. Le respect de la vie des associés est donc le premier postulat de l'association. C'est pourquoi toute lutte par les procédés biologiques, au sein de la société, est par essence *sub-sociale*, si l'on peut s'exprimer ainsi. Elle retombe à l'échelon où les rapports sont encore de nature purement physiologique (comme l'absorption alimentaire) et où les rapports de l'ordre interpsychique (qui sont les vrais rapports sociaux) n'existent pas. On peut qualifier aussi cet état d'*antisocial*, quand il se produit sporadiquement au sein de collectivités déjà constituées. Or ce qui est *antisocial* est nécessairement pathologique, puisque la dissociation des groupes amène l'affaiblissement vital des individus.

Il va sans dire que les luttes biologiques peuvent se faire collectivement aussi bien qu'individuellement. Une horde peut tomber sur une autre et les vainqueurs peuvent manger les vaincus. Un État peut combattre et piller les citoyens de l'État voisin. Ces faits collectifs sont aussi antisociaux, donc aussi pathologiques et autant contre nature que les faits individuels. Et depuis la plus haute antiquité, ils ont été considérés comme tels. La guerre civile en Egypte, au temps d'Aménophis, aussi bien que la révolte des Parisiens pendant la Commune, ont été regardés également comme des actes criminels. Tandis que les actions collectives qui s'accomplissent par les procédés intellectuels (concurrence de deux provinces pour la production d'une denrée, discussion des partis politiques pour l'exécution d'une réforme) ont toujours été et sont encore tenues pour parfaitement normales et légitimes.

Sans doute, pourra-t-on dire, depuis longtemps déjà, les procédés biologiques ne sont pas considérés comme la forme naturelle de la lutte au sein de l'Etat ; mais il n'en est pas de même en dehors de l'Etat. Pour ce qui est des luttes internationales, on a toujours tenu et l'on tient

encore les massacres pour l'unique procédé par lequel on
puisse les effectuer. C'est incontestable, et cela nous amène
au nœud même de la question. Parce que les hommes considèrent une chose comme vraie, il ne s'ensuit nullement
qu'elle le soit. Les hommes peuvent se tromper. C'est précisément ce qui arrive dans ce cas. Les limites que nous
posons à l'association politique sont absolument subjectives et conventionnelles. Elles n'existent pas plus dans la
réalité des faits que les parallèles et les méridiens que nous
traçons sur nos cartes n'existent réellement sur le sol
de notre planète. Les relations nouées actuellement entre
la France et l'Angleterre, sont exactement de même
nature que les relations entre la Bretagne et la Normandie ; elles consistent en un ensemble de mouvements d'individus, de marchandises et d'idées. Si les normes juridiques, établies de nos jours entre la France et l'Angleterre
ne sont pas aussi complètes[1] que les normes juridiques établies entre la Bretagne et la Normandie, rien absolument,
rien n'empêche de les rendre telles. Si ce pas était accompli
par un traité, la vie des deux nations voisines, loin de
devenir moins intense, deviendrait plus intense. Donc
l'union politique de la France et de l'Angleterre, faite de
consentement mutuel, ne serait pas un fait pathologique,
mais un fait normal. Car s'il était un fait pathologique, il
aurait immédiatement pour conséquence une diminution
d'activité, tandis qu'au contraire, il apportera un accroissement d'activité. Lorsque les Français et les Anglais s'imaginent former deux sociétés, ils se trompent ; ils en forment
une seule, déjà, parce que tout ensemble d'individus, parmi
lesquels s'établit une grande circulation vitale constitue
une société au point de vue *naturel*, sinon au point de vue
des conventions diplomatiques, comme je l'ai dit plus
haut[2].

1. Elles sont déjà fort importantes, cependant, puisqu'elles embrassent
tout le domaine du droit civil et du droit pénal qui règlent une très
grande part de l'activité humaine.

2. Voy. p. 205.

Quand les Anglais et les Français[1] emploient maintenant les uns à l'égard des autres les procédés biologiques, il se produit un cas de pathologie sociale, aussi bien que dans une guerre civile. La seule différence c'est que, dans la guerre civile, les belligérants ont conscience de se trouver dans un état morbide [2], tandis que ce n'est pas le cas dans la guerre étrangère. Mais, je le répète, ne pas avoir conscience d'un fait ne signifie nullement que ce fait n'existe pas en réalité.

Si donc les hommes pouvaient se débarrasser de l'erreur qui leur fait confondre les limites de l'État (convention purement subjective et changeante) avec celles de la société (fait objectif et réel), de par le consentement universel, il serait établi que les procédés d'ordre biologique ne sont pas les procédés naturels des luttes sociales et que ces procédés naturels sont de l'ordre psychique et se ramènent à l'invention et la discussion. Quand j'ai affirmé cette vérité, je n'ai donc soutenu aucune proposition nouvelle, je n'ai fait qu'exprimer, en termes différents et plus démonstratifs, ce qui était admis déjà depuis un temps immémorial.

Arrêtons-nous encore un instant sur les actes biologiques commis au sein des sociétés, c'est-à-dire sur les crimes.

J'ai dit plus haut [3] que ceux des actes humains étaient tenus pour criminels, qui étaient considérés comme contraires à l'ordre de la nature. Assurément personne ne contestera qu'il soit naturel à un être vivant de fuir la douleur et de rechercher la jouissance. C'est la base même de la vie, car tout être qui ne se conformerait pas à cette conduite périrait au bout d'un temps très court. Aussi longtemps que l'homme reste à l'état normal, il n'accom-

1. Le lecteur comprend que je prends ces deux nations comme exemple pour toutes les autres,

2. Et encore il est loin d'en être toujours ainsi. Aux États-Unis, de 1861 à 1865, les confédérés ne s'imaginaient pas commettre un acte criminel en combattant les fédéraux. La guerre civile paraît parfois, aux combattants, plus sainte que la guerre étrangère.

3. Voy. p. 357.

plit que les actes qui lui paraissent conformes à son intérêt. Les fous seuls agissent autrement. Si donc l'homme
accomplit des actes qu'il croit conformes à ses intérêts, mais
qui ne le sont pas en réalité, il se *trompe*. Or l'analyse
exacte des faits montre que l'emploi des procédés biologiques dans les luttes sociales est funeste aux sociétés et,
par contre coup, aux individus qui les composent. Or comme
tout emploi des procédés biologiques est un crime, tout
crime se ramène à une *erreur*. Enfin comme une erreur est
une absence de corrélation exacte entre le monde externe
et les représentations internes, tout criminel peut être considéré comme un déséquilibré, donc comme un fou.
Erreur, folie, vice et criminalité forment une série ininter-
rompue d'actes psychiques morbides auxquels s'oppose la
série des actes psychiques normaux qui sont : vérité, raison, vertu, moralité.

C'est faute de comprendre que les procédés biologiques
de la lutte sont une erreur et une folie, que la conduite des
hommes d'État modernes est si enfantine, si absurde et si
monstrueuse.

Le 6 février 1899, l'empereur Guillaume II s'exprimait
comme il suit au banquet du Landtag de Brandbourg :
« L'effort de tous les peuples pour assurer la paix est
magnifique. Mais les peuples commettent une profonde
erreur de calcul. Aussi longtemps que régnera le péché
originel parmi les hommes, la guerre, la haine, l'envie et
le désordre continueront à régner, et chacun tentera de
faire du tort aux autres. Or ce qui est une fatalité pour
les hommes est une fatalité pour les peuples ». Disons, en
passant, que les enfants de dix ans savent déjà, à notre
époque, que le péché originel est une légende babylo-
nienne qui nous a été transmise par la Bible. Elle n'a pas
la moindre ombre de réalité concrète. Ce n'est donc pas ce
fantôme qui empêchera l'humanité de marcher vers l'organisation rationnelle juridique. Mais, à part la légende,
la proposition de l'Empereur Guillaume se ramène à l'idée

que l'existence des faits pathologiques (qu'il appelle péchés)
empêchera éternellement les hommes d'augmenter la
somme de leur bonheur. C'est bien réellement ainsi que se
passent les choses et son observation est parfaitement
juste. Seulement cette phrase du souverain allemand est
un exemple des plus typiques des déviations colossales
auxquelles peut aboutir l'esprit humain. Ainsi voilà un
chef d'État, gouvernant 56 millions d'hommes, qui ignore
complètement le mécanisme fondamental de l'organisation
politique. Les individus qui commettent des crimes sont
des déséquilibrés. Il est sans doute des individus affectés
de tares individuelles, mais ceux-ci doivent être enfermés
dans des maisons de santé. Il n'est pas conforme à l'ordre
social que ce soit eux qui gouvernent les empires. L'essence
de l'homme d'État n'est pas d'être un déséquilibré, mais une
créature raisonnable. Assurément l'empereur Guillaume ne
contestera pas des vérités aussi élémentaires et on ne lui
a jamais vu confier un poste de gouvernement à un individu privé de raison. La société est un être collectif au sein
duquel se trouvent des individus déséquilibrés, mais il ne s'ensuit pas que tous les membres d'une société soient des déséquilibrés. Le « péché originel » règne depuis longtemps et
se manifeste par l'ensemble des crimes qui se commettent
dans la société ; le péché originel peut continuer à régner
jusqu'à la fin des temps sans qu'il soit nécessaire de confier
la direction des affaires de l'État aux individus qui en sont
affectés.

L'empereur Guillaume II confond ici deux faits qui,
quoique connexes, sont cependant différents : l'ignorance et
la folie. Nous pataugeons actuellement dans l'anarchie,
parce que nous comprenons mal nos intérêts. Mais aussitôt
que nous aurons compris la vérité, nous agirons immédiatement d'une façon différente, tandis que les fous ne peuvent pas en faire autant. Or, dans la phase de Guillaume II,
il y a cette nuance : à cause du « péché originel » nous
sommes « déchus ». Nous sommes donc *tous* devenus

irrémédiablement criminels et fous pour l'éternité les siècles. Or ni le *tous*, ni l'*irrémédiablement*, ni le *jusqu'à la fin des siècles* ne correspondent à la réalité des faits [1]. Mais si les hommes qui gouvernent les empires ne doivent pas être fous jusqu'à la fin des siècles, rien ne les empêchera un jour de reconnaître la vérité : à savoir que l'organisation juridique du genre humain est le but vers lequel doit tendre tout homme d'État.

On entend répéter constamment qu'il y a des luttes fécondes et des luttes stériles. Cette phrase est une expression courante. Elle prouve un sens très profond et une intuition remarquable de la vérité. Analysons-la.

Qu'appelle-t-on, par exemple, une discussion stérile ? Celle qui laisse les interlocuteurs dans un état mental identique à celui où ils se trouvaient auparavant. Si, au contraire, beaucoup d'idées nouvelles ont jailli dans l'esprit des interlocuteurs, on dit que la discussion a été féconde. Or considérez ce qui s'est passé dans ce dernier cas. Les interlocuteurs ont gravi un degré de plus de cette échelle immense qui va de l'inconscience à la conscience, de l'animalité à l'intellectualité.

Généralisons. Quelles sont les luttes que le sens commun déclare être stériles ? Celles qui ne font pas monter l'homme sur l'échelle de l'évolution mentale. En économie politique, la concurrence est stérile quand elle ne fait pas progresser la production ; en politique, elle est dite stérile quand elle n'améliore pas les institutions ; dans le domaine intellectuel, elle est dite stérile, comme je viens de le montrer, quand elle n'élargit pas l'horizon mental.

Ce qui vient d'être exposé se rapporte au progrès et à la marche en avant. Mais l'opinion publique donne aussi le qualificatif « stérile » à toutes les luttes qui ont un effet péjoratif, qui font reculer l'humanité vers sa condition primitive.

---

1. Si, à cause du péché originel, *tous* les hommes étaient irrémédiablement fous, l'empereur Guillaume devrait l'être aussi. Voilà ce dont il aura sans doute quelque peine à convenir.

Or, si l'on examine cette question de plus près, on voit que les luttes stériles sont celles qui emploient des procédés biologiques, parce que ces procédés font précisément descendre l'homme vers l'animalité, lui font parcourir à rebours le chemin qui mène de l'inconscience à la conscience. En effet, dans les massacres des champs de bataille, les plus intelligents peuvent être tués et les moins intelligents survivre. L'homicide sous toutes les formes est une sélection à rebours.

La spoliation produit le même résultat. D'abord en diminuant la production de la richesse, elle diminue en même temps le loisir (si tous les hommes étaient dans l'aisance ils pourraient consacrer un temps plus considérable à la culture de leur esprit) ; ensuite elle diminue les ressources matérielles sans lesquelles il est impossible d'édifier une haute et brillante civilisation. D'autre part, pour pratiquer la spoliation, il faut établir le despotisme qui, de nouveau, arrête le développement intellectuel des nations.

Ainsi donc tout emploi des procédés biologiques est une évolution à rebours.

La sagesse des nations n'a pas encore nettement perçu qu'au sein des sociétés les luttes biologiques sont contraires à la nature des choses et les luttes psychiques seules conformes à cette nature. Mais la sagesse des nations, en établissant une différence entre les luttes stériles et fécondes, a reconnu catégoriquement et de longue date qu'il peut s'opérer au sein des sociétés des luttes d'essence diamétralement opposée.

Une dernière observation : les sociologues darwinistes causent, en vérité, l'étonnement le plus profond. Ils voient la concurrence que les producteurs se font de mille façons imaginables, les trusts énormes qui se combinent pour y parer, les grèves formidables qui éclatent tous les jours; ils voient les ligues les plus diverses se former pour propager certaines idées ; ils voient des partis politiques composés de millions d'hommes, combattre avec acharnement pour la

possession du pouvoir; ils voient l'agitation immense que
soulève le renouvellement des législatures et les élections
présidentielles; ils voient les écoles scientifiques, artistiques
et philosophiques s'opposer les unes les autres et donner lieu
aux plus ardentes discussions; ils voient les députés dans
les parlements se livrer aux joutes oratoires les plus acharnées; ils voient la civilisation européenne envahir l'Asie
par la puissance de son ascendant; ils voient les langues
empiéter constamment les unes sur les autres, les dialectes
victorieux passer à l'état d'idiomes littéraires, les dialectes
vaincus descendre à la condition de patois des campagnes.
D'autre part les sociologues darwinistes voient que les institutions sociales sont la résultante des idées qui l'emportent à un moment donné. Ils ne peuvent pas nier, par
exemple, que si demain tous les Russes devenaient libres
penseurs et positivistes, l'organisation de leur pays changerait du tout au tout. Les sociologues darwinistes ne peuvent pas contester tous ces faits qui se passent sous leurs
yeux et qui se renouvellent incessamment. Ils ne peuvent
pas contester que ces faits constituent les neuf dixièmes de
la vie sociale... et cependant... ils les tiennent pour nuls et
non avenus! Les darwinistes n'ont aucun souci des formes
innombrables que prennent les luttes par les procédés
intellectuels dans la société. Hypnotisés par les phénomènes qui se passent dans le règne animal, ils réservent
le nom de lutte aux seuls actes qui s'accomplissent par les
procédés biologiques, c'est-à-dire aux actes pathologiques
et criminels!

Je viens d'examiner les principales thèses du darwinisme social. J'espère avoir convaincu le lecteur que ces
thèses ne soutiennent la critique, ni au point de vue des
faits, ni au point de vue de la logique.

Le darwinisme social est une des plus étonnantes déviations de l'esprit scientifique. Dans ces dernières années, il
a opposé de sérieux obstacles aux progrès de la sociologie.

En effet, grâce à lui, la science semblait devoir sanctionner le chaos et l'anarchie, tandis que l'essence même de la science est de mettre partout l'ordre, par le classement des faits rangés en séries méthodiques, et par l'enchaînement des doctrines logiquement déduites des faits constatés.

Le darwinisme provient d'une série d'observations superficielles, de généralisations hâtives, de comparaisons inexactes, de vues subjectives et d'erreurs de méthodes, comme, par exemple, le *post hoc ergo propter hoc*, etc. ; c'est l'unilatéralité simpliste ramenant d'innombrables phénomènes à une cause unique. En un mot, le darwinisme social est un tissu incohérent de contradictions, de paradoxes et de sophismes.

Sur ses ruines s'élèvera, plus magnifique que jamais, la vérité fondamentale de la sociologie proclamant que l'association générale du genre humain tout entier est l'état *normal* de notre espèce. Normal parce que cette association peut seule assurer le maximum d'intensité vitale à l'individu, et qu'il est conforme aux lois biologiques que la vie ait pour but la conservation de la vie et non sa destruction.

TROISIÈME PARTIE

L'ORGANISATION DE L'HUMANITÉ

CHAPITRE XXIX

LE PROGRAMME D'ACTION

Depuis des milliers d'années l'humanité languit dans la plus affreuse misère. De nos jours même, malgré tous les progrès réalisés, la situation est des plus lamentables. Sur mille habitants de cette terre, neuf cent vivent dans les privations, à peine quatre-vingt-dix dans l'aisance et dix seulement dans la richesse. Et si, encore, l'humanité n'était accablée que de misères physiques, elle pourrait, à la rigueur, prendre son mal en patience. Mais, hélas, il n'en est pas ainsi ; elle est accablée, de plus, de souffrances morales plus nombreuses et plus cruelles parfois que les souffrances physiques. L'immense majorité des hommes vit dans une insécurité complète quant à la personne et aux biens. En Turquie, les massacres périodiques des populations sont ordonnés par le chef même de l'État ; en Russie pour peu qu'on s'occupe des intérêts généraux de la patrie, on risque d'être confiné dans les régions polaires ; aux États-Unis, si l'on a le malheur d'avoir la peau noire ou légèrement colorée, on risque d'être lynché sans miséricorde et de mourir dans des supplices plus terribles que ceux du moyen âge. Bien rares sont encore les territoires privilégiés où chaque homme peut professer la religion qui lui plaît, écrire ce que bon lui semble, bref, donner le plus entier développement à son individualité. Enfin la liberté des collectivités n'existe nulle part. Aucune nation ne peut disposer de ses destinées, s'adjoindre au groupe politique vers lequel la portent ses sympathies, se détacher d'un groupe politique qui lui est odieux. Chaque collectivité vit sous le coup d'une invasion toujours possible qui peut mettre à néant, en quelques jours, des richesses accumulées par de longues années de labeur acharné. Ajoutez enfin que la ruine menace constamment tous les producteurs, même en temps de paix, par suite du remaniement incessant des tarifs de douane. Inutile de parler du poids insupportable des budgets militaires qui font de nous de véritables serfs de la glèbe, ni des casernes qui nous prennent les plus belles années de notre jeunesse. En un mot, ni la vie, ni la propriété ne sont garanties de notre temps, dans une mesure suffisante. L'insécurité est partout et nous vivons sur un qui-vive perpétuel. Aussi l'existence humaine est-elle comme un vaste océan de souffrance où apparaissent quelques rares petits îlots plus ou moins fortunés. Cette situation est aussi odieuse que révoltante. C'est le contraire qui aurait dû être ; les souffrances auraient dû former les îlots et le bien-être l'océan.

Et, dans le passé, l'humanité a été encore plus malheureuse que de nos jours. Mais, de tout temps, les hommes ont été divisés en deux grandes catégories fort inégales : la foule immense des aveugles et le minuscule troupeau des voyants. Les aveugles ont toujours considéré la misère humaine comme conforme à l'ordre des choses. Ils n'ont même pas soupçonné qu'il fût possible de l'atténuer. La foule voyait les hommes tomber malades et mourir. Elle comprenait que ces deux calamités étaient inévitables. Elle considérait les souffrances sociales du même œil et pensait qu'elles étaient décrétées pour toujours par l'arrêt fatal du destin. La résignation n'empêchait cependant pas les foules de ressentir cruellement leur martyre et, certes, parce que la plupart des hommes n'entrevoyaient pas la possibilité d'améliorer leur situation, ils étaient loin de trouver leur existence satisfaisante.

Les voyants, eux, avaient des visées plus hautes. Embrassant un horizon plus étendu que les foules, ils apercevaient les moyens de modifier les conditions du genre humain. Aussi, depuis les prophètes d'Israël, en passant par Platon, Thomas Morus, Campanella et Karl Marx, les plans de reconstruction de la société humaine n'ont pas manqué.

Mais tous ces projets avaient un trait commun. Ils rejetaient la possibilité du bonheur, soit dans un monde imaginaire, soit dans un avenir si éloigné qu'il se perdait dans les brumes du temps et cessait d'avoir aucune valeur pratique pour les hommes vivants. Ces projets avaient tous ce trait commun d'être des utopies et d'être considérés comme tels par les apôtres mêmes qui les propageaient.

L'idée que le bonheur de l'humanité serait possible de notre temps et pourrait parfaitement être réalisé par les hommes de notre génération, cette idée commence à peine à germer dans les esprits.

Et c'est naturel. Le bonheur de chacun de nous n'est possible que par le bonheur de tous. Imaginez une nation organisée d'une façon idéale et respectant de la façon la plus scrupuleuse les droits de ses voisines. Si ces voisines ne pratiquent pas la même conduite, le bonheur de cette nation peut s'effondrer du jour au lendemain, si admirable qu'ait été sa conduite. Cela montre que, seule, une nation ne peut rien et que le bonheur de toute collectivité, comme celui de tout individu, ne peut être établi que par des arrangements d'ordre international.

Or, pour que *toutes* les nations puissent prendre des arrangements de cette espèce, la condition première est que toutes soient en contact permanent. Cette condition a été réalisée seulement au xixᵉ siècle, grâce aux bateaux à vapeur, aux chemins de fer et au télégraphe. Ces engins ont établi une circulation vitale commune entre tous les peuples de la terre et c'est à partir de ce moment que les arrangements internationaux de l'ordre universel, seuls capables d'assurer le bonheur de notre espèce, sont entrés dans le domaine des réalités.

C'est aussi à partir de ce moment qu'il a été possible de concevoir des arrangements de ce genre. Or il y a dans le seul fait de l'existence de cette conception, comme je l'ai dit plus haut[1], un événement de premier ordre, car une question nettement posée et complètement éclairée est à demi résolue. Quand on n'a pas de but déterminé, on peut errer à l'aventure jusqu'à la fin des temps. Au contraire, quand le but vers lequel on tend est clair et visible, on ne peut pas ne pas l'atteindre, et cela d'autant plus vite qu'on s'en rapproche davantage.

Le programme à réaliser pour assurer le bonheur de notre espèce peut être formulé maintenant avec une précision qui ne laisse rien à désirer[2]. Au point de vue économique il se ramène aux quatre-huit des socialistes; au point de vue intellectuel, il se ramène à donner l'instruction scientifique à tout individu habitant notre globe, depuis les lords anglais jusqu'au dernier des Fuégiens et des Hottentots.

Je dois dire, en premier lieu, que ces deux articles sont connexes et n'en font qu'un seul, à proprement parler. La prospérité matérielle est la base et la condition du développement de l'intelligence. Il faudrait des milliards et des milliards pour procurer l'instruction scientifique à tous les hommes; avec un revenu moyen de mille francs par famille c'est absolument irréalisable, mais avec un revenu décuple on y arriverait très certainement.

Un mot sur cette instruction : elle suppose que tous les hommes recevraient des notions succinctes, mais précises et nettes, sur la physique, la chimie, la mécanique, puis sur l'astronomie, la géologie, la biologie, la psychologie et la sociologie. Par ces notions chaque homme se ferait la plus juste représentation de l'univers, que puisse fournir le savoir à chaque moment donné. On sortirait de la con-

1. Voy. p. 88.
2. Voy. plus haut le chapitre x.

ception mythologique et l'on entrerait dans la représentation scientifique. Quand ce pas aura été franchi, l'homme
aura monté un échelon nouveau de l'évolution vitale, égal
en importance à celui qu'il a franchi par l'invention du
langage et de la logique. Les arrangements sociaux qui
auront établi l'instruction scientifique universelle seront
donc une continuation du processus naturel de l'évolution
psychologique, avec cette seule différence qu'ils se feront
avec une rapidité infiniment plus grande, parce qu'ils
seront devenus voulus et *conscients*. Que l'abjecte anarchie de nos jours soit remplacée par l'ordre, on pourra
établir l'instruction scientifique sur toute l'étendue du
globe, en moins de quatre ou cinq générations. Elle
pourra devenir un fait accompli au commencement du
xxıe siècle [1].

D'autre part, le programme que je viens de formuler peut
être envisagé encore à un autre point de vue, biologique,
si l'on veut. Le but de toute créature étant le maximum
d'intensité vitale et le maximum d'intensité vitale, dans
l'espèce humaine, étant surtout d'un ordre psychique,
quand tous les hommes auront acquis le bien-être matériel,
ils auront acquis la somme la plus grande possible de
développement corporel (puisqu'une bonne nutrition et
une habitation hygiénique en sont les conditions indispensables). Puis quand tous les hommes auront reçu l'instruction scientifique, ils auront atteint la plus grande somme
possible de développement mental. En un mot, par l'accomplissement des désiderata formulés plus haut, l'humé-
nité sera montée au plus haut échelon d'épanouisse-

1. A ceux qui me feront le reproche d'être un utopiste, je répondrai
par les enseignements de l'histoire. Si quelqu'un avait parlé, au commencement du xve siècle, d'établir l'instruction primaire obligatoire et universelle, on lui aurait tout simplement ri au nez. A cette époque les
plus grands seigneurs, non seulement ne savaient pas lire et écrire, mais
s'honoraient même de ne pas le savoir. Or l'instruction primaire a été
réalisée en moins de cinq siècles. De nos jours, il y a des pays où le
nombre des illettrés est tombé au-dessous de 1 p. 100. Or, on le sait, le
progrès va toujours en s'accélérant. Le monde s'enrichira beaucoup plus
de 1905 à 2005, que de 1405 à 1905.

ment physique et intellectuel, concevable à l'heure
actuelle.

Par quels moyens ces desiderata peuvent-ils être réalisés? Par l'organisation de l'humanité. C'est l'unique
moyen. Cela est de la dernière évidence, puisque désorganisation et souffrance sont des termes identiques, comme
organisation et bonheur. Il faut donc organiser l'humanité.
Quel est le moyen le plus rapide pour arriver à ce but? Ce
serait une alliance politique des sept grandes nations de
notre globe : les États-Unis, l'Angleterre, la France, l'Allemagne, l'Italie, l'Autriche-Hongrie et la Russie. Ces
nations devraient conclure des traités par lesquels elles se
garantiraient mutuellement la possession de leurs territoires contre *toute attaque armée*.

Ici gît le nœud de la question. Le malheur de l'humanité provient de la désorganisation, c'est-à-dire de l'anarchie. L'anarchie à son tour, vient de ce que les nations
désirent s'arracher des territoires les unes aux autres. Que
les nations n'aient plus ce désir, immédiatement l'anarchie cesse, l'ordre s'établit, l'ère de la violence prend fin
et celle de l'union juridique commence.

J'ai déjà exposé quelques considérations sur ce sujet,
au chapitre VII[1]. J'ajouterai ici quelques développements.

Que signifiera la conclusion de la septuple alliance ? Elle
signifiera que les nations qui l'ont conclue renonceront à
faire des conquêtes les unes au détriment des autres. Mais
les conjonctures historiques de notre temps sont telles que
le renoncement des sept grandes puissances équivaudra à
la suppression de la pratique des conquêtes sur toute
l'étendue de notre globe. En premier lieu, parce que les
sept puissances dirigeantes possèdent directement et indirectement la plus grande partie des continents et des îles.
Les États-Unis dominent sur toute l'hémisphère occidental.

1. Voy. plus haut p. 88.

Par la doctrine de Monroë que l'Europe a accepté tacitement, le gouvernement de Washington couvre de sa protection toutes les républiques du Nouveau Monde. L'Angleterre également représente, non seulement son territoire européen, mais encore ses colonies et possessions, c'est-à-dire près de 32 millions de kilomètres carrés. Il en est de même de la France et de l'Allemagne qui ajouteront leur domaine colonial à leur territoire métropolitain. Si la septuple alliance se fait, elle s'étendra sur 100.936.000 kilomètres carrés peuplés par 920 millions d'hommes. La totalité des terres émergées étant de 135.500.000 kilomètres carrés, la septuple alliance en représentera les sept dixièmes. Le globe terrestre ayant environ 1.550 millions d'habitants, la septuple en aura les six dixièmes. Il est évident que si les colosses politiques renoncent aux conquêtes ce ne sont pas la Suède, la Hollande, le Portugal, le Pérou ou la République Argentine qui pourront continuer à pratiquer le brigandage international et à maintenir l'anarchie. Elles renonceront, elles aussi, aux conquêtes et se joindront immédiatement à la septuple alliance. Il ne restera donc en dehors d'elle que les pays suivants : la Turquie, la Perse, l'Afghanistan, le Siam, la Chine, la Corée et le Japon. Plusieurs de ces pays sont des quantité négligeables ; assurément ni la Perse, ni le Siam ne pourront rien contre la septuple alliance. Tel n'est pas le cas de la Chine et du Japon. Ce dernier est déjà une puissance militaire formidable, la Chine peut le devenir ou ne pas le devenir selon ce qu'il plaira à l'Europe.

La Chine est déjà arrivée, dans son évolution historique, à la phase où le militarisme est tenu en profond mépris, parce qu'il y est considéré, comme ce qu'il est réellement, comme un enfantillage indigne d'hommes sérieux. Pour les Chinois, le métier de soldat est une besogne dégradante parce qu'absurde. Ils comprennent que seules les besognes productrices sont raisonnables. Tous les peuples arriveront nécessairement, tôt ou tard, à cette conception qui seule répond aux réalités sociales. Les Chinois, sous ce rapport, comme sous certains autres, sont en avance sur l'Occident. Il est donc certain que, si les Européens ne se conduisent pas à l'égard de la Chine comme des brigands et des pirates; si les Européens respectent scrupuleusement les droits des Chinois, ceux-ci n'auront aucune velléité de rétrograder vers le militarisme. Rien ne les empêchera d'entrer dans le système juridique international, parce qu'en réalité ils y sont déjà. En effet, la Chine ne témoigne pas le moindre désir de s'emparer des territoires de ses voisins; elle a donc renoncé aux conquêtes. Si donc l'Europe ne *force* pas les Chinois à se militariser pour se défendre (et une fois la pente de la militarisation descendue, on passe vite de la défensive à l'offensive), la Chine ne sera pas un danger. Il y a même plus. Elle consentira probablement très volontiers à entrer elle-même dans la septuple alliance, car elle trouvera dans cette combinaison ce qu'elle ambitionne le plus : la sécurité sans le militarisme. Une fois la Chine entrée dans la septuple, celle-ci embrassera 1.350 millions d'hommes sur 1.550 millions, donc elle formera l'immense majorité du genre humain.

Reste le Japon. Précisément, à l'opposé de la Chine, il est dans la phase de son histoire où l'appétit des conquêtes est le plus développé. Mais tout le monde comprend que placé en face du monde civilisé, devenu partisan de l'ordre juridique, le Japon, si anarchiste fut-il, sera bien réduit à l'impuissance, d'autant plus, qu'étant un pays insulaire, il peut être combattu par des flottes. Or dans les combats sur mer le premier rôle n'est pas dévolu au nombre, mais à l'outillage, donc à la richesse. L'outillage maritime coûte horriblement cher et il suffira que les nations européennes aient seulement plus de navires que le Japon, pour obliger celui-ci à respecter l'ordre international. D'ailleurs la société japonaise évolue comme toutes les autres et, après avoir été empêchée, pendant quelque temps, d'attaquer ses voisins, elle sera amenée à la longue à ne plus vouloir le faire.

On voit donc que, par suite des conjonctures historiques, à notre époque, la septuple alliance et la fédération juridique du genre humain seraient une seule et même chose. Rien ne serait plus facile à cette septuple alliance que de clore définitivement l'ère des conquêtes et de commencer une période nouvelle de l'existence de notre espèce.

A un autre point de vue, les conjonctures historiques sont également favorables. Aussi longtemps que la majorité des sociétés appartenait à la sauvagerie et à la barbarie, toute spéculation sur le bonheur humain était vaine. Ce bonheur, en effet, n'est pas possible sans l'établissement de l'ordre international. Or, aussi longtemps que la plus grande partie des hommes était barbare, c'est-à-dire ignorants, ils n'étaient pas à même de concevoir la nécessité de l'ordre. A cette époque quelques philosophes isolés pouvaient rêver à la suppression de l'anarchie ; mais il était impossible de réaliser ces rêves et ils restaient nécessairement de pures utopies. Il n'en est plus ainsi de notre temps. La majorité, et une majorité écrasante, a passé désormais aux nations civilisées. Assurément les chefs, l'opinion et les classes dirigeantes des sept grandes puissances de notre globe peuvent fort bien comprendre, de nos jours, l'avantage de l'organisation du genre humain, et dès qu'on aura conçu la nécessité de la réaliser, elle le sera immédiatement.

Il n'y a pas deux feuilles se ressemblant entièrement. A ce point de vue, on peut dire qu'il se crée chaque jour de nouvelles formes de feuilles. A plus forte raison, on peut affirmer qu'à chaque moment de l'histoire de l'humanité se combinent des circonstances nouvelles. Longtemps la force a été du côté de la barbarie ; elle a passé, d'une façon définitive, du côté de la civilisation, dans le courant du XIXᵉ siècle. Ce fait est donc nouveau. Aussi n'en aperçoit-on pas encore assez nettement l'importance.

Les gens qui vivent sur les traditions du passé sont portés à croire que l'anarchie est la condition naturelle de l'espèce humaine et que, par conséquent, elle doit toujours durer. C'est là une profonde erreur. Les circonstances ont changé sur la terre. L'époque de Jules César, celle de Gengis-Khan, même celle de Soliman le Magnifique, sont dépassées définitivement et ne reviendront jamais. La triple alliance a été faite en quelques jours par Bismarck. Que la septuple alliance soit voulue, elle pourra se faire aussi rapidement. Entre l'heure où ces lignes sont tracées par ma plume sur le papier et celle où, imprimées, elles tomberont sous les yeux du lecteur, la septuple alliance *pourrait* se faire. L'union du genre humain n'appartient donc plus au domaine des rêveries, comme celles de Thomas Morus ou de Campanella, elle appartient au domaine de la politique contemporaine et réaliste que les diplomates pratiquent sous nos yeux. Ce n'est donc pas à une époque qui se perd dans un avenir nuageux et incertain, c'est de nos jours, en pleine réalité, que pourrait se faire l'organisation du genre humain.

Une fois que les sept nations les plus puissantes renonceraient au brigandage et aux conquêtes, par la septuple alliance, la face du globe changerait avec une rapidité vertigineuse.

En premier lieu on se débarrasserait du militarisme et du marinisme. En effet, du moment où l'on n'aura plus le désir de s'emparer des provinces du voisin, les armées et les flottes ne seront plus d'aucune utilité. Si bornés qu'on puisse croire les peuples et les gouvernements, il est peu probable qu'ils consentiront à dépenser vingt milliards de francs par an, pour entretenir un appareil guerrier qui ne sera jamais appelé à fonctionner. On dira peut-être que les régiments servent non seulement à prendre des provinces, mais encore à protéger les droits des nations. Ce n'est pas précisément exact. A l'heure actuelle toute guerre se termine par une acquisition territoriale. Un froissement d'amour-propre, une légère violation de droit peuvent être des prétextes, mais le résultat est toujours une extension territoriale de l'État vainqueur. C'est donc cette extension qui est le véritable but (conscient ou inconscient, peu importe), qui pousse aux massacres. Dès que les nations auront renoncé aux annexions violentes, on trouvera tout simple et tout naturel de régler les différends qui pourront naître entre elles (et qui, la plupart du temps, sont d'une importance relativement minime) par un recours aux tribunaux.

Songe-t-on à ce que représente seulement ce mot, la *suppression du militarisme ?* Il représente en réalité le salut de millions de vies humaines systématiquement sacrifiées de nos jours et sur les champs de batailles et dans leurs foyers [1]. Cela veut dire également un accroissement énorme du revenu public permettant à des populations entières de vivre une existence digne de l'homme.

Naturellement, dès que finira l'ère de l'anarchie, celle de l'organisation commencera aussitôt. Cette organisation sera établie et améliorée. Elle se donnera successivement les institutions nécessaires et se créera une législation qui ira toujours en s'amplifiant et en s'améliorant. La première ébauche de l'union internationale sera établie par des congrès de diplomates échangeant des idées sur les affaires communes [2]. Puis, peu à peu, ces congrès recevront des attributions plus précises et se transformeront, à la longue, en une diète fédérale. Enfin, la fédération sera formée et elle se créera les trois organes indispensables à toute vie politique régulière et normale : le pouvoir législatif, le pouvoir judiciaire et le pouvoir exécutif [3].

1. Si nombreuses et si lamentables que soient les victimes qui tombent sous le canon, elles ne sont qu'une bien petite proportion de celles fauchées constamment par les privations provenant du militarisme.
2. Théodore Roosevelt, président des États-Unis d'Amérique, vient précisément de proposer la réunion d'une pareille conférence.
3. Je passe très rapidement sur ce sujet. Je l'ai exposé avec tous les développements qu'il comporte dans ma *Fédération de l'Europe*, Paris, F. Alcan, 1900. Voy. le livre IV.

Je n'ai pas besoin de répéter que l'organisation de l'humanité sera précisément opérée par la fédération générale des nations, car les deux termes sont synonymes.

Dès que la fédération sera établie, son premier soin sera de garantir le respect absolu de la vie humaine. L'homicide sera puni quelles que soient les unités entre lesquelles il sera opéré. On cessera de faire la distinction absurde entre l'homicide individuel, considéré comme un crime, et l'homicide collectif, considéré comme une action d'éclat.

Après la mort complète et immédiate, la fédération devra empêcher la mort partielle et lente, c'est-à-dire la spoliation sous toutes les formes. La fédération devra garantir à tout individu vivant sur le globe la possibilité de jouir intégralement du fruit de son travail. Or cette garantie fondamentale du droit de propriété est impossible tant qu'il existera des douanes. La fédération établira donc un *zollverein* universel. On verra se répéter en grand, sur le globe entier, ce qui s'est fait, en petit, en France, en 1789 : la suppression de toutes les barrières intérieures. Il est à peine nécessaire de dire que ce seul fait augmentera dans une mesure immense la somme du bonheur humain. Aussi longtemps que les douanes existent ce bonheur est sensiblement réduit. Non seulement parce que la production ne peut pas atteindre le maximum de puissance réalisable sur la terre, mais encore parce que la douane divise les hommes en deux classes : les privilégiés et les persécutés. Or, aussi longtemps que certains individus seront autorisés à violer les droits de leurs semblables, le bonheur sera impossible pour les sociétés.

Se représenter l'activité et la richesse qui résulteront de la suppression des douanes est extrêmement difficile. On peut s'en faire une idée très faible en comparant la condition des paysans français, telle qu'elle est de nos jours, à ce qu'elle était sous l'ancien régime où ils étaient souvent réduits à manger des fougères, pour ne pas mourir de faim.

Mais la plus grande somme de bonheur humain, produite

par la fédération, sera de l'ordre national et intellectuel.

Malgré l'abjecte anarchie dans laquelle vit encore le monde, certains gouvernements garantissent les droits des individus d'une façon plus ou moins satisfaisante. Tel est le cas de l'Angleterre, par exemple. Mais pour ce qui est des collectivités, aucune espèce de garantie n'a été créée pour elles. Ainsi chaque Polonais, individuellement, peut trouver quelque recours devant les tribunaux prussiens[1], contre les violences que les Allemands pourraient commettre à son égard. Mais les trois millions de Polonais de la province de Posen, pris collectivement, n'ont aucune garantie contre les violations les plus complètes de leur droit, que peut édicter le gouvernement prussien. Les Polonais envoient seize députés au Reichstag. Ils se trouvent en présence d'une majorité de 370 députés allemands qui siègent dans cette assemblée. Il en est de même des Roumains en Hongrie. Je ne parle même plus des pays autocratiques comme la Russie, où il n'y a pas l'ombre d'une garantie pour les peuples conquis; pas plus, d'ailleurs, que pour le peuple conquérant.

Or les tortures produites par l'absence d'indépendance nationale sont probablement les plus cuisantes et les plus funestes qui existent au monde. L'homme, c'est le cerveau. On peut se nourrir d'un repas très frugal et être content, mais on ne peut plus l'être sitôt qu'on se sent opprimé dans les manifestations les plus intimes de son être moral. Un homme qui est empêché de parler et d'écrire dans sa langue maternelle est pire qu'un galérien. Le galérien subit une contrainte physique ; l'homme dont la nationalité est opprimée subit une contrainte mentale cent fois plus pénible. Après la liberté absolue d'adorer le Dieu de son choix, l'indépendance nationale est le bien le plus précieux qui existe ici-bas, parce que l'indépendance nationale implique et subordonne tous les autres avantages. *Mens agitat*

---

1. Je ne parle pas des tribunaux russes où ce recours est, malheureusement, assez faibles, même pour les Polonais individuellement.

molem. C'est quand la spéculation intellectuelle se fait sans aucun obstacle, c'est quand l'esprit est en ébullition que l'invention est rapide et abondante. Or c'est l'invention qui fait le progrès, tant économique que social. Jamais une nation opprimée ne pourra atteindre la plus grande somme possible de production agricole et industrielle, parce que, dans l'organisme social comme dans l'organisme individuel, toutes les fonctions sont enchevêtrées par tant de liens qu'il est impossible de les séparer les unes des autres.

Dans la période anarchique où nous vivons, chaque État ayant pour objectif d'arracher des provinces au voisin et de ne pas perdre les siennes, chaque État veut être aussi fort que possible. Comme les gouvernements ont la simplicité de croire que la force est en raison directe de l'étendue du territoire et du nombre des habitants, ils considèrent comme le pire des malheurs le fait de perdre une province. Par suite d'un nombre immense de circonstances historiques qu'il est inutile de rappeler ici, il s'est formé un grand nombre d'États composés de nationalités fort diverses et souvent fort hostiles les unes aux autres. Ces États, mal constitués, auraient tout intérêt à se disloquer, afin que les populations puissent se grouper selon leurs affinités véritables. C'est seulement lorsque chaque nationalité formera un État séparé, que l'organisation politique des sociétés humaines atteindra son point culminant de perfection. Une fédération de nationalités autonomes est l'idéal vers lequel nous devons tendre de toutes nos forces. La violence seule a empêché jusqu'à ce jour cet idéal de se réaliser. Mais, quand le genre humain sera organisé en fédération juridique, aucun souverain, aucun peuple n'éprouvera la moindre inquiétude au sujet de la sécurité internationale. Alors il deviendra indifférent aux États d'être petits ou grands, puisque la sécurité sera égale et complète pour tous. Alors la folie kilométrique prendra fin et l'on com-

1. Voy. plus haut p. 34.

prendra que le plus grand intérêt de tous sera de laisser les nations se grouper selon leurs affinités mentales. Quand ce moment fortuné sera venu, la somme du bonheur humain sera augmentée dans une proportion énorme.

Comme les sociétés sont des êtres vivants par suite changeants, les groupements politiques répondant aux aspirations d'une époque, pourront ne plus répondre aux aspirations d'une autre. Lorsque ce fait se produira, les frontières des États seront modifiées par une procédure légale que la puissance fédérale réglera dans l'intérêt de tous. Certains esprits timorés se figurent que ce sera la fin du monde. Mais on ne voit vraiment pas pourquoi le fait de modifier les frontières, au gré des populations, par des moyens légaux, devra causer plus de calamités que celui de les modifier, après des combats sanglants, contre la volonté des vaincus. Or ce dernier genre de transformation s'est opéré des milliers de fois et le monde existe toujours.

Ce qu'il faut bien comprendre, c'est que la plupart des difficultés qui divisent les nations, à notre époque, sont *absolument* insolubles sans la fédération. Considérons, par exemple, la situation des Polonais et des Russes dans l'empire des Tsars et celle des Allemands et des Tchèques dans l'empire d'Autriche. Ce qui empêche les questions de Pologne et de Bohême d'être résolues, c'est que les parties en présence ont, les unes et les autres, des prétentions injustes. Or une autorité supra-nationale pourra seule amener une solution basée sur la justice et l'équité, précisément parce que cette autorité supra-nationale aura créé une législation générale sur la matière, législation à laquelle on pourra se conformer sans subir la moindre humiliation.

Il est encore plus difficile de se représenter la somme de bonheur humain qui résultera du respect absolu des nationalités que s'imaginer le colossal accroissement de richesse qui proviendra de la suppression des douanes. On peut hardiment affirmer que le respect du droit des nationa-

lités décuplera pour le moins l'activité intellectuelle des
sociétés civilisées.

Ainsi nous différons de nos pères. Nous voyons très
bien la possibilité d'établir sur le globe une somme de
bonheur immensément plus grande que celle dont nous
jouissons aujourd'hui. Nous savons parfaitement par quel
moyen ce but peut être atteint. Nous comprenons que la
justice universelle ou, en d'autres termes l'organisation
de notre espèce est non seulement réalisable, mais réalisable à bref délai par les hommes de notre génération.

Ces idées sont par elles-mêmes une révolution, et la
plus grande qui se soit accomplie depuis l'origine de l'histoire. La face des choses changera radicalement par le fait
seul que l'homme considérera le bonheur comme possible.
Dès qu'il aura cette conviction, il supportera avec une
impatience toujours croissante l'abjecte anarchie dans
laquelle nous végétons actuellement; dès qu'il aura cette
conviction, il comprendra que le bonheur est un *droit* et il
le réclamera impérieusement sans trêve ni repos.

Il faut enfin ouvrir les yeux; il faut cesser d'être de
grands enfants. Il est absurde de croire que la justice soit
irréalisable au xxᵉ siècle uniquement parce qu'elle n'a pas
été réalisée au xixᵉ ou au ixᵉ. Tout change en ce bas
monde. Les circonstances nouvelles, provenant de mille
facteurs de l'ordre politique, scientifique, et philosophique,
exigent l'établissement d'institutions nouvelles, aussi différentes des institutions anciennes, que nos idées sont différentes de celles de nos grossiers ancêtres.

On peut dire avec certitude qu'un homme comme l'empereur Hadrien avait le désir très arrêté de faire régner la
justice sur toute l'étendue de son empire. Mais, étant donné
l'outillage technique si rudimentaire de son époque, il était
placé dans l'impossibilité absolue de réaliser ses aspirations. En effet, au temps d'Hadrien, il fallait au moins
trente ou trente-cinq jours pour aller du centre de l'empire

à ses provinces les plus éloignées. Dans ces conditions, le pouvoir central ne pouvait pas exercer une action suffisamment efficace sur les autorités provinciales, qui pressuraient les populations. Elles le faisaient dans une très forte mesure et c'est ce qui rendait l'empire romain si faible. De plus, les inventions d'ordre politique étaient aussi primitives chez les Romains que celles d'ordre technique. L'idée ne leur vint jamais, par exemple, de recourir au procédé que nous trouvons si simple, celui de la délégation politique ou de la députation. S'ils avaient découvert ce procédé, l'empire romain aurait pu devenir une fédération bien organisée et peut-être existerait-il encore[1]. Mais comme l'ignorance politique, à l'époque des empereurs, était immense, ils n'ont pas su combiner des institutions assez bien agencées, pour procurer une somme de justice suffisante. Par suite, l'empire romain se disloqua bientôt.

Nous sommes maintenant infiniment plus avancés que les hommes de l'antiquité. Avec les télégraphes et surtout les téléphones, tous les pays du globe sont en relations instantanées et constantes. Quand le réseau des chemins de fer sera complété sur notre globe et quand les trains électriques feront deux cents kilomètres à l'heure, nul point de la terre ne sera à plus de dix jours de voyage de Paris. Ajoutons encore la presse qui apporte des nouvelles circonstanciées de tous les coins de l'horizon. Voilà pour l'ordre technique. Nos découvertes ne sont pas moins importantes dans l'ordre politique. Par le fonctionnement si habilement combiné des autorités locales élues (municipalités, conseils provinciaux, etc.), par la division tranchée entre les organes administratifs et judiciaires, par les garanties données aux individus et aux collectivités (associations de tout genre depuis les syndicats ouvriers jus-

1. Avec une sécurité complète et une justice suffisante, la prospérité eut été énorme. Qui sait si elle n'aurait pas contribué à faire naître dès les premiers siècles de notre ère, les découvertes techniques réalisées de nos jours. Si Rome avait eu les chemins de fer et le télégraphe, les chances de durée de son empire auraient augmenté dans des proportions énormes.

qu'aux académies savantes), enfin par la liberté de la presse
et son immense diffusion, il s'est formé des groupes nationaux cohérents, conscients de leur personnalité, et, partant, très solides[1]. Des délégations politiques, émanées de
ces corps si vivaces, pourront faire fonctionner des institutions fédérales assurant la justice dans une mesure complètement satisfaisante.

Il y a donc une extrême différence entre l'état du monde,
tel qu'il est aujourd'hui et tel qu'il était il y a même trois
quarts de siècle (avant les télégraphes et les chemins de
fer). Ce qui était *impossible* alors est *facile* maintenant.

Quand on s'occupe des questions sociales en hommes
sérieux et non en grands enfants, il faut ne pas se laisser
aveugler par le traditionnalisme, il ne faut pas considérer
un seul facteur, mais les embrasser tous dans leur vaste
ensemble. L'exclusivisme national rogue, étroit et haineux,
était autrefois la règle. Des circonstances innombrables
font qu'il ne pourra pas, sous peine de déchéance sociale,
demeurer la règle de l'avenir.

1. Nos institutions politiques sont d'autant supérieures à celles des
Romains, que la locomotive à un char traîné par des chevaux.

CHAPITRE XXX

PAR LA VÉRITÉ AU BONHEUR

Devant le malheur universel, nos ancêtres se contentaient de courber la tête, de proclamer que la terre était une vallée de larmes, d'affirmer que la souffrance était conforme aux vues de la Divinité, qu'elle était une épreuve et que le problème du mal était insoluble.

Il est temps d'abandonner pour toujours cette attitude puérile, lâche et pusillanime ; il est temps de nous affranchir de cette dégradante résignation. Il faut regarder en face le problème du malheur humain et se demander une fois pour toutes s'il peut être résolu, oui ou non.

Or il suffit seulement de poser la question d'une façon nette et catégorique pour en avancer déjà la solution. Dès qu'on entreprendra de travailler directement au bonheur de notre espèce, ce bonheur commencera à se réaliser et de plus en plus rapidement.

Le jour de la révolte sera la veille du triomphe. Pourquoi souffrir quand il serait si facile d'être heureux ? Pourquoi endurer des millions de misères quand on pourrait établir immédiatement sur la terre un ordre de choses qui en supprimerait les neuf dixièmes ?

Mais, pour résoudre le problème du bonheur, la première condition est de l'envisager dans toute son étendue. S'il est jamais un fait où les demi-mesures sont inapplicables, c'est bien celui-ci. Il n'y a aucune espèce de compromis possible sur une question aussi grave. Ou tous les hommes seront heureux ou aucun ne le sera. Tant que la justice ne sera pas universelle, le genre humain continuera à languir dans la misère. Il est temps d'en finir une fois pour toutes avec notre abjecte anarchie. Nous pouvons parfaitement nous débarrasser de nos souffrances; le bonheur est possible. Nous devons donc le revendiquer comme le plus fondamental de tous—nos droits; nous devons le revendiquer sans trêve ni repos.

Une première erreur vient amoindrir notre énergie.

« La recherche du bonheur, dit M. Frédéric Passy[1], ne doit venir qu'au second plan. Le premier appartient à la recherche et à l'observation du devoir. Fais ce que dois, advienne que pourra. » Un grand nombre de personnes pensent de cette façon et ce sont précisément les personnes les plus nobles, les plus dignes et les plus morales. On considère même comme dégradant la recherche perpétuelle de la jouissance. Or il y a un simple malentendu dans cette manière de voir, et la vie de M. Frédéric Passy lui-même en est la meilleure démonstration. Cet homme admirable a passé toute son existence à « faire son devoir. » Mais quel était, selon lui, le devoir ? Ce n'était pas assurément de prêcher des idées malfaisantes à ses semblables, mais, au contraire, des idées qui devaient assurer leur félicité. Ainsi donc le but que M. Passy poursuivait dans sa vie était aussi le bonheur. Mais on dira que c'était le bonheur des autres et non le sien. Cela n'est pas juste non plus. Si les hommes avait accompli ce que M. Passy leur prêchait, la fédération du genre humain aurait été établie depuis plusieurs années. Or il est évident que dans ce cas le bonheur personnel de M. Passy en aurait reçu un immense accroissement aussi bien que celui de ses semblables. Il a donc bel et bien indirectement travaillé pour lui-même.

Après la prétendue opposition entre la recherche du bonheur et le devoir, il est un autre état d'âme, également funeste, dont je veux parler maintenant.

1. *Journal des économistes* du 14 août 1901, p. 232.

De nos jours, les conservateurs les plus endurcis ne
trouvent pas que notre anarchie abjecte soit un état idéal.
En même temps on constate que, depuis la plus haute
antiquité, l'homme s'est efforcé de se débarrasser des institutions qui lui paraissaient défavorables. Le travail perpétuel en vue d'améliorer des conditions du milieu est le
phénomène fondamental de la vie. Les peuples ont toujours cherché à établir un régime économique et politique
plus parfait que le régime existant. C'est la trame même
de l'histoire [1].

Qui donne donc le droit d'affirmer que l'anarchie
actuelle étant reconnue par tous être un régime monstrueux, absurde et intolérable, on trouvera toujours *bon*
de la maintenir et *mauvais* de la supprimer. Si les peuples
ont consenti à verser autrefois des flots de sang pour établir des institutions qui leur paraissaient avantageuses, qui
donne le droit d'affirmer qu'ils renonceront à ce procédé
dans l'avenir. Voilà un raisonnement complètement dé-
pourvu de logique.

Cependant l'erreur qui pousse à croire que ce qui s'est fait
dans le passé ne pourra pas se répéter dans l'avenir, est
extrêmement répandue et cette erreur empêche, dans une très
forte mesure, l'établissement du bonheur humain. La plupart des hommes s'imaginent vivre à la fin des temps. Ne
pouvant pas se représenter facilement un état de choses
autre que celui qu'ils ont sous les yeux, ils sont portés à
croire qu'un état différent est impossible et que le monde restera éternellement ce qu'il est. L'histoire nous prouve que
les institutions du passé ne ressemblaient pas à celles du présent. Mais on peut se représenter les institutions du passé.
Elles ont donc toujours, à nos yeux, bien que non existantes, quelque chose de réel, de concret. Mais, quand on
ne peut pas se représenter les institutions de l'avenir, on

---

1. Actuellement cette tendance se fait surtout chaque jour chez les
socialistes qui veulent modifier de fond en comble l'organisation de la
société.

affirme que, nécessairement, elles doivent être irréelles,
abstraites et impossibles. On ne daigne pas faire attention
que nos ancêtres non plus n'ont pas pu se représenter nos
institutions actuelles [1], ce qui n'a pas empêché celles-ci de
devenir des réalités parfaitement concrètes.

L'illusion poussant à considérer les temps comme révo-
lus, arrête considérablement la marche du progrès ; car si
l'on avait la claire notion que l'humanité doit toujours
avancer dans l'avenir, comme elle a avancé dans le passé,
tout le monde comprendrait que le progrès est inévitable
et cela même le ferait marcher plus rapidement.

« Le monde n'est pas une idylle », disent les conservateurs. En vérité, ils se trompent grossièrement s'ils s'imaginent nous apprendre quelque chose de nouveau, à nous
autres sociologues, en venant nous répéter ce sempiternel
cliché. Nous le savons aussi bien qu'eux. Nous sommes
même payés pour le savoir, pourrai-je dire, s'il était permis
de me servir de cette expression familière. C'est précisément parce que le monde n'est pas une idylle que nous
sommes constamment sur la brèche et que nous publions
constamment volumes sur volumes.

« Assurément l'heure de la justice internationale n'a pas
encore sonné » ajoutent les conservateurs et les empiriques.
C'est encore vrai. Mais précisément parce qu'elle n'est pas
venue, il faut réunir tous les efforts imaginables pour la
faire venir. Il est absurde d'affirmer qu'une chose ne sera
pas uniquement parce qu'elle n'a pas toujours été. A ce
compte on aurait pu affirmer, à une certaine époque,
qu'une nation appelée France ne serait jamais.

Il fut un temps où l'on brûlait les sorcières. Cela paraissait alors aussi naturel, qu'il nous paraît conforme à l'ordre
des choses d'opprimer des populations qui ne veulent pas
faire partie de notre État. Les conservateurs, au XVIIe siècle,

1. J'ai déjà donné l'exemple de la députation politique dont l'idée ne
s'est pas présentée aux Romains. Il leur eut été impossible de se figurer
des institutions comme celles des Etats-Unis d'Amérique.

n'auraient pas pu se représenter un temps où l'on n'aurait
pas brûlé les sorcières. De même les conservateurs, de nos
jours, ne peuvent pas se représenter un temps où l'on
trouvera grotesque et enfantin d'opprimer des populations
et de les empêcher de disposer librement de leurs destinées.

Abordons maintenant une autre erreur, celle de la palingénésie.

La plupart des individus s'imaginent que les malheurs
du genre humain viennent de notre imperfection morale.
Ils croient que, pour réaliser le bonheur, il faut que tous
deviennent bons, doux, charitables, sans passions, sans
haines, sans férocité, bref des anges.

Cette idée est analogue de celle des cataclysmes. C'est
comme un cataclysme à rebours qui, en un jour, par un
miracle incompréhensible, supprimera toutes les mauvaises tendances et tous les mauvais penchants. Les
hommes sont maintenant pervers. A un certain moment
leur nature changera, ils deviendront parfaits et alors,
mais alors seulement, le bonheur sera réalisé sur la terre.
Cette idée de la palingénésie future du genre humain est
fort ancienne. Elle a été très répandue, en Syrie, dans
le dernier siècle de l'ère païenne. Elle fait le fond de la
croyance messianique. Le fils de Dieu devait apparaître
sur les nuées. Les méchants devaient être exterminés, les
bons seuls survivre, et alors le règne de Dieu devait com-
commencer sur la terre, c'est-à-dire la félicité complète.

Est-il nécessaire de dire que ces rêveries sont des chimères enfantines? Jamais les choses ne se passeront de
cette façon. Les cataclysmes moraux sont aussi fantastiques
que les cataclysmes géologiques. Ils seraient de purs miracles et les miracles ne sont pas de ce monde.

Non, le bonheur social ne sera nullement le résultat d'une
amélioration de la *nature* humaine. Cette nature change
avec une lenteur infiniment plus grande que les institu-

tions politiques. Or ce sont ces institutions qui produisent la prospérité des collectivités[1]. Les Américains ne sont en rien meilleurs ou plus mauvais que ne l'étaient les Romains ; mais la constitution des États-Unis est plus parfaite que celle de l'empire des Césars et c'est pourquoi les Américains prospèrent plus que les sujets d'Hadrien ou de Marc-Aurèle, ceci dit, bien entendu, au point de vue du facteur politique-seul.

Le bonheur humain sera réalisé par la fédération universelle. Mais profonde est l'erreur de s'imaginer qu'il faut, pour l'établir, des impulsions venant de la générosité, du désintéressement, de la bonté du cœur et de l'amour du prochain. Ces sentiments existent sans aucun doute, et sont parmi les plus admirables manifestations de l'âme humaine mais on peut fonder les institutions politiques les plus parfaites du monde sans y faire le moindre appel.

L'intérêt seul suffit amplement pour établir ces institutions parfaites. Non seulement la fédération du genre humain est compatible avec l'égoïsme national le plus exclusif et le plus intransigeant, mais on peut affirmer qu'elle ne peut être établie que *par cet égoïsme*. Dès que les nations comprendront leur intérêt *véritable*, elles voudront la fédération avec une passion irrésistible et tout ce qui lui fera obstacle leur paraîtra la plus monstrueuse et la plus haïssable violation de leur droit. Quand les nations comprendront leur intérêt *véritable*, tout homme travaillant contre la fédération sera considéré comme le pire des criminels.

Il ne faut donc nullement changer la nature humaine pour faire le bonheur des sociétés, il suffit de changer les

---

1. Je vois l'objection. Le Mexique, me dira-t-on, a eu longtemps une constitution calquée sur celle des États-Unis, cependant il ne prospérait pas autant que ceux-ci. On confond dans ce cas ce qui est sur *le papier* et ce qui existe en *réalité*. Or je parle ici de fonctions *réelles*, non des fonctions imaginaires qu'on se plaît à écrire sur ... n parchemin. Mais si la constitution mexicaine, calquée sur celle des États-Unis, avait aussi bien fonctionné au Mexique qu'aux États-Unis, la prospérité des deux pays, toutes choses égales d'ailleurs, aurait pu être la même.

idées humaines. Je citerai à l'appui de mon opinion un exemple très intéressant, parce qu'il est d'une grande précision. Au xvᵉ siècle, les hommes politiques italiens croyaient que le morcellement de la péninsule apennine était la condition indispensable pour assurer la prospérité de leurs États[1]. Aussi firent-ils tout pour maintenir ce morcellement. Au xixᵉ siècle, les hommes politiques de l'Italie furent convaincus, au contraire, que l'unité seule donnerait la prospérité. Ils firent tout pour établir cette unité et maintenant ils y tiennent avec la passion la plus indomptable. Cependant les Italiens du xixᵉ siècle ne sont pas devenus des anges. Loin de là, puisque le taux de la criminalité parmi eux est une des plus fortes que l'on connaisse. Or si l'unité assure aux Italiens plus de bienfaits que le morcellement, donc s'ils ont des institutions plus parfaites que leurs ancêtres, ce perfectionnement n'a pas été réalisé par une amélioration de la nature morale des Italiens, mais uniquement par une modification de leurs idées.

De même, pour former la fédération universelle, il n'est nullement nécessaire d'attendre le moment où tous les hommes seront devenus la vertu personnifiée. La fédération universelle, comme l'unité italienne et l'unité allemande, pourra se faire sous la seule impulsion de l'intérêt le plus égoïste. D'un immense ensemble de circonstances, il est résulté qu'à un certain moment les Allemands, bien que divisés politiquement, se sont sentis former un tout solidaire; alors ils ont désiré s'unir. Un ensemble de circonstances fera aussi qu'à un certain moment tous les Européens se sentiront solidaires. Et, à ce propos, on peut signaler une autre ressemblance encore plus typique. A aucun moment le courant unitaire n'était complètement dominant en Allemagne et en Italie. Il était toujours plus ou moins contrarié par des courants séparatistes. Mais le courant unitaire, étant le plus fort, l'a emporté. De même

1. Voy. plus haut p. 203.

en Europe, de nos jours, le courant unitaire est contrarié par le courant nationaliste. Quand le premier sera devenu le plus fort, la fédération sera faite.

On dit aussi que l'unité ne pourra jamais se réaliser parce que l'homme est un animal combatif. Mais les Allemands et les Italiens sont aussi des hommes, donc aussi des animaux combatifs. Cela ne les a pas empêchés de s'unir, quand ils y ont trouvé leur intérêt. Les Français également n'étaient pas moins combatifs en 1795 qu'ils ne l'étaient en 1395. Cela n'empêcha point qu'en 1795 les Bourguignons se sentaient complètement solidaires des Normands et des Picards, tandis qu'en 1395 il n'en était pas ainsi.

Les passions humaines, de même que la combativité, sont aussi données fort souvent comme une preuve de l'impossibilité de la fédération. D'abord, en disant cela on oublie que, si les passions humaines subsistent toujours, leur objet varie constamment. On oublie que la fédération elle-même peut parfaitement devenir l'objet d'une passion Et puis si les passions n'ont pas empêché la formation des collectivités existantes, comme la France et l'Italie, formées d'éléments autrefois hostiles, pourquoi les passions humaines empêcheraient-elles la formation des collectivités nouvelles ?

On comprend mal la génèse des institutions humaines. Toutes celles qui existent sont aussi filles de la passion, mais seulement de la passion constructrice, qui, quoi qu'on en dise, est aussi vivace dans les âmes que la passion destructrice. Et puis les passions constructrices ont ceci de particulier qu'elles sont permanentes, tandis que les passions destructrices sont sporadiques. Une guerre générale peut parfaitement éclater en Europe, du jour au lendemain, par suite du plus futile incident. Mais cela n'empêche nullement l'existence de passions constructrices qui poussent constamment les hommes à établir des rapports internationaux moins précaires et moins barbares que ceux de notre temps.

Le tiers état en France, vers 1789, a été aussi enflammé d'une passion, celle de l'égalité. La conséquence fut l'établissement d'institutions politique extrêmement différentes de celles de l'ancien régime. Les passions constructrices prennent le nom d'*intérêt*, et ce mot fait oublier ce qu'elles peuvent avoir de puissance torrentielle, si l'on peut s'exprimer ainsi. Nul ne conteste que les institutions humaines soient filles de l'intérêt. Quand les treize colonies anglaises de l'Amérique du Nord ont formé les États-Unis, c'est que les habitants de ces colonies trouvaient cette fédération conforme à leur intérêt. Quand la bourgeoisie française établit le gouvernement représentatif, c'est aussi qu'elle le trouvait conforme à ses intérêts. De même les peuples civilisés établiront la fédération universelle le jour où ils la trouveront conforme à leurs intérêts et nullement le jour où ils cesseront d'être combatifs ou passionnés.

S'ils ne l'établissent pas aujourd'hui, ce n'est pas qu'ils soient pervers, mais c'est qu'ils ne comprennent pas leur intérêt véritable. Le plus grand ennemi du genre humain n'est pas la scélératesse, mais l'ignorance et l'étroitesse d'esprit.

La scélératesse est une quantité presque négligeable dans les affaires sociales. La totalité des crimes commis en Europe, pendant un siècle, n'a certainement pas fait autant de victimes qu'une seule bataille rangée, livrée avec les engins de destruction modernes. Comme la gravité du crime est en raison directe du mal qu'il cause à la société, Napoléon et Bismarck sont des criminels cent fois plus coupables que Tropmann et Ravachol. Seulement il y a une différence fondamentale entre le criminel de droit commun et l'homme d'État criminel. Les hommes d'État, quand ils font commettre les crimes collectifs les plus néfastes, partant les plus abominables, *croient* parfois accomplir leur devoir et faire *le bien*. Les criminels de droit commun ne sont pas dans ce cas; ils savent que les homicides ou les vols perpétrés par eux sont des actes répréhensibles et coupables.

Pour changer la conduite des hommes d'État, il suffit de changer leurs idées. Dès qu'ils auront compris que les homicides collectifs sont contraires aux intérêts des nations qu'ils gouvernent, ils ne pourront pas avoir le sentiment d'accomplir leur devoir en les déchaînant. Ils ne les commettront alors que sous l'impulsion de la folie. Dans ce cas, l'humanité sera sauvée, car alors les homicides collectifs deviendront aussi rares et aussi négligeables que les homicides privés. Il faudra, en effet, des circonstances bien exceptionnelles pour qu'une grande nation civilisée ne s'aperçoive pas que l'homme qui la gouverne est frappé d'aliénation mentale.

Il y avait au xvıı° siècle, en Lorraine, un juge criminel, nommé Remigius, qui persécutait les sorcières d'une façon inflexible. Il se vantait d'en avoir envoyé *neuf cents* à la mort, dans l'espace de quinze ans. *Une tous les six jours !* Évidemment ce Rémigius[1] ne brûlait pas ces malheureuses par scélératesse ou par cruauté. Puisqu'il se *vantait* de ces actes, c'est qu'il croyait bien faire. De même lorsque Bismarck[2] a commis le crime d'arracher un million et demi d'Alsaciens à leur patrie, il croyait accomplir un acte méritoire. De même encore, lorsque nos gouvernements modernes tiennent cinq millions d'hommes sous les armes, ils s'imaginent que c'est indispensable pour le salut de leurs patries et n'éprouvent aucun remords d'agir d'une façon qui enlève le pain et le contentement moral à des populations entières.

Ainsi donc la combativité, les passions, le crime, l'imperfection de notre nature ne sont pas les obstacles réels qui s'opposent au bonheur du genre humain. Le vrai et le

1. Voy. A.-D. White, *Histoire de la lutte entre la science et la théologie*, traduction de Varigny, Paris, Guillaumin, 1899, p. 246.

2. On comprend que j'emploie ici le nom de Bismarck comme une personnification. Il est possible que lui-même n'ait pas eu l'idée de l'annexion de l'Alsace.

seul obstacle est l'ignorance ou, en d'autres termes, l'erreur.

Mais si l'erreur produit le malheur, il s'ensuit que la vérité pourra produire le bonheur. Dans ce cas, nous sommes sûrs de nous débarrasser tôt ou tard de nos infortunes, car l'empire de la vérité devient tous les jours plus étendu et plus puissant. La vérité, c'est la science. Or la science brille maintenant dans des foyers si nombreux et si puissants qu'il est chimérique d'espérer pouvoir les éteindre dans l'avenir. Or si la science continue à progresser, comme le bonheur humain est en raison directe des connaissances scientifiques, la somme du bonheur humain ira toujours en s'accroissant.

Ce que le XIXᵉ siècle a fait, laisse brillamment augurer de l'avenir. Le XIXᵉ siècle a été pour les sciences de la nature et pour les sciences sociales, ce que le XVᵉ a été pour la géographie. Le génie de Christophe Colomb a donné à l'humanité européenne un domaine triple de celui que lui avait légué l'antiquité. De même le XIXᵉ siècle, par la création de la biologie et de la sociologie, a triplé, pour ainsi dire, l'étendue de notre horizon mental.

Le 17 juillet 1851, à une séance de l'Assemblée législative, Victor Hugo, dans un discours sur la revision de la constitution prononça, entre autres, la phrase suivante : « Le peuple français a taillé dans un granit indestructible et posé au milieu du vieux continent monarchique la première assise de cet immense édifice de l'avenir qui s'appellera un jour les États-Unis d'Europe ». Ce mot, dit une note ajoutée au discours, « produisit un effet d'étonnement. C'était la première fois qu'il était prononcé à la tribune. Il indigna la droite et surtout l'égaya. Il y eut une explosion de rires auxquels se mêlaient des apostrophes de toutes sortes. Montalembert dit : Les États-Unis d'Europe, c'est trop fort! Victor Hugo devient fou ! Molé s'exclama : En voilà une idée! Quelle extravagance ! Quentin Bauchard ajouta : ces poètes ! »

Cinquante-quatre ans après Victor Hugo, non seulement

les États-Unis d'Europe, mais même l'organisation générale de l'humanité, paraissent parfaitement concevables et réalisables. On voit quel chemin rapide font les idées !

Le xxᵉ siècle est appelé sans doute à faire passer dans les faits ce que le xixᵉ siècle a entrevu comme possible. Les immenses progrès du socialisme le font espérer. Le socialisme a précisément pour mission d'établir le bonheur universel, puisque ses préoccupations vont à ces *neuf dixièmes* d'individus qui vivent maintenant dans des privations continuelles. Le socialisme et la démocratisation des sociétés sont sous beaucoup de rapports un seul et même mouvement. Or les socialistes ne demanderont probablement pas un temps très long pour découvrir que le bonheur des masses populaires et l'établissement de la justice sur toute l'étendue du globe sont des faits identiques.

L'Europe forme déjà une unité économique et sociale, et cependant cinq millions de soldats sont maintenant sous les armes pour empêcher l'unité qui existe en fait d'exister aussi en droit. Tout esprit sensé comprend que les jeux militaires sont un enfantillage aussi néfaste que ridicule, cependant on prend des générations entières pour les traîner à la caserne. Personne ne conteste que tout homme doit jouir du fruit de son travail, et cependant les douanes se dressent à toutes les frontières et favorisent les plus iniques spoliations. La conscience universelle proclame que les nations ont le droit imprescriptible de disposer de leurs destinées, et cependant les nations les plus nobles et les plus brillantes languissent sous le despotisme.

A la fin du xviiiᵉ siècle le tiers état français a balayé dans un élan magnifique tout l'édifice odieux et vermoulu des injustices accumulées par le moyen âge. Espérons que la démocratie moderne, devenue toute-puissante, balayera aussi dans un éclat de colère magnifique l'abjecte anarchie internationale qui plonge notre espèce dans la misère, la dégradation et le malheur.

www.ingramcontent.com/pod-product-compliance
Lightning Source LLC
Chambersburg PA
CBHW072002270326
41928CB00009B/1523